Lothar Böhnisch, Martin Rudolph, Barbara Wolf (Hrsg.)
Jugendarbeit als Lebensort

Dresdner Studien zur Erziehungswissenschaft und Sozialforschung

Herausgegeben von der
Fakultät Erziehungswissenschaften
der Technischen Universität Dresden

Herausgeberkollegium:
Heiner Drerup, Wolfgang Melzer, Frank Nestmann,
Jörg-Peter Pahl und Gisela Wiesner

Lothar Böhnisch, Martin Rudolph, Barbara Wolf (Hrsg.)

Jugendarbeit als Lebensort

Jugendpädagogische Orientierungen
zwischen Offenheit und Halt

Juventa Verlag Weinheim und München 1998

Die Deutsche Bibliothek - CIP-Einheitsaufnahme

Jugendarbeit als Lebensort : jugendpädagogische Orientierungen
zwischen Offenheit und Halt / Lothar Böhnisch ... (Hrsg.). -
Weinheim ; München : Juventa Verlag, 1998
(Dresdner Studien zur Erziehungswissenschaft und Sozialforschung)
ISBN 3-7799-1304-6

© 1998 Juventa Verlag Weinheim und München
Umschlaggestaltung: Atelier Warminski, 63654 Büdingen
Umschlagabbildung: Heinrich Zille, Erntefest auf dem II. Hof, 1910
Printed in Germany

ISBN 3-7799-1304-6

Inhalt

5

Jugendarbeit als pädagogische Aufforderung

Konzeptionelle und historische Zugänge

Die Entwicklung der Jugendarbeit in Deutschland ist ambivalent. Sie schwankt zwischen obrigkeitlicher Bevormundung und jugendkultureller Selbstorganisation, erzieherischer Lenkung und reformpädagogischer Subjektorientierung. Sie war deshalb immer befangen - sich selbst und der Jugend gegenüber - und fand deshalb nie richtig zu einer empirisch-pädagogischen Position. Entweder war sie - immer wieder periodisch - politisch-polar, d. h. verstand sich als Erbe oder Begleitschutz von Jugendbewegungen oder/und sie begab sich zögernd auf die Suche nach dem Pädagogischen, um dann wieder dieses Pädagogische als „Pädagogisierung" - d. h. Kanalisierung und Entpolitisierung des Jugendprotests - zu verfluchen. Die Professionalisierung der Jugendarbeit in den siebziger Jahren in der Bundesrepublik hat diese Problematik überformt, sie brachte Distanz zu den Jugendlichen, die sie nun als Kategorie - Adressaten und Zielgruppe - verstand. Heute, ausgangs des 20. Jahrhunderts ist diese distanzierte Jugendarbeit in Verlegenheit gekommen, viele Jugendliche scheren sich nicht um die distanzierten Angebote des Dienstleistungsbetriebes Jugendarbeit, der ihnen äußerlich scheint und nur schwer einen Kontrast zur Konsumwelt ausbilden kann. Denn Jugendliche suchen heute nicht nur jugendkulturelle Räume, sondern auch Personen, an denen man Orientierung finden kann, suchen Möglichkeiten, bei sich selbst zu sein und zu sich selbst zu kommen; Orte, wo man sozialen Anschluß in einer Gesellschaft finden kann, die Jugendliche als Konsumenten hofiert, aber sonst nicht zu brauchen scheint.

Das paßt nicht so recht zum öffentlichen Auftreten dieser Jugend: Betont selbstbewußt, vielleicht auch jugendkulturell rücksichtslos, gegenwartssüchtig und zukunftspessimistisch. Doch gleichzeitig - so zeigen die heutigen Erfahrungen in der Jugendarbeit - werden von diesen Jugendlichen Bezüge gesucht, in denen sie dem Streß einer Mithalte- und Spaßgesellschaft entgehen, sich mit anderen vor und in dieser Gesellschaft sicher sein können. Bedürftigkeit und Selbständigkeit, Suche nach sozialem Anschluß, Geborgenheit und jugendlicher Protest liegen bei dieser Jugend eng zusammen.

Daß diese Ambivalenz in der rund hundertjährigen Geschichte der Jugendarbeit in Deutschland schon immer und ähnlich gegeben war, mag uns beruhigen; daß die Jugendarbeit mit dieser besonderen Bedürftigkeit der Jugend, die aus ihrer lebensalterstypischen Entwicklungsdramatik resultiert, schwer umgehen konnte und kann, macht ihr gerade heute zu schaffen. War sie doch in ihrem pädagogischen und professionellen Verständnis hauptsächlich an der äußeren „Jugendkultur" orientiert. Die innere „Jugendnot" trat dagegen schon immer in den Hintergrund, zumal sie von einer obrigkeitlichen Gefährdetenpädagogik als Legitimationsbezug für fürsorgerische Interventionen gebraucht wurde und damit für die offene Jugendverbandsarbeit anrüchig war. Die selbständigen, den eigenen Raum suchenden und sich in ihrer Jugend gegenüber der Erwachsenengesellschaft abgrenzenden Jugendlichen waren und sind das Leitbild der Jugendarbeit. Die bedürftigen, nach ihrem leibseelischen Gleichgewicht und nach einer ihnen zugänglichen Perspektive des Erwachsenwerdens suchenden jungen Menschen blieben dahinter versteckt. Die Psychoanalyse und Entwicklungspsychologie haben in der Jugendarbeit nie richtig Fuß gefaßt, denn sie galten in gewissem Sinne als Erwachsenenwissenschaften, die im Geruch waren, eher einer Entmündigung denn einer Emanzipation der Jugend geistigen Vorschub zu leisten. Die entwicklungspsychologische Jugendkunde war schon in den zwanziger Jahren die Wissenschaft der Schullehrer, nie die der Jugendarbeiter gewesen.

Damit soll keinesfalls eine Repsychologisierung der Jugendarbeit das Wort geredet werden. Ihr Ort ist und bleibt der Jugendraum und die Jugendkultur. Diese Einführung soll aber zeigen, wie Jugendraum und Jugendkultur von den Jugendlichen auch - und heute besonders - gesucht werden, um zu sich selbst zu kommen, Rückhalt und sozialen Anschluß zu finden und um sich ein eigenes Bild vom Erwachsenwerden machen zu können. Die entsprechende Jugendpädagogik aber, die hier verlangt wird, drängt Jugendkultur nicht zurück, bemächtigt sich nicht des Jugendraums (wie die alte Bevormundungs- und Gefährdetenpädagogik), sondern respektiert diese Jugendkultur und muß deshalb eine besondere Zugänglichkeit von den Jugendlichen her ausweisen können. In dieser Perspektive wird dann auch darstellbar, daß eine „nach innen" gerichtete Jugendkulturarbeit durchaus und entwicklungsfähig neben der Konsumkultur bestehen kann, die in den letzten Jahrzehnten die äußeren Areale der Jugendarbeit hat wegschmelzen lassen. Deshalb werden wir versuchen, im Verlaufe dieser Einführung immer wieder deutlich zu machen, daß eine jugendpädagogische Orientierung der Jugendarbeit an der inneren Bedürftigkeit der Jugendlichen und ihrer Suche nach sozialem Anschluß (Sozialintegration) immer im jugendkulturellen Kontext formuliert werden muß.

Die folgende Einführung in die Jugendarbeit ist deshalb so gestaltet, daß der pädagogische Zugang der Jugendarbeit zu den Jugendlichen - Jugendliche in ihrer lebensalterstypischen Bedürftigkeit zu begleiten und sie in ihrer selbständigen Suche nach sozialem Anschluß und gesellschaftlicher Integration zu unterstützen - verstanden werden kann. Diese beiden Säulen einer pädagogischen Jugendarbeit „als Lebensort" sollen - jede für sich - historisch hergeleitet werden. Dabei wird sichtbar, wie sich diese pädagogischen Bezüge der Bedürftigkeit und Sozialintegration historisch entwickelt und so verändert haben, daß sie heute als Orientierungspunkte einer die Eigenständigkeit Jugendlicher respektierenden und fördernden Jugendarbeit angenommen werden können, die sich gerade in diesen Bezügen als besonderes Sozialisationsfeld profilieren kann. Da eine solche pädagogische Orientierung heute auch in der professionellen Fachdiskussion der Jugendarbeit in Deutschland geradezu gesucht wird, - worauf wir im folgenden eingehen werden - kann unsere konzeptionelle Perspektive „Lebensort Jugendarbeit" auf die Intentionen dieser Diskussion bezogen werden und so diskursbelebend wirken: Jugendarbeit ist wieder zur *pädagogischen* Herausforderung geworden.

Barbara Wolf

Die gegenwärtige Suche nach Konzepten in der Jugendarbeit

In der Literatur zur offenen Jugendarbeit in den 90er Jahren wird von einem „Konzeptboom" (vgl. Deinet/Sturzenhecker 1996) gesprochen. In Zeiten leerer Kassen erhöht sich der Legitimationsdruck, dem sich - nicht nur, aber auch - Projekte der offenen Jugendarbeit ausgesetzt sehen. Die Hoffnungen, die mit Konzepten, vor allem mit neuen Konzepten, verbunden werden, sind zum einen, die vielfältige und auch unübersichtliche Arbeit im offenen Bereich darzustellen und den Einsatz unterschiedlicher Ressourcen (MitarbeiterInnen, Räume) zu legitimieren, so daß trotz des Kostendrucks der Status quo gehalten werden kann. Andererseits erhofft man sich von Konzeptentwicklungen aber auch Anstöße für die alltägliche pädagogische Arbeit mit bestimmten Zielgruppen bzw. sollen Bewältigungsstrategien für bestimmte Konfliktfelder, die zur Zeit in der jeweiligen Einrichtung aktuell hervortreten, aufgezeigt werden. Diese instrumentellen Konzepte können jedoch nicht allgemein formuliert werden, da sie auf die spezifische Situation vor Ort ausgerichtet sein müssen.

Gängler (1996) geht davon aus, daß die Übertragbarkeit der Ergebnisse einer Untersuchung unterschiedlicher Modellprojekte (vgl. Landesjugendamt Westfalen-Lippe 1996) der Jugendarbeit nicht von vornherein gegeben ist. „Die Ursachen hierfür liegen in den jeweils sehr unterschiedlichen lokalen Rahmenbedingungen in institutioneller und struktureller Hinsicht (a), in der Vielfalt der in den Projekten für die Jugendarbeit angewandten methodischen und professionellen Standards (b) sowie schließlich in den regionalspezifischen Besonderheiten der einzelnen Projektstandorte" (Gängler 1996, S. 169).

Folgerichtig wird, wenn es um die Entwicklung von Konzepten geht, eine breite Auswahl von unterschiedlichen Konzepten vorgestellt (vgl. Deinet/Sturzenhecker 1996), die dann unterschiedliche Zielgruppen und/oder Konfliktfelder fokussieren. Zugespitzt könnte man sagen: Für jedes praxisrelevante Problem ein eigenes Konzept.

Klappt die Arbeit mit der oder den Clique(n) nicht, dann Krafeld (1996) „Konzeptionelle Überlegungen für die Arbeit mit Cliquen" lesen. Kommt es zu eskalierenden Konflikten im Jugendhaus, bietet sich Sturzenheckers „Konflikt und Konzept" (1996) an. Bereitet die Konzeptionsentwicklung im Mitarbeiterteam Schwierigkeiten, kann vielleicht Eichners (1996) „Konzeptentwicklung als Prozeß im Mitarbeiterteam" weiterhelfen. Lassen sich nicht genug Freiwillige für die Jugendarbeit finden, bietet schließlich Sass (1996) „Neue Konzepte zur Förderung der freiwilligen Tätigkeit in der Jugendarbeit" an.

Den PraktikerInnen wird eine breite Auswahl an unterschiedlichen Konzepten geboten, die als praktische Orientierung für die eigene konzeptionelle Arbeit gedacht sind. Um Mißverständnissen vorzubeugen: Diese konzeptionellen Anstöße haben ihren eigenen Wert für die Qualifizierung der praktischen Arbeit und sind dazu geeignet, Aspekte eigener Arbeit zu reflektieren. In den Konzepten wird auch immer wieder darauf verwiesen, daß sie auf die Situation vor Ort unter Berücksichtigung der institutionellen und strukturellen Rahmenbedingungen, der angewandten methodischen und professionellen Standards und den regionalspezifischen Besonderheiten zugeschnitten sein müssen und nur so der alltäglichen pädagogischen Arbeit Impulse geben können. Damit folgen diese instrumentellen Konzepte auch der Logik der Vergesellschaftung, indem sich immer spezifischeren Zielgruppen und Konfliktfeldern zugewandt wird.

Diese instrumentellen Konzepte beantworten allerdings nicht die Fragen, wie sich Jugendarbeit im Ensemble der Jugendhilfe versteht und auch nicht, welchen Stellenwert die Jugendarbeit in der Sozialisation Jugendlicher erhält. Unter dem gesellschaftlichen Legitimationsdruck, aber auch zur Selbstvergewisserung, muß eben die Frage, welche allgemeine Funktion die Jugendarbeit heute hat, vordringlich beantwortet werden, um dann in einem zweiten Schritt aufzuzeigen, mit welchen Konzepten man dies erreichen will. Es ist also ein Rahmen für die instrumentellen Konzepte zu entwickeln.

Dieses Rahmenkonzept soll auf der Grundlage des Konstrukts der Janusköpfigkeit der modernen Sozialisation herausgearbeitet werden (vgl. Böhnisch i. d. Bd.). Janusköpfigkeit der modernen Sozialisation meint, daß man offen, verfügbar und optionsbereit gegenüber den gesellschaftlichen Anforderungen zu sein hat - wir beschreiben dies mit „Offenheit" - und gleichzeitig wird persönliche Stabilität, „bei sich sein" und „mit sich identisch sein" vorausgesetzt - wir beschreiben dies mit „Halt" -, um diese Offenheit aushalten zu können. Die offene Jugendarbeit ist aufgrund ihres Settings besonders geeignet, „Halt" zu bieten. Gerade darin kann in der modernen Gesellschaft ihre Funktion gesehen werden. Des weiteren werden wir auch untersuchen, inwieweit andere Sozialisationsinstanzen wie Schule (vgl. Schubarth i. d. Bd.) und Familie (vgl. Drößler i. d. Bd.) „Halt" bieten können.

Differenzierung der sozialräumlich orientierten Jugendarbeit

Seit der „Pädagogik des Jugendraumes" (Böhnisch/Münchmeier 1990) hat die sozialräumliche Konzeption der Jugendarbeit als grundsätzliche Orientierung an der Lebenswelt von Kindern und Jugendlichen ihren festen Platz in der Diskussion. Von der Ausarbeitung der sozialökologischen Perspektive und deren Übertragung auf die Jugendarbeit kommen wichtige Impulse sowohl für die Praxis selbst als auch für die wissenschaftliche Begleitung von Praxisprojekten. Den Kern des sozialräumlichen Ansatzes bilden Wissen und Informationen bezüglich des sozialen Nahraumes, der Lebenswelt der Kinder und Jugendlichen. Um die Lebenswelt, den Sozialraum zu erkunden, sich Wissen über ihn anzueignen, wurden in den letzten Jahren Methoden und Konzepte entwickelt. „Gefordert ist eine Form der Beobachtung, Erkundung und Analyse des Sozialraums, welche über die Ebene bloßen Alltagswissens hinausgeht, welche aber andererseits auch die Fehlerquellen einer wissenschaftlichen Analyse vermeidet, welche nur aus großer Distanz heraus die Strukturen eines Sozialraums beschreiben kann" (Schumann, M. 1995, S. 212).

Schumann (1995) differenziert unterschiedliche Dimensionen des Sozialraums - der Sozialraum als Reservoir von Ressourcen, als Netzwerk, als Macht- und Entscheidungsraum, als Ensemble von Kompetenzen, als Kommunikationsraum und als Prozeß sozialer Integration bzw. Segregation - und stellt aktivierende Verfahren zur Erkundung des Sozialraums vor. Weitere Methoden, die von PraktikerInnen selbst zur Erkundung des Sozialraums angewendet werden können, stellen Weskamp (1996), Deinet (1996) und Ortmann (1996) vor. Sozialräumliche Konzeptentwicklung besteht zuerst einmal darin, „sich unabhängig von Vorgaben, Rahmenbedingungen und Zielen der Jugendarbeit ein Bild von den Orten und Räumen der Kinder und Jugendlichen und deren Qualität, Einschränkung und Möglichkeiten zu machen" (Deinet 1996, S. 12). Diese Analyse des Sozialraums ist also Voraussetzung, um Konzepte der Jugendarbeit nach den regionalspezifischen Besonderheiten ausrichten zu können.

In diesem Zusammenhang ist der Prozeß der Aneignung zentral für die sozialräumliche Konzeption der Jugendarbeit. Im Prozeß der Aneignung erfahren Kinder und Jugendliche einen Gegenstand aus seiner „Gewordenheit", und die in den Gegenständen verkörperten menschlichen Eigenschaften und Fähigkeiten werden erfahrbar (vgl. Böhnisch/Münchmeier 1990). Da sich Kinder und Jugendliche eher sozialräumlich orientieren - im Gegensatz zur Rollen- und Institutionenorientierung von Erwachsenen -, ist die Erweiterung und die Qualität des Handlungsraums zentral für den Erwerb von Kompetenzen und Ressourcen. Der Handlungsraum, der sich ihnen bietet, bestimmt durch seine Struktur, welche Aneignungsmöglichkeiten geboten oder verhindert werden und somit auch, welche sozialen Lernprozesse initiiert werden. „Die Welt des Kindes stellt nicht nur ein Netz mit unsichtbaren - und dadurch auch vergegenständlichten - Bedeutungen überzogener Räume dar, die im Aneignungsprozeß erschlossen werden müssen, sondern ist entsprechend der Struktur der kapitalistischen Gesellschaft auch ein Raum, der durch kodifizierte Regelungen, Machtbefugnisse, Herrschafts- und Eigentumsansprüche verregelt ist" (Böhnisch/Münchmeier 1990, S. 58).

Unter der Perspektive der Aneignung - d. h. die Entwicklung von Kindern und Jugendlichen in Zusammenhang mit den konkreten Räumen, in denen sie leben und die Möglichkeiten, die sie bieten, zu sehen - wird gefragt, wie Jugendarbeit als Medium der Raumaneignung zu strukturieren ist. Damit steht die Frage nach der Inbesitznahme, Veränderung und Gestaltung von Jugendräumen durch die BesucherInnen im Mittelpunkt.

Sowohl Aneignungsprozesse, die sich auf den sozialen Nahraum wie auch auf das Jugendhaus selbst beziehen, sind von Bedeutung. Hieraus ergibt sich, daß die sozialpädagogische Tätigkeit der JugendhausmitarbeiterInnen nicht an der „Tür des Jugendhauses" endet, sondern sich ihre Arbeit auch auf den sozialen Nahraum der Kinder und Jugendlichen erstreckt. Aus dieser Perspektive können sich folgende Fragen ergeben: Welche Räume, die nicht pädagogisch besetzt sind, können Kindern und Jugendlichen zur selbstbestimmten Aneignung überlassen werden? Wie können Kinder und Jugendliche an der Gestaltung des sozialen Nahraumes beteiligt werden? Wie können Interessen von Kindern und Jugendlichen in die Stadtplanung mit einfließen? Wo ergeben sich Mängellagen in der sozialen Infrastruktur? Wo ist Vernetzung oder Mediation geboten? Aus dem sozialräumlichen Ansatz ergeben sich zwingend Anknüpfungspunkte zu anderen sozialpädagogischen Konzepten wie der Gemeinwesenarbeit, Netzwerkbildung und Regionalisierung.

Bezogen auf das Jugendhaus lassen sich auch Faktoren benennen, die Raumaneignung Jugendlicher eher fördern oder behindern (vgl. Deinet 1994). Sollen Aneignungsmöglichkeiten eröffnet werden, müssen den Kindern und Jugendlichen reale Entscheidungs- und Gestaltungskompetenzen zugebilligt werden, und so unterliegt die Ausgestaltung eines Jugendhauses einem ständigen Wandlungsprozeß. Gerade in der Jugendarbeit sind Räume nicht nur Mittel zum Zweck, sind nicht nur in ihrer Funktion zu beschreiben, sondern als gestaltbarer Lebensraum, den sich Jugendliche aneignen. Insofern geht es nicht nur um ein zur Verfügungstellen von Räumen, sondern um das Wahrnehmen von Möglichkeiten, die in den Räumen stecken und somit um eine Erweiterung von Handlungsmöglichkeiten von Jugendlichen. Aufgrund des sozialräumlichen Ansatzes wurde deutlich: „Die offiziellen Jugendräume werden auf Grund ihres multifunktionalen Charakters, der fehlenden Aneignungsmöglichkeiten und der Dominanz der erwachsenen „Raumwärter" abgelehnt" (Deinet 1994 S. 258). Unter der Perspektive der geschlechtsspezifischen Aneignung von Räumen wird sichtbar, daß sich männliche Dominanz - in unterschiedlichen Formen - in räumlicher Dominanz ausdrückt (z. B. die Besetzung des Eingangs ins Jugendhaus). Es wird für die Mädchenarbeit entscheidend, weiblichen Jugendlichen Aneignungsmöglichkeiten zu eröffnen, die nicht männlich dominiert sind (vgl. Böhnisch/Münchmeier 1990).

Die heutige Kontroverse um das „Pädagogische" in der Jugendarbeit

In der aktuellen Debatte zur Jugendarbeit wird die Bedeutung des Pädagogischen betont und versucht, verstärkt die pädagogische Qualität der Jugendarbeit herauszustellen. Aber wenn es darum geht, das Pädagogische in der Jugendarbeit herauszuarbeiten und darzustellen, wird die Diskussion unübersichtlich. Die Bedeutung des Pädagogischen für die Jugendarbeit wird betont, scheint quasi „in der Luft zu liegen", ist aber gleichzeitig schwer zu fassen.

Um einen wird in der erziehungswissenschaftlichen Diskussion versucht, das Pädagogische mit den Begriffen Erziehung und Bildung zu thematisieren. Von einigen Autoren (vgl. Müller 1996a, Scherr 1994) wird der Bildungsbegriff für die offene Jugendarbeit reklamiert, da der Erziehungsbegriff normativ und hierarchisch besetzt sei. Die Möglichkeiten, Bildungsprozesse zu initiieren, werden deshalb eher in der offenen Jugendarbeit als in der Schule gesehen. Hingegen erscheinen die Möglichkeiten der offenen Jugendarbeit erzieherisch zu wirken, gering (vgl. Müller 1996a).

Auch Scherr plädiert dafür, Jugendpädagogik als Bildungspraxis zu betonen, um sie vor einer neokonservativen Wende zu mehr Erziehung abzugrenzen (vgl. Scherr 1994). Das Pädagogische in der Jugendarbeit geht also in der Bildung auf und Jugendarbeit als Bildungseinrichtung, die andere Qualitäten als die Schule aufweist, bezieht daraus ihre pädagogische Legitimation. Es erscheint jedoch fraglich, ob sich heute Jugendarbeit noch hinreichend mit ihrer Bildungsfunktion beschreiben läßt und ob das Pädagogische in der Jugendarbeit mit diesem Bildungsbegriff gefaßt werden kann.

Hilfreicher erscheint es, einen strukturellen Erziehungsbegriff zu verwenden, denn niemand „kann bestreiten, daß Jugendarbeit nun mal eine pädagogische Veranstaltung ist und daß in allen diesen Ansätzen notwendig auch erzieherische Bemühungen stecken, auch wenn sie nicht immer erfolgreich sind" (Müller 1995, S. 161). In diesem Sinne ist nicht mehr bloß das Individuum nun Subjekt der Erziehung, sondern das Individuum in seiner gesellschaftlichen Ausgesetztheit. Erziehung ist also als Teil eines umfassenden Sozialisationsprozesses, in den die pädagogische Beziehung eingebettet ist, zu sehen. Aus dieser Perspektive ist Erziehung davor geschützt, ihre eigenen Möglichkeiten zu überschätzen, was immer wieder zu Kritik führt (vgl. Griese 1994).

Entsprechend nehmen Autoren (vgl. Ferchhoff 1996, Brenner 1996) das Individualisierungstheorem als Grundlage, um pädagogische Konsequenzen für die Jugendarbeit abzuleiten. Ferchhoff (1996) betont die Ambivalenz in der individualisierten Gesellschaft und verweist darauf, daß „freie Entfaltungs- und Entwicklungsmöglichkeiten auf der einen Seite und Unsicherheiten und Problemlagen auf der anderen Seite eng beieinander liegen" (Ferchhoff 1996, S. 60). Vor diesem Hintergrund geht es für ihn in der Jugendarbeit darum, erzieherische Hilfen zur Lebensbewältigung - und dies durchaus in pädagogischer Absicht - zu geben. Die Angebote der Jugendarbeit müssen nach Ferchhoff (1996) beziehungsbezogen, sozialräumlich und jugendkulturell vermittelt sein und dürfen die genuin pädagogischen Seiten der Bildungsaufforderung nicht unterschlagen. Daraus ergeben sich Anforderungen an die MitarbeiterInnen in der Jugendarbeit. „Gefragt ist eine authentische, pädagogisch-professionelle, erwachsene und ältere Persönlichkeit, die freilich die Fragilität jeder pädagogischen Situation in Rechnung stellt, die sich diese erst jenseits technokratischer Bevormundungen in einem nicht-entmündigenden vorbildhaften pädagogischen Tun erarbeitet und die dadurch (auch durch Anderssein und Reibung) pädagogische-persuasive Ausstrahlung gewinnen, sowie Faszination und Begeisterung erwecken kann" (Ferchhoff 1996, S. 61).

Auf der Grundlage der Pluralisierung von Lebenslagen und Individualisierung der Lebensführung fordert Brenner (1996) neue pädagogische Konzepte der Jugendarbeit. Die Konzepte müssen der sich wandelnden jugendlichen Kommunikationspraxis gerecht werden und verstärkt auf Selbstinszenierungen und Expressivität setzen. Dazu werden raumbezogene Ansätze der Pädagogik und günstige situative Arrangements wichtig. Brenner (1996) betont weiter die Bedeutung der Beratung im Hinblick auf die alltägliche Lebensbewältigung als pädagogische Praxisform, die jedoch als pädagogisches Konzept allein nicht ausreichend ist. Die zunehmende Individualisierung produziert einen neuen Bedarf an Sozialem. „Die Pädagogik sollte Jugendlichen Hilfen anbieten, die gesellschaftlich vorangetriebene Individualisierung individuell-persönlich und zugleich kollektiv zu bewältigen. (...) Daher geht es pädagogisch darum, Jugendlichen bei der Entwicklung innovativer sozialer Bezugssysteme zu helfen" (Brenner 1996, S. 52f.). Beide Autoren sehen das Pädagogische in der Jugendarbeit also darin, daß Hilfen zur Lebensbewältigung angeboten werden. Diese Hilfen zur Lebensbewältigung werden in der persönlichen Beziehung zwischen JugendhausmitarbeiterIn und dem/der Jugendlichen vermittelt, über die sozialräumliche Konzeption der Jugendarbeit und in der Unterstützung sozialer Bezugssysteme.

Andere Autoren (z.B. Hafeneger 1996a) verweisen darauf, daß bisher die Bestimmung jugendarbeiterischer Professionalität aus normativer, struktureller, jugendsoziologischer, organisations- und managementzentrierter oder professionspolitischer Perspektive vorgenommen und damit die Dimension des Pädagogischen in den Hintergrund gedrängt wurde. Hafeneger geht davon aus, daß der „jahrelang kultivierte Abschied vom Pädagogischen und seine Dethematisierung (...) problematisch und folgenreich, geradezu fahrlässig" (Hafeneger 1996a, S.12) ist, weil damit auf eine zentrale Dimension der Legitimation von Jugendarbeit verzichtet wird und mahnt eine anspruchsvolle pädagogische Diskussion an. Für ihn geht es darum, zu klären, welche Inhalte und Wirkungen pädagogisches Tun mit den spezifischen Zugangsmöglichkeiten zu Jugendlichen und Kindern hat. Er sieht die pädagogische Herausforderung auf fünf Ebenen: „im Lernen (Aktivität, Projekt, Inhalt etc.); in der Motivierung; in den Beziehungen; in der Moderation von (Gruppen-)Prozessen; in der unterhaltsamen bzw. spannenden, anregenden Vermittlung" (Hafeneger 1996a, S. 20). Vor allem der Jugendarbeit schreibt er die Möglichkeit zu, sich als Lernfeld zu präsentieren, da kaum ein anderes pädagogisches Arbeitsfeld so viele pädagogische Freiheiten habe wie die Jugendarbeit, die auf dem Prinzip der Freiwilligkeit beruht. „Als 'Subjektbezug' ist der 'pädagogische Bezug' leitend für die Wi(e)derbelebung des Pädagogischen in der Jugendarbeit" (Hafeneger 1996a, S. 21). Hier steht also bei der Thematisierung des Pädagogischen in der Jugendarbeit die Beziehung zwischen JugendhausmitarbeiterIn und dem/der Jugendlichen im Vordergrund. Hafeneger kommt damit zu einem ähnlichen Ergebnis wie Ferchhoff (1996) und Brenner (1996).

Wenn es um das Pädagogische in der Jugendarbeit geht, lenkt die aktuelle Diskussion das Augenmerk neben der sozialräumlichen Konzeption auf die Beziehung von JugendhausmitarbeiterIn und dem/der Jugendlichen bzw. Erwachsene(r) - Jugendliche(r) und mahnt an, diese wieder stärker in ihren Möglichkeiten und Grenzen zu thematisieren.

Auch Müller (1995) betont die Bedeutung der Beziehungsarbeit in der Jugendarbeit. „Versteht man Jugendarbeit als 'Beziehungsarbeit' und diese als kämpferische Auseinandersetzung, so wird die persönliche Seite in den Blick gerückt. Und die ist in der Tat konstitutiv, sofern dieser Kampf nur 'persönlich', d. h. unter Verzicht auf den Gebrauch institutioneller Machtmittel geführt werden kann. In gewisser Weise müssen Jugendarbeiterinnen und Jugendarbeiter aus ihrer gesicherten Rolle heraustreten können, damit sie um ihre Ansprüche glaubhaft kämpfen und darin als Person um Anerkennung ringen können" (Müller 1996a, S. 95).

Jugendliche fragen die JugendhausmitarbeiterInnen jenseits ihrer funktionalen Rolle an, als „gesuchte" Erwachsene, und gerade da entfaltet sich das Pädagogische in der Jugendarbeit. Auf die Frage warum Jugendliche Erwachsene suchen, brauchen und nutzen, formuliert Müller (1996b) erste Hinweise, wenn er folgende Thesen formuliert:

- Jugendliche brauchen Erwachsene, die es ihnen ermöglichen, sich ein Bild vom Erwachsenwerden zu machen und sich selbst nach diesem Bild zu formen.
- Jugendliche brauchen Erwachsene, um den Ablösungsprozeß von den Eltern zu meistern.
- Jugendliche brauchen Erwachsene, die zwischen den Erfahrungen in der Welt der Gleichaltrigen und der Welt der Erwachsenen vermitteln.

Aber nicht nur die thematisierten Generationenbeziehungen konstituieren das pädagogische Verhältnis, sondern auch das Geschlechterverhältnis. (vgl. Böhnisch i. d. Bd.). Eine Rahmenkonzeption der Jugendarbeit hat nicht nur die „(...) sozialräumlichen Ressourcen, sondern auch ihre pädagogischen Möglichkeiten (und Grenzen) abzustecken und in künftige Versuche einer Konzeptualisierung einzubringen" (Schumann, M. 1993, S. 321).

Lothar Böhnisch

Der andere Blick auf die Geschichte

Jugendarbeit als Ort der Identitätsfindung und der jugendgemäßen Suche nach sozialer Integration

Eine pädagogische Neubesinnung der Jugendarbeit, wie sie in der heutigen Konzeptionsdebatte gefordert wird, kann aber nicht einfach programmatisch oder professionstheoretisch gesetzt werden, sondern muß sich in der personalen und gesellschaftlichen Struktur der Jugendphase begründen können. In diesem Sinne gehen wir von der Grundannahme aus, daß die Lebensphase Jugend in der modernen Gesellschaft einen pädagogischen Aufforderungscharakter enthält, der strukturell in der Entwicklungstypik der Jugend und dem dazu in Spannung stehenden Hineinwachsen in die Gesellschaft angelegt ist. Der pädagogische Aufforderungscharakter erwächst also zum einen aus der Entwicklungsbefindlichkeit der Jugend in Dynamik und Konflikt von Pubertät und Erwachsenwerden und zum zweiten - damit zusammenhängend - aus der besonderen gesellschaftlichen Generations- und Integrationsproblematik des Jugendalters: Die Jugendphase ist von ihrer Ambivalenz her - einerseits jugendkulturelle Selbständigkeit, gleichzeitig Übergangsphase zum Erwachsenwerden - immer wieder als Pull- und Push-Konstellation beschrieben worden. Jugendliche sind zwangsläufig, das heißt entwicklungsgesetzlich, vom Erwachsenwerden abgestoßen wie an ihm orientiert, denn sie müssen ja unweigerlich erwachsen werden. Dieser emotionale, ambivalente Bezug zum Erwachsenwerden schafft eine typische Konstellation von Bedürftigkeit, die vor allem auch darin besteht, daß die Jugendlichen zu sich selbst finden müssen, indem sie sich gleichzeitig losgelöst und hingezogen fühlen zu diesem Erwachsenwerden. Der daraus erwachsende pädagogische Aufforderungscharakter konstituiert somit einen Pädagogischen Bezug (in der Begrifflichkeit Herman Nohls, s. u.), in dem beides - sowohl die Abgrenzung vom, als auch die Teilhabe am Erwachsenwerden - möglich wird.

Jugend ist gleichzeitig auch eine gesellschaftlich freigesetzte Phase sozialer Integration, die ihre jugendtypische Besonderheit darin hat, daß die junge Generation neu in die Kultur eintritt und von daher von einer (eben strukturell bedingten) Rücksichtslosigkeit gegenüber dem Überkommenen und Tradierten gekennzeichnet ist und damit auch andere Vorstellungen von der Zukunft als die Erwachsenengesellschaft hat. Jugend ist somit - gesellschaftlich gesehen -

„aus der Zeit", schafft aber mit ihren Vorstellungen immer wieder soziale Wirklichkeit (Generationskonflikte). Aus dieser jugendtypischen gesellschaftlichen Generations- und Integrationsthematik erwächst eine weitere pädagogische Vermittlungsaufforderung. Pädagogisches Handeln, das sich darauf bezieht, muß entsprechend Widersprüchlichkeit und Ambivalenz nicht nur aushalten, sondern auch produktiv aufnehmen können.

Beide pädagogische Dimensionen - der Bezug zur Befindlichkeit und Bedürftigkeit Jugendlicher und die strukturelle Aufforderung zur gesellschaftlichen Vermittlung - können von geschlossenen und hierarchischen Rollenstrukturen gekennzeichnete Institutionen - wie z. B. der hoheitlichen Schule - nicht jugendkulturell hinreichend organisiert werden. Die Jugendarbeit hingegen hat eine offene, an der Jugendkultur orientierte institutionelle Struktur, in der sich die Befindlicheiten und Bedürftigkeiten entfalten können und gleichzeitig ein Experimentieren mit der sozialen Integrationsfrage und dem Erwachsenenbezug möglich ist.

Diese beiden zentralen pädagogischen Dimensionen der Jugendarbeit - die jugendtypische Bedürftigkeit in der Identitätsfindung und auf dem Weg zum Erwachsenwerden, sowie die Perspektive sozialer Integration - haben in der nun hundertjährigen Geschichte der Jugendarbeit in Deutschland zwar immer eine Rolle gespielt, standen aber nie so konzeptionell im Vordergrund, wie dies heute gesucht wird, sondern wurden oft übergangen oder mißverständlich interpretiert. Deshalb soll im folgenden der Versuch gemacht werden, die Geschichte der Jugendarbeit in Deutschland einmal über diese beiden pädagogische Dimensionen nachzuzeichnen, um damit auch ihre Wirklichkeit und Wirksamkeit historisch-empirisch begründen zu können. Wir werden dann in den späteren Hauptteilen des Bandes sehen, wie sich jugendtypische Bedürftigkeit und Integrationsproblematik heute im Zeichen der Biografisierung der Jugend neu stellen, wie Jugendliche aus diesen entwicklungstypischen, jugendkulturellen und sozialen Befindlichkeiten heraus Jugendarbeit suchen und welche Erfahrungen es gibt, Jugendarbeit in diesem pädagogischen Anspruch zu profilieren.

Die Bedürftigkeit der Jugend und die Jugendarbeit

Als andauerndes Erbe der Jugendbewegung nach der Jahrhundertwende in Deutschland ist - bis heute aktuell - die Idee des selbständigen Jugendraumes in die Konzeptionsgeschichte der Jugendarbeit eingegangen. Als die Jugendpflege und die Jugendverbände der Weimarer Republik das pädagogische Erbe der Jugendbewegung antraten und die neu aufkommende Jugendfreizeit nach bündigen Prinzipien zu gestalten versuchten, stand dementsprechend die Gruppenarbeit und die Ermöglichung jugendkultureller Aktivitäten im Mittelpunkt. Der innere Gehalt der Jugendbewegung wurde höchstens symbolisch, meist in den Formen ritualisierter Innerlichkeit, aufgegriffen. Dabei war die bürgerliche Jugendbewegung des frühen Wandervogels und der späteren Freideutschen Jugend nicht nur ein gesellschaftlich freigesetzter Generationsverband, in dem sich Interessen einer „neuen Jugend" formierten und artikulierten, sondern genauso ein Fluchtpunkt der Identitätsuche einer gesellschaftsverstörten Mittelschichtjugend. Diese seelische Bedürftigkeit als Selbstzweifel und Selbstsuche waren in der Jugendbewegung auf verschiedene Weise spürbar: Als Suche nach anderen Vätern und Erwachsenen, als Sehnsucht nach dem Freund, nach der Gemeinschaft und nach einem neuen Verhältnis zum anderen Geschlecht. Dies alles war Ausdruck einer tiefgreifenden Identitätskrise von Jungen und jungen Männern.

Nicht umsonst spielte der Begriff des Eros, durch den die libidinöse Suche nach sich selbst durch die Nähe zum, das Aufgehen im Anderen, die körperlich-sinnliche und geistige Hingabe an eine Beziehung, in den Mittelpunkt der Jugendkultur gestellt wurde, eine große Rolle im pädagogisch-politischen Diskurs der Jugendbewegung (vgl. Blüher 1919, Wynecken 1921). Daß die spätere Jugendarbeit dieses Signal der Jugendbewegung - daß es sich hier auch um eine männliche Suchbewegung handelte - ignoriert bzw. verspielt hat, ist ein Indiz dafür, daß die Jugendarbeit in der Nachfolge der Jugendbewegung immer nur oder vorwiegend sich an der äußeren Jugendkultur orientierte. Erst seit den achtziger Jahren, als sie massiv von der Frauenbewegung unter Druck gesetzt und mit dem Verdikt „Jugendarbeit ist Jungenarbeit" belegt wurde, ist ihr dieses zum Verhängnis geworden. Denn sie war ja nicht Jungenarbeit im eigentlichen - geschlechtstypischen - Sinne, sondern durch eine unübersehbare (aber nicht reflektierte) Dominanzkultur der Jungen und jungen Männer geprägt, die eben wiederum äußerlich war.

Die Grundstimmung der Jugend der Jugendbewegung - sich selbst und ihrer Umwelt nicht gewiß und doch einzigartig und in dieser Einzigartigkeit herausfordernd und rücksichtslos -, das Grundmotiv der ins Gesellschaftliche verlängerten Pubertät, kennzeichnet die innere Generationsgestalt der Jugend bis heute. Dieses Nebeneinander von Selbständigkeit und Bedürftigkeit prägte gerade auch die Gemütslage der Jugend der Weimarer Zeit. Die Sozialpublizistik und die Literatur schwärmten von einer „tänzerischen Generation" (Süskind 1925), die scheinbar spielerisch, weil unbefangen, die Melodie der urbanen Moderne aufnahm und gleichzeitig wieder von einer Jugend, die „sich selbst überlassen" sei (Sling 1929). Dieses Bild der Selbstüberlassenheit verwies auf die Orientierungslosigkeit einer Jugend, die zwar mitten in der neuen Gesellschaft stand, aber keine Vorbilder und Modelle für ihr Erwachsenwerden an ihr hatte. Die Jugendpädagogen hingen den Idealen der alten Jugendbewegung an, die Väter waren selbst orientierungslos, das Gestrige beherrschte die Bildungsanstalten. Die Suche nach dem Leben geriet zur Suche nach sich selbst. Die Tagebücher wurden zum Kultursymbol einer Generation, die zwar nicht mehr wie die Jugendbewegung aus der Gesellschaft auszog, sondern mitten in dieser modernen Gesellschaft lebte, ohne sich in ihr zu finden. Der Sozialpublizist Eugen Diesel (1929) nannte diese Jugend die „Spreu der Zeit". Ein Hunger nach Gegenwart war das Ergebnis dieser Selbstüberlassenheit, die Jugend schien sich selbst zu genügen und war sich doch ihrer selbst nicht sicher. Auch schon damals, in den zwanziger Jahren, war diese Bedürftigkeit durch übersteigerten Gegenwartskonsum verdeckt. Die zeitgenössische Jugendarbeit aber sah in dem neuen Konsumrausch oft nur die Gefahr der Äußerlichkeit, Bindungsschwäche und Gefährdung und übersah die dahinter liegende Bedürftigkeit der Jugendlichen.

In den fünfziger Jahren mußte sich die Jugend erst wieder als Jugend - im Sinne einer selbständigen Jugendkultur - formieren. Ihre Bedürftigkeit ging in der Schicksalseuphorie des Wiederaufbaus unter. Man hatte sich mit der Gesellschaft zu entwickeln, Triebverzicht zu leisten. Für Identitätsspiele war keine Zeit, der Blick war nach vorn gerichtet. Dennoch gab es die jungen Existentialisten in der Gymnasialkultur und die ersten Rocker aus dem Unterschichtmilieu, welche Jugend in ihrer Widerständigkeit und eben eigenen Bedürftigkeit aufscheinen ließen. Aber die Jugendarbeit war im großen und ganzen auf den gesellschaftlichen Gleichschritt der Jugend gepolt: Die Jugendverbände pflegten ihren Nachwuchs, offene Jugendarbeit war auf die angesetzt, die am „Schwung" des Wiederaufbaus nicht teilhatten und deshalb „Probleme machten", indem sie nicht in den der Jugend vorgezeichneten Entwicklungsbahnen blieben. Das waren in den fünfziger Jahren - noch oder wieder - die Jugendlichen „auf der Straße", die sozial nicht kontrollierbar waren und vor allem deshalb gefährdet schienen. Die Thematik der pädagogischen „Kontrollücke", welche die Sozialpädagogik des ausgehenden 19. Jahrhunderts, die auf die Integration der proletarischen Jugendlichen angesetzt war, geprägt hatte (vgl. Münchmeier/Peukert 1990), wiederholte sich unübersehbar. Die Häuser der offenen Jugend in den fünfziger Jahren hießen dementsprechend auch „überdachte Straßenecken" und wurden von der Mehrzahl der Jugendlichen gemieden, weil ihnen ein Führsorgegeruch anhaftete.

Die bundesrepublikanische Nachkriegsgesellschaft schien sich der Jugend sicher, denn diese orientierte sich ja - zumindest nach außen - am explodierenden Konsum und an den winkenden Berufschancen der Wirtschaftswundergesellschaft. Indem die Jugend als ökonomischer Faktor näher an die konsumierende Erwachsenengesellschaft heranrückte („Geld in Nietenhosen" hieß damals eine erste dem entsprechende Marketingschrift, Münster 1961), schien der Einklang von Jugend und Erwachsenenwelt erreicht: „Junge Menschen lernen, sich beständig neu zu orientieren. eine geprägte Liberalität entwickelt sich und wird in der Praxis der Gesellungsweisen gefestigt. Es ist eine Gesellung, in der man an sich frei und leicht und freudig bindet - und vielgestaltig zugleich, wie es dem Angebot der pluralistischen Gesellschaft entspricht" (Blücher 1966, S. 194). Von der Jugendforschung wurde die Jugend der sechziger Jahre dementsprechend zur „Generation der Unbefangenen" (Blücher) stilisiert, zu einer Jugend, die sich durch ausgesprochene (äußere) „Bindungspluralität" (Rosenmayr 1963) auszuzeichnen schien. Aus der Sicht der Industrie war eine Bevölkerungsgruppe herangewachsen, die in der eigenen jugendkulturellen Rezeption des Konsums eine hohe Markenflexibilität besaß (die Jugend sucht immer das Neue).

Das, was die Weimarer Jugendforschung und Jugendpädagogik nicht verstanden hatten, schien nun in der Jugendarbeit der sechziger Jahre angekommen: Jugendkultur als Konsumkultur, eine Jugend, die in den nun entstehenden offenen Jugendclubs ihre gehobenen Konsumbedürfnisse ausleben konnte. Aber gerade in diesen Clubs zeigte sich bald, daß die Jugendlichen ihre Identitätsfindung nicht über den Konsum erreichen konnte, daß sie auch „Jugend" in ihrer inneren Zerrissenheit und Suche blieben und bleiben wollten. Die Jugendclubs der Jugendarbeit wurden auf einmal, nach dem sie den Fürsorgegeruch los waren und auch äußerlich in und neben der Konsumwelt bestehen konnten, zur Orten, wo Jugendliche - neben und außerhalb der Konsumwelt - Gleichaltrigennähe (der Konsum war doch letztlich konkurrent) und andere Erwachsene suchten (vgl. dazu Rosenwald 1973). Und dazu kamen - Ende der sechziger Jahre - immer mehr Jugendliche, die mit dieser Konsumgesellschaft nicht mithalten konnten oder wollten, weil sie ihnen ihre Jugendlichkeit gleichsam abkaufte und sie nicht als junge Menschen anders sein ließ:

„Die heutige Jugend steigt in die Keller der Mietshäuser, dort wo die Abwässer und Heizungsrohre durchlaufen, wo die Erwachsenen ihr Gerümpel und ihre Vorräte lagern, ist sie unter sich und wehrt sich dagegen, zum Nachwuchs einer nur noch an Konsum und Produktion orientierten Gesellschaft degradiert zu sein" (Kentler 1960, S. 162).

Der dies beobachtete - Helmut Kentler - war einer der vier Autoren des Klassikers „Was ist Jugendarbeit" (1965). In dieser ersten modernen Konzeption einer pädagogischen Jugendarbeit wurde zwar auch auf die pädagogischen Aspekte der Intimität und Gegenseitigkeit der Gleichaltrigenkultur rekurriert, dieser Faden wurde aber - angesichts der zeitgenössischen Bewegungen und Diskurse um die gesellschaftliche Emanzipation der Jugend nicht weitergesponnen. So ist die Bedürftigkeit der Jugend, die sich in der Suche nach Geschlechteridentität, nach personaler Integrität angesichts eines Zustandes der leibseelischen und sozialen Ungewißheit und in einer jugendkulturell befangenen Neugier am Erwachsenwerden äußert, hier - weil sie gerade in einer modernen Gesellschaft des triebverdrängenden Fortschritts leicht zu übersehen war - in den Hintergrund geraten. Der Grundstein für eine moderne Jugendarbeit war - einmal mehr - auf die jugendkulturelle Perspektive hin gelegt: Die Jugendarbeit als Ort des jugendkulturellen Auslebens des Generationskonflikts, als Fluchtpunkt vor der Erwachsenengesellschaft, als Ermöglichungsraum einer daran anknüpfenden Gleichaltrigenkultur. Daß die Jugendlichen diese Jugendarbeit in den siebziger Jahren dann in eigene Hände nahmen - vor allem in der Jugendzentrumsbewegung - verstörte die Jugendarbeit nur bedingt. Sie wurde zu dieser Zeit über die Bildungsreform gesellschaftlich - als Lernort - aufgewertet (s. u.). Daran richtete sie ihre Professionalisierung aus. Diese Erfahrung, daß Professionalisierung und Institutionalisierung die Jugendarbeit stärkten und endlich im öffentlichen Erziehungssystem etablierten, ließ das Problem zurücktreten, daß man sich damit noch mehr von dem Innenleben der Jugend entfernte. Man wollte nicht fürsorgerisch-therapeutisch tätig sein - damit wurde das Eingehen auf die leibseelische Befindlichkeit der Jugend oft verwechselt -, sondern an den Jugendinteressen, die aus der jugendkulturellen Selbständigkeit erwachsen, ansetzen.

Damit geriet auch außer Blick, daß die Jugendlichen in ihren „selbst organisierten" Jugendräumen - bei aller zelebrierter Selbstsicherheit und Selbstbehauptung nach außen - diese Bedürftigkeiten untereinander austauschten und auslebten. Die in der mißtrauischen kommunalen Öffentlichkeit als „Knutsch- und Haschecken" verteufelten Jugendhäuser waren (und sind) nichts anderes als gegenseitige Berührungsräume, in denen Ängste, Neugier auf sich und andere, jugendlich unwirkliche und daher schwankende Lebenshoffnungen aufeinander trafen. Die institutionelle Jugendarbeit aber entwickelte sich unterdes zielstrebig professionell nach außen weiter: Spezialisierte Kulturangebote, sozial benachteiligte Zielgruppen, ökologische Arbeit, Beratungs-, Animations-, Informations- und Trendzentren für eine selbständig gewordene Jugendkultur.

So nimmt es nicht Wunder, daß die erste große tiefenpsychologisch orientierte Analyse der Jugendgruppenarbeit, wie sie Achim Schröder (1991) vorlegte, sich wie ein seltener Fund ausnahm. Er öffnete uns - achtzig Jahre nach Blüher und Wynecken (s. o.) - wieder den Blick für die libidinöse Besetzung der jugendkulturellen Gruppen und Cliquen, ihre Suche nach Nähe, nach Halt im Aufgehen in den Anderen. Er legt die alte Wunde neu frei: Die Jugendlichen haben sich in ihrer Gefühlswelt von den Eltern gelöst, geben sie als Liebesobjekte auf und sind gleichzeitig noch voller Angst und Scheu gegenüber eigenverantwortlichen Bindungen. Sie leben in der Schwebe, im Zustand der „Unwirklichkeit" (so der Jugendpsychiater Donald Winnicott) und suchen daher alles Unwirkliche wirklich werden zu lassen. Das gleiche Bedürfnis nach dieser Wirklichkeit des Unwirklichen, also nach sich selbst, läßt die Jugendlichen ineinander aufgehen. Dabei sind das Erotische, die sinnliche Beziehung und die Suche nach Geschlechteridentität der unwiderstehliche Magnet des Zusammenfindens aber auch der Verlustahnungen und des Versagens. Die Jugendlichen sind bedürftig an sich selbst und leben in einer Gesellschaft, in der sie das nicht zeigen können, in der sie früh mithalten müssen, die alles aufgeklärt haben will, was ihnen in ihrem Schwebezustand geheimnisvoll und unheimlich, wundervoll und ausgesetzt zugleich erscheint.

Der „Verlust der Jugend", die Anmaßung einer alles wissenden und anbietenden Medien- und Konsumgesellschaft, auch die Jugend selbst zum Konsumgut gemacht zu haben, ist das hauptsächliche Problem im Verhältnis von Jugend und Gesellschaft zu Ausgang des 20. Jahrhunderts. Wenn die Shell-Studie 1997 tönt, die Krise habe die Jugend „erreicht", weil Arbeitslosigkeit zu dem Thema unter Jugendlichen geworden ist, und die Thematik der Identitätsfindung und Suche nach sozialer Orientierung in die zweite Reihe gerutscht sei, so hat sie nur das äußere Abbild der Wehrlosigkeit der Jugend erhoben. Denn gleichzeitig - so hat es die Shell-Studie auch gefunden, aber nicht entsprechend rückbezogen - möchten Jugendliche länger in ihrer Jugendzeit verbleiben. Darin drückt sich aber eine innere Bedürftigkeit der Jugend aus: Jugendliche müssen soziale Probleme in einer Lebenszeit bewältigen, in der sie noch mit sich selbst zugange sind, sich alles um sie drehen muß und die sozialen Probleme eigentlich ferngehalten sein sollten. Dazu brauchen sie den Schutzraum Jugend und Jugendkultur, der nun immer mehr sozial vergiftet wird. Kein Wunder, wenn die jugendliche Bedürftigkeit, der man keinen eigenen Raum mehr läßt, dann auch in Extremen - Resignation und Gewalt - aufgehen kann.

Die Jugendarbeit ausgangs des 20. Jahrhunderts kommt also mit der traditionellen „äußeren" jugendkulturellen Orientierung nicht weiter. Auch ein von seiner männlichen Schlagseite gereinigtes Konzept der Stützung von Gleichaltrigenkulturen und der damit verbundenen Idee der Selbstorganisation Jugendlicher ergibt nur so lange einen pädagogischen Sinn, als diese Gleichaltrigenkultur die Jugendphase und den Übergang in den Erwachsenenstatus in absehbarer Zeit strukturieren und mediatisieren könnte. Die Jugendhäuser der siebziger Jahre waren noch Fluchtpunkte vor dem Elternhaus. In den neunziger Jahren ist die Gleichaltrigenkultur nur noch ein Bestandteil der Lebensphase Jugend; die Eltern bleiben als emotionale und materielle Unterstützungsagenturen weiterhin wichtig. Die Jugendzeit selbst hat sich durch Bildungsextensivierung und erschwerte Übergänge ins Berufsleben so verlängert, daß die Altersspanne von zwanzig bis dreißig Jahren als neues Lebensalter, das auch noch und gleichzeitig nicht mehr Jugend ist, hervortritt. Es ist das Alter der jungen Erwachsenen, in dem viele Jugendliche zwar längst soziokulturell selbständig, aber ökonomisch noch abhängig und berufspositionell nicht gesichert sind.

Jugendtypische Entwicklungsaufgaben und soziale Bewältigungsprobleme gehen heute in einer sozial erweiterten Bedürftigkeit (s.u.) ineinander über, die Jugend- und junge Erwachsenenphase ist zudem biografisiert. Das bedeutet, daß viele Jugendliche auf sich gestellt sind und die Gleichaltrigenkultur nicht mehr hinreicht, um die Probleme des Selbständigwerdens, des sich Findens und des sozialen Anschluß Bekommens im jugendkulturellen (befristeten) Schonraum zu lösen. Gleichzeitig wird heute deutlich, wie entmischt die Generationen in der Gesellschaft sind. Die enorme Verlängerung der Bildungswege läßt die Jugendlichen zu lange unter sich, als daß sie sich an den Erwachsenen reiben, sich mit ihnen auseinandersetzen könnten. Sie nehmen sie gesellschaftlich nur noch als entrückte Positionsinhaber war, die aus der Zitadelle der etablierten Erwachsenenkultur heraus ihre Privilegien verteidigen und Zugänge verwehren oder unangefochtener denn je kontrollieren. Die fortschreitende Rationalisierung der Arbeitsgesellschaft hat die Jugend in ihrer Bedeutung als „Humankapital" entwertet. Teile der Jugend erleben sich als nicht mehr gebraucht in einer jugendverdrossenen Gesellschaft (Shell-Studie 1997). Der Generationskonflikt - einst immer wieder Motor des gesellschaftlichen Wandels - ist in die Struktur abgewandert und bricht an anderen Stellen in sozial destruktiven

Chiffren der Hilflosigkeit auf: Gewalt, Rückzug, Regression in der Spaßgesellschaft. Auf sich gestellte Jugendliche haben es schwer, sich selbst zu finden und suchen auch deshalb wieder mehr nach Erwachsenen, die sich ihnen beizeiten öffnen, ihnen zugänglich werden können. Die neue Bedürftigkeit der Jugend äußert sich also nicht nur in der Suche nach dem Selbst hinter den gleißenden Kulissen der Medien- und Konsumgesellschaft, sondern auch im „Hunger" nach anderen Erwachsenen (vgl. Drößler i. d. Bd.). Die Sekten haben diese Konstellation längst erkannt, funktionalisiert und ausgenutzt. Die Jugendarbeit - in ihrer eigenen Geschichte befangen - zögert noch, sich in diese Richtung zu öffnen und den Jugendlichen für ihre Bedürftigkeiten eigenen Raum zu geben. Sie hat den epochalen Wandel der Bedeutung des Bedürftigkeitsbegriffs bisher noch nicht begriffen.

Ähnlich verhält es sich mit der pädagogischen Perspektive der Sozialintegration. Auch sie ist vielen JugendarbeiterInnen im Hinblick auf ihre obrigkeitliche Vergangenheit verpönt. Das schafft aber nicht das Problem aus der Welt und ändert nichts an der Tatsache, daß Jugendliche in die Gesellschaft hineinwachsen und gerade in der Jugendzeit erfahren und lernen müssen, mit dieser Integrationsperspektive selbständig umzugehen und entsprechenden sozialen Anschluß zu finden. Gerade im gesellschaftlichen Prozeß der Individualisierung hat die Perspektive der Sozialintegration einen biografischen und sozialisatorischen Bedeutungswandel erfahren: Nicht so sehr das Problem der Anpassung an vorgegebene Normensysteme und Muster der Lebensführung macht den Jugendlichen zu schaffen, sondern das Nebeneinander von Risiko und Chance, integrationsfähigen sozialen Anschluß angesichts einer gleichzeitig pluralistischen wie konkurrenten Gesellschaft zu finden. Der gesellschaftliche Individualisierungsprozeß und die damit verbundene Biografisierung der Jugendphase (vgl. Lenz i. d. Bd.) hat Jugendliche heute früh der gesellschaftlichen Unübersichtlichkeit „zwischen Offenheit und Halt" ausgesetzt und treibt sie zu eigener Suche nach einer sozialen Perspektive aus ihrer Befindlichkeit heraus (vgl. Bohnsack i. d. Bd.). Wenn wir also - wie im folgenden versucht - den Begriff der Sozialintegration so historisch-strukturell und damit entsprechend wandelbar denken, dann kann durchaus aus dem Buhwort der sechziger Jahre ein (von den Jugendlichen her gedachter) Arbeitsbegriff der heutigen Jugendarbeit werden.

Die sozialintegrative Funktion der Jugendarbeit im Wandel ihrer Geschichte - von der öffentlichen Kontrolle zur sozialisatorischen Unterstützung

Man kann es jugendpolitisch und jugendpädagogisch drehen und wenden wie man will, was in der Geschichte der Jugendarbeit immer konstant geblieben ist - wenn auch unterschiedlich verstanden und gestaltet -, war und ist ihre sozialintegrative Funktion in der sozialstaatlichen Gesellschaft. Sie war und ist bis heute eine öffentlich geförderte Institution, die Kindern und Jugendlichen bei der Eingliederung in die Gesellschaft behilflich sein soll. War diese sozialintegrative Perspektive bis in die späten sechziger Jahre hinein vor allem vom ordnungs- und gesellschaftspolitischen Interesse des Staates und der Träger der gesellschaftlichen Ordnung bestimmt - von der obrigkeitsstaatlichen Kontrolldefinition der letzten Jahrhundertwende bis zur staatsbürgerlichen und kriminalpräventiven Erziehungsdefinition -, so wendete sie sich ab den siebziger Jahren hin zur Sozialisationsfunktion: Sozialintegrative Arbeit wurde nun vom Jugendlichen her - in der Balance von jugendkultureller Autonomie und Erwachsenenwerden - definiert. Soziales Lernen und der Erwerb sozialer Kompetenz bei der Entwicklung zum mündigen und kritischen Mitglied der Gesellschaft standen nun vor dem gesellschaftlichen Interesse der Anpassung der Jugend an die herrschenden Normen (wobei dieser „alte" sozialintegrative Druck bis heute weiter wirkt). Diese sozialisatorische Wende der sozialintegrativen Definition der (offenen) Jugendarbeit ist bis heute bestimmend für ihre Struktur und gesellschaftliche und (gleichermaßen) jugendkulturelle Legitimation. Mit dem Brüchigwerden der sozialstaatlichen Absicherung und der Biografisierung der Jugendphase hat sie auch eine eminente sozialpolitische Bedeutung gewonnen. Diese Verbindung von sozialisatorischer und sozialpolitischer Funktion ist in dem programmatischen Motto dieses Buches - Jugendarbeit als Lebensort / Jugendpädagogik zwischen Offenheit und Halt - ausgedrückt. Dem ist historisch-theoretisch und konzeptionell die These unterlegt, daß über die sozialintegrative Dimension - in ihrer historisch gewandelten Bedeutung - die gesellschaftliche Eigenständigkeit und pädagogische Profilierung der Jugendarbeit signifikant thematisiert werden kann.

Der Begriff der „Sozialintegration" hat in der sozialwissenschaftlichen Diskussion in Deutschland eine gesellschaftlich-allgemeine und eine historischbesondere Bedeutung. Allgemein bezeichnet er eine zentrale Dimension der gesellschaftlichen Arbeitsteilung in der Moderne: Die in der Folge der ökonomischen Arbeitsteilung entstandenen sozialen Differenzierungen, Aufspaltungen der Lebensbereiche und sozialen Konflikte müssen - soll das gesellschaftliche Gleichgewicht, die Stabilität der Gesellschaft trotz sozialen Wandels gewahrt bleiben - jeweils neu aufeinander bezogen und wieder zusammengeführt, eben „integriert" werden. Aus der Sicht des Individuums bedeutet dies: Es muß Chancen und Möglichkeiten haben, die im Zuge der industriellen Arbeitsteilung immer wieder neu entstandenen Umbrüche, Verwerfungen, Unübersichtlichkeiten und sozialen Regellosigkeiten („Anomien", vgl. Durkheim 1973) bewältigen, den sozialen Anschluß und die Beteiligung an der gesellschaftlichen Entwicklung halten und in seiner Lebensführung einen subjektiven Bezug zu den geltenden Normen und sozialen Standards finden können. Kurzum: Der Einzelne muß aus seiner Lebenswelt heraus der Gesellschaft einen Sinn abgewinnen können (vgl. zum Begriff der Sozialintegration umfassend Habermas 1973).

Die sozialwissenschaftliche Individualisierungsdiskussion (vgl. Beck 1986) hat den Begriff der Sozialintegration differenziert. Individualisierung als sozialstrukturelles Phänomen meint nicht nur, daß die Menschen infolge der beschleunigten Arbeitsteilung aus traditionellen sozialintegrativen Zusammenhängen - Milieus, Lebensmustern, Selbstverständlichkeiten und Sicherheiten - „freigesetzt" werden, sondern auch, daß sie nun in Chancen und Risiken stärker auf sich selbst gestellt, diese also biografisiert sind (vgl. Böhnisch 1997). Vielmehr ist damit genauso die Erkenntnis verbunden, daß die Individuen auch mehr von sich aus neue sozialintegrative Bezüge aufbauen, im Alltag und gesellschaftlich sozialen Anschluß finden müssen. Diese Suche nach sozialem Anschluß in einer individualisierten und pluralisierten Gesellschaft vom Subjekt her kann Formen annehmen, die nicht oder nur teilweise den durchschnittlichen gesellschaftlichen Integrationsmustern entsprechen (subkulturelle Integrationsmuster), also in Spannung zur gesellschaftlichen Integration stehen. In diesem Zusammenhang betrachten wir Sozialintegration nicht - wie oben - institutionell (Eingliederung in und Übereinstimmung mit der Gesellschaft), sondern prozeßhaft aus der Sozialisations- und Bewältigungsperspektive.

In seiner historischen Rezeption durch die Jugendarbeit in Deutschland ist der Begriff der Sozialintegration dagegen deutlich institutionell zentriert und verengt. Er war in diesem Sinne auf die im letzten Drittel des 19. Jahrhunderts gewachsene sozialintegrative Funktion des Staates und ihre gesellschafts- und sozialpolitische Durchsetzung verengt. In Deutschland hatte der gegenüber den großen westeuropäischen Gesellschaften verspätete Industrialisierungs- und Nationwerdungsprozeß den Staat des Kaiserreiches von 1870/71 in eine dominante Sonderrolle gebracht: Er war nicht nur ordnungspolitisch und ökonomisch gebundener Interventionsstaat, sondern genauso Sozialstaat, der über die soziale Absicherung des Wirtschaftsprozesses hinaus eine eigenständige Gesellschaftspolitik der sozialen Befriedung der Klassenkonflikte und der Klassennivellierung betrieb (vgl. Böhnisch/Niemeyer/Schröer 1997). Diese an der besonderen deutschen Tradition erwachsene (also strukturell bedingte) „sozialintegrative" Politik des Sozialstaates war in ihren Anfängen - entsprechend der ständisch-autoritären und bürgerlich-kapitalistischen Verfassung des deutschen Kaiserreiches - obrigkeitsstaatlich und antisozialistisch. In diesem Sinne war sie durch gleichermaßen sozial disziplinierende wie sozial intervenierende Strukturen (Hebung der unteren Klassen durch Volksbildung, damit sie nicht der Arbeiterbewegung verfallen) gekennzeichnet. Diese Struktur findet sich auch in der damals staatlich etablierten Jugendpflege - der institutionellen Vorgängerin der offenen Jugendarbeit in Deutschland - wieder. Gerade die Jugend, als Synonym der Erneuerung und des Wandels (aber auch der Bedrohung des Überkommenen) in der Moderne sollte - ihrem Entwicklungsstatus gemäß -, möglichst früh in die sozialintegrative Politik des Sozialstaates einbezogen werden. Die moderne offene Jugendarbeit wird - auch wenn sie ihre sozialintegrative Perspektive heute längst subjekt- und sozialisationsbezogen definiert -

immer noch und immer wieder - besonders in Situationen öffentlichen Legitimationsdrucks - auf die sozialintegrative Funktion „von oben" verwiesen.

Im Lichte dieser sozialintegrativen Bedeutung läßt sich die Entwicklung der offenen Jugendarbeit in Deutschland von der Wende vom 19. Zum 20. Jahrhundert bis zur heutigen Jahrhundertwende als zunehmende Verlagerung der sozialen Integrationsfunktion von der staatlich-institutionellen auf die sozialisatorisch-lebensweltliche Dimension beschreiben. Dabei ist die Spannung zu dieser etatistisch-obrigkeitlichen Tradition nie ganz aufgelöst. Diese sozialstaatlich geprägte Entwicklung der offenen Jugendarbeit kann idealtypisch in acht Entwicklungsphasen gefaßt werden:

- Die obrigkeitsstaatlich gelenkte Einführung der Jugendpflege in der Tradition der Disziplinierung und Kontrolle vornehmlich der proletarischen Jugend vor und nach der Jahrhundertwende vom 19. zum 20. Jahrhundert.
- Die Neustrukturierung der Jugendpflege im Reichsjugendwohlfahrtsgesetz (1923) der demokratischen Weimarer Republik, mit nun auch jugendkulturell ausgerichteten Elementen, die durch die noch junge Sozialpädagogik in jugendbewegtem Geiste gestaltet wurde.
- Die Jugendarbeit der westlichen Besatzungsmächte - vor allem der Amerikaner - die nach dem 2. Weltkrieg in Westdeutschland ein gemeinwesenorientiertes Modell offener Jugendarbeit einführten, nachdem die Ansätze offener Arbeit und freier Jugendverbandsarbeit in Nazideutschland zerschlagen worden waren.
- Die Phase der fünfziger Jahre in Westdeutschland, in der die offene Arbeit nachrangig zur Jugendverbandsarbeit gesetzt und durch ihren restaurativen Typ sozialintegrativer Ausrichtung (Jugendliche von der Straße holen) die traditionellen staatlich-sozialintegrativen Elemente wieder aufleben ließ.
- Der Aufschwung der offenen Jugendarbeit in der Zeit der westdeutschen Bildungsreform und Bildungsmobilisierung, in der sie zum „vierten Sozialisationsfeld" und zum sozialen „Lernort" avancierte.
- Die Jugendzentrumsbewegung und die in der Folge jugendkulturzentrierte, gesellschaftlicher Vereinnahmung gegenüber distanzierte „autonome Jugendarbeit" in den siebziger Jahren.
- Die Hinwendung der offenen Jugendarbeit von der unspezifischen Freizeitorientierung zur Zielgruppenarbeit mit Jugendlichen mit besonderen Lebensproblemen und Schwierigkeiten.
- Die Ansätze der sozialintegrativen Neudefinition der offenen Jugendarbeit unter sozialisatorischer und pädagogisch-biografischer Perspektive, vor allem auch unter dem Eindruck der desintegrativen Tendenzen im Gefolge der Krise der Arbeitsgesellschaft und des Sozialstaates, welche auch die Jugend inzwischen erfaßt haben.

Als 1911 der Preußische Jugendpflegeerlaß kodifiziert wurde (vgl. Jordan/ Sengling 1993), war der erste Entwicklungsabschnitt der öffentlichen Jugendpflege in Deutschland markiert. Diese Jugendarbeit war zwar obrigkeitsstaatlich inspiriert, ließ aber doch ersten Raum für jugendpädagogische Überlegungen. Bis dahin stand die Jugendpflege hauptsächlich unter der Obhut und Aufsicht von Justiz und Polizei. Sie war in erster Linie auf die proletarischen Jugendlichen ausgerichtet, auf die „Kontrollücke zwischen Schule und Kasernentor" (Münchmeier/Peukert 1990), in der sich diese Jugendlichen der öffentlichen Aufsicht entzogen. Die Jugendpflege als Vorläufer der offenen Jugendarbeit entstand also nicht als Jugendpädagogik, sondern aus dem obrigkeitsstaatlichen Mißtrauen heraus, daß ein Teil der Jugendlichen auf der Straße sich der öffentlichen Kontrolle entziehen könnte.

Als diese obrigkeitliche Integrationsperspektive in der Weimarer Republik durch den Gedanken der Jugendwohlfahrt und der Orientierung der Jugendhilfe (auch) am Jugendlichen abgelöst wurde, konnte sich der Raum der Jugendpflege für jugendkulturelle Aktivitäten und eine daran anschließende Jugendpädagogik öffnen. Protagonisten waren hier ehemalige Mitglieder der Jugendbewegung (vgl. Herrmann 1991), welche die Ideen des jugendgemäßen Lebens, der Eigenständigkeit der Jugend und Gleichaltrigengemeinschaft nun pädagogisch umzuformen und zu gestalten versuchten. Herman Nohls berühmte sozialpädagogische Devise - nicht die Probleme, die der Jugendliche macht, sondern die, die der Jugendliche hat, müßten zum vorrangigen Bezugspunkt aller Jugendwohlfahrt werden - hielt auch Einzug in die Jugendpflege. Sie wurde langsam zur offenen Jugendarbeit für alle nicht verbandsgebundenen Jugendlichen, sah ihr Arbeitsfeld in der zunehmend aufkommenden modernen Freizeit neben und außerhalb von Familie, Schule, Beruf und versuchte in dieser Freizeit für Jugendliche Angebote zu machen, die „jugendgemäß" waren, der Jugendkultur also entgegenkamen. Die jugendkulturelle Gemeinschaftsidee der Jugendbewegung wurde somit in der Jugendpflege in ein sozialpädagogisches Verhältnis zur sozialen Wirklichkeit der Freizeit in der Industriegesellschaft gebracht (vgl. Böhnisch/Schröer 1997). Damit war der Grundstein für eine moderne Jugendarbeit gelegt, die sich schon als Pädagogik der Ermöglichung von Gleichaltrigenkultur - wie wir heute sagen würden - verstand und dafür Räume, jugendzugewandte Erwachsene und - die Jugendkultur respektierende - pädagogische Ideen zur Verfügung stellte.

War mit dem Staatsjugendprogramm der Nazis der Gedanke einer eigenständigen und offenen Jugendkultur aus der Pädagogik und Jugendarbeit verbannt, so konnte er sich in der Zeit nach dem zweiten Weltkrieg nur mühsam und erst in den beginnenden sechsziger Jahren wieder etablieren. Die Jugendpflege der fünfziger Jahre war wieder überwiegend sozialintegrativ „von oben" ausgerichtet. Sie sah die offene Jugendarbeit als nachrangig zur Verbandsarbeit an. Sie sollte - die obrigkeitliche Kontrollperspektive hatte sich nun zur kriminalpräventiven und gefährdungspädagogischen Legitimation gewandelt - die Jugendlichen von der Straße holen und der Jugendverbandsarbeit zuführen. Die damaligen Häuser der offenen Tür (HOT) wurden entsprechend auch als „überdachte Straßenecken" bezeichnet.

Die fünfziger Jahre waren für die Entwicklung der offenen Jugendarbeit doppelt restaurativ. Nicht nur, daß die jugendkulturellen Traditionen der Weimarer Jugendpflege verschüttet waren; die Jugendarbeit der fünfziger Jahre machte sich auch nicht die Ansätze der „German Youth Activities (GYA)" der amerikanischen Besatzungspolitik nach 1945 zunutze, sondern sah in ihnen eher einen Fremdkörper in der Entwicklung der deutschen Jugendarbeit. Während die primär verbandsorientierte deutsche Jugendarbeit es gewohnt war, die Jugendkultur (vor allem in ihrer bündischen Ausformung) in weltanschauliche Milieus einzubinden, war der amerikanische Ansatz alltagspragmatisch und gemeinwesenbezogen (community-orientated): Die Jugendlichen sollten einen Ort für sich in der Gemeinde haben und über ihre Aktivitäten Teil der Gemeindeöffentlichkeit sein und am Gemeindeleben mit ihrem eigenen Beitrag teilnehmen. Jugendarbeit war das erste Mal zum kommunalen Ort geworden (vgl. Fehrlen/Schubert 1991). Doch es war nicht nur die verbandliche Jugendarbeit, welche sich solchen offenen Ansätzen und der öffentlichen Partizipation der Jugend verwehrte. Die Gesellschaft und ihre staatlichen Institutionen waren von der älteren und mittleren Wiederaufbaugeneration beherrscht, für einen Aufbruch der Jugend - so wie früher über die Jugendbewegung und in der Weimarer Zeit über die Jugend als Träger der neuen modernen Freizeitkultur - war kein gesellschaftlicher Platz. Es fand in den fünfziger Jahren - abgesehen von obrigkeitsstaatlichen Relikten - keine sozialstaatliche Transformation der Jugendarbeit statt, ihre sozialintegrative Funktion war sekundär. Sie verblieb im Schatten der verbandlichen Erwachsenenorganisationen, die an der offenen Jugendarbeit vor allem die Rekrutierungsfunktion für die Jugendverbände schätzten.

Die neue sozialstaatliche Integration der offenen Jugendarbeit, die Wiederbelebung und Verbreitung ihrer sozialintegrativen Funktion in nun gewandelter Funktionsperspektive entwickelte sich dann auch folgerichtig Mitte der sechziger bis in die siebziger Jahre hinein, als sich der Sozialstaat zum Wohlfahrtsstaat erweiterte und soziale Chancengleichheit und demokratische Partizipation als Grundlagen einer modernen Wirtschafts- und Gesellschaftsentwicklung begriff. Die Jugend wurde - zumindest in der gesellschaftlichen Definition, aber auch symbolisiert über die 68er und Nach-68er-Bewegungen - zum „Faktor des sozialen Wandels" (vgl. Allerbeck/Rosenmayr 1971) und - über ihren nun gesellschaftlich hoch bewerteten Bildungsstatus - zum „human capital" der Modernisierung. Die Jugendarbeit wurde als eigener Lernort der Bildungsplanung der siebziger Jahre festgeschrieben, sie sollte den Jugendlichen die sozialen und soziokulturellen Kompetenzen vermitteln helfen, die in der Schule nicht erwerbbar sind, sondern über das Medium der Gleichaltrigenkultur erlernt werden müssen (vgl. Hornstein u.a. 1975). Das Bemerkenswerte an dieser bildungspolitischen Anerkennung der offenen Jugendarbeit aber war, daß sich in ihr ein historisch neues Verhältnis von Jugendarbeit und Sozialstaat symbolisierte: Die sozialintegrative Funktion der Jugendarbeit wurde vom nun sich auch wohlfahrts- und bildungspolitisch verstehenden Sozialstaat nicht mehr ordnungspolitisch, sondern sozialisatorisch gesehen. Die offene Jugendarbeit sollte soziale Integration in der Sozialisationsdimension des tendentiell selbstbestimmten Hineinwachsens der Jugend in die demokratische Gesellschaft mitgestalten.

Diese bis heute einschneidende sozialstaatliche Wende in der öffentlichen Bestimmung der Jugendarbeit, wie sie sich auch in der Gründung zahlreicher selbstverwalteter Jugendclubs zu Ende der sechziger Jahre indirekt niederschlug, hatte erhebliche Auswirkungen auf das jugendpädagogische Selbstverständnis und die Professionalisierung der Jugendarbeit. Mit seinem damals programmatischen Aufsatz „Abschied von der sozialintegrativen Jugendarbeit" - damit meinte er die normativ und institutionell hierarchische Definition von Sozialintegration - läutete Manfred Liebel (1970) die Diskussion um eine Jugendarbeit ein, die sich in den Dienst der Jugendkultur und nicht länger unter das Ordnungsinteresse des Staates zu stellen habe.

Die nun durch Bildungspolitik und emanzipatorische Jugendpädagogik umgepolte „aufgeweichte" Jugendarbeitsszenerie erhielt bis in die Mitte der siebziger Jahre hinein allerdings eine ganz neue Dynamik, die von den Jugendlichen selbst kam. Die Jugendzentrumsbewegung - vor allem in den Klein- und Mittelstädten - pochte auf die Autonomie der Jugendkultur gegenüber Bildungspolitik und Pädagogik, und ließ damit auch die Jugendarbeit in ihrem neu erwachten - jugendkulturzugewandtem - Selbstverständnis gleichsam ins Leere laufen. Eines aber hatte die Jugendzentrumsbewegung - im Nachgang zu den Studenten-, Schüler- und Lehrlingsbewegungen - gesellschaftspolitisch über das Medium kommunalpolitisch erkämpfter Akzeptanz erreicht: Während die Bildungspolitik mit „der Jugend" als abstrakte gesellschaftliche Größe operierte, machten sich die Jugendlichen als konkrete lokale Interessengruppen mit eigenen (und nicht von Familie und Schule abgeleiteten) sozialen und kulturellen Ansprüchen bemerkbar. Die offene Jugendarbeit, die sich zu dieser Zeit mehr kommunalpolitisch denn pädagogisch (die Zentren begriffen sich ja als „autonom") um die Absicherung und Förderung der Jugendzentren bemühte, profitierte von der Öffentlichkeit, welche die Jugendlichen für ihre Belange schufen. So kann man für die siebziger Jahre bilanzierend formulieren: Das Zusammenspiel von bildungspolitischer Anerkennung der Jugendarbeit und kommunalpolitischer Auseinandersetzung mit den Jugendlichen schlug sich in einem neuen sozialintegrativen Verständnis der Jugendarbeit nieder: Sie sollte sowohl einen eigenen Beitrag für die Verbesserung der Sozialisationsbedingungen Jugendlicher als auch für die Ermöglichung eigenständiger Jugendräume (vgl. Böhnisch/ Münchmeier 1993) leisten können.

Je augenfälliger die Jugend allerdings in den achtziger Jahren ihren eigenen gesellschaftlichen Raum in Bildungs- und Konsumkultur suchte, desto mehr wurde die offene Jugendarbeit zum Gesellungsort für sozial benachteiligte Jugendliche, d. h. für jene, die an die Konsumkultur und an die soziale Entwicklung aus materiellen und kulturellen Gründen keinen Anschluß finden konnten. Es handelte sich dabei nicht nur um sozial benachteiligte deutsche, sondern vor allem auch um Jugendliche ausländischer Herkunft.

Gleichzeitig entwickelte die Jugendarbeit selbst spezielle Zielgruppenprogramme wie z. B. in der Mädchen- und Hauptschülerarbeit. Diese „Sozialpolitisierung" der Jugendarbeit rückte ihre sozialstaatlich abgeleitete sozialintegrative Funktion wieder stärker in den Vordergrund. Zwar blieb der sozialisatorische Legitimationsbezug erhalten, war nun aber sozialpolitisch gebunden und somit jugendpolitisch eingeschränkt.

Die Zielgruppenorientierung wurde nach der deutschen Einigung durch die ostdeutschen Verhältnisse weiter verstärkt und verbreitet. Vor allem die Anziehungskraft der Angebote auf Jugendliche, die nicht im traditionellen Sinne benachteiligt waren, sondern nach den einschneidenden Milieubrüchen nach der Wende neue Gesellungs- und Milieubezüge suchten, öffnete hier für die Jugendarbeit eine neue sozialintegrative Perspektive: Sie wurde zum milieubildenden Ort, zum gesuchten und verläßlichen Alltagsbezug für viele ostdeutsche Jugendliche. Diese Entwicklung wurde dadurch verstärkt, daß mit der sozialintegrativen Schwächung des Sozialstaates (vgl. Böhnisch 1994) ein Klima sozialer Unsicherheit und Anomie entstand - symbolisiert in der zunehmenden Jugendarbeitslosigkeit, der Bildungskonkurrenz und der Gewalt unter Jugendlichen -, das auch die allgemeine Jugendszene nicht verschont hat. Das Brüchigwerden der sozialstaatlichen Sozialintegration, das sich für die Jugend vor allem auch darin zeigt, daß Verläßlichkeit der Statuspassage Jugend in Frage gestellt ist, fordert den Jugendlichen früh eigene sozialintegrative Bemühungen - in der Suche nach gesellschaftlicher Teilhabe und sozialem Anschluß - ab. Gleichzeitig tritt jenes ambivalente Sozialisationsmuster deutlicher denn je hervor, in dem die Lebensperspektiven von „Offenheit und Halt" in einer biografisch zu bewältigenden Spannung zueinander stehen: Einerseits sind die Jugendlichen schon früh der Kontingenz und dem Aufforderungsdruck einer sich rasch wandelnden und sozial nicht mehr verläßlichen Gesellschaft ausgesetzt, sollen offen, flexibel, bereit sein für unverhoffte Brüche und Umorientierungen in der Biografie. Gleichzeitig ist diese gesellschaftliche Offenheit nur durchstehbar, wenn die Jugendlichen einen sozialen Rückhalt haben, über soziale Geborgenheit verfügen, mit sich selbst im Einklang und aus einem stabilen Selbst heraus dem sozialen Wandel gewachsen sind. Diesen sozialintegrativen Zusammenhang - aus der Gefahr der sozialen Vereinzelung heraus sozialen Anschluß suchen und in der gefundenen sozialemotionalen Gegenseitigkeit Selbstwert und soziale Orientierung erlangen können - werden wir in diesem Band mit dem Begriff Milieu erschließen und die daran orientierte pädagogische Aktivität als Milieubildung ausweisen.

Milieus als lokal abgegrenzte und in sozialemotionaler Gegenseitigkeit nach innen hoch verdichtete, nach außen sozial abgrenzende oder gar ausgrenzende sozialräumliche Gruppenstrukturen sind in ihrer sozialintegrativen Funktion zuerst an die Befindlichkeit der Subjekte und nicht an die gesellschaftliche

Norm gebunden. So haben gerade auch sozial abweichende Gruppierungen - z.b. gewalttätige Gruppen - nicht nur eine hohe Milieubedeutung für die beteiligten Jugendlichen, sondern signalisieren auch gesellschaftliche Integrationsansprüche: Wir sind auch noch da, auch wenn wir uns nur über Gewalt bemerkbar machen können (vgl. Krafeld 1993, Bohnsack 1995). Bei solchen gewalttätigen Gruppierungen handelt es sich aber vor allem um „regressive", autoritäre Milieus mit hierarchischen Führerstrukturen und aggressiver Ausgrenzung Schwächerer. Deshalb unterscheiden wir in der offenen Jugendarbeit zwischen regressiver (autoritärer) und offener (demokratischer) Milieubildung (vgl. Böhnisch i. d. Bd.).

Die Jugendarbeit als Pädagogik der offenen Milieubildung versucht also Jugendlichen Orte, Räume und personale und soziale Bezüge zu vermitteln, in denen sie alltäglichen Halt und sozialemotionale Vertrautheit im gegenseitigen Respekt vor der personalen Integrität anderer finden und den Milieurückhalt als Anker für sozial offene Beziehungen nutzen können. Offene Jugendarbeit ist in diesem Sinne Alltagsarbeit, die Milieubezüge entwickeln hilft und pädagogisch begleitet. Die pädagogische Begleitung hat in diesem Sinne eine deutlich sozialemotionale Ausrichtung: JugendarbeiterInnen verstehen sich als von den Jugendlichen „gesuchte", „interessierte" Erwachsene, an denen sich die Jungen und Mädchen in ihrem (neben der jugendkulturellen Gegenwartsdynamik) gespürten Entwicklungsdrang zum Erwachsensein orientieren und - anders als etwa bei Eltern und LehrerInnen - auf sich und ihr Jungsein beziehen können (vgl. Nohl 1933, Hafeneger 1996, Böhnisch 1997).

Diese personal verbindliche Alltagsarbeit verfolgt das Ziel, Jugendlichen - vor allem in sozial desintegrierten Lebenszusammenhängen, aber auch in auf die Straße orientierten Cliquen - einen geregelten, selbstverständlichen und verläßlichen Alltag zu schaffen. Sie bietet einen festen Ort, feste Zeiten, verläßliche und vertrauliche Zuwendungen und basale soziale Dienstleistungen. Gleichzeitig finden hier Jugendliche auch sozialen und kulturellen Anschluß an die gesellschaftliche Umwelt, indem z.B. erlebnispädagogische Aktivitäten und gemeinwesenorientierte Projekte verhindern, daß dieser Milieuzusammenhang offener Jugendarbeit sich regressiv und ghettoähnlich entwickelt. Bei alledem ist die Einrichtung oder das Projekt offener Jugendarbeit nicht der Mittelpunkt, sondern der Milieurückhalt, Stützpunkt, Ausgangs- und Zufluchtsort einer jugendkulturellen Szene, die dadurch zum sozialen Netzwerk werden kann (vgl. Stark 1996). So hat die „offene Jugendarbeit" ausgangs der neunziger Jahre eine sozialintegrative Dimension erhalten, die sich nicht nur von der sozialstaatlich-integrativen Tradition der traditionellen Jugendpflege und später der Randgruppenarbeit unterscheidet, sondern auch sozialisatorisch neue Akzente setzen kann: Sozialintegrative Bezüge erwachsen aus den Interaktionen von Jugendlichen und SozialarbeiterInnen in milieubildenden, Sozialisationsbalance ermöglichenden Räumen. Dennoch wirkt die alte ordnungs- und kontrollpolitische Integrationsperspektive weiter und wird vor allem dann immer wieder freigelegt, wenn - wie auch in den neunziger Jahren - der Generationendiskurs

34

abbricht, Jugendliche sich nicht mehr in der Gesellschaft zu Hause fühlen und mit abweichendem Verhalten aus den Jugendkulturen heraustreten. Dann wird auch Druck auf die Jugendarbeit ausgelöst. So wird der Jugendarbeit dieser strukturelle Konflikt zwischen ordnungspolitischer und sozialisatorischer Integrationsfrage erhalten bleiben - ob sie es nun wahrhaben will oder nicht.

Zwischen Offenheit und Halt - Die Jugendarbeit als Sozialisationsfeld

Die jugendkulturell eigenartige Spannung zwischen lebensalterstypischer Bedürftigkeit und Suche nach sozialem Anschluß (Sozialintegration) setzt sich in der Jugendarbeit anders frei als in Familie und Schule. Hier werden die anderen Erwachsenen gesucht, die nur die Jugendarbeit so anbieten kann. Dies verweist auf die sozialisatorische Bedeutung der Jugendarbeit: Begreift man Sozialisation als Prozeß der aktiven Auseinandersetzung des Individuums mit seiner dinglichen und sozialen Umwelt und mit sich selbst, zeigt die Jugendarbeit ein unbestreitbares sozialisatorisches Profil. Sie bietet den Jugendlichen Möglichkeitsraum für die Auseinandersetzung mit sich selbst und dem Sozialen gleichermaßen, und dies ist nicht institutionell vorgegeben (wie in der Schule), sondern läuft unter den Bedingungen jugendkultureller Gesellung ab.

Diese Sozialisationsdefinition bindet die Jugendarbeit anders - nämlich von ihren pädagogischen Möglichkeiten her - an die gesellschaftliche Entwicklung, als dies die gesellschaftliche Diskussion der Jugendarbeit in den siebziger Jahren in Deutschland vermochte. Damals wurde eine gesellschaftliche Funktion der Jugendarbeit aus der Kritik der Gesellschaft mit einer entsprechenden Emanzipationsperspektive abgeleitet: Die Jugendarbeit erschien als der Raum, in dem die Jugendlichen sich mit den gesellschaftlich erzeugten Abhängigkeiten auseinandersetzen und ihren jugendkulturellen Generationsstatus verteidigen und ausleben konnten. Diese Programmatik überzog in der Regel den alten gesellschaftlichen Standort der Jugendarbeit und überstieg ihre gesellschaftspolitischen Einflußmöglichkeiten. Die emanzipatorische Praxis beschränkte sich entsprechend auf die institutionelle Ebene: Jugendarbeit bot andere Lebensstile an als die Familie, andere Lern- und Interaktionsformen als die Schule und - vor allem im verbandlichen Bereich - Erprobungsraum für die Austragung von Konflikten mit Erwachsenen.

Was in den Jugendlichen dabei selbst vorging, wie sie mit sich selbst zurecht kamen und von dieser Befindlichkeit her das Soziale wollten und träumten, blieb dieser Emanzipationsprogrammatik meist äußerlich. So reduzierte sich das Sozialisationsprofil der Jugendarbeit auf ein institutionelles neben Familie, Schule und den verbandlichen Erwachseneninstitutionen. Diesen institutionellen Sozialisationsbezug findet man natürlich auch heute noch in der Jugendarbeit, aber er ist in seinem emanzipatorischen Gehalt längst verblaßt und dies in dem Maße, in dem die gesellschaftliche Entwertung von Bildung und Jugend und die Biografisierung der Lebensverhältnisse vorangeschritten ist (vgl. dazu Böhnisch 1997). Offene Jugendarbeit ist - in dieser institutionellen Sozialisationsperspektive - nun wieder mehr zum Kommunikations- und Bewältigungsraum für jene sozial benachteiligten Jugendlichen geworden, die in der Konkurrenz- und Konsumrotation nicht mithalten können und ihren Selbstwert eingebüßt haben.

Kein Wunder, daß angesichts dieser Entwicklung den JugendarbeiterInnen die Lust an emanzipatorischer Programmatik vergangen ist und die früher so selbstbewußte Eigendefinition von der „vierten Sozialisationsinstanz" Jugendarbeit an Attraktivität und Plausibilität verloren hat. Dennoch zeigt die konzeptionelle Suche nach dem Pädagogischen und damit die Hoffnung auf eine sozialisatorisch wirksame Rolle der Jugendarbeit aus der besonderen Interaktion zwischen Jugendlichen und Jugendarbeitern heraus, daß die Jugendarbeit einen eigenständigen sozialisatorischen Gehalt in sich spürt und diesen auch programmatisch darstellen und theoretisch begründen möchte. Gerade in der Praxis der Jugendarbeit wird dies zunehmend als Chance erkannt, aus der gesellschaftlich abgeleiteten und gebannten Resignation herauszukommen („was bewirken wir überhaupt noch?").

Diese aus diesem besonderen Sozialisationsbezug pädagogischer Interaktion hergeleitete Sozialisationsperspektive ist nicht länger nur horizontal - auf die anderen Sozialisationsinstanzen kompensatorisch oder korrektiv bezogen -, sondern gestaltet sich vertikal, auf eben jenen Sozialisationsmodus (s.o.) hin, der Jugendliche in der modernen Gesellschaft früh und direkt ergreift und pädagogische Hilfe geradezu herausfordert: Jugendliche werden in der modernen Gesellschaft „freigesetzt", früh der Bildungs- und Ausbildungskonkurrenz und der Ungewißheit und Unübersichtlichkeit ausgesetzt und sollen dabei sich psychophysisch entwickeln, Identität und einen Bezug zum Sozialen gerade auch aus sich selbst (aus ihrer Befindlichkeit heraus) finden. In dieser Spannung liegt das jugendtypische Problem von Offenheit und Halt. Je mehr die Schule in die gesellschaftliche Offenheit der Bildungs- und Ausbildungskonkurrenz hineingezogen wird, desto notwendiger werden sozialemotionale Räume für Jugendliche, in denen sie diese Balance aus sich selbst heraus erfahren und damit experimentieren zu können.

Sicher sind hier die Jugendlichen je nach Herkunftsfamilie und Eingebundenheit in sozialkulturelle Unterstützungssysteme auf die Jugendarbeit unterschiedlich angewiesen. Aber sie bietet ja nicht nur Halt - im Milieubezug (s.u.) - sondern auch Raum für soziale Experimente und soziale Träume, trotz einer Gesellschaft, die sie früh unter Druck setzt. Und dies geschieht nicht nur zufällig aus sich selbst heraus, sondern in einem - über die JugendarbeiterInnen vermittelten - „Pädagogischen Bezug", der jenen besonderen - weil konfliktreichen - Betätigungs-, Ermunterungs- und Anregungsraum schafft, den Jugend braucht, um zu sich und - über sich - zum Sozialen zu kommen.

So ist die Jugendarbeit vom Pädagogischen her an das Gesellschaftliche gebunden und erhält ihren typischen Ort in der modernen Sozialisationsthematik von Offenheit und Halt. Dies ist beileibe keine neue Perspektive, denn sie hat sich mit der industriellen Moderne und der damit verbundenen Freisetzung der Jugend entwickelt. Sie ist nur in der offiziösen Sozial- und Jugendpädagogik nie so richtig thematisiert und begründet worden. Und doch gab es Theoretiker der Jugend- und Sozialpädagogik, die diesen Zusammenhang zwischen Individualität/Befindlichkeit der Jugend und gesellschaftliche Arbeitsteilung/Integration kannten und bearbeiteten. Diese übergangene Traditionslinie zum Sozialisationsproblem „Offenheit und Halt" und der Rolle der Sozial- und Jugendpädagogik soll deshalb im folgenden freigelegt werden. Dabei können verblüffende Assoziationen zur Zeitdiagnose und zur jugend- und sozialpädagogischen Diskussion heute - ausgangs des 20. Jahrhunderts - aufkommen. Wenn man aber bedenkt, daß wir immer noch in derselben Moderne leben und immer noch ähnliche Krisenerfahrungen machen wie die Jugendpädagogen um die letzte Jahrhundertwende herum, dann ist der Versuch, sich im historischen Rekurs Inspirationen für eine pädagogische Neuorientierung der Jugendarbeit zu holen, wohl begründet.

Wolfgang Schröer

Offenheit und Halt

Die historischen Anfänge einer sozialisationstheoretischen Begründung der Jugendpädagogik

Der in der heutigen sozial- und jugendpolitischen Diskussion vergessene Karl Mennicke sprach angesichts der sozialökonomischen Umwälzungen zur letzten Jahrhundertwende von einer „sozialpädagogischen Verlegenheit" der soziokulturellen Moderne. Er versuchte damit zu erklären, warum gerade in der Gesellschaft am Anfang unseres Jahrhunderts eine Sozialpädagogik entstand, und warum sich gerade in dieser Zeit Ansätze einer Jugendpädagogik entwickelten. Das soziale Leben habe, so Mennicke, durch die Durchsetzung der modernen kapitalistischen Welt in allen Lebensbereichen an „bildkräftigen Formen des gesellschaftlichen Lebens" verloren (Mennicke 1926, S. 332). So werde der moderne Familienhaushalt „zur reinen Konsumgemeinschaft" degradiert und das „Tempo des modernen Wirtschaftslebens" lasse dem Mann immer „weniger Raum zur wirklichen Pflege des Familienlebens" (Mennicke 1928, S. 323). Die moderne Familie sei auf jeden Fall keine zuverlässige Erziehungsgemeinschaft mehr. Zudem - dies sei eine entscheidendere Veränderung - sei dem Arbeitsverhältnis die „pädagogische Qualität beraubt" (Mennicke 1928, S. 324) worden.

„Die Unpersönlichkeit und menschlich-pädagogische Unerfülltheit des Lehrwie des Arbeitsverhältnisses läßt erwiesenermaßen an Ausdrücklichkeit nichts zu wünschen übrig" (Mennicke 1928, S. 324).

Schließlich finde der moderne großstädische Mensch insgesamt nur wenig Gelegenheit, „innere Anforderungen des gemeinschaftlichen Lebens zu erfahren". Der Mensch wird „unsicherer und williger, dem Zug der Reklame zu folgen". „Kein Zweifel", so Mennickes Resümee, „daß auf diesem Wege viele Einzelleben überhaupt jede Richtung und Bestimmtheit verlieren" (Mennicke 1928, S. 293).

Um dieses Bild noch zu verdeutlichen, stellt Mennicke dagegen ein Bild von der alten Gesellschaft in der ein sozialpädagogisches Problem nicht wahrgenommen worden sei. In den alten autoritären und in Lebensformen eingebundenen Strukturen habe es klare Zuordnungen gegeben. Familie und Arbeitsverhältnisse banden den Einzelnen ein, in eine „opferheischende Strenge der gesellschaftlichen Stufungen und Zuordnungen", die gleichsam von einem Gewand der Heiligkeit umgeben wurden (Mennicke 1926, S. 319). Der Zwang zur Einfügung, den die gesellschaftlichen Verhältnisse auf das werdende Glied des gesellschaftlichen Körpers ausübten, war so stark, daß ein leidliches Ergebnis so gut wie selbstverständlich erreicht wurde. Mennicke betonte weiter, daß natürlich auch in den alten Gesellschaften Menschen aus den Verhältnissen ausgebrochen seien. Doch sie hätten sich dem Einfluß der gesellschaftlichen Atmosphäre gewaltsam entziehen müssen und standen dann als Banden und Vaganten außerhalb der Gesellschaft und wurden insgesamt als Frevler behandelt, da sie gegen die geheiligten Lebensformen verstießen. Die Pädagogik habe in den alten Gesellschaften ihre Aufgabe allein darin begriffen, die religiösen und kulturellen Werte weiterzutragen, sie zu übergeben. Die sozialen Lebensformen erzogen und den Menschen wurden durch die Lebensformen ihr Platz zugewiesen. Die Pädagogik stand selbst in diesem Geflecht von Zuordnungen und funktionierte in dieser Gesellschaft. Das soziale Leben forderte sie nicht heraus, es war einfach gesetzt und gegeben. „Die Bildung des Individuums zum sich einfügenden und bejahenden Gliede" der Gesellschaft ging „gleichsam von selbst vor sich" (Mennicke 1926, S. 320).

Mennicke war weit davon entfernt, die alten Strukturen idealisieren zu wollen. Er zeichnete diese lediglich so überpointiert nach, um die sozialpädagogische Verlegenheit der modernen Gesellschaft deutlich werden zu lassen. Die Eingliederung der Menschen in die Gesellschaft war in der alten Gesellschaft keine Frage, die alte Gesellschaft setzte „den Bewegungsrahmen des Einzelnen fest" und der Einzelne hatte sich dem zu fügen (Mennicke 1926, S. 318). Die moderne Gesellschaft tat nun genau das Gegenteil. Durch die Auflösung der traditionellen Lebensformen, durch das Zurücktreten des Gemeinschaftlichen, im Gegensatz zum Gesellschaftlichen, durch die modernen kapitalistischen Arbeitsverhältnisse, setzte sie den Einzelnen frei, sie entließ ihn aus den alten autoritären und patriarchalen Strukturen. Wurde der Mensch in der alten vormodernen Gesellschaft festgesetzt und wurde ihm selbst kaum Spielraum gelassen aus den übermächtigen Sicherheiten auszubrechen, so wird er nun, so ist Mennicke zu verstehen, immer wieder freigesetzt.

Die sozialpädagogische Verlegenheit der Moderne

Vor diesem Hintergund läßt sich die sozialpädagogische Verlegenheit der soziokulturellen Moderne definieren. Sie besteht nun darin, daß die modernen Gesellschaften den Einzelnen einerseits freisetzen und andererseits nicht vermitteln, wozu sie frei sind, den freigesetzten Menschen keine sozialen Orte bieten, in denen man sich für ihre persönliche Freiheit interessiert. Die sozialpädagogische Verlegenheit besteht darin, daß die Menschen in dieser Gesellschaft nicht wissen, wo sie in ihren Freiheiten und ihrer Offenheit - Halt und Sicherheiten finden können. Der Mensch werde aus einer Welt autoritärer Lebensformen, die ihn eingliederten, in eine moderne Gesellschaft freigesetzt, in der z. B. Arbeitsverhältnisse regieren, die sich gegen alle sozialpädagogischen Schwierigkeiten und Notwendigkeiten gleichgültig verhalten. Das Leben, schrieb Mennicke, steht in den modernen Gesellschaften „viel zu ausdrücklich unter dem Zeichen der gemeinsamen Bewältigung der Lebenslast" (Mennicke 1928, S. 283). Die freigesetzten Bedürfnisse der Menschen würden durch die Gesellschaft nicht beantwortet. Diese Gesellschaft habe keine sozialen Instanzen, die sich für die Bedürfnisse der Menschen und das soziale Zusammenleben interessieren. Hatte die alte Pädagogik sich einfach als Erfüllungsgehilfe der Eingliederung in die Gesellschaft auf die Vermittlung von kulturellen und sozialen Werten beschränkt, so sei dies nicht mehr möglich, da es keine einfache Eingliederung in die Gesellschaft mehr gebe. Schließlich habe darum die Erziehungsgemeinschaft in der modernen kapitalistischen Gesellschaft selbst zur gesellschaftlichen Form zu werden. Die Pädagogik wurde damit herausgefordert zur Sozialpädagogik zu werden, da sie ihre soziale Einbettung verloren habe und sich neue gesellschaftliche Fragen stellten, die durch die Familie kaum mehr bewältigt - geschweige denn produktiv beantwortet werden konnten. So wie der Handwerksbetrieb vielfach dem Lehrling keine voll qualifizierte Berufsausbildung mehr bieten könne, weil der Arbeitsradius viel zu beschränkt sei, so könne auch die Familie die Fragen der modernen Lebensgestaltung kaum mehr überblicken.

Die Jugendpädagogik, lautete die Konsequenz, habe nun sozialpädagogische Orte zu schaffen, in denen die Jugendlichen nicht einfach autoritär eingegliedert, sondern in denen sie angenommen werden und sich selbst zu neuen sozialen Gruppen zusammenfinden können, wo sie einen Sinn in gemeinschaftlichem Handeln entdecken und wo die Fragen der modernen Gesellschaft zu ihren Fragen werden können. Die Pädagogik habe, so kann hinzugefügt werden, die Aufforderung der soziokulturellen Moderne anzunehmen und selbst pädagogische Sozialkulturen zu schaffen. Darin liege gleichzeitig die soziale Chance in der soziokulturellen Moderne, daß die Pädagogik sich nicht in ein festes Gefüge einzubetten habe, sondern Soziokulturen schaffen könne, die den sozialen und kulturellen Bedürfnissen der Menschen entsprechen. Denn die neue moderne Gesellschaft, und dies zeichnet die sozialpädagogische Verlegenheit ja gerade aus, biete dem Menschen keine sozialen Sicherheiten, um ihre gewonnene Freiheit leben zu können und zur freien Mitgestaltung zu gebrauchen.

Die Sozialpädagogen der Jahrhundertwende waren erst einmal sehr optimistisch eingestellt, daß es auch in der soziokulturellen Moderne möglich sein werde, die gewonnene Freiheit durch Lebens- und Arbeitsordnungen zu stützen. Dieser Optimismus zog sich durch alle politischen Lager. So schrieb der eher konservativ argumentierende Aloys Fischer auch, daß „so groß die Verwirrung heute" ist, „so sicher wird aus ihr die geklärte Synthesis" hervorgehen (Fischer 1912, S. 3). Die Sozialpädagogen begriffen die sozialpädagogische Verlegenheit als Übergangsphänomen einer sich im Übergang vom Agrarstaat zum Industriestaat befindlichen Gesellschaft, die ihre eigene Ordnung noch nicht gefunden hatte. Es war die Zeit der sozialpolitischen Hoffnungen der Jahrhundertwende, die scheinbar unbegrenzte Gestaltungsmöglichkeiten versprach. So näherten sich in den Augen der Zeitgenossen Medizin und Sozialhygiene unlösbar geglaubten Problemen. Warum sollten dann die sozialen Ordnungsprobleme nicht gleichzeitig durch eine fortschrittliche Sozialpädagogik gelöst werden können? Lily Braun forderte z. B., die Chance zu nutzen, die nun mit dem offensichtlichen Zusammenbruch der alten patriarchalen Verhältnisse gegeben sei, jetzt gemeinsam, Frau, Mann und Kind an einer neuen familiären Gemeinschaft zu bauen (vgl. Braun 1901). Es war die Zeit in der man davon überzeugt war, daß man durch neue oder alte Ordnungen den Kapitalismus bändigen könne oder - wie wiederum Karl Mennicke es ausdrückte - daß die Zeit zur sozialpädagogischen Reife finden werde.

So verwundert es auch kaum, daß die ersten sozialpädagogischen Beiträge zur Jugendpädagogik und Jugendfürsorge erst einmal wenig über die Jugend selbst aussagten. Sie sprechen, wie bereits gehört, über die Auflösung der überlieferten Lebensformen über die Probleme des Handwerks und der Familie. Die Pädagogen redeten über gesellschaftliche Probleme als Ordnungsprobleme und nur wenig über die Spezifika der Lebensphase Jugend an sich. Auch für Wilker ist 1912 Jugend nur zum Problem geworden, da die Familie und der Handwerksbetrieb ihre Erziehungs- und Bildungsfunktion nicht mehr wahrnehmen können:

„Die Gründe, die das Eingreifen der (...) Jugendfürsorgeorganisationen erforderlich machen sind letztes Endes immer (oder doch fast immer) in sozialen Momenten zu suchen, die die ganze Familie betreffen" (Wilker 1912, S. 17).

Innerhalb dieser Diskussion über die soziale Frage als Ordnungs- und Übergangsfrage gibt es lediglich in zweierlei Hinsicht eine frühe Thematisierung der Probleme speziell der Jugendphase - einmal die Frage der beruflichen Ausbildung und der Kriminalität im Jugendalter. Hinsichtlich der beruflichen Ausbildung benennt Otto W. Beyer 1896 das Problem sehr deutlich: Der kapitalistische Großbetrieb habe bisher die Erbschaft des Handwerks, den gewerblichen Nachwuchs sachgemäß auszubilden, überhaupt nicht angenommen. Dadurch werde der Gedanke naheliegend, diese erziehliche Funktion ganz oder teilweise der Sphäre der Erwerbsunternehmung zu entziehen und selbständigen, reinen Lehranstalten zu überweisen.

„Der Lehrling habe unter 'väterlicher Zucht' gestanden, und es bekunde gewiss gesündere soziale Verhältnisse, wenn die Jugend vom Manne in eiserner Zucht gehalten und an Entbehrungen gewöhnt werde, als wenn sie sich im vorzeitigen Unabhängigkeitsdünkel von ihm emanzipiere. In der Gegenwart lebe vielfach der Lehrling nicht mehr im Hause seines Arbeitgebers: wo und wie er seine freien Abende und seine Sonntage zubringe, wie er sich nähre, wie es mit seiner Schlafstelle aussehe, sei dem Meister ebenso gleichgültig, wie es den meisten Fabrikanten, die ja auch ausserhalb des Geschäftes in keiner Weise für ihre Arbeiter zu sorgen brauchten, gleichgültig sei, was diese Arbeiter für ein Leben führten. Aber immerhin stehe dem Lehrherrn auch noch jetzt das Recht der väterlichen Zucht zu; dieses Recht habe der Arbeitgeber aber nicht gegenüber dem 'jugendlichen Arbeiter', wie man diejenigen Leute nennt, die, wenn auch noch im Lehrlingsalter stehend, doch nicht auf Lehrvertrag, sondern auf freien Arbeitsvertrag bei einem Arbeitgeber arbeiten. Es sei nicht zu verwundern, wenn solche junge Leute, für deren moralische Erziehung man niemand verantwortlich gemacht habe, moralisch versumpften" (Beyer 1896, S. 227f.).

Und zweitens wurde die Kriminalität im Jugendalter - ähnlich wie heute - gleichsam zu einem Symbol der Ordnungsfrage, besonders für die Apologeten des autoritären Ordnungsstaates. Ernst Mischler liest 1889 beispielsweise die Entwicklung der Kriminalitätskurve, besonders die Entwicklung der Kriminalitätsrate unter Jugendlichen vor dem Hintergrund der Entstehung der „modernen Lebensformen" (Mischler 1889, S. 199). Die allgemeine Bildung, so wie man sie bis dahin kannte, fügte Mischler noch hinzu, sei diesem Problem nicht gewachsen. Der kriminelle Jugendliche war der nicht mehr durch die festen Zuordnungen der alten Gesellschaft festgesetzte junge Mensch, sondern der unerzogene, der nun durch die „gefährlichsten heimlichen Miterzieher" „Alkoholismus, Straße, Schundliteratur und Schundfilm" geprägt wurde (Wilker 1912, S. 87). Registriert wurde hier also erst einmal der sogenannte auffällige Jugendliche. Und es gab nur wenig kritische Geister wie Ferdinand Tönnies, der um die Jahrhundertwende den angeblich so großen Kriminalitätsanstieg in Frage stellte und bemängelte, daß es wohl das alleinige Interesse von Sittenpredigern und entrüsteten Staatsbürgers sei, „die kapitalistisch zersetzte Gesellschaft (...) von gewissen auffallenden Flecken zu befreien" (Tönnies 1900, S. 485). Aufmerksam wurde man also auf die Jugendphase als ein Ordnungsproblem, da man festzustellen hatte, daß man zwischen der Zucht der Volksschule und dem Drill des Militärs eigentlich keine pädagogisch-ordnende Instanz besaß.

Jugend als Lebensphase wurde dagegen erst interessant, als man die sozialpädagogische Verlegenheit nicht mehr nur als Ordnungsproblem einer Übergangsphase betrachtete, sondern als systematischen Bestandteil der Gesellschaft analysierte. Die Lebensphase Jugend wurde als eigene Phase von besonderer Bedeutung, als man in die Gesellschaft blickte und feststellte, wie der Soziologe Georg Simmel es ausdrücken würde, daß „die Dissoziierung (...) in Wirklichkeit nur eine (...) elementare (...) Sozialisierungsform" in der modernen Gesellschaft ist und kein Übergangsphänomen (Simmel 1993, S. 198). Simmel wollte damit ausdrücken: Von dem Menschen wird in der soziokulturellen Moderne einerseits verlangt, daß er frei zu leben habe, daß er sein Leben selbst in die Hand zu nehmen habe, daß er jenseits der Überlieferungen und der Autoritäten, sich selbst um einen Sinn seines Lebens bemühen müsse. Andererseits lebt der Mensch aber in einer Gesellschaft, die kein Interesse an Sinnsuche hat, die sich nicht für den ganzen Menschen interessiert, sondern allein für eine nützliche Leistung von ihm, für die er verfügbar zu sein hat, aber die ihm kaum Raum läßt, über sich zu verfügen.

Simmel steht hier nur stellvertretend für eine ganze Generation von jungen Sozialwissenschaftlern, die aus unterschiedlichen Perspektiven, den Menschen verdeutlichten, daß die sozialpädagogische Verlegenheit nicht ein Übergangsphänomen und nur ein Problem der Gestaltungen von sozialen Ordnungen ist, sondern daß die sozialpädagogische Verlegenheit ein Grundbestandteil und eine Grundvorausetzung der modernen Gesellschaft ist, sozusagen die ständige Herausforderung, die diese Gesellschaft bewegt und die immer wieder von der Lebensführung jedes Einzelnen beantwortet werden will.

Simmel verdeutlicht dies z. B. an dem Phämonen der Mode. Er zeigt wie das moderne Wirtschaftsleben die sozialpädagogische Verlegenheit der soziokulturellen Moderne aufnimmt, um sie für sein Fortschreiten zu nutzen. Die schnell aufeinander folgenden Moden sind, so Simmel, einerseits eine Grundvorausetzung des modernen Wirtschaftens und des modernen Konsums. Gleichzeitig beantwortet das Phänomen Mode die sozialpädagogische Verlegenheit dieser Gesellschaft, die Geichzeitigkeit von Heimatlosigkeit und Freiheit, immer wieder neu. So nehmen die Vertreter einer neuen Mode für sich in Anspruch, sich von etwas abzusetzen, frei zu sein z. B. von den alten Kleidungsordnungen. Sie geben sich einen eigenen Stil. Hier drückt sich das Bedürfnis nach Freiheit und Selbstfindung in der Mode aus. Andererseits gibt eine Mode auch immer wieder eine neue Sicherheit. Die Menschen finden in der Zugehörigkeit zu einer bestimmten Mode, die Sicherheit und Geborgenheit, die sie gleichzeitig brauchen. Sie können sich über die Mode mit einer sozialen Gruppe identifizieren. Simmel sagt also: Die sozialpädagogische Verlegenheit gibt immer wieder den Anlaß nach neuen Moden zu suchen, Moden zu wollen, die einerseits neu sind, die andererseits Sicherheit bieten, was wiederum auch ein Antrieb für größeren Konsum ist (vgl. Simmel 1995).

Der Blick in das Innere der Gesellschaft rückte die Freisetzung und Ausgrenzung der Menschen an sich zwar nicht in den Hintergrund des pädagogischen Interesses, aber es mußte konkret die Frage gestellt werden, wie der einzelne freigesetzte Mensch in der soziokulturellen Moderne leben und sich orientieren kann. Die Frage wurde gestellt, wie die Sozialisation in der modernen Gesellschaft verläuft. Noch in der Sprache einer alten Pädagogik forderte z. B. Aloys Fischer: Wir Pädagogen müssen erst einmal wieder studieren, wie Charaktere in dieser Gesellschaft werden, um Charaktere erziehen zu können (vgl. Fischer 1912, S. 8). Die Frage war nicht mehr, wovon wird der Mensch eigentlich freigesetzt und wovon er in Zukunft aufgefangen werden kann, sondern was Aufwachsen und Menschsein in der soziokulturellen Moderne bedeutet. Vor diesem Hintergrund wurde die Jugend zum Rätsel und die soziale Frage zu einer Sozialisationsfrage.

Aufmerksam auf die Jugendphase wurde man nun nicht mehr nur weil die Ordnungsinstanzen zwischen Schule und Militär fehlten, sondern unter anderem weil junge Menschen, bürgerliche junge Menschen, aus der Gesellschaft flohen. Die Wandervogelbewegung der Steglitzer Schüler war ja am Anfang unseres Jahrhunderts keine politische Bewegung und keine Gegenbewegung zur Gesellschaft, sondern die Wandervögel flüchteten, sie wanderten aus der Gesellschaft heraus, weil ihre Vorstellungen eines ganzheitlichen und bürgerlichen 'sauberen' Lebens für sie in dieser Gesellschaft nicht möglich schien.

Aufmerksam wurde man auch durch die Literatur, z. B weil man Robert Musils „Mann ohne Eigenschaften" las. Musil läßt seinen Helden Ulrich sich seiner Jugend erinnern:

„Und so mußte er wohl glauben, daß die persönlichen Eigenschaften, die er in seiner Jugend erworben hatte, mehr zueinander als zu ihm gehörten, ja jede einzelne von ihnen hatte, wenn er sich genau prüfte, mit ihm nicht inniger zu tun als mit anderen Menschen, die sie auch besitzen mochten." Und weiter unten: „Heute hat die Verantwortung ihren Schwerpunkt nicht im Menschen, sondern in den Sachzusammenhängen. Hat man nicht bemerkt, daß sich die Erlebnisse vom Menschen unabhängig gemacht haben? (...) Wer kann da heute noch sagen, daß sein Zorn wirklich sein Zorn ist, wo ihm so viele Leute dreinreden und es besser verstehen als er?! Es ist eine Welt von Eigenschaften ohne Mann entstanden, von Erlebnissen ohne den, der sie erlebt, und es sieht beinahe aus, als ob im Idealfall der Mensch überhaupt nichts mehr privat erleben werde und die freundliche Schwere der persönlichen Verantwortung sich in ein Formelsystem von möglichen Bedeutungen auflösen solle. (...) Darum zögert er, aus sich etwas zu machen; ein Charakter, Beruf, eine feste Wesensart, das sind für ihn Vorstellungen, in denen sich schon das Gerippe durchzeichnet, das zuletzt von ihm übrig bleiben soll." Und schließlich fügte er noch hinzu: „Es mag sein, daß sich auch in diesen Anschauungen eine gewisse Lebensunsicherheit ausdrückte; allein Unsicherheit ist mitunter nichts als das Ungenügen an der gewöhnlichen Sicherheiten" (Musil 1978a, S. 148ff.).

Musil zeichnet den entfremdenden Charakter so klar, weil die Macht dieser Prinzipien im Kontrast zu dem steht, was diese Gesellschaft gleichzeitig verspricht und was sie von jedem Menschen besonders in seiner Jugendzeit verlangt, nämlich einen Platz zu finden als selbsttätige eigentümliche Persönlichkeit. Musil hatte bereits 1906 durch 'Die Verwirrungen des Zöglings Törless' den Pädagogen das Gefühlsleben der Jugendzeit vorgeführt (vgl. Musil 1978b). Die Pädagogen mußten feststellen, daß sie von den Fragen und Problemen und der Psychologie der Jugend gar nichts wußten und daß weder die Jugendlichen die Pädagogen noch die Pädagogen die Jugend verstanden. Und es ist bezeichnend, daß dieses Buch weitgehend auf persönliche Erfahrungen des jungen Musil selbst zurückgeht, denn für die Erwachsenengeneration schienen die Fragen der Jugend nicht faßbar und so setzte erst eine breite und differenziertere Suchbewegung nach den Eigenarten und sozialpädagogischen Herausforderungen der Jugendphase ein, als die erste Jugendgeneration der soziokulturellen Moderne erwachsen geworden war. Als eine Generation herangewachsen war, die selbst das Jugenddasein in der soziokulturellen Moderne erlebt hatte.

Es schien als ob die Menschen in der Zeit zwischen 14 und 20 die Probleme der arbeitsteiligen und rationalisierenden Gesellschaft in einer besonderen Weise verarbeiteten und durch diese gerade herausgefordert wurden. Sie waren es, die noch Persönlichkeiten eigentlich im klassischen Sinne werden wollten, aber nicht mehr den Weg dahin fanden. Der Weg zur alten Erwachsenenwelt war nicht mehr möglich. Der Jugendliche wurde in eine Gesellschaft freigesetzt, die selbst ihre eigenen Funktionsprinzipien nicht kannte.

Umgekehrt schien es, als ob in dieser Zeit die Pädagogen das soziale Übergangsbedürfnis, also das Bedürfnis aus der sozialpädagogischen Verlegenheit zu entkommen, Freiheit und Sicherheit oder Offenheit und Halt miteinander zu vereinbaren, zu einer biografischen Übergangsaufgabe umdefinierten. Die Jugend war es, die sich den Überlieferungen entzog und die den Autoritäten mißtraute, die Jugend war es, die in der Familie ihre Fragen nicht beantwortet fand, die das Sexualleben zum Thema machte. Dann, so resümierte zumindest Aloys Fischer, muß die Jugend sich eben um einen Sinn des Lebens selbst bemühen. Und so setzte Fischer fort, wir „sehen deshalb zahlreiche Menschen ihr Leben auf eigene Faust leben, neuen Zielen nachringen und sie den Mitmenschen predigen" (Fischer 1912, S. 2).

Die Pädagogik öffnete sich nur langsam den Fragen, die die moderne Gesellschaft an sie richtete. Die Pädagogen nahmen die Herausforderungen in der Mehrheit nur über Umwege an. Am liebsten wären sie sicherlich wie die jugenbewegten Wandervögel aus der modernen Gesellschaft in eine idealisierte Bildungs- und Kulturwelt geflohen, als sich mit den Widersprüchen der modernen Sozialisation auseinanderzusetzen. Und soweit sie dieses nicht taten und sich nicht in die fest institutionalisierten Gemäuer der Schulen zurückzogen, blickten sie durch die Brille ihres Idealbildes auf die moderne Gesellschaft. Sie sahen auf die moderne Gesellschaft durch die Brille einer einheitlichen, harmonischen Kultur- und Bildungsnation in deren Mitte immer der idealisierte ganze Mensch stand. Und so erkannten sie die Widersprüche der modernen Kultur und daß ganz im Gegensatz zu ihrem Idealbild der ganze Mensch an sich und eine harmonische Gesellschaft überhaupt nicht mehr gefragt war. Die deutsche Kultur- und Bildungsnation war in ihren Augen von innen ausgehöhlt, in dem Inneren arbeitete, so daß Urteil, nur noch eine rationalisierende Maschinerie, die sich an Bildung und den Bildungsfunktionen des sozialen Lebens kaum interessiert zeigte.

Weniger bildungsidealistisch - und auf einer sozialempirischen Grundlage begründet - hat Paul Lazarsfeld in der Weimarer Republik das Problem von Jugend und Beruf diskutiert. Lazarsfeld stellte nämlich fest, daß die Berufswünsche der großstädtischen Jugend in ihrer statistischen Verteilung den ökonomischen Aufbau der Städte und seiner Konjunkturschwankungen deutlich widerspiegeln. Soweit in einer Stadt die Bekleidungsindustrie sehr stark und erfolgreich vertreten war, wünschten sich die Jugendlichen auch mehrheitlich in diesem Bereich zu arbeiten. Zudem gab es demnach eine deutlich geschlechtspezifische Differenzierung bei den Berufswünschen. Die Anzahl von Berufen, an denen sich die jungen Frauen orientierten, war wesentlich geringer als die bei den jungen Männern, die gerne in der Metallverarbeitung tätig sein oder mit Maschinen und Elektrizität zu tun haben wollten (vgl. Lazarsfeld 1931).

Doch was hatten diese Berufswünsche mit den Jugendlichen zu tun, welcher Logik folgten sie: Um es pointiert mit Musil auszudrücken, diese Berufsverteilung hat ihren Schwerpunkt außerhalb des Menschen. Es stehen Entscheidungen dahinter, ohne den, der sie erlebt - in einer Gesellschaft in der das individuelle Erlebnis die tragende Stütze des Konsums und der Selbstfindung sein soll. Lazarsfelds Resumée lautete nun: Einerseits konstruiert die moderne Gesellschaft die Jugendphase als eine Phase in der der Jugendliche Entscheidungen treffen soll, die für sein ganzes Leben von größter Bedeutung sind. Sie ist konstruiert als ein biografischer Übergang, als eine Zwischenstellung vor den Aufgaben des Lebens. Nicht mehr festgesetzt durch die Familie, soll der Jugendliche selbst eine Rolle im Arbeitsleben finden und sich gesellschaftlich positionieren, sich in seiner/ihrer Pubertät selbst nun im sozialen Mannsein oder Frausein zurechtfinden. Gleichzeitig zergliedert, verzerrt und überfrachtet diese Gesellschaft einmal die Beziehungen und Lebensformen in denen der Jugendliche erst einmal Kenntnis seiner selbst gewinnen kann, was für diese Entscheidungen grundlegend wäre. Der Begriff der Selbsterfahrung - nahe dem der Bedürftigkeit - ist hier so zentral, weil er eine tiefe Sehnsucht moderner Menschen ausdrückt - die Hoffnung doch in sich selbst die Festigkeit zu finden, die die sozialpädagogisch verlegene Gesellschaft nicht bietet. Zudem stellte sich die Frage, in welchen pädagogischen Beziehungen oder an welchen pädagogischen Orten die Jugendlichen Kenntnisse von der sachlichen Seite des Lebens finden können, die nötig wären, um eine richtige Entscheidung zu begründen, in einer Gesellschaft, die sich selbst nicht begreift.

Jugend erschien einerseits, so kann hinzugefügt werden, als Zeit der Freiheit, der Ich-Findung, des Ausprobierens und des Einübens neuer Sozial- und Lebensformen, als Zeit der Entscheidungen und Jugend erschien andererseits als Zeit der Unsicherheit, der nicht bestehenden Möglichkeiten, der Indienstnahme durch Kommerz und Politik und nicht zuletzt als arbeitende Jugend. Jugend erschien als Zeit der Einfädelung in eine rationalisierte Arbeitswelt, die sich schließlich nur für die berechenbare Leistung des Jugendlichen interessierte und die ihn am liebsten überflüssig machte. Damit sind wir mitten in der Jugend- und Jugendarbeitsthematik unserer Jahrhundertwende vom 20. zum 21. Jahrhundert.

I. Zur Befindlichkeit der Jugend heute

Eine Jugendarbeit, die Lebensort sein und sich in der von den Jugendlichen ge-spürten sozialisatorischen Spannung zwischen Offenheit und Halt ansiedeln will, benötigt ein Wissen über die Jugend, das Zugänge zu diesen Befindlich-keiten und Bedürftigkeiten eröffnet. Dieses Wissen können die herkömmlichen quantitativen Jugendumfragen (Jugendsurveys) nicht oder nur teilweise ver-mitteln. Sicher haben die großen Jugendstudien ihren Wert, wenn es um die Frage der gesellschaftlichen Integration der Jugend geht. An den Alltag und die Befindlichkeit Jugendlicher können sie aber nur peripher herankommen und auch nur dann, wenn in der Befragung mit alltagsbezogenen Indikatoren gear-beitet werden kann (vgl. den Beitrag von Drößler i. d. Bd.).

Aus dieser kritischen Haltung gegenüber quantitativen Jugendumfragen heraus - die in ihrer vorgeblichen Geschlossenheit oft die Erfahrungen, welche Mitar-beiterInnen in der Jugendarbeit selbst gemacht haben, blockieren - thematisiert Karl Lenz qualitative Zugänge zu Alltag und Biografie Jugendlicher. Gerade angesichts der zunehmenden Entstrukturierung und Biografisierung der Ju-gendphase in der Moderne, sind es nicht die wechselnden gesellschaftlichen Bezugnahmen Jugendlicher, welche der Jugendarbeit pädagogische Orientie-rung geben können, sondern das Wissen um Lebensverläufe und biografische Entwicklungsmuster. Die Jugendlichen werden in ihrer „Biografiearbeit" gese-hen - hier können Bezüge zu den Dimensionen der Befindlichkeit und Bedürf-tigkeit hergestellt werden - , so daß ihre Alltagsprobleme auf die Möglichkeiten der Jugendarbeit beziehbar sind.

Dieser biografieorientierte, explorative und qualitative Zugang ist bei Ralf Bohnsack exemplarisch strukturiert und methodologisch begründet. Die Lese-rInnen können teilhaben an der Entwicklung einer verstehenden, interpretativen Methode, welche das Lebensaltertypische der Jugendphase mit den je persona-len Stil- und Bewältigungsmustern verknüpfen kann. So kann aufgezeigt wer-den, daß Milieubezüge Jugendlicher nicht automatisch aus der Gleichaltrigen-kultur entstehen - wie das die jugendkulturorientierte Jugendarbeit immer als selbstverständlich vorausgesetzt hat - sondern, daß Jugendliche über individu-elle und persönliche Suchbewegungen und Stilbildungen zu Cliquen zusam-menfinden. So wird deutlich, daß stärker als die Kollektivität der äußeren Gruppe, die sozial gerichteten Befindlichkeiten und Bedürftigkeiten zur Mi-lieubildung führen.

Zeigen diese Arbeiten, daß Milieuorientierung keine pädagogische Konstrukti-on, sondern ein konkreter sozialintegrativer Orientierungsmechanismus der Ju-gendlichen ist, der von ihnen selbst gesucht wird, so kann Thomas Drößler in einer, von unserem milieu- und bedürftigkeitsorientierten Ansatz inspirierten Sekundäranalyse neuerer Jugendstudien herausarbeiten, daß Jugendliche in einer Zeit, in der sie sich lebensaltertypisch von ihren Familien ablösen sollen, gleichzeitig wieder und verstärkt sozialemotionalen Halt bei ihnen zu finden suchen. Damit wird auch - implizit - deutlich, daß Gleichaltrigenkulturen angesichts der Biografisierung und Problembelastung der Jugend nicht mehr den sozialen Übergang ausreichend mediatisieren können. Problematisch kann diese Entwicklung dann werden, wenn die Eltern in dieser von ihren Jugendlichen erwarteten Stützfunktion überfordert sind und/oder den Ablösungsprozeß der Jugendlichen blockieren. Auch deshalb sind die „anderen Erwachsenen" in dieser Phase so wichtig (vgl. den Beitrag „Grundbegriffe" von L. Böhnisch i. d. Bd.).

Endgültig Gewißheit darüber, daß Jugendliche in ihren Gleichaltrigenkulturen selbst Identität suchen, um Bedürftigkeit ausdrücken und austauschen zu können, gibt die explorative Studie zur Technokultur von Antje Schneider und Liv Töpfer. Hier handelt es sich um jugendkulturelle Formen, in denen Zusammengehörigkeit und behauptete Individualität eng nebeneinander stehen. Jenseits der Frage, ob man Technokulturen nun als regressiv - das heißt durch die Sehnsüchte nach frühkindlicher Konfliktlosigkeit strukturiert - oder als gewaltlose Jugendkultur definiert, so zeichnet diese Jugend doch ihr eigenes Bild in unserer Zeit. Sie ist dieser Konsumgesellschaft zugehörig, nutzt den Konsum aber dauernd eigenwillig um und schafft sich Rituale, die ihr emotionalen Halt und kulturelle Identifikation bieten.

Daß dies im ländlichen Raum - besonders in Ostdeutschland - schwieriger ist, hängt damit zusammen, daß dort die jugendkulturellen Gelegenheitsstrukturen weniger entwickelt und die dörflichen Milieus überwiegend von den Erwachsenen geprägt sind. Dabei möchten viele Jugendliche gerne, auch wenn sie sich Ausbildung und Arbeit „erpendeln" müssen - angesichts der risikohaften Unübersichtlichkeit der Arbeitsgesellschaft - emotionalen Rückhalt in ihrer Heimatregion behalten. Gleichzeitig haben sie wenig Chancen, sich als Jugendliche in die ländliche Regionalentwicklung einzubringen und sind somit einer doppelten Orientierungsproblematik ausgesetzt. Für die Jugendarbeit im ländlichen und kleinstädtischen Raum stellt diese signifikante Entsprechung von Bleibeorientierung und regionaler Partizipation den Legitimationsrahmen dar, indem sie ihre Arbeit regional kulturell begreifen und ausrichten kann.

Karl Lenz

Zur Biografisierung der Jugend

Befunde und Konsequenzen

Reflexive Modernisierung, zweite Moderne und Individualisierung

Mit den Begriffen „reflexive Modernisierung" und „zweite Moderne" versuchen Ulrich Beck, Anthony Giddens und Scott Lash (1996) den Umbrüchen der Gegenwartsgesellschaft habhaft zu werden. Konstatiert wird eine Erosion der Industriemoderne, die sich seit dem 19. Jahrhundert in Europa entwickelt und in der Folgezeit in alle Welt ausgestrahlt hat. Während die erste Moderne die Ablösung traditioneller durch industrielle Gesellschaftsformen zum Inhalt hatte, werden in der sich in der Gegenwart vollziehenden reflexiven Modernisierung „die Traditionen und Sicherheiten der Industriegesellschaft selbst zum Gegenstand von Auf- und Ablösungsprozessen" (Beck 1995, S. 39). Im nachhinein erweist sich die erste Moderne als eine „halbmoderne Gesellschaft", in der traditionelle Elemente im modernen Kleid fortbestanden. Die zweite Moderne zeichnet sich - wie vor allem Giddens ausführlich aufzeigt - durch eine breitflächige Enttraditionalisierung aus. Die Traditionen verschwinden dabei nicht einfach, sondern sie verlieren ihre zirkuläre Selbstverständlichkeit. Sie treten miteinander in Konkurrenz, müssen nunmehr gewählt und begründet werden. In enttraditionalisierten Lebenswelten sind die Individuen gezwungen, reflexiv zu werden. Die posttraditionelle Lebensführung steht unter dem Zwang, biografisch zu denken. An die Stelle traditioneller Sicherheiten tritt der individualisierende Zwang, Chancen und Risiken abzuwägen.

Während bei Giddens stärker der Begriff der Enttraditionalisierung im Zentrum der Analyse steht, ist für Ulrich Beck - durchaus mit demselben Ergebnis - der Prozeß der Individualisierung ein zentraler Kernbestand des reflexiven Modernisierungsprozesses. Vieles von dem, was mit „Individualisierung" verknüpft wird bzw. mitschwingt, ist - zumindest in der Beckschen Fassung - mit diesem Begriff nicht gemeint: Individualisierung sollte nicht mit Autonomie, Emanzipation oder mit Individuation gleichgesetzt werden. Aber ebenso wenig meint Individualisierung Atomisierung, Vereinzelung, Vereinsamung oder gar den Zerfall der Gesellschaft. Als Individualisierung nach Ulrich Beck und Elisabeth

Beck-Gernsheim (1993, S. 179) wird vielmehr bezeichnet, „erstens die Auflösung und zweitens die Ablösung industriegesellschaftlicher Lebensformen durch andere, in denen die einzelnen ihre Biografien selbst herstellen, inszenieren, zusammenschustern müssen, und zwar ohne die einige basale Fraglosigkeiten sichernden, stabilen sozial-moralischen Milieus, die es durch die gesamte Industriemoderne hindurch immer gegeben hat und als 'Auslaufmodelle' immer noch gibt". Präziser und umfassender läßt sich die Individualisierungsthese aber weiterhin unter Rückgriff auf die drei Dimensionen fassen, die Beck (1986) in seinem Buch „Risikogesellschaft" vorgeschlagen hat. Danach umfaßt die Individualisierung folgende Dimensionen:

- Freisetzungsdimension: Herauslösung aus historisch vorgegebenen Sozialformen und -bindungen

- Entzauberungsdimension: Verlust von traditionellen Sicherheiten (Handlungswissen, Glauben, Normen)

- Kontroll- und Reintegrationsdimension: Aufkommen neuer Formen der Einbindung.

Die ersten beiden Dimensionen sind in die vorhin zitierte Definition deutlich erkennbar eingegangen. Die dritte Dimension fehlt zwar in dieser Definition, aber Beck und Beck-Gernsheim (1993) machen in diesem Artikel - übrigens eine Replik auf eine Kritik von Günter Burkart (1993), in dem sie sich entschieden gegen ein „individualistisches Mißverständnis" der Individualisierungsthese wenden - deutlich, daß diese Dimension unabtrennbar dazugehört (vgl. auch Beck-Gernsheim 1993). Bei diesem Mißverständnis wurde unterstellt, daß die Individualisierungsthese behaupte, daß die Individuen völlig frei und ungezwungen zwischen Entscheidungsmöglichkeiten ihre Wahlen treffen könnten. Dabei wird übersehen, daß die Auflösung traditioneller Vorgaben keineswegs ein gesellschaftsfreies Vakuum hinterläßt, in dem ein unbestimmbares, individuell beliebiges Allerlei Platz finden könne. Beck (1986, S. 210) bezeichnet die „Individuallagen", die sich aus traditioneller Verfestigung herauslösen, als „institutionenabhängig", um deutlich zu machen, daß die Freisetzung und Entzauberung einhergeht mit verstärkten Abhängigkeiten von neuen institutionellen Vorgaben. Die Definitions- und Kontrollmacht wandert ab an neue, oder genauer an dominanter gewordene Institutionen, sei es der Arbeitsmarkt mit seinen Handlungsdirektiven, der Sozialstaat oder die Medien, die allesamt dem Individuum vielfältige Grenzen setzen und neue Standardisierungen bewirken. Von daher kann auch keine Rede davon sein, daß sich durch die Individualisierung „soziale Tatsachen" verflüchtigen, was Hartmut Esser (1989) mit der Frage „Verfällt die soziologische Methode?" als Gespenst an die Wand malt. Notwendig wird dadurch lediglich eine Revision im vertrauten Kategorienapparat soziologischer Analysen (vgl. auch Beck 1996).

Gegen eine Allmacht des Subjekts als Folge der fortschreitenden Individualisierung wenden sich Beck und Beck-Gernsheim (1993) auch, indem sie auf ein weiteres Mißverständnis in der Individualisierungsdebatte - das „rationalistische" - hinweisen. Hier werde unterstellt, daß Wahlmöglichkeiten immer ein Optimum von Optionen umfassen, zwischen denen das Individuum dann eine rationale Auswahl zu treffen habe. Dies übersteigt aber bei weitem das, was die Individualisierungsthese vertritt und was für das Individuum im Regelfall im Bereich seiner Möglichkeiten anzutreffen ist. Wahlen müssen immer unter Restriktionen getroffen werden, sind vielfach von außen erzwungen, und getroffene Entscheidungen kommen kaum ohne Ambivalenzen und Zweifel zustande. Entscheidend ist nur, daß überhaupt eine Alternative, so wenig diese auch einem angestrebten Lebensideal entsprechen mag, offen steht.

Mit dem Verweis auf die Freisetzungs-, Entzauberungs- und Kontrolldimensionen wird die Individualisierungsthese aber noch nicht erschöpfend umschrieben. Ein wesentliches Versatzstück der Individualisierung - auch in obiger Definition dominant enthalten -, daß die Biografien selbst hergestellt werden (müssen), wird nicht als eigenständige Dimension benannt. Es bietet sich als terminologische Ergänzung hierfür an, von einer „Biografisierungs- und Zuschreibungsdimension" zu sprechen. Damit soll mit einem Label versehen werden, worauf hingewiesen wird, wenn betont wird, daß die Biografien „entscheidungsabhängig und als Aufgabe in das Handeln jedes einzelnen gelegt" (Beck/Beck-Gernsheim 1990, S. 12) werden. Diese Biografisierungs- und Zuschreibungsdimension einerseits und Kontroll- und Reintegrationsdimension andererseits sind kein begrifflicher Widerspruch, sondern gehören beide zusammen zum Individualisierungsprozeß; sie bilden die beiden unterschiedlichen Seiten der Medaille, das „widersprüchliche Doppelgesicht" von Freiheit und Abhängigkeit. Wenn hier die Bezeichnung „Biografisierungs- und Zuschreibungsdimension" gewählt wird, soll damit zum Ausdruck gebracht werden, daß die Handlungs- und Planungskompetenz in Sachen der eigenen Biografie vielfach von außen als Erwartung und Verpflichtung an das Individuum herangetragen, ihm „zugeschrieben" wird (vgl. auch Wohlrab-Sahr 1992). Das Individuum ist gezwungen, sich als „Handlungszentrum", als „Planungsbüro" zu begreifen, und wird auch für das Nichterreichen versperrter Entscheidungsmöglichkeiten mit individueller Schuldzuweisung konfrontiert.

Die Individualisierungsthese, die Beck zunächst in einem Diskussionsbeitrag über neuere Tendenzen in der sozialen Ungleichheit formuliert hat, wird gründlich mißverstanden, wenn darin eine „Neuauflage der Schelskyschen Theorie der nivellierten Mittelstandsgesellschaft" (Mayer/Bloßfeld 1990, S. 313) gesehen wird. Von einem Abbau oder gar Verschwinden sozialer Ungleichheit ist keine Rede, sondern lediglich davon, daß die klassischen Konzepte von Klasse und Schicht angesichts der Individualisierungstendenzen immer weniger brauchbar sind. Während Beck anfangs der 80er Jahre noch eine Konstanz der Ungleichheitsrelationen konstatierte, haben sich diese in den vergangenen zehn Jahren vergrößert (vgl. auch Beck 1996). Ein sprunghaft gestiegener Anteil von Arbeitslosen, darunter viele Dauerarbeitslose, eine stark angewachsene Zahl von Sozialhilfeempfänger/innen, eine wachsende Zahl von

Obdachlosen und insgesamt steigende Armut markieren das eine Ende einer zunehmenden Polarisierung, dem am anderen Pol starke Vermögenszugewinne und bei insgesamt weitgehend stagnierenden Einkommen starke Einkommensteigerungen bei den Selbständigen gegenüberstehen (vgl. Hradil 1991). Die durch Individualisierungstendenzen fortschreitende Entsolidarisierung in der deutschen Gesellschaft trägt - wie auch im Wort zur wirtschaftlichen und sozialen Lage in Deutschland der beiden großen Kirchen (1997) zum Ausdruck gebracht wird - nachhaltig zu dieser rasant wachsenden Polarisierung bei.

Zur Biografisierung der Jugendphase - Wandlungsprozesse in der ersten und zweiten Moderne

Der Modernisierungsprozeß ist von Anfang an mit Individualisierung verknüpft. Dies wird aus den Arbeiten soziologischer Klassiker wie z. B. Emile Durkheim oder Georg Simmel um die Jahrhundertwende bereits deutlich, die in ihren Analysen der Genese moderner Gesellschaft vielfach auch Individualisierungsprozesse thematisiert haben. Sie sind also kein neues Phänomen der zweiten Moderne, sondern ein Begleitphänomen der Modernisierung. Neu und prägend für die zweite Moderne ist die Beschleunigung der Individualisierung, der forcierte Individualisierungsschub, der die „halbmoderne Gesellschaft" oder „halbierte Moderne", in der Relikte der traditionalen Gesellschaft strukturbildend und strukturtragend fortwirkten, fortschreibt und gleichsam vollendet. Im weiteren werde ich mich auf einen Aspekt der Individualisierung, auf die Biografisierungs- und Zuschreibungsdimension konzentrieren, und daran orientiert, die Veränderungsprozesse der Jugendphase als Teil des Lebenslaufsregimes beschreiben.

Lebenslauf und Jugendphase in der ersten Moderne

Modernisierungsprozesse machen vor dem Lebenslauf nicht Halt. Die erste Moderne hat - folgt man der These von Martin Kohli (1985; 1986) - eine Institutionalisierung des Lebenslaufs hervorgebracht. Im Zuge des Überganges von der traditionellen zur modernen Gesellschaft - im Übergang zur ersten Moderne - hat sich nach Kohli ein neues Lebenslaufregime etabliert, deren zentrale Merkmale die Verzeitlichung und Chronologisierung sind. Verzeitlichung meint, daß das Alter nun zu einem zentralen Strukturprinzip des Lebenslaufs wird. Chronologisierung weist darauf hin, daß das Muster der Zufälligkeit der Lebensereignisse abgelöst wird durch einen vorhersehbaren Lebenslauf. Zentrale Lebensereignisse (z. B. Heirat, Geburt des ersten Kindes usw.) werden potentiell für alle erreichbar und der Streubereich von Lebensereignissen verringert sich drastisch. Es bildet sich eine - für Frauen und Männer unterschiedliche - „Normalbiografie" (Levy 1977) heraus, in der die zentralen Lebensereignisse in einer vorgegebenen Reihenfolge und gebunden an ein angemessenes Alter geordnet sind.

Verzeitlichung und Chronologisierung sind nach Kohli Teil des umfassenden Individualisierungsprozesses, der - wie bereits dargelegt - eine Freisetzung der Individuen aus traditionellen Bindungen umfaßt. Es entfaltet sich ein neues Vergesellschaftungsprogramm, das an den Individuen als eigenständig konstituierten sozialen Einheiten ansetzt. Die durch die Freisetzung verlorengegangene Stabilität verlagert sich nun auf das feste Ablaufprogramm der Normalbiografie. Die Individuen werden aus ihren kollektiven Bindungen herausgelöst und freigesetzt. Sie werden mit der neuen Anforderung konfrontiert, das eigene Leben biografisch vorausschauend zu gestalten und in einen einheitlichen und vor allem kontinuierlichen Identitätsentwurf zu reintegrieren. Erst im Geltungsbereich der ersten Moderne durchläuft jedes Individuum eine geordnete und normierte Sequenz von Lebensaltern, die Verhaltensanforderungen und Handlungschancen einschließen und zugleich Orientierungsmarken angesichts des Wegfallens traditioneller Vorgaben darstellen. Der Lebenslauf wird zu einer zentralen gesellschaftlichen Institution, d. h. zu einem Regelsystem, „das die zeitliche Dimension des individuellen Lebens ordnet. (...) Gesellschaftliche Strukturbedingungen und Probleme entfalten sich für das Individuum in der Lebenszeit; individuelles Handeln ist lebenszeitlich orientiert und wird darin gesellschaftlich folgenreich" (Kohli 1985, S. 26). Seine besondere Prägung erfährt der moderne Lebenslauf durch die Ausrichtung auf das Erwerbssystem. Es entfaltet sich eine erwerbsbezogene Dreiteilung in eine Vorbereitungs-, eine Aktivitäts- und eine Ruhephase. Die Phasenaufteilung wird zusätzlich durch sozialstaatliche Regelmechanismen abgestützt. Der Lebenslauf umfaßt nicht nur altersmäßig geordnete Positionssequenzen, sondern dient zugleich den Individuen als Wissensfundus und Orientierungsfolie für eigene Handlungsschritte.

Die Chronologisierungs- und Standardisierungstendenzen des Lebenslaufs haben auch die Jugendphase maßgeblich ergriffen und geprägt. Erst im Zuge dieser Entwicklung bildete sich eine eigenständige Jugendphase heraus, abgrenzbar von Kindheit und Erwachsenenalter. Die Jugendphase wird nun zur freigestellten Vorbereitungsphase auf das Erwachsenenleben. In der traditionellen Gesellschaft waren die Lebenslagen der Heranwachsenden im jeweiligen „Stand" vorgeschrieben. Unter diesen Bedingungen konnte es keine Sammelkategorie für jene geben, die keine Kinder mehr waren, aber den Erwachsenenstatus noch nicht erreicht hatten. Statt einer vereinheitlichenden Benennung trugen sie die ihrem Stand und ihrem lebensgeschichtlichen Status gemäße Bezeichnungen: Sie waren Knecht und Magd, Lehrling und Geselle, junger Herr, Scholar usw. (vgl. Herrmann 1982). Grundlegend wurde in der traditionellen Gesellschaft die Phase der Jugend in Ost-, Mittel- und Nordeuropa durch das „european marriage pattern" (Hajnal 1965, vgl. auch Mitterauer 1986) bestimmt. Erst mit Übernahme des Hofes durfte geheiratet werden, was bei rüstigen Eltern eine lange Unterordnung unter die väterliche Autorität und eine starke Verzögerung des Erreichens des Erwachsenenstatus bedeutete. Erst im Zuge des Modernisierungsprozesses kam es dann zu der Ausformung der modernen

Jugendphase und dann nach und nach zu einer Verallgemeinerung der Jugendphase über Klassen- und Geschlechtslagen hinweg (vgl. Zinnecker 1985, Olk 1993).

Für die Etablierung der modernen Jugendphase mußten bestimmte sozialstrukturelle Voraussetzungen und kulturelle Ausdeutungen zusammentreffen (vgl. zusammenfassend Olk 1993, Scherr 1997). Sie setzt als sozialstrukturelle Gegebenheit eine funktional ausdifferenzierte Gesellschaft voraus, die einerseits über ausreichend materielle und soziale Ressourcen verfügt, andererseits hohe Qualifikationsanforderungen an die Positionsinhaber stellt und deshalb eine langgestreckte Vorbereitungsphase zugleich gesellschaftlich möglich wie auch notwendig macht. Maßgeblichen Anteil an der Gestaltung dieser Lebensphase hat das bürgerliche Familienmodell (vgl. zusammenfassend Lenz/Böhnisch 1997), in dem der Binnenraum der Familie affektiv aufgeladen, gegen äußere Einflüsse abgeschirmt und die Kinder unter die Kontrolle einer sorgfältig geplanten, zeitintensiven und liebevoll am kindlichem Subjekt orientierten elterlichen Erziehung gestellt werden. Dazu hat auch die Expansion des Schulsystems nachhaltig beigetragen, das - durch die Schulpflicht und Jahrgangsklassen geordnet - unter den besonderen Lebensbedingungen des Bürgertums als Träger der Modernisierung zu einem Selektionsinstrument sozialer Chancen aufgestiegen ist. Als weitere Bedingung für die Ausformung der modernen Jugendphase hat es auf der kulturellen Ebene der „Erfindung" und „Entdeckung" von Jugend durch die Formulierung entsprechender Leitvorstellungen und Ideale als Ausdeutung und Formung der veränderten sozialstrukturellen Lebensbedingungen bedurft (vgl. Abels 1993, Dudek 1990). Als eine „kopernikanische Wende" in der Betrachtung dieser Lebensphase wird vielfach Jean-Jacques Rousseaus Buch „Emile ou de l'éducation" aus dem Jahre 1762 genannt, das ein neues Verständnis von Kindheit und Jugend mit nachwirkendem Erfolg propagierte. Auf dieser Folie wurde die Jugend zu einem Schonraum, eingebettet in Herkunftsfamilie und Schule, geprägt durch den Aufschub der Bedürfnisbefriedigung und instrumentalisiert als eine Vorbereitung auf das spätere Leben.

In den Jugendtheorien hat diese moderne Fassung der Lebensphase Jugend einen elaborierten Ausdruck bei Erik H. Erikson (z. B. 1966) gefunden. In dieser Theorie wird zugleich ausführlich die von den Jugendlichen zu leistende Biografiearbeit aufgezeigt. Erikson hat die (moderne) Jugendphase als ein „psychosoziales Moratorium" beschrieben, als eine Karenzzeit, in der Verpflichtungen und Bindungen aufgeschoben werden, um die besondere, lebensalterspezifische Aufgabe der Ausbildung einer Ich-Identität bewältigen zu können. Die Identitätsbildung ist für Erikson eine Phase vermehrter Konflikte. Die vor allem von den Eltern übernommenen Identifikationen aus der Kindheit werden aufgegeben bzw. revidiert und die Heranwachsenden sind gezwungen, einen eigenen Platz in der Gesellschaft zu suchen und zu finden. Unmittelbare Folge davon ist eine hohe Verunsicherung und Desorientierung sowie die permanente Suche nach Verhaltenssicherheiten, die durch den Anschluß an Gemeinschaften und die Übernahme von Ideologien versucht wird zu erlangen. Um einen passenden

Platz in der Gesellschaft ausfindig zu machen, wird den Heranwachsenden ein „freies Experimentieren mit Rollen" gestattet und abverlangt. Sie sollen ausprobieren, eigene Erfahrungen sammeln, bevor sie sich festlegen und festgelegt werden. Die Gesellschaft stützt diese Experimentierphase durch ein - wie es Erikson nennt - „selektives Gewährenlassen". Die Jugendlichen entsprechen dem durch ihre - nach Erikson - „provokative Verspieltheit", durch ihre Neigung, vieles und vor allem unterschiedliches erleben und austesten zu wollen. In diesem Verständnis von Erikson ist die Jugendphase eine freigestellte Experimentierphase, die gerade deshalb überreich an einer Veränderungsdynamik ist.

Zwar trifft zu, daß es im Zuge dieses (ersten) Modernisierungsprozesses nach und nach zu einer Verallgemeinerung der Jugendphase (vgl. Zinnecker 1985) gekommen ist. Aber diese Aussage steht in Gefahr, die existierenden und fortbestehenden Unterschiede zwischen den Jugendlichen systematisch auszublenden. Die Jugendphase erschloß sich als spezifische Durchgangsphase zunehmend für beide Geschlechter und unterschiedliche Herkunftsmilieus, dennoch kann keine Rede von einer „Homogenisierung" der Jugend sein. Hier scheint es nützlich, die Strukturebene von der Handlungsebene deutlich abzugrenzen. In der modernen Gesellschaft wurde die Jugend als Optionsraum institutionalisiert, diese Lebensphase gewann aber unter den ungleichen sozialen Lebensbedingungen der handelnden Subjekte unterschiedliche Gestalt. Deutlich wird dies an der Gestalt der „Jugendlichen", die am Anfang der sozialpädagogischen Jugendhilfe steht (vgl. Münchmeier/Peukert 1990, Böhnisch 1997). Der Begriff „Jugendliche" taucht gegen Ende des 19. Jhs. zunächst in einer engen Bedeutungsvariante auf und bezieht auf den schulentlassenen, männlichen, in der Großstadt lebenden, aus dem Arbeitermilieu stammenden jungen Menschen, der in der Sicht der Kontrollorgane der damaligen Zeit zu verwahrlosen drohte und als „frühreif" galt. Dieser Sozialtypus des jungen Menschen entsprach so gar nicht dem bürgerlichen Ideal der behüteten und freigestellten Jugend und bedurfte deshalb einer besonderen fürsorglichen und polizeilichen Kontrolle.

Später löste sich der Begriff „Jugendliche" von diesem besonderen Sozialtypus und bezeichnete fortan alle Angehörigen dieser Altersgruppe unabhängig von der sozialen Herkunft. Trotz dieses homogenisierenden Sprachgebrauchs bestanden die unterschiedlichen Verlaufsformen der Jugendbiografie - von Siegfried Bernfeld (1914/15, 1925), Charlotte Bühler (1927) und auch von Paul F. Lazarsfeld (1931) im ersten Drittel des 20. Jahrhunderts beschrieben - in der Gestalt der „kurzen" bzw. „verkürzten" und einer „gestreckten" bzw. „verlängerten" Jugend fort (vgl. auch Rosenmayr 1962, Fuchs 1988). Festzuhalten bleibt, daß es trotz aller Standardisierungstendenzen biografischer Ereignisse „die" moderne „Normal-Jugend" nie gab. Vielmehr lassen sich bezogen auf das soziale Herkunftsmilieu (Arbeiterklasse vs. Bürgertum) zwei unterschiedliche Jugendverläufe deutlich voneinander unterscheiden.

Lebenslauf und Jugendphase in der zweiten Moderne

Inzwischen hat das moderne Lebenszeitregime seinen Zenit überschritten. Kohli weist darauf hin, daß sich die Hinweise häufen, daß dieses moderne Lebenszeitregime in Auflösung begriffen ist. Er spricht von Tendenzen der „Deinstitutionalisierung des Lebenslaufs". Das moderne Lebenszeitregime modernisiert sich! Es ist unter die Räder eines neuen Individualisierungsschubes gekommen. Besonders augenfällig sind diese Deinstitutionalisierungsprozesse im familialen Bereich (vgl. Peuckert, R. 1996; Lenz 1997). Das durchschnittliche Heiratsalter steigt an, die Streuung nimmt zu. Die Heiratshäufigkeit ist stark rückläufig, immer mehr junge Menschen bleiben lebenslang ledig. Die Ehe hat ihren doppelten Monopolanspruch, die einzig legitime Form einer auf Dauer gestellten Frau-Mann-Beziehung und der einzig legitime Ort sexueller Interaktion zu sein, verloren. Die Gründung eines gemeinsamen Haushalts hat sich von der Eheschließung abgekoppelt, geht dieser vielfach voraus (vgl. auch Buba 1996). Es läßt sich eine deutliche Pluralisierung privater Lebensformen feststellen, die in Konkurrenz zur Ehe treten. Die wachsende Instabilität der Ehen und anderer Beziehungsformen läßt den/die einzelne/n eine Abfolge von Zweierbeziehungen erleben, vielfach verknüpft mit unterschiedlichen Beziehungsformen. Der Verweisungszusammenhang von Ehe und Familie ist ebenfalls brüchig geworden, wie eine wachsende Anzahl kinderloser Paare und die steigende Zahl unehelicher Geburten zeigt. Deinstitutionalisierungsprozesse zeigen sich auch im Bereich der Arbeit: Normalarbeitsverhältnisse sind rückläufig und werden in der Zukunft immer mehr abnehmen. Wechsel zwischen Tätigkeitsfeldern - und nicht nur zwischen Arbeitsstellen -, lebenslanges (Um-)Lernen und Umschulungen werden immer stärker zu erwartbaren Elementen in einer Berufsbiografie ebenso wie Phasen von Arbeitslosigkeit und das Angewiesensein auf staatliche Transferzahlungen. Deutliche Erosionstendenzen zeigen sich an den Rändern der Erwerbsbiografie: am Übergang in die Erwerbsphase und in das Rentenalter. Diese Übergänge werden - wie es Kohli (1991, S. 313) formuliert - „diffuser und 'biografisieren' sich, d. h. sie fallen stärker der eigenen Entscheidung und Gestaltung anheim".

Diese Erosionsprozesse des modernen Lebenszeitregimes finden ihren Niederschlag in der Jugendphase (vgl. auch Robert 1990). Diese Umbruchsprozesse haben in der Jugendforschung unter den Stichwörtern „Strukturwandel der Jugend", „Jugend als eigenständige Lebensphase", „Individualisierung der Jugendbiografie", „Destandardisierung" oder „Entstrukturierung der Jugendphase", „Wandel vom Übergangsmoratorium zum Bildungsmoratorium" sowie - mit einer Neigung zur dramaturgischen Steigerung - „Ende der Jugend" vielfach und umfangreich Nachhall gefunden. Unisono wird in diesem Diskussionszusammenhang darauf hingewiesen, daß in den letzten Jahrzehnten ein tiefgreifender Wandel die Jugendphase erfaßt hat (vgl. zusammenfassend Schröder 1995). „Die Status-Rollen-Konfiguration Jugend", so Thomas Olk (1993, S. 193), „scheint intern immer unausgewogener zu werden, durch zunehmende

Inkonsistenzen und Spannungen gekennzeichnet zu sein, sich zeitlich immer mehr in die Länge zu strecken, zum Ende hin zu zerfasern und an inhaltlicher Struktur und Gestalt zu verlieren". Werner Fuchs-Heinritz und Heinz-Hermann Krüger (1991, S. 200) stellen in ihrer Studie über die Relevanz von Altersnormen für den „Weg durch die Jugendphase" fest, „daß Altersnormen weder als 'objektive Maßstäbe' und Vorgaben für den Lebenslauf des einzelnen Jugendlichen fungieren, noch zentrale Zeitmarken für subjektive Zeitmarken für subjektive Biografieverläufe von Jugendlichen sind". Auf diesen Sachverhalt weist auch Lothar Böhnisch (1997, S. 133f.) hin, wenn er schreibt, „daß das gesellschaftliche Übergangs- und Integrationsarrangement Jugend an Selbstverständlichkeit und Verläßlichkeit eingebüßt hat. Jugend muß nun von den Jugendlichen stärker individuell 'bewältigt' werden, die Chance, daß Jugend gelingt, und das Risiko des Scheiterns in und an der Jugendphase liegen dicht beieinander". Damit ist das Problem angesprochen, „daß die Statuspassage Jugend brüchig, der Übergang in eine gesellschaftlich kalkulierbare Zukunft nicht mehr selbstverständlich ist und die biografischen Anstrengungen in den Vordergrund rücken".

Unter den Bedingungen der reflexiven Modernisierung wird die Jugendphase zu einem Ort zunehmender Diffusität und Biografisierung (vgl. Kohli 1991). Die „biografische Lebensbewältigung" (Böhnisch 1997) wird angesichts des Erosionsprozesses des modernen Lebenszeitregimes zu einer zentralen Kategorie zum Verständnis der Jugendphase wie auch anderer Lebensphasen. Im folgenden sollen einige daraus resultierende Veränderungstendenzen der Jugendphase gebündelt aufgezeigt werden, einschließlich der damit verknüpften Ambivalenzen und Risiken.

(1) Jugendliche verfügen heute über breitere und lebensgeschichtlich frühere Möglichkeiten für ein eigenes Leben (vgl. Fuchs 1983). Sie werden bereits frühzeitig als eigene Person wahrgenommen, und es wird ihnen eine deutlich höhere Kompetenz zur Eigenverantwortung zugestanden, und dies trotz eines verlängerten Angewiesenseins auf materielle Transferleistungen durch die Eltern (vgl. Vaskovics 1996; Buba 1996). Der Anspruch auf eine weitgehend selbständige Lebensführung findet sich inzwischen bereits in einem Alter, das man traditionell eher noch zur Kindheit als zur Jugend rechnen würde (vgl. Bois-Reymond u.a. 1994). Dieser Zugewinn an Freiräumen steht in einer engen Verbindung mit einer nachhaltigen Veränderung der Umgangsformen zwischen Eltern und Jugendlichen. Das Miteinander-Aushandeln hat in vielen Familien die Oberhand gewonnen gegenüber dem Befehlen und Gehorchen. Die Machtbalance hat sich, wie es Jürgen Zinnecker (1987) formuliert hat, zugunsten der Jugendlichen verschoben. Zumindest in Teilbereichen ist heute Wirklichkeit geworden, was Margaret Mead schon 1970 als Kennzeichen einer präfigurativen Kultur beschrieben hat: eine Umkehrung des Erfahrungsvorsprungs zugunsten der jüngeren Generation. In den Bereichen der Freizeit, des Konsums, der Mode und auch in der Technik besitzen die Kinder nicht selten einen bedeut-

samen Wissensvorsprung gegenüber den eigenen Eltern und beweisen ihnen auf diesen Gebieten ständig die Grenzen ihres Wissens. Eltern holen vermehrt den Rat der eigenen Kinder ein und sind in einer unüberschaubaren Warenwelt zum Eingeständnis eigener Inkompetenz fortlaufend gezwungen. Der Zugewinn an Selbständigkeit und ihr Wissensvorsprung schafft bereits in jüngeren Jahren in einem breiten Umfang Gestaltungsspielräume und Wahlmöglichkeiten für Jugendliche. Sie lassen sich nicht von ihren Eltern vorschreiben, was sie zu tun haben, sondern erheben den Anspruch auf ein Leben nach eigener Regie, ein Anspruch, der ihnen von einer großen Zahl kindzentrierter und angesichts der vielfältigen Anforderungen und Ungewißheiten verunsicherten und von einer wachsenden Handlungskompetenz ihrer Kinder beeindruckten Eltern mit wenig Abstrichen auch zugestanden wird. Die Eltern versuchen vielfach gar nicht erst, ihren heranwachsenden Kindern etwas vorzuschreiben, was diese sich auch nicht vorschreiben lassen würden. Parallel dazu hat sich ein erheblicher Bedeutungszuwachs der Peers ereignet. Die Jugendlichen sind heute stark in den Peer-Kontext integriert. Sie verbringen Ihre Freizeit häufiger mit Freunden und Jugendlichen als mit den Eltern, und viele finden bei den Peers ihre wichtigsten Bezugspersonen (vgl. Oswald 1992). Im Peer-Kontext werden familienunabhängige Räume für die jugendkulturelle Selbstdarstellung (vgl. auch Strzoda/Zinnecker/Pfeffer 1996) wie überhaupt für die eigenbestimmte Lebensführung erschlossen.

(2) Erfahrungsbereiche, die im Jugendverständnis der ersten Moderne noch exklusive Privilegien der Erwachsenen waren, haben sich inzwischen den Jugendlichen vollständig erschlossen.

Für Erikson hat die Aufnahme sexueller Intimität noch keinen Platz in der Jugendphase, sondern ist erst ein Bestandteil der Erwachsenenphase. Dieser Aufschub sexueller Erfahrungen auf das Erwachsenenalter ist inzwischen verschwunden. Aus dem Monopol der Ehe und damit dem Vorrecht der Erwachsenen hat sich Sexualität vielfach weit in die Anfänge der Jugendphase vorverlagert. Jeder und jede zweite Jugendliche hat kurz vor oder nach dem 17. Lebensjahr bereits eine erste feste Zweierbeziehung erlebt und auch die ersten sexuellen Erfahrungen gemacht (vgl. Behnken/Zinnecker 1992; Wiesner/Silbereisen 1996). Die jugendliche Sexualität „muß" inzwischen auch immer weniger vor den Eltern verheimlicht werden. Sie ist Gegenstand der familialen Kommunikation. Ort des sexuellen Austausches ist in vielen Fällen das eigene Zimmer in der Herkunftsfamilie und das durchaus mit dem Wissen der Eltern. Fast 3/4 aller 16 und 17jährigen mit einer festen Beziehung geben an, daß sie „so oft sie wollen" zumindest bei einem der beiden zu Hause ungestört sexuell zusammensein können. Auch das Übernachten-dürfen bei dem oder der anderen ist heute mehrheitlich kein Problem mehr (Schmidt u.a. 1993). Schmidt u.a. sprechen in diesem Zusammenhang von einer Familialisierung der Sexualität Jugendlicher.

Auch die Übernahme der Konsumentenrolle hat sich weit in die Jugendphase oder sogar Kindheit vorgeschoben. Kinder und Jugendliche treten
heute deutlich früher als souveräne Konsumenten und Konsumentinnen
auf, die über das Warenangebot kompetent Bescheid wissen. Ihr Anspruch,
eine eigene, selbständige und eigenverantwortliche Person zu sein, wird
hier vorbehaltlos und uneingeschränkt anerkannt. Der Konsum stellt für
Jugendliche einen Verhaltensraum dar, der einer direkten pädagogischen
und moralischen Kontrolle von Seiten der Erwachsenen entzogen ist und in
dem sie sich dieser entziehen können. In der Konsumentenrolle werden sie
früher als in anderen Bereichen als gleichwertige Erwachsene anerkannt.

(3) Mit dem Rückgang elterlicher Kontrolle entwachsen Jugendliche keineswegs aus allen Abhängigkeiten und Fremdeinflüssen, sondern was damit
gemeint ist, ist lediglich ein Wechsel der dominanten Kontrollagenturen.
An die Stelle von signifikanten anderen, vor allem die Eltern, treten als
Träger sozialer Kontrolle anonyme und bestimmten Personen schwer zure-
chenbare Mächte, „sekundäre Instanzen und Institutionen, die den Lebenslauf des Einzelnen prägen und ihn gegenläufig zu der individuellen
Verfügung, die sich als Bewußtseinsform durchsetzt, zum Spielball von
Moden, Verhältnissen, Konjunkturen und Märkten machen" (Beck 1986,
S. 211). Eine dieser sekundären Instanzen und Institutionen, die für jugendliche Lebenszusammenhänge einen deutlichen Bedeutungszuwachs
gewonnen hat und die hier stellvertretend für andere behandelt werden soll,
ist die Konsumwelt. Gegen die Verlockungen und Versprechungen der
Konsumwelt sind die Jugendlichen wenig gefeit. Sie werden in einem starken Maße umworben und scheinen sich diesem Umworbenwerden kaum
entziehen zu können. Bei einer Reihe von Gütern und Dienstleistungen
sind Jugendliche längst die wichtigsten Käufergruppen. Für die Verwirklichung ihrer Konsumwünsche sind die Jugendlichen durchaus bereit, neben
der Schule zu arbeiten (vgl. Zinnecker/Stecher 1996). Ein nicht unwesent-
licher Nebeneffekt der wachsenden Nebenerwerbstätigkeit von Schü-
ler/innen und Studierenden ist, daß der Berufseinstieg immer mehr den
Charakter eines abrupten Wechsels verliert und mehr und mehr zu einem
graduellen Übergang wird. Der Übergang ins Erwerbsleben wird von einer
„Zäsur" zu einer „Passage" (vgl. auch Meulemann/Wiese 1989).

(4) Das Auseinanderklaffen einer weitgehend selbständigen Lebensführung
und des Erlangens einer materiellen Selbständigkeit ist ein herausstechen-
des Kennzeichen der sozialen Organisation der Jugendphase in der Gegenwart. Dieser Aufschub einer eigenständigen Existenzgründung ergibt
sich vor allem aus der verlängerten Verweildauer im Bildungssystem. Zusätzlich kommen Schwierigkeiten bei einer kontinuierlichen Verankerung
im Berufssystem hinzu. Der Anstieg der Bildungsbeteiligung ist einer der
Motoren des neuen Individualisierungschubes, aber zugleich werden mit
Blick auf das Bildungssystem auch neue Verunsicherungen und Belastungen sichtbar, mit denen die Jugendlichen unter den Bedingungen der for-

cierten Individualisierung konfrontiert sind. Die Jugendlichen sind nicht nur länger in die Schule eingebunden, sondern die von ihnen zu erwerbenden Bildungsabschlüsse haben für ihr späteres Leben erheblich an Relevanz gewonnen (vgl. Geißler 1996). Die Verbindung zwischen Schulabschluß und Berufschancen ist deutlich enger geworden. Die Aneignung von Bildungstiteln oder - mit Pierre Bourdieu gesprochen - der Erwerb kulturellen Kapitals hat gegenüber der sozialen Herkunft an Bedeutung für die soziale Plazierung gewonnen. In der Gegenwart ergibt sich eine weit in die Jugendphase hineinreichende Offenheit beruflicher Festlegungen, die von den Jugendlichen auszuhalten ist. Lange Zeit ist für viele von ihnen beruflich noch alles offen, aber auch noch nichts fest. Durch die starke Verschulung wird die Jugendphase zu einer Institutionalisierung biografischer Unsicherheit. Dies um so mehr, als der starke Drang nach hohen Bildungsabschlüssen diese zugleich entwertet. Der erreichte Abschluß dient immer mehr nur noch als Berechtigungsnachweis und ist immer weniger ein Garant dafür, daß angestrebte Berufsziele auch erreicht werden. Ohne Zweifel haben sich die Chancen der Jugendlichen, einen hochwertigen Abschluß zu erlangen, erheblich verbessert. Parallel dazu sind aber die Erwartungen der Eltern an das schulische Vorankommen ihrer Kinder sprunghaft angestiegen. Eine große Mehrzahl der Eltern möchte, daß ihre Kinder mit dem Abitur von der Schule abgehen, und auch viele Jugendliche haben diesen Erwartungsdruck verinnerlicht. Der Erwerb hochwertiger Bildungszertifikate wird immer stärker zur sozialen Norm. Die psychosozialen Kosten dieses hohen Erwartungsdruckes zeigen sich in einer hohen Verbreitung von Kopfschmerzen, Nervosität, Schwindelgefühl, Konzentrationsschwierigkeiten, Magenschmerzen und Schlafproblemen unter den Schülern und Schülerinnen (vgl. Mansel/Hurrelmann 1992). Je stärker diese Erwartungen nach oben gehen, desto stärker wird die Zahl derer, die trotz aller Anstrengungen und allen körperlichen Erleidens ihre Eltern und sich selbst enttäuschen, die zu Versagern gemacht werden. Sie sind gezwungen subjektiv zu verarbeiten, daß sie nicht erreichen oder erreicht haben, was von ihnen erwartet wird. Während eine wachsende Zahl von Jugendlichen in der Unsicherheit der beruflichen Verwertung ihrer Bildungsanstrengungen verbleibt, wird ein anderer Teil schon frühzeitig zu den Verlierern im Bildungs- und - damit zunehmend auch im - Lebenschancen-Wettrennen erklärt. Die Hauptschule, einst (im Westen) tatsächlich die Haupt-Schule, ist inzwischen zur Restschule verkommen, und die Jugendlichen wissen, daß ihnen nur sehr eingeschränkte Berufschancen offen stehen, daß sie weitgehend zu nehmen haben, was man ihnen gibt: die im Verdrängungswettbewerb übriggebliebenen Lehrstellen oder gar nur prekäre Arbeitsverhältnisse (vgl. auch Münchmeier 1997). Da sie schon frühzeitig mitbekommen, daß sie im Selektionsprozeß unseres Bildungssystems auf der Verliererseite stehen, wenden sie sich von der Schule ab, sehen in der verbleibenden Schulzeit nur noch eine Zeit, die sie absitzen müssen, ohne darin einen subjektiven Sinn entdecken zu können. Sie möchten lieber arbeiten als zur Schule gehen. In der „Zwangsschule" bekommen sie fortlaufend ihre Unzulänglichkeit bescheinigt und sind von daher geradezu gezwungen nach Ersatzfeldern Ausschau zu halten, in denen sie als Person anerkannt werden.

(5) Neue Verunsicherungen und Belastungen ergeben sich nicht nur im Prozeß der beruflichen Integration, sondern umgreifen das gesamte Leben der Jugendlichen. Durch die fortschreitende Auflösung einer festen Verankerung in einem sozialen Milieu verblassen auch verbindliche Orientierungsmuster, die gerade in krisenhaften Lebenssituationen Stabilität und Rückhalt stiften könnten. Schon frühzeitig werden Kinder und Jugendliche mit einer Vielfalt konkurrierender Orientierungsmuster und Sinngebungsangebote konfrontiert. Diese Pluralisierung ist einerseits eine Bereicherung, da dadurch Alternativen sichtbar und erfahrbar werden. Andererseits sind die Jugendlichen angesichts dieser Pluralität, die in Gefahr steht, in eine Beliebigkeit von Werthaltungen abzurutschen, gezwungen schon frühzeitige Position zu beziehen, für sich einen Sinngehalt für das eigene Leben zu gewinnen und eine Ich-Identität zu begründen.

Konsequenzen für eine (jugendarbeitszugewandte) Jugendforschung

Diese beschriebenen Veränderungsprozesse haben weitreichende Konsequenzen für die Jugendforschung und stellen eine große Herausforderung dar. Die Jugendforschung muß sich für die ergebenden Gestaltungsmöglichkeiten und -spielräume wie auch für die aus den neuen Vergesellschaftungsmodi erwachsenden neuen Abhängigkeiten und Belastungsmomente zu öffnen. Hierzu ist es für die Jugendforschung unerläßlich, stärker als bislang die Jugendphase in ihrer Zeitdimension zu erfassen und die Aufmerksamkeit verstärkt auf die Biografieverläufe zu richten. Die herkömmliche Jugendforschung ist bislang zu sehr auf eine - zudem durch die herrschenden gesellschaftlichen Definitionen vermittelte - Momentaufnahme aus dem Lebenszusammenhang von Jugendlichen konzentriert (gleichsam Stellungnahmen aus dem Lebenszusammenhang heraus) und dadurch in Gefahr, die zu leistende Biografiearbeit mit ihren unentrinnbaren Risikolagen und Widersprüchlichkeiten nicht zu erkennen bzw. zu unterschätzen. Eine biografisch orientierte Jugendforschung ist dadurch, daß sie dies sichtbar macht, auch für die Jugendarbeit von Nutzen und unmittelbar zugänglich. Die vorhandene biografische Variabilität in der Jugendphase soll zunächst an einem Fallbeispiel aus einer von mir durchgeführten qualitativen Longitudinalstudie illustriert werden.

Sabine 15, 20 und 23 - ein Fallbeispiel

Als ich Sabine zum ersten Mal interviewte war sie 15 Jahre alt. Sie lebte bei ihrer Mutter, zusammen mit ihren beiden Brüdern und dem Lebensgefährten ihrer Mutter. Sabine besuchte gerade die 8. Klasse der Hauptschule mit deutlichem Widerwillen.

> „Sechs Stunden da drin hocken und dann lernen, lernen, lernen, schreiben, das kotzt mich einfach an, und auch noch die Lehrer dazu - so richtige Spießer - die schauen dich blöd an, wenn du mit einer zerrissenen Hose in die Schule kommst oder mit kaputten Turnschuhen. (...) Hauptsach, ich kann meine Zeit absitzen und dann wieder gehen. (...) Ich hab keinen Bock mehr auf die Schule, ich möchte jetzt echt lieber arbeiten als in die Schule gehen."

Damals war Sabine kurz zuvor in eine Punk-Clique gekommen. Ihr Zugang ergab sich über ihren neuen Freund, der nicht ihr erster war. Ihr neuer Freund war Punk und über ihn schloß sie sich seiner Punk-Clique an. Sabine war gerade dabei, sich den Lebensstil eines Punks anzueignen und zu einem Punk zu werden.

> „Ich bezeichne mich" - so Sabine damals - „noch - nicht als Punk, (...) es ist nur noch eine Frage der Zeit, bis das bei mir wirklich durchgreift".

Ihre Verhaltensweisen hatte Sabine bereits weitgehend den Verhaltensstandards ihrer Punk-Clique angepaßt. Auch eine „punk-gemäße" Einstellung, als deren Elemente Sabine das Auffallen-wollen, Sich-nichts-gefallen-lassen, Aggressivsein, Nicht-passendes-passend-machen und eine gewisse Gleichgültigkeit nennt, hatte sie sich bereits weitgehend angeeignet. Nur im dazugehörenden Outfit mußte sie sich noch gegen den Widerstand ihrer Mutter behaupten und durchsetzen. Aber auch hier hatte sie bereits „erste Schritte so richtig zu den Punks rüber" unternommen:

> „Neulich habe ich ihr [d. h. meiner Mutter, d. A.] die Lederjacke unter die Nase gehalten und gesagt < die ziehe ich jetzt immer an. < Sie: > damit muß ich mich abfinden. < Wenn sie gesagt hätte > die ziehst du nicht an, < dann hätte es schon Streit gegeben".

Aus ihrer Erzählung wird deutlich, daß sie keineswegs generell die Vorschriften ihrer Mutter ablehnte oder diesen stets zuwider handelte. Charakteristisch war vielmehr, daß sie ihren Handlungsfreiraum - und die Lederjacke ist hierfür nur ein Beispiel - nach und nach eigenbestimmt ausdehnte, eine Ausdehnung, die ihre Mutter weitgehend machtlos hinnehmen mußte.

Als ich Sabine das zweite Mal interviewte, war sie 20 Jahre alt. Seit einem Jahr arbeitete sie im Einkauf eines Versandhauses. Da sie nach der Hauptschule keine Lehrstelle bekommen konnte, besuchte sie als Ausweg eine dreijährige Fachschule für Hauswirtschaft. Sabine wohnte jetzt nicht mehr zu Hause und hatte auch einen anderen Freund, Martin, mit dem sie inzwischen schon vier Jahre zusammen war. Seit knapp einem Jahr lebte das Paar in einer gemeinsamen Wohnung. Kurz vor dem Interview hatten die beiden standesamtlich geheiratet. Sabine kannte Martin schon lange, da er der beste Freund ihres Bruders war. Angefangen hat es zwischen den beiden kurz nach ihrem 16. Geburtstag.

„Irgendwie", erzählt Sabine, „hab ich den Spleen gehabt, ich muß jetzt den Martin kriegen". Um ihren Wunsch umzusetzen, ergriff Sabine die Initiative und wählte einen direkten Weg: „Ich bin mit dem Martin rausgegangen und da hab ich gesagt, 'Martin, wie sieht' s denn aus, brauchst du ne Freundin?', da sagt er: 'wen?', da hab ich gesagt, 'na, mich'."

Martin hatte zunächst Bedenken, ob es gut gehe, da sie wie Geschwister zueinander waren. Vor allem befürchtete er, daß, wenn es zwischen ihnen aus ist, dies auch einen Bruch mit seinem besten Freund bedeuten könnte. Sabine zerstreute diese Bedenken und Martin willigte ein, „naja, müssen wir' s halt probieren". An Martin faszinierte sie, daß er anders als alle ihre bisherigen Freunde „nicht nach meiner Pfeife getanzt hat".

Durch diese neue Zweierbeziehung hat Sabine den Punks den Rücken gekehrt. Martin verstand sich zu Beginn ihrer Beziehung als „Metal" und konnte Punks nicht leiden. Sie erzählt, er habe ihr gesagt. „> Wenn du so weiter rumläufst, dann ist es aus, weil ich will so eine nicht <„. In der Anfangszeit ihrer Zweierbeziehung waren die beiden weiterhin viel mit Gleichaltrigen zusammen, nun aber mit den Kumpels von Martin aus seiner Metal-Clique. Geändert hat sich das, nachdem die beiden zusammengezogen sind. Die Kontakte zur Clique haben sich seither weitgehend aufgelöst. Es war vor allem Martin, der keine Lust mehr hatte wegzugehen und sich mit den anderen zu treffen.

„Er ist lieber mit mir alleine geblieben. Wir haben stundenlang Musik gehört. Es ist anders geworden. Ich bin mehr der ruhige Typ durch den Martin geworden".

Gemeinsam haben die beiden ab dieser Zeit verstärkt ihre Familien wiederentdeckt und Gefallen an der Geselligkeit im Familienverband gefunden.

Als ich Sabine zum dritten Mal interviewte, war sie 23 Jahre alt und Mutter einer eineinhalbjährigen Tochter. Kurz nach der Geburt ist die junge Familie umgezogen an den neuen Standort, an den Martin, inzwischen Zeitsoldat, sich versetzen ließ. Es war Martin, der unbedingt aus ihrer gemeinsamen Heimatstadt weg wollte. Mit Geburt ihrer Tochter hat Sabine aufgehört zu arbeiten. Ihre Perspektive hat einen nachhaltigen Wandel durchgemacht. Am Vorabend meines Besuches hat sie in einem Buch gelesen, in dem ich Materialien aus unserem ersten Interview verarbeitet habe und das ich ihr damals geschenkt hatte. Sie erzählt, daß sie zu Jacqueline, so der Name ihrer Tochter, anschließend gesagt hat, „Aber das sage ich dir, als Punk kommst du mir nicht nach Hause". Auch die anfängliche Faszination an ihrem Ehemann, daß er eine „starke Figur" sei, hat deutlich erkennbare Risse bekommen. Was sie anfangs an Martin faszinierte, ist inzwischen eher zu einem Problem geworden. Sabine klagt, daß sie bei ihm zu oft zurückstecken müsse, da für ihn immer nur seine Meinung gelte, was Martin, der bei diesem Interview mitanwesend war, ohne Einschränkung voll bestätigt.

Durch diese Wiederholungsstudie war es möglich, Sabine über eine Lebensdauer von neun Jahren zu begleiten. Dadurch wurde eine Reihe von Veränderungen sichtbar, die diese junge Frau in ihrer Jugendphase durchlebt hat. Was sich hier als zusammengehörige Elemente eines Lebensweges präsentiert, wäre für die herkömmliche Jugendforschung, die aus dem Fluß des Lebens nur eine Momentaufnahme herausgreift, Belege für Jugendliche mit unterschiedlichen Orientierungsmustern. Je nachdem wäre Sabine von der herkömmlichen Jugendforschung - um nur die Extreme zu nennen - als subkulturorientiert oder familienorientiert klassifiziert worden und die damit jeweils korrespondierenden Antwortmuster wären in die Ergebnisse eingeflossen. Sabine ist weder das eine oder andere, sondern beides nacheinander. Es wäre auch verfehlt, bei ihr von einem biografischen Bruch zu sprechen. Schaut man sich an, wie sie mit 15 Jahren als angehende Punkfrau ihren weiteren Lebensweg entworfen hat, dann stößt man auf eine hohe Übereinstimmung zwischen ihrem damaligen Lebensplan und der erkennbar werdenden Lebensrealisation: Sehr nüchtern hat Sabine schon damals erkannt, daß ihre Jugend kurz sein wird und daß sie diese kurze Zeit zum Ausleben nutzen muß. Die Jugend erscheint bei ihr als eine deutlich zeitlich befristete Sturm- und Drang-Zeit (vgl. Lenz 1986, S. 319ff.), die sie in vollen Zügen zum Austoben und zum Abreagieren in Anspruch nehmen will. Sie sieht voraus, daß dieser stürmische Seegang in Bälde abgelöst wird durch ein - um im Bilde zu bleiben - stilles Wasser. Unausweichlich folgt dieser Sturm- und Drang-Zeit - durchaus mit einer subjektiven Bereitschaft dazu - ein ruhiges Leben, das durch mehr Pflichten und weniger Freiraum gekennzeichnet sein wird. Schon als angehende Punkfrau entwirft Sabine eine gar nicht ferne Zukunft, die ihrem Leben als nunmehr 23jährige - zumindest in der beschriebenen Lebenskonstellation - sehr nahe kommt. Auf meine Frage, was sie in ihrem Leben erreichen möchte, antwortete sie damals:

„Daß ich glücklich bin, ob ich jetzt arm bin oder reich, Hauptsache, ich hab - das Glück, das ich mir gewünscht habe.
I: Was wär das?
Kinder [Lachen] mit Ehemann - und einem großen weißen (...) Wuschelhund. Das sind die einzigen Wünsche."

Sehr deutlich wird in diesem Lebensziel eine Orientierung an den Verheißungen der Moderne, die eine Koppelung von Glück und Familie hervorbringt, was aber - wie Klaus Wahl (1989) gezeigt hat - auch schnell in „Modernisierungsfallen" umschlagen kann, wenn sich das ersehnte Familienglück nicht einstellen mag und eine Kluft zwischen Ideal und Lebenswirklichkeit aufbricht. In den autoritär-maskulinen Ansprüchen von Martin wird im Interview eine Konfliktlinie sichtbar, die das Wunschgebäude leicht zum Einstürzen bringen kann.

Deutlich erkennbar steht dieser Biografieverlauf in der Tradition des Verlaufsmusters einer „verkürzten Jugend". Dennoch kommt dieses Verlaufmuster in diesem Fallbeispiel nur gebrochen und modifiziert zum Vorschein. Es fehlt die Milieugebundenheit, in diesem besonderen Fall scheint der beschleunigte Verlauf der Jugendphase stärker von der besonderen Familiensituation hervorgebracht zu sein, die eine kindliche Scheidungserfahrung, eine Alleinerziehungsphase einer Mutter mit drei Kindern und eine problembehaftete Stieffamilienkonstellation einschließt. Eine finanzielle Eigenständigkeit wird verzögert, nicht durch vorhandene Schulambitionen, sondern durch die bestehende Krise des Ausbildungsmarktes, die ein weiteres Verbleiben auf der Schulbank erzwingt. An verschiedenen Stellen werden auch Optionen - sei es im Verhältnis zur Herkunftsfamilie oder im Verhältnis zu Peers - sichtbar, die Sabine in ihrem Beziehungsgeflecht gestaltet.

Jugendforschung als Biografie- und Lebenslaufforschung

Dieses im Fallbeispiel von Sabine sichtbar werdende Nebeneinander scheinbar widersprüchlicher Elemente verfehlt eine Jugendforschung, die nur auf den im Erhebungszeitpunkt gegebenen Moment der Lebenssituation von Jugendlichen starrt. Natürlich können Jugendstudien nicht immer Longitudinalstudien sein. Oftmals läßt sich aus diversen Gründen nur ein Erhebungszeitpunkt realisieren. Eine unzulässige Verzerrung liegt aber vor, wenn die Zeitlichkeit und damit die Veränderbarkeit in der Zeitdimension ausgeblendet wird bzw. dieses erfaßte Stück Leben auf „seine" bzw. „ihre" gesamte Jugend generalisiert wird. Einstellungsmuster werden als zeitlos gültig angesehen, ohne jegliche Rückbindung auf die Besonderheit der biografischen Situation. Ein Jugendlicher, der zum Erhebungszeitpunkt als Punk auftritt, wird so aufgefaßt, als ob er während der gesamten Jugendphase ein Punk war und auch weiterhin einer bleiben wird. In aller Regel ist aber diese subkulturell ausgerichtete Selbstdarstellung in einen Such- und Orientierungsprozeß eingebettet. Dieser drohenden Verengung kann - um kurz bei diesem Beispiel zu verweilen - in einer Querschnittsstudie entgegengewirkt werden, in dem z. B. die Einstiegsprozesse in eine jugendliche Subkultur und in die Zukunft projizierte Lebenspläne untersucht werden. Aufschlußreich kann es auch sein, wenn ehemalige Angehörige einer Subkultur, also Jugendliche, die sich inzwischen abgewendet haben, als Kontrollgruppe einbezogen werden, um auch Ausstiegsprozesse sichtbar zu machen.

Generell haben Querschnittsstudien durchaus die Möglichkeit, den erfaßten Zeitraum im Lebenslauf eines/einer Jugendlichen auszudehnen, indem sie über die unmittelbare Gegenwart hinausgehend die Vergangenheit als gelebtes Leben thematisieren. Breite Ausschnitte der von Jugendlichen erlebten Lebensgeschichte lassen sich nur retrospektiv erfassen. Damit sind wir mit den Problemen einer Retrospektivbefragung konfrontiert. Wichtig ist es zu erkennen, daß jede Retrospektivbefragung die Vergangenheit nicht einfach so abbilden kann, wie sie war, sondern immer nur als wiedererinnerte Vergangenheit und das heißt gebrochen durch die Perspektive des seither Erlebten und Verarbeiteten. Dennoch lassen sich mit Retrospektivbefragungen durchaus valide Aussagen gewinnen. Hinweisen möchte ich an der Stelle darauf, daß hinsichtlich der Retrospektionen zwischen Längsschnitt- und Querschnittsstudien nur ein gradueller Unterschied besteht. Auch Longitudinalstudien kommen mit einer bloßen Erfassung des Hier und Jetzt nicht aus, sondern schließen als zentrale Bestandteile immer Retrospektionen mit ein. Dies ist immer dann der Fall, wenn z. B. gefragt wird, „was hat sich seither in deinem Leben ereignet". Der Unterschied besteht lediglich darin, daß Longitudinalstudien meist auf kurze Erinnerungszeiträume verwiesen sind und durch die wiederholte Thematisierung von Lebensereignissen auch Kontrollmöglichkeiten vorhanden sind. Zusammengefaßt: Die Erfassung von biografischen Prozessen ist also keineswegs eine Leistung, die nur Longitudinalstudien erbringen können, sondern dies ist auch in Querschnittsstudien erreichbar. In beiden Fällen kommt es darauf an, durch das Fragedesign entsprechende Möglichkeiten zu schaffen, die die Validität der Retrospektivbefragung sichern.

Daß sich die Jugendphase - wie wohl keine andere Lebensphase - durch eine hohe Veränderungsdynamik auszeichnet, ist ein fester Wissensbestandteil der Jugendforschung. Aus diesem Wissen über die Besonderheit der Jugendphase wurden und werden vielfach aber auch weiterhin meist keine forschungspraktischen Konsequenzen gezogen. Wenn diese Veränderungsdynamik unmittelbar zum Jugendlichsein gehört, ein konstitutives Merkmal zumindest der modernen Jugendphase ist, dann reicht eine bloße Momentaufnahme nicht aus. Vielmehr muß versucht werden, die Jugendphase in einem großen Ausschnitt ihrer zeitlichen Erstreckung zu erfassen. Spätestens ab der Epoche der zweiten Moderne kann die Jugendforschung nicht mehr länger die Normalbiografie als stillschweigende Interpretationsfolie voraussetzen und anwenden, sondern es muß die eigenbestimmte Gestaltung des Biografieverlaufs selbst zum Gegenstand gemacht werden.

Die Kritik der Vernachlässigung der Zeitdimension trifft keineswegs nur die quantifizierende Jugendforschung, sondern erstreckt sich auch auf eine Reihe von qualitativen Studien. Zwar findet sich eine gewisse Neigung, qualitative und biografische Jugendstudien als Synonym zu verwenden (vgl. Fuchs-Heinritz 1990). Dies ist aber nur gerechtfertigt, wenn diese Studien mit einer qualitativen Methodologie bestrebt sind, die Lebensgeschichte bzw. relevante Teile davon zu erfassen. Auch wenn Jugendstudien quantitativer und qualitativer Machart die biografischen Verläufe der Jugendphase vielfach vernachlässigen, haben beide Forschungsstränge durchaus das Rüstzeug, dieses Defizit abzutragen. Eine quantitative Jugendforschung kann sich hierbei an der Lebensverlaufforschung orientieren, die in den letzten Jahren vor allem von der Berliner Forschergruppe um Karl Ulrich Mayer (1990) betrieben und ausgebaut wurde. Aber auch unabhängig davon haben sich in der Jugendforschung entsprechende Ansatzpunkte entwickelt. In der Studie „Jugend '81" hat Werner Fuchs (1981) erstmals eine Fragebatterie verwendet, die 35 „Fixpunkte des Lebens" umfaßte. Zu jedem dieser Fixpunkte hatten die Befragten angegeben, mit welchem Alter sie diesen Fixpunkt erreicht haben bzw. wann sie diesen voraussichtlich erreichen werden. Diese Fragebatterie wurde in jeweils modifizierter Fassung auch in den Nachfolgestudien „Jugendliche + Erwachsene '85", (der gesamtdeutschen) „Jugend '91" sowie in der als Wiederholung von „Jugend '91" angelegten Studie „Jungsein in Deutschland" (Silbereisen/Vaskovics und Zinnecker 1996) verwendet und hat inzwischen auch in andere Jugendstudien Eingang gefunden. Diese aus der Jugendforschung stammenden Ansatzpunkte fügen sich in das Programm der Lebensverlaufforschung ein, der es vor allem um eine zeitliche Terminierung relevanter Lebensereignisse geht und um die Frage, in welche Sequenzen diese Ereignisse geordnet sind.

Eine qualitativ ausgerichtete Jugendforschung kann sich an der Biografieforschung orientieren, die seit den 80er Jahren einen starken Aufschwung erlebt hat. Im Unterschied zur Lebensverlaufforschung versucht die Biografieforschung individuelle Lebensgeschichten mit offenen Erhebungsverfahren und mit Verwendung der hermeneutischen Tradition in der Auswertungsphase zu erfassen. Im deutschen Sprachraum hat sich hier die Technik des narrativen Interviews von Fritz Schütze (1977) zu einem wichtigen Erhebungsverfahren entwickelt, in dem der bzw. die Befragte durch einen sog. Eingangsstimulus aufgefordert wird, von sich aus und zunächst ohne jede Unterbrechung durch den/die Interviewer/in möglichst detailliert die eigene Lebensgeschichte zu erzählen. Auch wenn auf den ersten Blick der Eindruck entstehen könnte, die Biografieforschung sei insbesondere an den individuellen Besonderheiten interessiert, erweist sich gerade dies als ein fundamentales Mißverständnis. Auf diese notwendige Richtigstellung machen Wolfram Fischer und Martin Kohli (1987, S. 26) aufmerksam, wenn sie herausstellen: „nicht das Individuum ist das Thema soziologischer Biografieforschung, sondern das soziale Konstrukt >Biografie<„. In den Worten von Erika H. Hoerning (1991, S. 22f.) geht es der Biografieforschung in diesem Sinne darum, aufzeigen, „welche gesellschaftlichen Steuerungen und kollektiven Lebenslaufmuster in den individuellen Biografien sichtbar werden und (...) wie Individuen diese gesellschaftlichen Steuerungen und kollektiven Lebenslaufmuster verändern."

Ebenso wie auf der Ebene der Methodologie von einer Pro- oder Contra-Konfrontation zwischen quantitativen und qualitativen Paradigmen inzwischen immer mehr Abschied genommen wird, sollte auch vermieden werden, Lebensverlauf- und Biografieforschung gegeneinander auszuspielen, sie als Konkurrenzunternehmen aufzufassen, für oder gegen die jeweilige Seite Partei zu ergreifen. Angemessen erscheint vielmehr, beide Forschungsprogramme in einem Ergänzungsverhältnis zueinander stehend aufzufassen. Die Jugendforschung ist gut beraten, beide Forschungsstränge aufzugreifen und je nach Fragestellung miteinander zu kombinieren (vgl. auch Lenz 1995).

Lebensereignisse statt Lebensphasen als Leitkonzept

Abschließend soll noch auf einen besonderen Aspekt der Deinstitutionalisierung der Jugendphase hingewiesen werden, den Konturenverlust dieser Lebensphase, der zur Folge hat, daß der Jugendforschung ein abgrenzbarer und eindeutig bestimmbarer Gegenstand immer mehr verloren geht. Diese Schwierigkeiten, den Gegenstand zu bestimmen, werden schon in der Tendenz der Jugend-Panoramastudien erkennbar, die die als „Jugendliche" zu erforschende Altersgruppe immer mehr ausdehnen. Als Jugendliche werden in einigen Studien inzwischen bereits die 13- bis 29jährigen aufgefaßt, wodurch sehr unterschiedliche Lebenslagen unter dem Begriff „Jugend" subsumiert werden, die wenig miteinander gemeinsam haben.

Das Verschwimmen der Grenzen des Gegenstandes wird deutlich, wenn man sozialwissenschaftliche Arbeiten betrachtet, die den Versuch unternehmen, Jugend und Erwachsenenalter durch den Bezug auf vollzogene Statuspassagen voneinander abzugrenzen. In dem vielfach zitierten Abgrenzungsversuch von Friedhelm Neidhardt aus den frühen siebziger Jahren (1972) sind Beruf und Ehe die notwendigen und hinreichenden Kriterien des Erwachsenseins. Erwachsen ist demnach, wer einen festen Beruf hat - die berufliche Ausbildung wird noch nicht als Beruf gewertet - und verheiratet ist. Liegt nur Beruf oder Ehe vor, was in diesem Bestimmungsversuch lediglich als Übergangsstadium aufgefaßt wird, dann haben wir es mit dem Sozialtypus des jungen Erwachsenen zu tun. Deutlich erkennbar ist dieser Vorschlag auf der Folie einer männlichen Normalbiografie entworfen. Er berücksichtigt nicht, daß noch weit bis in dieses Jahrhundert Frauen überhaupt nicht berufstätig waren. Und nach wie vor ist der Berufsausstieg von Frauen bei Familiengründung - zumindest für eine gewisse Zeit - ein verbreitetes Muster. Ein Berufsausstieg würde für Frauen aber - nach diesem Abgrenzungsversuch - den Verlust des Erwachsenenstatus bedeuten.

Wichtiger an dieser Stelle ist aber, daß in der Gegenwart beide Kriterien ihre Brauchbarkeit als Grenzziehung eingebüßt haben, da die Heirat in der Gegenwart - wie bereits erwähnt - den Charakter einer kulturellen Selbstverständlichkeit verloren hat und auch für Männer der Berufseinstieg heute keineswegs immer eine ununterbrochene, bis zur Verrentung fortgesetzte Berufsbiografie begründet. Ein wachsender Teil der jungen Generation bleibt zeitlebens ledig. Hinzu kommt, daß durch die hohe Scheidungswahrscheinlichkeit ein großer Anteil den Ehestatus - zumindest vorübergehend - wieder verlieren wird. Das Risiko der Arbeitslosigkeit erzwingt vielfach zu, z. T. längeren, Berufsunterbrechungen. Und immer häufiger findet auch ein Wechsel aus der Berufstätigkeit in eine erneute Ausbildungs- bzw. Umlernphase statt, egal ob freiwillig oder erzwungen.

Wenn man erkennt, daß Ehe und fester Beruf als Abgrenzungskriterien nicht mehr taugen, dann liegt der Gedanke nahe, Ausschau nach geeigneteren Kriterien zu halten. Matthias Junge (1995) hat vorgeschlagen, das „und" bei Neidhardt durch ein „oder" - das Neidhardt an einer Stelle auch selbst verwendet hat - zu ersetzen. Das Ende der Jugendphase ist demnach dann gekommen, wenn jemand heiratet[1] oder voll erwerbstätig ist. Bereits wenn eines der beiden Lebensereignisse eintritt, ist der Erwachsenenstatus erreicht. Außer acht wird bei diesem Definitionsvorschlag jedoch gelassen, daß beide Statuspassagen reversibel sind und - sei es infolge einer Scheidung, durch Arbeitslosigkeit oder durch eine neue Ausbildungsphase - der Ausgangszustand wiedererreicht werden kann. Auch weitere Versuche, andere Kriterien des Erwachsenseins zu finden bzw. weitere Kriterien hinzuzufügen, können nicht überzeugen. Sie können nicht überzeugen, da das Problem nicht die Kriterien sind, sondern der Sachverhalt, daß das Jugend- und Erwachsenenstadium zunehmend ineinander fließen und daher als Lebensphasen tendenziell nicht mehr abgrenzbar sind. Das tendenzielle Verschwimmen der beiden Lebensphasen wird durch die folgenden Tendenzen bewirkt, in die die bereits aufgezeigten Umbrüche der Jugendphase unmittelbar einfließen:

- Vormals exklusive Privilegien der Erwachsenen, z. B. das Recht auf Sexualität und das Teilhaberecht am Konsum, trennen heute Jugendliche und Erwachsene nicht mehr voneinander. Wie bereits ausgeführt, haben sich die Aufnahme sexueller partnerbezogener Aktivitäten und auch die Übernahme einer Konsumentenrolle im Lebensalter weit nach vorne verlagert.

- Die Machtbalance in den Herkunftsfamilien hat sich zugunsten der Jugendlichen verschoben. Erwachsene haben immer weniger den Anspruch, ihren Altersvorsprung als Distanzmoment in Interaktionen einzubringen. Aufgrund der nachhaltigen Informalisierungsprozesse zwischen den Generationen wird ihr Erwachsenenstatus immer weniger handlungsrelevant.

- Die Sozialgestalt des/der Erwachsenen ist offener und unverbindlicher geworden. Es scheint kaum noch möglich zu sein, eindeutig zu bestimmen, wodurch sich die „Normalexistenz" eines/einer Erwachsenen auszeichnet[2]. Nicht nur ist es weitgehend unbestimmt, was eine/n Erwachsene/n ausmacht, dieser „diffuse Zustand" scheint auch subjektiv als anstrebenswertes Ziel an Wert verloren zu haben.

- Die biografische Ausrichtung auf das Erwachsenenleben wird auch dadurch brüchig, daß die Heranwachsenden die Erfahrung machen müssen, daß bereits „alles besetzt" ist, ihre Partizipationschancen in der Gesellschaft beschränkt sind und sie zugleich in besonderem Maße, langfristig und ohne

---

1 Aus unerfindlichen Gründen spricht Junge (1995, S. 26 und 214) - obwohl er sich ganz eindeutig auf Neidhardt bezieht, keine Differenz erkennen läßt und wohl auch dasselbe Lebensereignis meint wie der Bezugsautor - von „Familienbildung" statt von Heirat. Die Familienbildung und die Ehegründung (Heirat) sind jedoch zwei unterschiedliche Statuspassagen, die nicht miteinander vermengt werden dürfen. Familie und Ehe sind begrifflich streng auseinanderzuhalten (vgl. auch Lenz/Böhnisch 1997).
2 Dem widerspricht nicht die Feststellung aus der sozialpädagogischen Praxis (vgl. Böhnisch 1997), daß die Jugendlichen einen authentischen Erwachsenen suchen. Im Gegenteil: ich würde vermuten, daß sich diese Suche gerade aus dem diffusen Zustand des Erwachsenenstatus speist.

daß sie aktive Gegensteuerungsmöglichkeiten besitzen, von den gesellschaftlichen und ökologischen Krisen betroffen sind. Dies erzeugt und verstärkt das Gefühl „von der Nutzlosigkeit, erwachsen zu werden" (Heinzen/Koch 1989).

- Der gesellschaftlich vorhandene Jugendkult und das vorherrschende Jugendideal bringen es mit sich, daß auch Ältere weiterhin als jugendlich erscheinen wollen. Sie eignen sich einen jugendlichen Habitus an, verhalten sich wie Jugendliche und rauben damit den Jüngeren die Chance, sich von den Älteren abzusetzen. Die Älteren scheinen oftmals die „besseren Jugendlichen" zu sein oder haben zumindest den Anspruch.

- Vormals spezifische Lebensaufgaben von Jugendlichen, wie Berufseinstieg und Aufbau einer stabilen Zweierbeziehung, werden immer mehr zu generellen Risikolagen im Lebenslauf. Die Krise der Arbeitsgesellschaft und die fortschreitende Instabilität privater Lebensformen bringen es mit sich, daß sich diese Handlungsaufgaben wiederholt stellen können. In diesem Sinne ereignet sich eine Generalisierung der Jugendtypik auf andere Lebenslagen und eine Entspezifizierung der Lebensabschnitte.

Einige AutorInnen ziehen aus dieser „neuen Unübersichtlichkeit" im Lebenszeitregime die Konsequenz, von einer weiteren Ausdifferenzierung des Systems der Lebensphasen auszugehen. Neben der Jugend schiebt sich - so ihre These - eine weitere Lebensphase zwischen Kindheit und Erwachsenenalter. Diese neue Zwischenphase wird als „Postadoleszenz" (vgl. Zinnecker 1981; Oechsle 1990, zusammenfassend: Junge 1995) oder die ihr Angehörenden werden als „junge Erwachsene" (vgl. Vaskovics 1992, Böhnisch 1997) bezeichnet. Für Jürgen Zinnecker (1981) ist die Postadoleszenz eine Phase des Jungseins, die durch eine weit fortgeschrittene soziokulturelle Verselbständigung und eine (noch) andauernde materielle Unselbständigkeit gekennzeichnet ist. Dieses Auseinanderfallen von soziokultureller und ökonomischer Selbständigkeit verwenden auch Vaskovics (1992) und Böhnisch (1997) als Kennzeichen der „jungen Erwachsenen". In einer anderen inhaltlichen Fassung kommt Postadoleszenz als neue Lebensphase bei Mechthild Oechsle (1990) vor. Oechsle definiert die Postadoleszenz „als biografische Phase, in der die jungen Männer und Frauen, auch wenn sie berufstätig und damit ökonomisch unabhängig sind (also klassische Merkmale des Erwachsenenstatus aufweisen), dennoch an einem jugendlichen Selbstbild und - soweit wie möglich - an einem jugendlichen Lebensstil festhalten" (Oechsle 1990). Eine neue Zwischenphase wird nicht nur an diesem Übergang konstatiert, sondern auch im Übergang zwischen Kindheit und Jugendalter: hier erscheinen die sog. Kids (vgl. Böhnisch 1997), die sich durch eine Verlagerung des Anspruchs auf ein eigengestaltetes Leben über die alte Grenzziehung von Kindheit und Jugend auszeichnen. Dieser damit in den Blick gekommenen Altersgruppe gilt auch die besondere Aufmerksamkeit der sich stark im Aufwind befindlichen Kinderforschung.

Wenngleich diese neue Begrifflichkeit durchaus nützlich ist um die Komplexität der Übergänge zu veranschaulichen, löst sie das grundlegende Problem, daß die Lebensphasen zunehmend nicht mehr voneinander abgrenzbar sind, nicht, sondern vermehrt lediglich die Abgrenzungsprobleme. Erforderlich werden dadurch weitere Abgrenzungskriterien, die, so sehr man sich auch müht, wiederum keine Eindeutigkeit herstellen können. Aufgrund der fortschreitenden Destandardisierungsprozesse der Lebensphasen verlieren die Lebensphasen immer mehr an subjektiver Orientierungsfunktion und auch an wissenschaftlicher Brauchbarkeit (vgl. Junge 1995). Lebensphasen als abgeschlossene und abgrenzbare Einheiten werden zunehmend zu einer Fiktion. Der Lebenslauf stellt sich als ein Kontinuum dar, zusammengefaßt aus einer Vielzahl unterschiedlicher Lebensereignisse und nicht primär gegliedert nach Lebensphasen.

Damit soll nicht die These vertreten werden, daß die „Jugend" verschwindet, behauptet wird lediglich, daß sich diese Lebensphase zunehmend von der nachfolgenden und auch - wie anhand der Kindheit und Jugend genauer zu zeigen wäre - von der vorgehenden Lebensphase nicht mehr eindeutig abgrenzen läßt. Zwar lassen sich durchaus weiterhin jugendspezifische Lebenslagen benennen, gerade dann, wenn man auf den erstmaligen Vollzug bestimmter Lebensereignisse (erster Schulabschluß, erster Berufseintritt, erste sexuelle Erfahrungen) abzielt und die damit gekoppelten biografischen Bewältigungsaufgaben und -anforderungen. Auch besteht der - wie es Böhnisch (1997, S. 131) formuliert - „lebensaltertypische Kontext von gesellschaftlichen Erwartungen und Vorgaben" fort. Eine eindeutige Abgrenzung dieser Lebensphase wird jedoch zunehmend unmöglich, da das in der ersten Moderne damit in Verbindung stehende System der Lebensereignisse einen massiven Wandel erlebt:

- Die verbindlichen Altersnormen für das Erreichen bestimmter Lebensereignisse haben sich weitgehend zugunsten eines breiten Gestaltungsspielraumes aufgelöst.

- Die Reihenfolge der Lebensereignisse hat stark an normativer Verbindlichkeit verloren; die Ereignisse sind im hohen Maße variabel kombinierbar.

- Bestimmte Lebensereignisse sind optional, sie können, müssen aber nicht erreicht werden.

- Und schließlich werden die Lebensereignisse nicht mehr ein für alle Male vollzogen, sondern werden - freiwillig oder erzwungenerweise - reversibel.

Durch die reflexive Modernisierung nimmt die normative Verbindlichkeit der Lebensvorgaben ab und breitgefächerte biografische Kontingenz greift um sich. An die Stelle der Normalbiografie tritt die „Sozialform des eigenen Lebens" (Beck 1995). Da von diesen Erosionsprozessen der Industriemoderne auch unmittelbar das Erwerbssystem betroffen ist, durch das der Lebenslauf in der ersten Moderne seine besondere Prägung erfahren hat, verlieren die Lebensphasen nachhaltig an Spezifik. Die klare Dreiteilung von Vorbereitungs-, Erwerbs- und Ruhephase wird dadurch angegriffen und modifiziert, und diese sich bereits abzeichnenden Auflösungstendenzen dürften sich in den kommenden Jahren und Jahrzehnten weiter verstärken. Erfaßt wird die Grundstruktur des Lebenszeitregimes, nicht nur die biografische Ausdeutung des Lebenslaufes. Dieser massive Umbruch legt es nahe, in Zukunft stärker die Lebensereignisse und den daraus sich formenden Biografieverlauf in der Forschung in den Vordergrund zu stellen (vgl. auch Junge 1995), und nicht die Lebensphasen, die durch diese Entwicklungstendenzen im wachsenden Maße entspezifiziert werden und ineinander verschwimmen. Diese wachsende Kontingenz im Lebenslauf als Konsequenz des forcierten Individualisierungsprozesses läßt sich im Rahmen der herkömmlichen Lebensphasenkonzeption nicht mehr fassen. Erforderlich wird eine Soziologie der Lebensereignisse, die eine Soziologie der Lebensalter ergänzt und längerfristig ihr Erbe antreten dürfte.

Thomas Drößler

Zwischen Offenheit und Halt

Einige Befunde neuerer Jugendstudien

Offenheit ist ein Phänomen der modernen Industriegesellschaft, welches in seiner Differenziertheit in unterschiedlicher Weise auch auf den Alltag von Jugendlichen durchschlägt und vielfältige Anpassungs-, Aushandlungs- und Integrationsleistungen von ihnen verlangt. Sei dies die Bewältigung einer prinzipiell gestaltbaren Individualbiografie, das Zurechtfinden im Dschungel jugendkultureller Stilbildungen, die Wahl zwischen Optionen bezüglich der eigenen Zukunft, die Konstruktion individueller Lebensentwürfe oder die Einbindung in soziale Bezugssysteme. Alles hängt miteinander zusammen und muß auf individueller Ebene zu einem tragfähigen Lebensentwurf verbunden und in die eigene Identität integriert oder zumindest mit ihr vermittelt werden. Selbst die Konstitution individuellen Halts, der die Voraussetzung für die Stabilität der eigenen Persönlichkeit bildet, kann so gesehen nur in der Auseinandersetzung mit einer Vielfalt von Möglichkeiten und Risiken, in einem offenen sozialen und individuellen Orientierungs- und Handlungsrahmen konstituiert werden, was damit der Verantwortung, dem Gestaltungswillen und der Kreativität des Einzelnen obliegt. Es geht also darum, danach zu fragen, wo bzw. wie Halt von Jugendlichen gesucht wird, wo also Rückbezug, Hilfe, Unterstützung und Rat erwartet wird bezüglich der vielfältigen Entwicklungsaufgaben, mit denen sich Jugendliche im Prozeß ihres Aufwachsens auseinandersetzen müssen. Der Einbindung der Jugendlichen in formelle und informelle Beziehungsnetzwerke kommt in bezug auf die Problematik von Offenheit und Halt eine Schlüsselstellung zu. Soziale Beziehungen stellen Räume und Möglichkeiten dar, individuellen Halt zu finden; sie belegen den Jugendlichen zwar häufig mehr oder weniger stark mit Regeln und Normen, doch erlangen diese mit ihrem einschränkenden und regulierenden Charakter eine gewisse Funktionalität dadurch, daß sie das eigene Handeln durchschaubar, planbar und so sicherer machen können. Somit werden Beziehungsstrukturen, in die Jugendliche integriert sind bzw. in die sie sich selbst einbringen können zu strategischen biografischen Punkten, die in der Lage sind, sozialen Halt zu vermitteln, Orientierungen anzubieten sowie Bewältigungsstrategien zur Verfügung zu stellen und individuell verfügbar zu halten.

Im folgenden sollen einige ausgewählte Jugendstudien neueren Datums daraufhin ausgewertet werden, ob in ihnen - implizit oder explizit - darüber Hinweise
vorhanden sind, welche sozialen Beziehungen bei der Konstitution individuellen Halts von den Jugendlichen aufgegriffen und welche Ressourcen dabei von
ihnen für wichtig erachtet werden. Am Beispiel von Ergebnissen der AgAG-
Jugendstudie des Instituts für Sozialpädagogik und Sozialarbeit der Technischen Universität Dresden (Böhnisch/Fritz/Seifert 1997) und der Studie „Jugend '92" des Jugendwerks der Deutschen Shell (Jugendwerk der Deutschen
Shell 1992) wird aufgezeigt, daß Halt von den Jugendlichen tatsächlich gesucht
wird und daß sich in der Art und Weise, wie bzw. wo sie diesen Halt suchen,
sozialisatorische Kontinuitäten, aber auch Brüche aufschließen, die für die pädagogische Arbeit mit Jugendlichen einige Bedeutung besitzen. Im Mittelpunkt
steht dabei die Gruppe ostdeutscher Jugendlicher, da sich für sie die erläuterte
Problematik nicht erstmals, aber in neuer und verschärfter Form als biografisch
zu lösende Herausforderung stellt.

Dementsprechend soll im anschließenden empirischen Teil geklärt werden,
welche sozialen Beziehungsgefüge für sie besondere Bedeutung besitzen, wo
sie also Möglichkeiten individuellen Rückbezugs, individuellen Halts für sich
gegeben sehen. Zwei Aspekte stehen im Mittelpunkt der Betrachtungen: Zum
einen soll anhand von Befunden der Studie „Jugend '92" des Jugendwerks der
Deutschen Shell sowie ihrer Replikation durch Silbereisen u.a. (1996) der Frage nachgegangen werden, ob sich Besonderheiten und Spezifika der ostdeutschen Jugendphase finden lassen, die mit Blick auf das hier zu verhandelnde
Problem von Interesse sind. Aus diesen Befunden werden dann Ableitungen
getroffen, die mit Einschränkungen als gültig für die aktuelle Situation von Jugendlichen in Ostdeutschland angesehen werden. Anschließend geht es darum,
die aufgezeigten Besonderheiten und Entwicklungen in Ostdeutschland auf einige empirische Ergebnisse der Dresdner Untersuchung abzubilden. Bei der
Betrachtung dieser Untersuchungen stehen die Familie als sozialer Ort, der
scheinbar zwischen Offenheit und Halt vermitteln kann, und die von den Jugendlichen darauf bezogenen Äußerungen und Orientierungen im Zentrum der
Betrachtungen. Beide Untersuchungen spiegeln diese Thematik am deutlichsten
wider, deshalb werden sie anderen Jugenduntersuchungen gegenüber hier vor-
gezogen (z.B. der Shell-Studie Jugend '97, s.u.). Es ist aber nicht die Absicht,
die Daten der Shell-Jugendstudie mit denen der AgAG-Jugendstudie zu vergleichen. Dies ist schon aus methodischen Gründen fragwürdig. Statt dessen
sollen die Aussagen, welche aus der Shell-Studie ausgewählt wurden, dabei
helfen, Orientierungsmuster aufzudecken, die auf eingefahrene und in gewisser
Weise tradierte Bewältigungsstrategien in Ostdeutschland verweisen. Darauf
bezugnehmend soll geklärt werden, inwiefern diese Muster unter den veränderten gesellschaftlichen Bedingungen praktiziert werden, welchen Veränderungen sie ggf. unterliegen und ob sich daraus Konsequenzen auch im Hinblick
auf die Jugendpädagogik ergeben.

Ausgewählte Befunde empirischer Jugendstudien

Aus der formulierten Fragestellung und mit Blick auf die hier zu verhandelnde Problematik von Offenheit und Halt ergibt sich im Hinblick auf eine empirische Betrachtung die Forderung nach Kategorien, die die Suche Jugendlicher nach Halt, die damit verbundenen Orte, die ihrer Meinung nach Halt geben können, und die Ressourcen, die diesbezüglich von ihnen nachgefragt werden, empirisch abbildbar machen können. Da im Mittelpunkt der empirischen Betrachtung jenes Phänomen steht, welches hier als Halt gekennzeichnet wurde, müssen die empirischen Kategorien dazu in Beziehung stehen und jene Elemente abbilden, die als Merkmale bzw. Konstituenten individuellen Halts angesehen werden können.

Halt erscheint als ein sehr komplexes Phänomen, welches Orientierungsmöglichkeiten, soziale Beziehungen, individuelle Bezugspunkte und jene Ressourcen umfaßt, die bei der täglichen Lebensbewältigung von Bedeutung sind; in diesem Sinne also dabei helfen, den persönlichen Alltag zu bewältigen, damit verbundene Perspektiven zu schaffen bzw. zu stabilisieren und sich im persönlichen Bedürfnis nach Zugehörigkeit und Anerkennung ausdrückt. Es ist also zu fragen, ob Jugendliche Halt suchen, wo sie diesen suchen und was sie selbst damit verbinden. Die hieraus ableitbaren Kategorien müssen die Frage des Bedürfnisses nach Zugehörigkeit, deren Auswahl und Bewertung sowie die damit verbundenen Erwartungen der Jugendlichen (bzw. die von diesen Orten ausgehenden Leistungen) ausdrücken können.

Versteht man unter Halt u.a. das Bedürfnis nach Zugehörigkeit, die einem individuelle Verortung, zum Beispiel in sozialen Gruppen, bieten kann und durch die Jugendlichen so mit einer hohen Wertschätzung belegt werden, so ist die Frage nach Verläßlichkeit von Personen und Beziehungen ein wesentliches Kriterium zur Konstitution individuellen Halts. Daß gerade diese beiden Punkte von vielen Jugendlichen als sehr wichtig eingeschätzt werden, zeigen die entsprechenden Ergebnisse der AgAG-Jugendstudie[1] (vgl. Böhnisch/Fritz/Seifert 1997). Auf die Frage „Man sollte im Leben immer wissen, wo man hingehört." antworteten 83% der befragten Jugendlichen mit „stimmt". Für 14,1% war das „jetzt nicht wichtig" und 2,9% waren der Meinung, daß dies „nicht stimmt". Auch die Verläßlichkeit von Personen wird von den meisten Jugendlichen als sehr wichtiger Faktor in persönlichen Beziehungen wahrgenommen, die ja als wesentliche Grundlage sozialen Bezuges und individuellen Halts angesehen werden müssen. So ist es auch nicht erstaunlich, wenn in unserer Untersuchung 90,8% der Befragten zu dem Schluß kamen, daß es „am wichtigsten" ist, sich auf Leute, die man schon lange kennt, verlassen zu können. Diese Personen und die damit verbundenen Beziehungen können sowohl den Freundeskreis, die

---

1 Die in diesem Abschnitt folgenden Befunde wurden ausschließlich dieser Untersuchung entnommen, wobei die Altersspanne bei allen hier verwendeten Ergebnissen auf die Altersgruppe der 15- bis 21jährigen begrenzt wurde (N = 1393 Fälle).

Clique, die Familie, den Freund bzw. die Freundin oder andere Bekannte betreffen. Offenbar ist es jedoch so, daß viele Jugendliche ein starkes Bedürfnis haben, sich individuell zugehörig zu fühlen, von sich sagen zu können: „ich gehöre dort und dort hin, zu diesen oder jenen dazu" und daß die Jugendlichen mit den von ihnen eingegangenen (auf Dauer angelegten) Beziehungen auch ein hohes Maß an Verläßlichkeit bezüglich der betreffenden Personen verbinden.

Welche Beziehungen und/oder Personen von den Jugendlichen als Beziehungspartner bevorzugt bzw. gesucht werden, darüber sollen die Antworten auf eine weitere von uns gestellte Frage Aufschluß geben. Soziale Zugehörigkeiten fungieren als Möglichkeit sozialer Selbstverortung, können Unterstützung, Rat und Orientierung anbieten sowie das Gefühl emotionaler Geborgenheit vermitteln. Ein wesentliches Merkmal modernen „Beziehungslebens" besteht nun m.E. darin, daß diese zum großen Teil frei gewählt werden müssen, d.h. daß auch Jugendliche angehalten sind, sich ihre sozialen Netze weitgehend selbst zu „stricken". Hierfür stehen ihnen sicherlich nicht nur dem Anschein nach vielfältige Möglichkeiten zur Verfügung: jugendkulturelle Gruppierungen, Gleichaltrigenkontakte, die Familie, Arbeits-, Interessen- oder Sportgemeinschaften usw. Frei wählbar ist hier jedoch nicht so zu verstehen, daß man z. B. seine Herkunftsfamilie wählen kann, sondern, daß Beziehungen nach ihrem Grad und der ihnen zugemessenen Bedeutung bewertet und gestaltet werden. In diesem Sinne kann auch die Familie oder das Arbeitskollektiv zu einem wichtigen und selbst gewählten Bestandteil des individuellen Beziehungsgeflechts werden.

Zur Klärung der Wertschätzung, die Jugendliche einzelnen sozialen Bezugssystemen entgegenbringen, sollen die Antworten auf die Frage „Wo ist Dein Zuhause?" näher betrachtet werden. Mit dem Begriff „Zuhause" verbinden sich vielfältige Assoziationen: der Wohnort, vertraute Umgebungen, Personen oder Personengruppen. Tatsächlich widerspiegelt sich im Reden vom „Zuhause" immer auch emotionale Verbundenheit, das Gefühl von Geborgenheit, Zuwendung und Vertrauen. In diesem Sinne kann im persönlichen Zuhause ein hochsignifikanter sozialer Ort gesehen werden, dem eine hohe Wertschätzung entgegengebracht und individuelle Bedeutung zugemessen wird.

Zu den Antworten: Der Heimatort spielt als geographischer Bezugspunkt, als jener Ort, aus dem man stammt, für 48,9% der Jugendlichen eine Rolle im Sinne von Zuhause. Die Antworten auf die Frage lassen zunächst erkennen, daß sich viele Jugendliche in offenbar hohem Maße mit ihrem Heimatort identifizieren. Doch in unserem Fragezusammenhang besitzt der Heimatort einen untergeordneten Stellenwert. Als emotional besetzter Ort liefert er eher die Grundlage für persönlich bedeutsame Assoziationen. Für uns spielen die sozialen Zusammenhänge und Beziehungen, die an diesem Ort biografisch gesehen ihren Anfang nahmen, die bedeutsamere Rolle. Denn einerseits interessieren hier die sozialen Beziehungen und die ihnen von den Jugendlichen zugewiesene Bedeutung als persönlich wichtiger Bezugspunkt. Andererseits sind es soziale Faktoren, die einen zunächst geographisch gekennzeichneten Raum mit emotionalen Inhalten versehen, die, je nach Erfahrung, negativ oder positiv bewertet oder erinnert werden. Wichtig sind also auch soziale Beziehungsgefüge der befragten Jugendlichen bzw. die Bedeutung, die diesen zugewiesen wird. Innerhalb der unterschiedlichen Beziehungen, in die viele Jugendliche eingebunden sind, ist nun eine deutliche Rangfolge zu erkennen. Danach rangiert die Herkunftsfamilie mit einer Zustimmung von 70,2% deutlich an erster Stelle, weit vor der Gleichaltrigengruppe, die allerdings immer noch 37,9% auf sich vereinen konnte, und dem Partner bzw. der Partnerin. Bei ihnen fühlen sich 23,5% der Heranwachsenden (bereits) zu Hause (vgl. Böhnisch/Fritz/Seifert 1997). Offenbar wird von einem Großteil der Befragten der Familie eine große Bedeutung als emotionaler Bezugsrahmen zugewiesen, was nicht heißen muß, daß die Jugendlichen beispielsweise mit allen Problemen zu ihren Eltern gehen. Es scheint jedoch so, daß die Eltern eine wichtige Position im individuellen Beziehungsgefüge der Jugendlichen einnehmen und demnach als sozialemotionale und sicherlich auch Unterstützungsressource für viele Jugendliche von großer Wichtigkeit sind.

Ob dies tatsächlich so ist bzw. von den Jugendlichen so gesehen wird und ob die Familie als ein sozialer Ort angesehen werden kann, welcher in der Lage ist, den Jugendlichen Halt zu vermitteln, soll im nächsten Abschnitt zu klären versucht werden. Dabei will ich versuchen, anhand eines Exkurses zu einigen Befunden der Shell-Jugendstudie Parallelen aufzuzeigen, welche darauf verweisen, daß sich in der Orientierung vieler ostdeutscher Jugendlicher an der Herkunftsfamilie ein quasi traditionelles Bewältigungsmuster widerspiegelt, welches als Sozialisationserfahrung nach wie vor besteht und von den Jugendlichen nachgefragt wird. In bezug auf unsere Thematik von Offenheit und Halt ist dies insofern von Interesse, als auch die Elterngeneration in Ostdeutschland massiv von den gesellschaftlichen Umbrüchen betroffen war.

Brüche und Kontinuitäten ostdeutscher Sozialisationsmechanismen

Aus dem vorliegenden Material der Shell-Studie „Jugend '92" (Jugendwerk der Deutschen Shell 1992) habe ich mit Blick auf das zu verhandelnde Problem zwei Themenkreise der Untersuchungen schwerpunktartig ausgewählt:

1) Lebenslaufereignisse, Statuspassagen und biografische Muster in Kindheit und Jugend;

2) zum Verhältnis zwischen Eltern- und Kindergeneration im Jugendalter.

Die neue Studie „Jugend '97" des Jugendwerks der Deutschen Shell stellt in ihrer Veröffentlichung Fragen der politischen Orientierung bei Jugendlichen in den Mittelpunkt der Betrachtungen (Jugendwerk der Deutschen Shell 1997). Dabei werden die unterschiedlichsten Lebens- und Einstellungsbereiche gestreift und beinahe ausschließlich im Hinblick auf ihre Bedeutung für die politische Sozialisation bzw. ihren Zusammenhang mit politischen Einstellungen unter Jugendlichen analysiert.

Dieser Zugang liegt auf einer anderen Ebene als unsere alltagsorientierte Fragestellung. Denn neben der zu klärenden Frage nach der Bedeutung aktueller gesellschaftspolitischer Geschehnisse für die Jugendlichen, stände immer noch das Problem der Handlungsrelevanz solcher gesellschaftlicher Bezugnahmen für die Jugendlichen und ihres Zusammenhangs mit den alltäglichen Erfahrungen junger Menschen zur Debatte (vgl. Lenz i. d. Bd.). Relevante Fragestellungen und Befunde, die sich für das hier vertretene Anliegen eignen würden, sind demnach in der ´97er Shell-Studie nicht zu finden. Selbst eine andere Schwerpunktsetzung hätte die angeführten Bedenken nicht ausräumen können und darüber hinaus die inhaltliche Basis des Textes zugunsten einer vermeintlichen Aktualität in Frage gestellt, da hier auf Kontinuitäten ostdeutscher Sozialisationsmechanismen eingegangen werden soll, die unabhängig von politischen Einstellungen wirkten und wirken.

So erfolgte die Auswahl der beiden Aspekte sowie der für unsere Thematik als bedeutsam erachteten empirischen Befunde vor folgendem Hintergrund. Es geht darum, einige Besonderheiten ostdeutscher Jugendbiografie herauszustellen und im Hinblick auf unser Thema zu diskutieren. Von großem Interesse sind dabei jene Spezifika und Eigenheiten, welche für den biografischen Verlauf der Jugendphase in der DDR als typisch angesehen werden können und die auch nach der Wende und den im Zuge der deutsch-deutschen Vereinigung einsetzenden gesellschaftlichen Veränderungen erhalten geblieben zu sein scheinen bzw. erhalten geblieben sind. Es handelt sich demnach nicht um jenes Charakteristikum, das in der einschlägigen Literatur häufig mit dem Stichwort „Krippe-Kindergarten-Schule-Pioniere-FDJ" umschrieben wird. Mein Anliegen besteht vielmehr darin, jene Punkte herauszuarbeiten, die Jugendliche auf der Orientierungs- und Einstellungsebene gemeinsam hatten, welche daher unter Rückgriff auf empirische Erhebungen als „Normalbiografie" bezeichnet werden können, und zwar nicht im Sinne jener hinlänglich bekannten, quasi-institutionalisierten „Kollektivkarriere". Auf der Grundlage dieser Darstellung und den daraus abgeleiteten Annahmen wird anschließend der Bereich der Herkunftsfamilie bzw. die darauf gerichteten Orientierungen, Erwartungen und Handlungsstrategien der Jugendlichen näher betrachtet werden, um Aussagen darüber machen zu können, welche Bedeutung von den Jugendlichen im Prozeß des Aufwachsens der eigenen Herkunftsfamilie zugemessen wird und wo bzw. wann die Familie als Ressource von ihnen nachgefragt wird. Vorwegnehmend (und auch angesichts der oben referierten Befunde der AgAG-Jugendstudie) kann gesagt werden, daß die Herkunftsfamilie von vielen Jugendlichen als ein Ort der Unterstützung, Hilfe und Geborgenheit angesehen und dementsprechend hoch geschätzt wird. In diesem Sinne fungiert sie offenbar als eine Ressource, die für viele Jugendliche zu einem Punkt wird, an dem sie Halt erwarten, suchen und häufig auch finden.

Lebenslaufereignisse, Statuspassagen und biografische Muster in Kindheit und Jugend

In diesem Abschnitt will ich mich im Besonderen auf die Gruppe der ostdeutschen Jugendlichen beziehen.[2] Denn ich gehe davon aus, daß die Wandlungen, die sich in den vergangenen Jahren im ostdeutschen Gesellschaftssystem vollzogen haben, auf den Alltag von Jungsein und die Gestalt der Lebensphase Jugend in Ostdeutschland zurückwirken und diese verändern.

In der Zusammenschau der hier wichtigen Ergebnisse fällt auf, daß Jugend in der ehemaligen DDR bzw. in Ostdeutschland gewissermaßen nach einem vereinheitlichten Muster abgelaufen ist. Dieses Muster läßt sich wie folgt charakterisieren: Jugend als eine Lebensphase zwischen Kindheit und Erwachsensein ist mit dem Ziel des Übergangs in den Erwachsenenstatus versehen. Dieser Statusübergang vollzieht sich nach traditionellem Muster über die Bewältigung unterschiedlicher Statuspassagen. Die bedeutsamsten dieser Statuspassagen lassen sich benennen als der Übergang in den Arbeitssektor mit dem Ergreifen bzw. Erlernen eines Berufs, als Zustandekommen einer festen i.d.R. heterosexuellen Beziehung mit dem Ziel der Gründung einer eigenen Familie sowie die Erlangung eines soziokulturell und auch rechtlich eigenständigen Status innerhalb der Gesellschaft. (vgl. Hurrelmann 1995) Zinnecker hat gezeigt, daß dieses traditionelle Muster von Jugend als einem Übergangsmoratorium in der DDR weitgehend Gültigkeit besaß und nur punktuell bzw. selektiv gesellschaftlichen Modernisierungsprozessen unterlag, sich demnach vom weitgehend offenen und soziokulturell eigenständigen Bildungsmoratorium westeuropäischer Prägung durch eine starke biografische Organisiertheit und Verbindlichkeit unterschied (vgl. Zinnecker 1991).

In der Shell-Jugendstudie wird die Übergangsphase Jugend in Ostdeutschland demnach auch als „schnell, normiert und sozial gebunden" charakterisiert (Jugendwerk der Deutschen Shell 1992, Band 1, S. 272ff.). Dies geschieht auf der Basis folgender empirischer Ergebnisse:

Ostdeutsche Jugendliche passieren die einzelnen Übergänge zwischen Kindheit und Jugend bzw. zwischen Jugend und Erwachsensein schneller als ihre westdeutschen Altersgleichen. Am gravierendsten fallen die Unterschiede jedoch beim Wechsel vom jugendlichen in den Erwachsenenstatus aus. Danach gründen ostdeutsche Jugendliche biografisch sehr viel früher eine gegengeschlecht-

---

2 Die Population der Shell-Jugendstudie umfaßt eine Altersspanne von 13-29 Jahren. Da die Ergebnisse dem veröffentlichten Material entnommen wurden, stellt sich das Problem der Vergleichbarkeit zur AgAG-Jugendstudie besonders im Hinblick auf die untersuchten Lebensalter. In diesem Beitrag werden jedoch keine direkten Vergleiche der unterschiedlich gewonnenen Daten angestrebt. Die Hinzuziehung der Ergebnisse der Shell-Jugendstudie erfolgt mit der Absicht, Tendenzen aufzuzeigen, die dabei helfen können, bestimmte Befunde der AgAG-Jugendstudie präziser einzuordnen und zu analysieren.

liche Partnerschaft, die auch eher als in Westdeutschland durch die Heirat in-stitutionalisiert wird. Ostdeutsche Jugendliche verdienen im Schnitt ein Jahr früher genug Geld und schaffen somit den Sprung in die materielle Selbstän-digkeit zu einem lebensgeschichtlich früheren Zeitpunkt als die westdeutschen Jugendlichen. Die (wenigstens formelle) Ablösung von der Familie vollzieht sich also im Osten in einigen wesentlichen Punkten früher, so auch die Integra-tion in den Arbeitssektor. Dies war auch noch 1996 so, wenn auch in sich ab-schwächender Tendenz (vgl. Silbereisen u.a. 1996, S. 185ff).

Eine weitere Eigenheit ostdeutscher Jugend kann in der Normierung ihres Ab-laufs gesehen werden, was insbesondere anhand des Lebensalters nachgewiesen wurde. „Junge Ostdeutsche in der DDR erleben Statusübergänge stärker ent-lang von Altersnormierungen. Das heißt, die entsprechenden Lebenslaufereig-nisse sind enger an bestimmte Lebensalter gebunden, die mehr oder weniger für alle Jugendlichen zutreffen. Umgekehrt gilt für junge Westdeutsche, daß sich die Statuspassagen tendenziell von der Bindung an Altersdatierungen ablösen und stärker gewissen biografischen Besonderheiten und individuellen Lebens-wegen folgen" (Jugendwerk der Deutschen Shell 1992, Band 1, S. 274f). Am stärksten ausgeprägt ist dieses Phänomen beim Übergang von der Schule in die Berufsausbildung und weiterführend in das eigene Erwerbsleben. Aber auch Heirat und Elternschaft sind bei ostdeutschen Jugendlichen stärker an ein be-stimmtes Lebensalter gebunden als bei westdeutschen Jugendlichen und jungen Erwachsenen.

Die Normierung von Statusübergängen, welche den Wechsel vom Jugendlichen zum Erwachsenen sozial sichtbar werden lassen, scheint, bezogen auf das Le-bensalter, bei ostdeutschen Jugendlichen stärker ausgeprägt als bei den Gleich-altrigen aus Westdeutschland. In der Gesamtschau auf die hier betrachteten Statuspassagen fällt eine deutlich geringere Altersheterogenität bei den betref-fenden biografischen Übergängen auf.

Neben der beobachteten relativen lebensgeschichtlichen Homogenität von Ju-gend in der ehemaligen DDR verweist die starke Normierung der Statuspassa-gen im Jugendalter auf ein weiteres Merkmal der ostdeutschen Jugendphase. Dieses wurde von den Autoren der Shell-Jugendstudie als soziale Gebundenheit charakterisiert. Normierungen, auch Altersnormierungen, deuten auf eine starke Institutionalisierung der Statuspassagen Schule-Beruf, familiale Ablösung und materielle Selbständigkeit hin. Das bedeutet, daß die Gesellschaft klare Vor-stellungen davon hatte, wann der oder die Jugendliche diesen oder jenen Schritt auf dem Weg zum Erwachsensein zu tun hat. Nach den hier vorgestellten Be-funden kann dies für die Gesellschaft der ehemaligen DDR vermutet werden. Hierbei sind in unserem Zusammenhang von Offenheit und Halt in der Jugend-phase zwei Faktoren von besonderem Interesse:

Zum einen war die Gesellschaft in der DDR offenbar an einem möglichst ra-schen Übergang vom Status eines Jugendlichen in den eines Erwachsenen in-teressiert. Hierfür markierte sie bestimmte Altersstufen als Übergangspunkte, bis zu denen eine ausgewählte Statuspassage abgeschlossen sein sollte, so zum Beispiel im Bildungssystem der ehemaligen DDR. Zu beachten ist, daß derartige Markierungen nicht unbedingt staatlicher Sanktionierung bedürfen, sondern sich genauso in den informellen Alltagsregelungen und den sozialen Übereinkünften auf Milieu- und Nachbarschaftsebene repräsentieren können. Entscheidend jedoch ist, daß die hier angesprochenen und von den Jugendlichen ja gelebten Normierungen, Orientierung vermitteln können. Denn die Heranwachsenden bekommen eine Vorstellung von der Gestalt und dem Ablaufmuster ihrer erwarteten, zumindest erwünschten Jugendbiografie vermittelt, an der sie Zukunftspläne und Lebensentwürfe sowie ihre darauf gerichtete konkrete Alltagsbewältigung ausrichten können.

Andererseits scheinen Jugendliche in der ehemaligen DDR sehr stark in institutionelle Rahmenbedingungen integriert gewesen zu sein. In diesem Sinne erscheint die Jugendphase in der ehemaligen DDR als gelenkt und mehr oder weniger rigide strukturiert. Aber: Diese Bedingungen, seien sie durch das Bildungssystem oder auch die Familie mit ihren Vorstellungen von Jugend repräsentiert, waren andererseits auch in der Lage, Sicherheit zu verleihen und ihrerseits Unterstützung und Orientierung zu vermitteln. Eine Konsequenz, die sich aus den Daten ableiten läßt, besteht darin, „... daß die Statuspassagen [der Jugendphase, d. A.] in Ostdeutschland stärker an längerfristig stabile Gruppen von Altersgleichen gebunden bleiben als die in Westdeutschland. Man schreitet mit vergleichsweise festen sozialen Bezugsgruppen, die sich aus Nachbarschaft, gleichen Lebensaltern und gleichen Bildungswegen ergeben, durch die Jugendbiografie" (Jugendwerk der Deutschen Shell 1992, Band 1, S. 276). Jugend in Ostdeutschland kann in diesem Sinne als eine relativ standardisierte Jugend angesehen werden. Mit allen Einschränkungen, aber auch mit dem Vorteil weitgehender Sicherheit, Orientierungsgewißheit und einem Bekanntsein von Normen und Normbrüchen. Auf der Ebene alltäglichen Handelns widerspiegelt sich so eine Durchdringung institutioneller und informeller Regelungen hinsichtlich eines „normalen Lebenslaufs". Sind die Ursachen für den relativ hohen altersmäßigen Standardisierungsgrad biografischer Übergänge durchaus zu einem gewissen, manchmal bedeutsamen Teil, in den politischen und gesellschaftlichen Rahmenbedingungen zu suchen (bevorzugte Wohnungsvergabe an Ehepaare; rigide Ablaufsteuerung in Schule, Berufsausbildung und Studium), so kann nicht bestritten werden, daß sich jene Normierungen, wenn auch der ideologischen Insignien entkleidet, in den Orientierungen und Einstellungen der Menschen in der DDR, so auch bei den Jugendlichen, etablierten, als Normalitätsentwürfe Geltung beanspruchten, vertreten und gelebt wurden. Es war eben nicht völlig normal, wenn man „erst" mit 27 Jahren Vater oder Mutter wurde, und zwar für Erwachsene wie Jugendliche in ähnlichem Maße. Es entstand ein Konglomerat aus quasi vorgegebenen, durch die Lebensbedingungen induzierten und „überlieferten" Einstellungs-, Deutungs- und Planungsmustern, welches entscheidenden Einfluß auf Lebensentwürfe ausübte und in einer Weise wirksam war, die im Vergleich zu den pluralistischen Verhältnissen westeuropäischer Industrienationen durchaus als Bestimmungsmoment einer weitreichenden Normalbiografie gewertet werden kann. Tatsache bleibt jedoch, daß jene relative und schließlich in die Lebensentwürfe eingebundene Standardisierung Sicherheit schaffen konnte und den Jugendlichen bei ihrer individuellen Lebensplanung biografischen Halt und zukunftsbezogene Orientierungen ermöglichte, die heute angesichts der zunehmend auch in Ostdeutschland greifenden Tendenzen der Pluralisierung und Individualisierung von Lebens- und Zukunftsentwürfen nicht mehr zu finden sind.

Kann also davon gesprochen werden, daß sich für die Jugendlichen in der ehemaligen DDR die Frage nach Offenheit und Halt gar nicht gestellt hat? Ist es so, daß mit dem Einbrechen der westdeutschen Gesellschaftsformation die Jugendlichen vor völlig neue Probleme gestellt wurden? Denn, so wurde in der Einleitung festgestellt, moderne Industriegesellschaften sind gekennzeichnet durch eine Offenheit hinsichtlich biografischer Möglichkeiten und Gestaltungswege. Allerdings um den Preis verläßlicher Orientierungen und stabilen individuellen Halts, vermittelt durch die Gesellschaft. Diese Angebote, so scheint es, konnten den Jugendlichen in der DDR durch die bestehende Gesellschaft gemacht werden, noch dazu verbunden mit einer sozialen Absicherung, die das Risiko individuellen Scheiterns zumindest abmildern konnte. Heute dagegen muß Halt vielmehr von jedem Jugendlichen selbst gefunden und in seinem Sozialisationsprozeß konstituiert werden. Die Frage kann allerdings weder mit einem klaren Ja, noch mit einem klaren Nein beantwortet werden.

Ja, denn den Jugendlichen in Ostdeutschland gingen die angeführten Sicherheiten und Orientierungen zumindest tendenziell verloren, wenn sie letztendlich auch mit Reglementierungen verbunden waren. Auf diesen Verlust waren sie nur ungenügend vorbereitet, so daß es ihnen schwerfiel und nach wie vor schwerfällt, Halt in neuen Orientierungen zu finden. Denn diese müssen sie in der nun bestehenden Offenheit von Lebensentwürfen und Zukunftswegen für sich selbst auswählen. Die bekannten Richtpunkte und Orientierungen sind plötzlich überholt oder einfach verschwunden. Da hiervon eine ganze Gesellschaft betroffen ist, wiegt dieses Problem für Jugendliche in Ostdeutschland doppelt schwer. Denn Erwachsene, so auch viele Eltern, sahen sich oft vor dieselben Schwierigkeiten gestellt.

Nein, denn durch gesellschaftliche Verhältnisse vermittelte Orientierungsmuster, Richtpunkte und Sicherheiten müssen individuell genutzt und auf die eigene Biografie abgestimmt werden. In diesem Sinne hatten auch Jugendliche in der DDR die Aufgabe, einen durchaus vorhandenen biografischen Freiraum mit Sinn zu erfüllen und diesen für ihr Leben zu verwirklichen. Auch wenn die entsprechenden Freiräume beschränkt und die Möglichkeiten der Ausgestaltung gering und in ihrer Zugänglichkeit noch dazu staatlich kontrolliert waren. Daß sich auch und gerade hier für die Jugendlichen in der ehemaligen DDR das sozialisatorisch zu bewältigende Dilemma von Offenheit und Halt bereits im Gesellschaftssystem der DDR stellte, erscheint plausibel. Denn eine Offenheit war vorhanden und repräsentierte sich im Gestaltungsauftrag, den Jugendliche bezüglich ihrer Biografie auch in der DDR vermittelt bekamen. Diese Offenheit war wohl eingeschränkt, aber sie stellte sich den Jugendlichen als gesellschaftlich vermittelte und sozialisatorisch zu bewältigende Herausforderung gegenüber. Und: sie verlangte auch nach Halt, wenn zwischen den bestehenden, wenn auch normierten Wegen und den bekannten Orientierungsangeboten gewählt werden mußte. Daß dieser Halt von den Jugendlichen offenbar nicht in den Institutionen und nicht in der Jugendarbeit gesucht, ja wahrscheinlich gar nicht vermutet wurde, zeigt die nachfolgende Darstellung. Sie verdeutlicht, daß Halt durch die Jugendlichen gesucht und nachgefragt wurde und gesucht und nachgefragt wird, und zwar wesentlich in der Familie. Daß hierbei für die Jugendlichen bereits in der ehemaligen DDR die Familie weit vor den Institutionen und der (offiziellen) Jugendarbeit rangierte, zeigen Untersuchungen der DDR-Jugendforschung. (vgl. hierzu Keiser 1991) Hieran wird auch deutlich, daß mit Blick auf die Sozialintegration Jugendlicher in der DDR unterschieden werden muß zwischen formellen und gesellschaftlich normierten bzw. erwarteten Sozialisationsleistungen und den Prozessen, die die Jugendlichen quasi unterhalb dieser Ebene beschäftigten. Ist die Normalbiografie und die damit verbundenen strukturellen Merkmale des Jungseins in der ehemaligen DDR bzw. in Ostdeutschland als durchaus funktionaler Bestandteil der individuellen Lebensplanung anzusehen, so kann nicht davon ausgegangen werden, daß mit der Bewältigung der hierin eingelagerten Statuspassagen die Persönlichkeitsentwicklung der Jugendlichen abgeschlossen war. Insbesondere individuelle Orientierungen, die über das Muster Beruf, Familie, eigenes Heim hinausreichten, mußten und müssen von den Jugendlichen als Bestandteile ihres Selbstbildes eigenständig gesucht und konstituiert werden. Hier spielten informelle Beziehungsstrukturen und vor allem die Herkunftsfamilie offensichtlich eine herausragende Rolle als Unterstützungsinstanz bei Entwicklungsaufgaben, die außerhalb gesellschaftspolitischer Muster und Normalkarrieren angesiedelt waren, vielmehr die Persönlichkeit und die Individualität des Einzelnen betrafen. Dies wird durch die nachfolgend referierten Befunde verdeutlicht, welche ostdeutsche Jugendliche und junge Erwachsene letztendlich in doppelter Hinsicht als „familienzentriert" erscheinen lassen.

Anschließend wird zu klären sein, ob die Herkunftsfamilie heute an diesbezüglichem Stellenwert bei den Jugendlichen eingebüßt hat, oder ob sie nach wie vor einen wesentlichen sozialen Orientierungs- und Bezugspunkt abgibt.

Zum Verhältnis zwischen Eltern- und Kindergeneration im Jugendalter

Wenn hier über die Ambivalenz von Offenheit und Halt in der Jugendphase gesprochen wird, so gewinnt die Herkunftsfamilie der Jugendlichen in diesem Zusammenhang eine herausragende Bedeutung. Denn in der Familie erwerben die

Heranwachsenden zu einem großen Teil jene Fähigkeiten und Fertigkeiten, welche ihnen das Leben in der Gesellschaft, in die sie hineinwachsen, ermöglichen und erleichtern sollen. Familie ist also ein wesentlicher Bestandteil und Träger von Sozialisation. Auf der anderen Seite verkörpert die Familie, in der man aufwächst bzw. in der man aufgewachsen ist, i.d.R. emotionale Wärme, Geborgenheit, Nähe und gegenseitiges Verständnis. Familie ist also auch ein emotional hoch besetzter Ort, der Halt vermitteln und Unterstützung gewähren kann. Dies wurde bereits anhand der Befunde der AgAG-Jugendstudie herausgearbeitet. Gerade diese Tatsache ist in der Ambivalenz von Offenheit und Halt von besonderem Stellenwert, erscheint doch die Herkunftsfamilie dann prinzipiell als Ressource und Schutzraum, auf den die Jugendlichen in kritischen und belastenden Lebenssituationen zurückgreifen können.

Die Shell-Studie „Jugend '92" hat das Verhältnis der befragten Jugendlichen zu ihren Eltern aus verschiedenen Blickwinkeln untersucht. Ich will zwei dieser Perspektiven herausgreifen und näher betrachten. Zunächst geht es bei den Ergebnissen um die Unterstützungsleistungen, welche die Eltern für ihre Kinder im Jugendalter bereithalten (Jugendwerk der Deutschen Shell 1992, Band 1, S. 288). Aus den Daten wird erkennbar, daß die Leistungen der Eltern für ihre Kinder zumeist auf einem sehr hohen Niveau einsetzen. Dies betrifft vor allem materielle und finanzielle Unterstützungsleistungen, aber auch Hilfestellungen bei alltäglichen Besorgungen sowie bei mehr oder weniger kleinen Serviceleistungen. Zu erwarten ist die Tendenz, daß diese Leistungen mit zunehmendem Alter geringer werden, was sich denn auch in den Ergebnissen bewahrheitet, wobei jedoch Mädchen in diesem Punkt offenbar eher von den betreffenden Ressourcen der Herkunftsfamilie abgeschnitten werden als die gleichaltrigen Jungen. Wesentlich ist hierbei allerdings, daß ostdeutsche Jugendliche und junge Erwachsene diese Leistungen ihrer Herkunftsfamilie mit zunehmendem Alter weniger in Anspruch nehmen als ihre westdeutschen Altersgenossinnen. Sie erlangen also im Hinblick auf die alltägliche Lebensführung früher eine größere Unabhängigkeit und Selbständigkeit. Eine wichtige Ausnahme bilden hierbei Beratungs- und Hilfeangebote der Eltern bei persönlichen Problemen und Entscheidungen. In diesem Fall kehrt sich der Alterseffekt um. Die Eltern werden als Ansprechpartner von beiden Geschlechtern geschätzt und deutlich in ihrer Kompetenz von den Jugendlichen nachgefragt. Zwar läßt sich auch hier ein Alterseffekt beobachten. In der Gesamtübersicht der Ergebnisse muß allerdings festgestellt werden, daß die Nachfrage nach dem elterlichen Rat bei persönlichen Problemen in bezug auf ein höheres Lebensalter in geringerem Maße abnimmt, als dies bei anderen Unterstützungsleistungen der Fall ist. Sie pendelt sich des weiteren auf einem vergleichsweise hohen Niveau ein. Dieses Niveau liegt bei den Ostdeutschen in der Altersgruppe der 25- bis 29jährigen bei durchschnittlich[3] 55% (bei Problemen helfen) bzw. 12% (Anregungen geben).

---

3 Die jeweiligen Werte für die Geschlechter sind bei der ostdeutschen Altersgruppe der 25- bis 29jährigen identisch (Probleme, Anregungen), liegen bei den Westdeutschen

Die Vergleichswerte der westdeutschen Untersuchungsgruppe liegen am altersmäßig oberen Ende niedriger: 39% der 25- bis 29jährigen fragen ihre Eltern bei Problemen um Rat und 9,5% greifen Anregungen der Eltern auf. Auch bei scheinbar alltäglichen Sachen wie Kaufentscheidungen greifen junge Erwachsene aus Ostdeutschland länger auf die Beratungskompetenz ihrer Eltern zurück. Sie tun dies im Alter zwischen 25 und 29 Jahren durchweg 10% häufiger als junge Frauen und Männer in Westdeutschland. In eine ähnliche Richtung weisen auch die Befunde der '96er Replikation der Shell-Studie von 1992 (Silbereisen u.a. 1996).

Werden junge Menschen im Osten Deutschlands früher in die Selbständigkeit der Alltagsorganisation und -bewältigung entlassen als in Westdeutschland, so verliert für sie die Herkunftsfamilie als Quelle psychosozialer Beratung und Unterstützung langsamer und weniger an Bedeutung als für Gleichaltrige im Westen. Die Eltern bleiben bei Problemen und Entscheidungen über einen biografisch längeren Zeitraum wichtige Ansprechpartner. Ostdeutsche Jugendliche und junge Erwachsene erscheinen in dieser Hinsicht gegenüber ihren westdeutschen AltersgenossInnen elternzentrierter. Verläuft die materiell-räumliche Trennung von der Herkunftsfamilie gegenüber dem Westen tendenziell schneller, so muß für die psychosoziale Ablösung eher das Gegenteil angenommen werden. Jugendliche und junge Erwachsene in Ostdeutschland sind offenbar eher geneigt, sich bei Problemen, Fragen des Alltags oder Orientierungsschwierigkeiten an ihre Eltern zu wenden, als die Altersgleichen in Westdeutschland. Die Herkunftsfamilie bleibt im psychosozialen Horizont eine feste und verläßliche Größe, wenn es um Fragen der individuellen Lebensbewältigung geht.

Kann also von einem vergleichsweise hohen Stellenwert der Herkunftsfamilie für ostdeutsche Jugendliche ausgegangen werden? Wenn die oben angeführte These aufgenommen wird, daß die Familie unter den Bedingungen der ehemaligen DDR als sozialemotionale Ressource einen wichtigen Status eingenommen hat, so wird dies durch die vergleichsweise hohen Werte der ältesten ostdeutschen Befragungsgruppe bestätigt. Denn das hohe diesbezügliche Nachfrageniveau junger Ostdeutscher kann als Indiz dafür gewertet werden. Hieraus ergibt sich die Frage, ob die Herkunftsfamilie auch für jüngere Altersgruppen in dieser Hinsicht als taugliche Option angesehen wird. Es zeigt sich, daß auch in der jüngeren Altersgruppe der 18- bis 24jährigen die Eltern eine wichtige Beratungsfunktion inne haben: Sie werden von 72% der Mädchen und 65% der Jungen als Hilfe bei persönlichen Problemen angegeben. Im Vergleich dazu

---

bei 43% bzw. 9% (männlich) und 35% bzw. 11% (weiblich) (Jugendwerk der Deutschen Shell 1992, Band 1, S. 288).

sagen dies nur 61% der westdeutschen Mädchen sowie 53% der gleichaltrigen Jungen im Westen[4.]

Insbesondere als Ratgeber bei persönlichen Problemen und als Ansprechpartner in Fragen der alltäglichen Lebensbewältigung wird die Herkunftsfamilie von den ostdeutschen Jugendlichen also nach den hier referierten Befunden geschätzt. Dies kann generell durch alle Altersgruppen hindurch festgestellt werden, wenn auch mit abnehmender Tendenz bei steigendem Lebensalter. Über die gesamte untersuchte Altersspanne fällt die diesbezügliche Nachfrage der Eltern im Osten allerdings langsamer ab als in Westdeutschland und pegelt sich auf deutlich höherem Niveau ein (Jugendwerk der Deutschen Shell 1992, Band 1, S. 288).

Im Zusammenhang mit den anderen Befunden der Shell-Jugendstudie und mit Blick auf die sich hierin repräsentierende Alterstendenz deutet sich an, daß die Herkunftsfamilie als ein aus Kindheit und Jugend vertrauter und in der Regel verläßlicher sozialer Ort seine Bedeutung für die individuelle Lebensbewältigung auch nach der Ablösung vieler Jugendlicher vom Elternhaus beibehält. Die Herkunftsfamilie ist demnach eine Instanz, die Jugendlichen Halt vermitteln kann und der wohl auch deshalb durch die Jugendlichen eine große Bedeutung eingeräumt wird. Dies gilt tendenziell stärker für die ostdeutschen Jugendlichen, welche die in das Beziehungsgeflecht der Familie eingelagerten Beratungs- und Unterstützungspotentiale häufiger nachfragen und intensiver nutzen. Insbesondere jedoch die beobachtbaren Alterseffekte verweisen auf eine interessante Besonderheit: Ostdeutsche Jugendliche bewältigen den formellen biografischen Ablösungsprozeß von ihrer Herkunftsfamilie schneller als westdeutsche. Andererseits behält die Familie ihren Stellenwert als individuelles Bezugssystem sowie als psychosoziale Unterstützungsressource für ostdeutsche Jugendliche über einen längeren Zeitraum und in intensiverem Ausmaße bei. Das bestätigt die Annahme, daß die formelle „Erledigung" jugendspezifischer Statuspassagen nicht als Abschluß der individuell-biografischen Entwicklung angesehen werden kann. Die Orientierung an der Familie und der Rückbezug auf die Herkunftsfamilie erscheint in diesem Sinne als ein bewährtes und tradiertes Sozialisations- und Bewältigungsmuster unter den ostdeutschen Jugendlichen, mit einem markanten Schwergewicht bei den Orientierungs- und Beratungsfunktionen, und zwar über einen bedeutsamen biografischen Zeitraum hinweg.

In einer Zeit, in der Jugendliche bei der Gestaltung ihres Lebensentwurfs und der Realisierung ihrer Zukunftsvorstellungen zunehmend auf sich selbst verwiesen sind, gewinnen Ressourcen, wie sie die Familie zur Verfügung stellen kann, einen erhöhten Stellenwert. Bezogen auf unsere Thematik heißt das: In

---

4 In der Altersgruppe der 13- bis 17jährigen lassen sich keine Unterschiede feststellen, was angesichts des in diesem Lebensalter anzunehmenden Verselbständigungsgrades allerdings auch nicht erwartet werden kann.

der Konfrontation mit gesellschaftlichen Bedingungen, die von den Heranwachsenden individuelles Engagement und Kreativität bei Lebensführung und Zukunftsplanung erwarten und beinahe mit dem Zwang auftreten, ja keine Option ungenutzt oder wenigstens ungeprüft vorüberziehen zu lassen (bei Strafe eines möglichen späteren Scheiternsrisikos), werden Orte immer wichtiger, die einem Unterstützung und Hilfe in kritischen Situationen geben können, gerade in einer für ostdeutsche Jugendliche und junge Erwachsene schwierigen Situation. Für sie verliert die Herkunftsfamilie in diesem Sinne weniger an Bedeutung. Offenbar repräsentiert sie einen sozialen Stützpunkt, der Jugendlichen und auch jungen Erwachsenen vertraut und als verläßliche Ressource in Erinnerung geblieben ist und der Halt zu vermitteln vermag. Halt als notwendiges Gegenstück zu einer gesellschaftlich geforderten Offenheit bedeutet hier zweierlei: Zum einen ist die Familie ein Ort, der einem Sicherheit verleihen kann, auf den man sich in kritischen Situationen verlassen und in den man sich auch mal hineinfallen lassen kann. Daß das von vielen jungen Menschen auch so wahrgenommen wird, haben die Ergebnisse verdeutlicht. Weiterhin kann die Familie materiellen Halt geben und kurz- oder mittelfristig den Lebensunterhalt junger Menschen sichern helfen. Und gerade dies gewinnt in einer Konsumgesellschaft, in der Menschen oft an dem gemessen werden, was sie besitzen, immer mehr an Bedeutung. Denn der Verlust einer ausreichenden ökonomischen Basis ist nicht nur in materieller Hinsicht existenzbedrohend. Eine solche Erfahrung ist auch in bezug auf das persönliche Selbstbild prekär in einer Arbeits- und Konsumgesellschaft, in der Dabeisein zählt und Arbeit als ein wichtiger Bestandteil der eigenen Identität, als Bewertungskriterium in Selbst- und Fremdwahrnehmung angesehen werden muß. Darüber hinaus wirkt diese Form der Unterstützung natürlich auch entlastend und kann bei den Jugendlichen quasi zusätzliche Potentiale freisetzen.

Familienbeziehungen nach Befunden der AgAG-Jugendstudie - Konsequenzen für die Jugendpädagogik

Wenn in dieser Familienzentriertheit ostdeutscher Jugendlicher unter Berücksichtigung der altersmäßigen Kontinuitäten dieses Musters ein praktizierter, tradierter und bewährter sozialisatorischer Bewältigungsmechanismus gesehen wird, der seine Stabilität auch nach der Wende nicht verloren hat, so können daraus Konsequenzen hinsichtlich des Stellenwertes der Familie im Sozialisationsprozeß Jugendlicher abgeleitet werden. Denn da mit den gesellschaftlichen Veränderungen jene formalen oder institutionellen Richtpunkte der individuellen Biografieplanung der ehemaligen DDR verloren gingen oder jedenfalls instabiler und offener geworden sind, erweitern sich die individuell zu bearbeitenden Aufgaben und Problemlagen der Jugendlichen und verlangen von ihnen verstärkt Planungs-, Koordinierungs- und Orientierungsleistungen in bezug auf den eigenen Lebensentwurf. Die Familie als traditionelle Ressource bei der Bewältigung dieser, nun veränderten, Anforderungen und als individueller Bezugspunkt wird unter diesen gesellschaftlichen Umständen erwartungsgemäß kaum an diesbezüglichem Stellenwert bei den Jugendlichen in Ostdeutschland verlieren, sondern eher noch verstärkt nachgefragt werden. Ob dies so ist, läßt sich an dieser Stelle nicht klären. Es soll jedoch der Frage nachgegangen werden, ob ostdeutsche Jugendliche ihre Herkunftsfamilie auch vier Jahre nach der Wende als wichtigen emotionalen Bezugspunkt betrachten und welche Veränderungen sich hierbei andeuten. Dies ist Thema des abschließenden empirischen Teils. Dabei wird sich zeigen, daß die Familie in ihrer persönlichen Bedeutung für die Jugendlichen tatsächlich kaum Einbußen hinnehmen mußte, daß jedoch die Belastungen und die soziokulturellen Umbrüche auch für die Elterngeneration nicht folgenlos blieben, was sich auf das Beziehungsgefüge innerhalb der Familie auswirkt und jene Potentiale beeinflußt, welche die Herkunftsfamilie den Kindern und Jugendlichen zur Verfügung stellen kann.

Auch in der Jugendstudie, die im Rahmen der wissenschaftlichen Begleitung des AgAG-Programms durchgeführt wurde, ist der Aspekt der Familie und ihre Bedeutung für die Jugendlichen beleuchtet worden (vgl. Böhnisch/Fritz/Seifert 1997[5]). Die entsprechenden Ergebnisse der Studie zeigen allerdings ein eher ambivalentes Bild, was das Verhältnis der Jugendlichen zu ihren Eltern anbetrifft. Knapp die Hälfte (42,1%) der Jugendlichen gibt an, daß es zwischen ihnen und ihren Eltern häufig zu Reibereien kommt. Dieser Aussage steht jedoch das Bedürfnis von 77,5% der Heranwachsenden gegenüber, ein gutes und von Streitereien (relativ) freies Verhältnis zu ihren Eltern zu haben. Es zeigt sich aber auch hier, daß die Eltern für die von uns befragten Jugendlichen bei Problemen wichtig sind. Denn 70,6% geben an, daß ihnen der Rat ihrer Eltern wichtig ist und 64,9% sehen in ihren Eltern zuverlässige Ansprechpartner bei persönlichen Problemen. So spiegelt sich auch hier eine Elternzentrierung der Jugendlichen wider. Allerdings scheint das Verhältnis zwischen den Jugendlichen und ihren Eltern nicht ganz so reibungslos zu funktionieren. Denn: „Auf der einen Seite wird aus den Daten deutlich, daß die Mehrzahl der Jugendlichen von sich aus keinen Generationenkonflikt sucht, sondern daß es sich mehr um alltagsbezogene und situative Reibungspunkte handelt, welche die Jugendlichen eher vermeiden möchten" (Institut für Sozialpädagogik und Sozialarbeit der Technischen Universität Dresden 1995, S. 25). Tatsächlich sind solche Konflikte aber offenbar vorhanden und können sich negativ auf das Familienklima auswirken.

Andererseits suchen die Jugendlichen ihre Eltern, besonders dann, wenn sie Probleme haben, auch wenn sie sich von ihnen „genervt" fühlen. Dieser Widerspruch läßt sich fassen, wenn man das „Nerven" und das damit verbundene

---

5 Im folgenden werde ich mich auf die Auswertung der Jugendstudie beziehen, die in ihren Ergebnisangaben differenzierter gestaltet ist, jedoch nicht von den im angeführten Band referierten Befunden verschieden ist. Die Auswertung der Jugendstudie wurde vom Institut für Sozialpädagogik und Sozialarbeit der Technischen Universität 1994 erarbeitet, jedoch in dieser ungekürzten Fassung nicht veröffentlicht.

Konfliktpotential als Ausdruck elterlicher Überforderung begreift. Viele Erwachsene sind mit eigenen Orientierungsproblemen belastet und damit beschäftigt, ihren persönlichen Alltag zu ordnen. Auch besitzen sie kaum Erfahrungen hinsichtlich der neuen Schul-, Berufs- und biografischen Risikosituationen, denen Jugendliche heute ausgesetzt sind. Insofern stoßen die Eltern an die Grenzen ihrer Beratungskompetenz bzw. konfrontieren die Jugendlichen mit Vorstellungen, die von diesen selbst als überholt und ungeeignet wahrgenommen werden. Konflikte scheinen dann vorprogrammiert, auch wenn sie vermieden werden wollen.

Daß für viele Jugendliche in Ostdeutschland die Eltern als Berater und Ansprechpartner dennoch einen so hohen Stellenwert besitzen, deutet nicht nur auf ein starkes Vertrauensverhältnis zwischen den Generationen hin. Es ist auch in bezug auf unsere Thematik von Offenheit und Halt von Bedeutung. Erinnern wir uns an die eingangs gemachten Bemerkungen zur Ambivalenz jugendlicher Sozialisation, wonach die Auseinandersetzung mit der biografischen Offenheit Freiräume eröffnet, die jedoch individuell mit Sinn gefüllt und zu einem tragfähigen Zukunftsentwurf verbunden werden müssen. Diese Offenheit verlangt nach Halt, welcher ebenfalls individuell konstituiert werden muß, wenn auch nicht ohne den Rückgriff auf Angebote und Ressourcen des sozialen Umfeldes. Eines dieser Angebote ist die Familie. Sie wurde in diesem Sinne von Jugendlichen in der ehemaligen DDR offenbar schon sehr stark nachgefragt und gefordert. Aus den hier dargestellten Befunden geht hervor, daß Jugendliche in Ostdeutschland nach wie vor die Familie als einen Ort betrachten, der ihnen Unterstützung, Beratung und sozialen Bezug gewähren und somit Halt vermitteln kann.

Die sich hier abzeichnende Tendenz ist von höchstem Interesse. Denn es scheint so, daß die ostdeutschen Jugendlichen aus ihren sozialisatorischen Erfahrungen heraus die Familie weiterhin als Halt vermittelnden Bezugspunkt wahrnehmen und nachfragen. Dies konnte die Familie in der DDR in der Tat leisten, wenn auch vielleicht nur durch den Mangel anderer Angebote begründet. Heute jedoch, angesichts einer generellen Offenheit und Widersprüchlichkeit von Gesellschaft und, für Jugendliche, von sozialisatorisch zu bewältigenden Erwartungen und Anforderungen, stößt sie an die Grenzen ihrer diesbezüglichen Leistungsfähigkeit. Und dies wird von den Jugendlichen auch so wahrgenommen, wenn ihre Eltern sie „nerven". Sie sind demnach darauf angewiesen, Halt und Orientierung auch außerhalb der Familie zu suchen. Der in den Befunden aufscheinende Familienzentrismus Jugendlicher in Ostdeutschland deutet jedoch darauf hin, daß diese dabei Schwierigkeiten haben und so immer wieder auf ihre Familie zurückverwiesen sind.

Neben Familie spielt die Gleichaltrigengruppe für die meisten der von uns befragten Jugendlichen eine große Rolle als soziale Bezugsgruppe. Auch dies ist ein Ergebnis der AgAG-Jugendstudie. In diesem Sinne können Silbereisen u.a. (1996) zeigen, daß sich zwischen 1991 und 1996 bei den ostdeutschen Jugendlichen eine deutliche Verschiebung der Beziehungspräferenzen hin zu den Gleichaltrigen vollzogen hat (wobei die Elternorientierung aber gleich hoch geblieben ist). Zweifellos finden Jugendliche und junge Erwachsene in ihren Cliquen Halt und Unterstützung. Jedoch scheint hier wohl eher der soziale Rahmen für das tendenziell augenblicksorientierte Ausleben jugendkultureller Interessen, die ersten gegengeschlechtlichen Kontaktversuche und den Austausch von Problemen, die nur Jugendliche etwas angehen und nur von ihnen verstanden werden können, gegeben zu sein. Diese Annahme kann empirisch nicht belegt werden und sie ist mit ihrer scharfen Abgrenzung zwischen Familie und Freundeskreis auch nicht haltbar. Sie erlangt jedoch eine gewisse Berechtigung, wenn man sich einige Faktoren der psychosozialen Entwicklung im Jugendalter in Erinnerung ruft.

Danach gewinnt der Generationenkonflikt seine ganz eigene Dignität, spielt im Prozeß der Identitätsbildung eine wichtige Rolle. In der Auseinandersetzung der heranwachsenden mit der älteren und etablierten Generation ergeben sich vielfältige Konflikte um die Art der Lebensführung, um Normalitätsvorstellungen, Handlungs- und Deutungsweisen der Gesellschaft. Diese Konflikte sind für die Entwicklung eines eigenen Selbstbildes, was als zentrale Aufgabe des Jugendalters angesehen wird, von ausgesprochenem Wert. Der etablierte Status der Eltern, ihre Sichtweisen und Standards liefert den Heranwachsenden Reibungsflächen, Kritikpunkte und in der Auseinandersetzung hiermit finden sie einen wichtigen persönlichen, sozialen Standpunkt, der ihnen Orientierung vermitteln und Einstellungen rechtfertigen kann, mit dem sie sich identifizieren können. Dieses soziale Lernfeld ist mit der Pluralisierung von Lebensformen und nicht zuletzt mit dem technischen Fortschritt in modernen Industriegesellschaften tendenziell abhanden gekommen. Die Eltern sind liberaler geworden, Lebensmuster folgen vielen Formen, Deutungsmuster und Einstellungen existieren in großer Vielfalt und über Generationengrenzen hinweg nebeneinander. Der Generationenkonflikt ist in die Struktur alltäglicher Aushandlungsstrategien und institutioneller Handlungsmechanismen abgewandert (vgl. Böhnisch 1992). In der ehemaligen DDR stellt sich die Problematik nun in verschärfter Form, denn auch hier kamen diese Entwicklungen langsam zur Entfaltung. Hinzu kam die Situation der Wende. Hiermit hat sich nicht nur für die junge Generation über Nacht das gesellschaftliche Umfeld gravierend verändert, sondern auch für ihre Eltern. Diese verloren nicht nur zu einem großen Teil ihre soziale Handlungskompetenz und damit ihren Vorsprung vor den Jugendlichen. Auch ihre Normen und Werte unterlagen einem starken Veränderungsdruck, so daß damit ihr Status als „Etablierte der Gesellschaft" in Frage gestellt wurde. Für die Jugendlichen ergibt sich daraus ein doppeltes Dilemma. In der Bewältigung ihrer Entwicklungsaufgaben sehen sie sich mit einer biografischen Offenheit konfrontiert, die nach individueller Verortung verlangt. Sie sind in besonderem Maße auf Halt angewiesen, den sie offensichtlich sehr stark bei den Eltern suchen. Die ostdeutsche Elterngeneration steht vor demselben Problem einer notgedrungenen Neuorientierung, denn auch sie hat tendenziell ihren Halt verloren, so daß sie für tragfähige und verbindliche Antworten weniger als früher geeignet scheint. Zudem wachsen die Jugendlichen bereits in das neue System hinein, lernen die Anforderungen, Optionen und Risiken aus erster Hand kennen. Hier aber endet oft bereits die Kompetenz der Herkunftsfamilie. Denn das Jugendbild, welches sich in der DDR durch eine hohe Stabilität auszeichnete und mit dem die Eltern aufgewachsen sind, an dem sie ihre Erwartungen ausgerichtet haben, paßt nicht mehr auf die aktuelle Realität einer sich zunehmend auch in Ostdeutschland entstrukturierenden Jugendphase. Die Erwartungen, aber auch die Orientierungsangebote und Handlungsalternativen, die sie ihren Kindern anbieten können, werden von diesen möglicherweise als überholt oder gar realitätsfremd empfunden. Die Eltern „nerven", weil sie ja selbst im Streß des Nachholens gefangen sind, weil sie mit ihrer Beratungs- und Handlungskompetenz vorerst am Ende sind, sich selbst erst mal auf den „neuesten Stand" bringen müssen. Dabei sind ihnen ihre Kinder jedoch oftmals voraus.

In diesem Dilemma, aus dem auch die Zugehörigkeit zu einer Gleichaltrigengruppe nicht befriedigend heraushelfen kann (hier befinden sich ja alle in einer ähnlichen Situation), werden Erwachsene interessant, die den Jugendlichen die Angebote machen können, die sie bei ihren Eltern und Freunden nicht vorfinden bzw. mit denen sie nicht einverstanden sind. Das können Lehrer sein, ältere Freunde, Bekannte oder Arbeitskollegen. Im Rahmen der Auswertung der AgAg-Jugendstudie sowie in Gruppendiskussionen mit Jugendlichen und JugendarbeiterInnen der AgAG-Projekte kristallisierte sich ein in diesem Zusammenhang sehr wichtiges Ergebnis heraus: viele Jugendliche in den AgAG-Projekten fragten die dort tätigen MitarbeiterInnen sehr stark als Erwachsene nach. Dies wurde charakterisiert als ein „Hunger nach Erwachsenen" auf seiten der Jugendlichen. Die JugendarbeiterInnen wurden zunehmend als Bezugspersonen mit einer eigenen und von den Jugendlichen zuerkannten Lebensbewältigungskompetenz angesehen sowie in ihren Erfahrungen nachgefragt (vgl. Institut für Sozialpädagogik und Sozialarbeit der Technischen Universität Dresden 1994). Sie sehen in ihnen offensichtlich Personen, die ihrer Meinung nach in der Lage sind, ihnen bei Orientierungsschwierigkeiten Rat und Unterstützung zu bieten und Orientierungsangebote machen zu können. Und zwar, so steht zu vermuten, zutreffender und adäquater, als dies die Familie zu tun vermag.

Insofern werden Projekte der Jugendarbeit zu einem wichtigen Bestandteil des sozialen Beziehungsnetzes Jugendlicher, wirken milieubildend (vgl. Böhnisch/Fritz/Seifert 1997). Dieser milieubildende Charakter verweist nicht nur auf die pädagogischen Möglichkeiten der offenen Jugendarbeit zum Beispiel mit gewaltbereiten Cliquen. Hieraus ergibt sich eine klare Herausforderung an die Jugendarbeit, wenn diese von ihrer Klientel immer mehr auch als Ort angesehen wird, der Jugendlichen Halt, Bezug und Unterstützung vermitteln kann und somit auch in sozialisatorischer Hinsicht immer wichtiger zu werden scheint. In diesem Sinne kommt der Jugendarbeit als quasi vierter Sozialisationsinstanz neben Familie, Schule und Gleichaltrigengruppe ein gewisser Stellenwert zu, die seine Begründung in der offensichtlichen dementsprechenden Nachfrage der Jugendlichen findet. Es geht nicht mehr nur um Fragen der Freizeitgestaltung oder die Hilfe beim Gang zu Institutionen. Die Herausforderung stellt sich im umfassenden Anspruch an die Person der JugendarbeiterInnen, nicht nur als professionelle Helfer, sondern als offene, ehrliche und greifbare Menschen: als Persönlichkeit für die Jugendlichen da zu sein, ihnen als Persönlichkeit, und nicht als Pädagoge gegenüberzutreten. Ob und wie die Jugendarbeit diesem Auftrag nachkommen kann, das ist die hieraus abzuleitende Frage, welche sozusagen die pädagogische Dimension der referierten Befunde ausmacht.

Ralf Bohnsack

„Milieubildung"

Pädagogisches Prinzip und empirisches Phänomen

Mit der These einer zunehmenden Desintegration von Milieuzusammenhängen bzw. einer Freisetzung (von Jugendlichen) aus traditionalen Bindungen werden Phänomene umschrieben, denen sich auch Sozialarbeit und Sozialpädagogik zu stellen haben. Bedenken gegenüber einer einseitigen Betrachtung dieser gesellschaftlichen Veränderungen sind vor allem in der soziologischen Diskussion angemeldet worden. Kritisiert wurde die Tendenz, „eine 'Auflösungsperspektive' einzunehmen und die Aufmerksamkeit auf sozio-kulturelle Zersetzungs- und Individualisierungserscheinungen zu richten" (Hradil 1992b, S. 18). Einer derartigen „Auflösungsperspektive" gerät eine Neubildung von Lebensformen und Milieus nicht in den Blick. Ihre Analysen sind mit einer „Verfallssemantik"[1] behaftet.

Gerade dort, wo diese Phänomene nicht allein Gegenstände theoretischen Interesses sind, sondern Herausforderungen für die Praxis darstellen, kann eine einseitige Perspektive fatale Konsequenzen haben. Für die Sozialpädagogik und Sozialarbeit hat Lothar Böhnisch (1994, S. 222) mit dem Konzept einer „Milieubildung als pädagogisches Prinzip" auf neue Wege aufmerksam gemacht, die derartige Gefahren vermeiden könnten. In theoretischer Herleitung und Begründung wird u. a. in Anknüpfung an die „Lebensweltorientierte Soziale Arbeit" von Thiersch (1992) das Konzept der „offenen Milieubildung" in Abgrenzung zu demjenigen einer „regressiven ethnozentrischen Milieubildung" entfaltet (Böhnisch 1994, S. 222).

Ob die von Böhnisch geforderte „pädagogische Festlegung auf die Förderung 'offener Milieus'" erfolgreich sein wird, ist nicht zuletzt von der Möglichkeit eines verstehenden Zugangs zu real sich bereits vollziehenden Prozessen der Milieubildung abhängig. Böhnisch (1994, S. 222) bemerkt mit Bezug auf die sog. akzeptierende Jugendarbeit (Krafeld 1992), daß „erst verstanden und in diesem Sinne akzeptiert werden muß, warum Menschen in sozial desintegrier-

---

1 Vgl. dazu die Kritik von Sighard Neckel (1993, S. 79 f.) an der „Verfallssemantik" des Individualisierungsdiskurses, in dem „neue Gruppenbildungsprozesse" unberücksichtigt bleiben: „Die Ausbildung kollektiver Identitäten prinzipiell an den Bestand traditionsfester Kulturen zu binden, ist eine durch und durch konservative Weltsicht."

ten Situationen von solchen regressiven Milieus angezogen werden". Ein derartiges Fremdverstehen ist jedoch nicht nur im Hinblick auf die Konkretisierung und Erklärung „regressiver" Milieus notwendig, sondern auch im Hinblick auf „offene" Milieus. In beiden Bereichen geht es darum, diese Begriffe mit Bezug auf Prozesse der Milieubildung, die sich in dieser Richtung real bereits schon vollziehen, mit Substanz zu versehen und je kontextspezifisch differenzieren zu können. Erst auf diese Weise können dann auch Anschlußmöglichkeiten für eine sozialpädagogische Intervention identifiziert werden. Daß die Sozialpädagogik grundsätzlich auf ein derartiges Fremdverstehen angewiesen ist und in welcher Weise sie dabei nicht nur von den Ergebnissen, sondern auch von den Methoden der qualitativen oder rekonstruktiven Sozialforschung zu profitieren oder zu lernen vermag, ist neuerdings in umfassender Weise diskutiert worden (vgl. dazu u. a. Schütze 1993, Gildemeister/Robert 1997). Die dort angestrebte Neubegründung der Fallanalyse bzw. Fallrekonstruktion als zugleich Methode der empirischen Forschung und wissenschaftliche Fundierung der sozialen Arbeit kann sich auf vorliegende methodische und forschungspraktische Erkenntnisse der qualitativen bzw. genauer: rekonstruktiven Sozialforschung stützen.

An dieser Stelle sollen allerdings zunächst lediglich Ergebnisse einer rekonstruktiven empirischen Analyse von Prozessen der Milieubildung in der Adoleszenzphase umrissen werden. Auf der Grundlage dieser Ergebnisse von Fallanalysen kann auf Anschlußmöglichkeiten zu den von Böhnisch entworfenen Konzeptionen der „offenen" und „regressiven" Milieubildung aufmerksam gemacht werden. D. h., es geht um Anschlußmöglichkeiten zwischen dem Konzept der Milieubildung als pädagogischem Prinzip einerseits und empirischen Phänomenen der Milieubildung andererseits. Dabei legen unsere empirischen Ergebnisse es allerdings nahe, eher von „fiktiver" denn von „regressiver" Milieubildung zu reden. Grundlagentheoretisch fundiert ist unsere empirische Analyse in der Wissenssoziologie von Karl Mannheim als der „Lehre von der Seinsverbundenheit des Wissens". Im Anschluß an Mannheim läßt sich eine anspruchsvolle Konzeption des Milieubegriffs entwickeln. Milieu wird hier als „konjunktiver Erfahrungsraum" gefaßt.

Milieu als konjunktiver Erfahrungsraum

Das Konzept der Milieubildung ist auch im Bereich der Soziologie der sozialen Ungleichheit (vgl. Hradil 1992) von Bedeutung. Dort wird dahingehend argumentiert, daß mit dem Zerbrechen traditioneller Sozialmilieus sich Lebensformen jenseits von Klasse und Schichtung herausbilden, die zunehmend durch „subjektive" Interpretationen „objektiver" Lebensbedingungen geprägt seien. Damit gewinnt das Problem einer „Vermittlung zwischen dem 'Objektiven' und dem 'Subjektiven' in der Sozialstruktur" (Hradil 1992a, S. 12) eine zentrale Bedeutung. Mit der Formulierung einer derartigen Problemstellung wird aber eben das, was überwunden werden soll, erkenntnistheoretisch immer schon festgeschrieben, indem die Unterscheidung von „objektiv" und „subjektiv" als unhintergehbar, als eine epistemologische „Leitdifferenz" (Matthes 1992, S. 79) vorausgesetzt wird.

Eine derartige objektivistische Betrachtungsweise sichert dem Forscher allerdings auch stillschweigend einen privilegierten Zugang zur gesellschaftlichen Wirklichkeit und ermöglicht damit abkürzende, standardisierte empirische Verfahrensweisen. Den Erforschten kann nämlich vorgegeben werden, was, d. h. welche „objektive Realität" für sie überhaupt „subjektiv erfahrbar" sein kann. Eine solche Leitdifferenz von „objektiver Realität" und „subjektiver Erfahrung" wird dann obsolet, wenn gesellschaftliches Sein, gesellschaftliche Lagerung nicht jenseits der Erfahrungen oder des Erlebens der Erforschten angesiedelt werden. Im Sinne der Wissenssoziologie von Mannheim (1980) ist gesellschaftliches Sein derart zu verstehen, daß es sich durch Gemeinsamkeiten des biografischen Erlebens, Gemeinsamkeiten der Sozialisationsgeschichte, des Schicksals, d. h. durch kollektive Erfahrung, überhaupt erst konstituiert.

Gerade auch die gemeinsame Erfahrung von Desintegration, des Verlustes von Tradition und die gemeinsame Erfahrung biografischer Diskontinuität vermögen unter denjenigen, die davon betroffen sind, Gemeinsamkeiten und Zusammengehörigkeiten zu stiften. Karl Mannheim hat dies u. a. in seinen Arbeiten zum Generationenbegriff bereits in den zwanziger Jahren (Mannheim 1964b) gezeigt. Die gemeinsamen Erlebnisse z. B. derjenigen, deren Kindheit durch gesellschaftliche Zusammenbrüche nach dem Zweiten Weltkrieg geprägt sind, konstituieren einen kollektiven oder - wie Mannheim es nennt - „konjunktiven Erfahrungsraum" im Sinne eines Generationszusammenhangs. Damit wird deutlich, daß die Zugehörigkeit zu einem Erfahrungsraum, einem Milieu nicht mit der Einbindung in traditionsfeste Bestände oder Kulturen in eins zu setzen ist. Diese Zugehörigkeit kann sich auch neu bilden. Zudem ist für die Bildung konjunktiver Erfahrungsräume das gruppenhafte Zusammenleben derjenigen, die an ihnen teilhaben, nicht Voraussetzung. Aufgrund gemeinsamen Erlebens bestimmter historischer Ereignisse und Entwicklungen konstituiert sich eine gemeinsame „Erlebnisschichtung", ohne daß diejenigen, die durch sie verbunden sind, in direkter Kommunikation miteinander stehen müßten. Allerdings werden diese milieu- und generationsspezifischen Erfahrungen als kollektive Orientierungen dort am umfassendsten zur Artikulation gebracht, wo diejenigen sich zusammenfinden, denen diese konjunktiven Erfahrungen gemeinsam sind, nämlich in sozialräumlich-lokal sich bildenden Gruppen der Altersgleichen, in den peer-groups. Dort ist die Suche nach Gemeinsamkeit und Milieuzugehörigkeit unmittelbar der empirischen Analyse zugänglich.

Die Suche nach Milieuzugehörigkeit und die Episodenhaftigkeit von Jugendkriminalität

Von besonderer Bedeutung ist die peer-group in der Jugendphase, in der Adoleszenz. Und dies nicht nur für die empirische Analyse einer Suche nach Milieuzugehörigkeit, sondern auch für die sozialpädagogische Praxis. Auch unter dem Aspekt der Milieusuche (und hier ganz besonders) gilt, daß „das Grundelement jeder Jugendarbeit die Gleichaltrigen-Beziehung und die Gleichaltrigen-Gruppe" (Böhnisch/Münchmeier 1987, S. 94) darstellt. Die in der peer-group zu beobachtende Suche nach Milieuzugehörigkeit bleibt episodal, d. h., sie ist im Kern auf wenige Jahre begrenzt und entfaltet während dieser Zeit - wie in folgendem gezeigt werden wird - ihre Eigendynamik in einer aktionistischen Handlungspraxis. Diese experimentelle Handlungspraxis ist kaum zweckrational gesteuert. Hiermit sind u. a. Risiken der Gewaltförmigkeit und der Kriminalisierung dieses Handelns verbunden, wie sich dies auch in der Kriminalstatistik niederschlägt. Jugendliche sind dort - dies ist ein seit langem bekanntes Phänomen - überrepräsentiert. Man spricht in der Kriminologie auch von der Episodenhaftigkeit von Jugendkriminalität, d. h. von ihrer Begrenzung und Konzentration auf eine ganz spezifische Altersphase[2] Obschon dies seit den zwanziger Jahren bekannt ist[3] liegen theoretische Erklärungen hierzu bis heute nicht vor.

Voraussetzung für die Erklärung der Episodenhaftigkeit von Jugendkriminalität ist ein allgemeines, also nicht allein auf abweichendes Verhalten bezogenes, Modell der Suche nach Lebensorientierung und Milieuzugehörigkeit im Jugendalter. Innerhalb dieses Modells können dann die spezifischen Bedingungen für gewaltbereites und kriminalisierungsfähiges Handeln herausgearbeitet werden. Aus diesem Grunde basiert die vorliegende Untersuchung auf einer komparativen Analyse von gewalttätigen und nicht gewalttätigen Gruppen aus dem Ost- und Westteil der Stadt Berlin. Wir haben Gruppen von Hooligans mit (Rock-) Bands verglichen, also mit stilistisch auffälligen Gruppen, sowie mit Gruppen ganz unauffälliger Jugendlicher, den „Stinos", wie es im Ost-Jargon heißt. Die kollektiven oder konjunktiven Erfahrungen in diesen jugendlichen Cliquen waren Gegenstand unserer empirischen Analyse. Wir haben in unserer ethnographischen Fallanalyse deshalb vor allem mit dem Gruppendiskussionsverfahren

---

2 Männliche Jugendliche - vor allem berufstätige - sind in einer spezifischen Altersphase in der polizeilichen und gerichtlichen Kriminalstatistik überrepräsentiert („Heranwachsende", also 18-21jährige, werden zweieinhalbmal so häufig gerichtlich verurteilt wie der Durchschnitt der Bevölkerung). Wesentlich stärker noch sind Jugendliche aus Randmilieus betroffen. Dabei ist auf den „episodalen" oder „passageren", d. h. altersphasenbedingten Charakter von Jugendkriminalität immer wieder hingewiesen worden, zuerst von Matza (1964). Dennoch hat der „Erkenntnisstand zur Erklärung von Episodenhaftigkeit (...) das Niveau von Alltagstheorien kaum verlassen", wie Mariak und Schumann (1992, S. 335) feststellen. Hierauf hat auch Peters (1985) hingewiesen.
3 Vgl. die Untersuchungen im Rahmen der Chicagoer Schule, z.B. Thrasher 1927.

gearbeitet, aber auch mit Biografischen Interviews und der Teilnehmenden Beobachtung[4].

Kommunikative und konjunktive Verständigung

Um genauer zu verstehen, was konjunktive oder milieuspezifische Erfahrungen sind, ist es notwendig, diese von kommunikativer Erfahrung bzw. kommunikativer Verständigung zu unterscheiden. Konjunktive Verständigung basiert, wie gesagt, auf Gemeinsamkeiten der Sozialisationsgeschichte, des Schicksals. Eine derartige milieuspezifische oder milieuinterne Verständigung unterscheidet sich von einer Verständigung zwischen den unterschiedlichen Milieus, d. h. über deren Grenzen hinweg, von der gesellschaftlichen oder „kommunikativen" Verständigung, wie dies bei Mannheim (1980) genannt wird.

Während die Kehrseite des konjunktiven „Einanderverstehens im Medium des Selbstverständlichen" (Gurwitsch 1977, S. 178) ihre Exklusivität und mangelnde Offenheit ist, ist die kommunikativ-generalisierende Verständigung mit Problemen der Stereotypisierung verbunden[5]. In unserer alltäglichen Begriffsbildung, in der Alltagssprache, sind immer zugleich beide Bedeutungsdimensionen impliziert: diejenige des konjunktiven Denkens auf der einen und des kommunikativ-generalisierenden Denkens auf der anderen Seite.

Diese beiden Bedeutungsdimensionen stehen in einem Spannungsverhältnis zueinander. Dazu ein Beispiel aus einer Gruppendiskussion mit jugendlichen Mitgliedern einer Band. Die Jugendlichen interpretierten eine Frage der Diskussionsleitung nach der Art ihrer Musikproduktion als diejenige nach einer Klassifikation ihres Stils in einem kommunikativen, generalisierenden Sinn[6]:

Y1:	hmm, ja was macht ihr eigentlich für Musik?
	(4 Sek. Pause)
Cm:	Schweigen
me:	(Lachen)
Bm:	hmm

---

4 Zur Methodologie und Methodik dieser Untersuchung sowie zur umfassenden Darstellung der Ergebnisse siehe: Bohnsack, Loos, Schäffer, Städtler, Wild (im folgenden zit. als: Bohnsack u.a. 1995).

5 Konjunktive Verständigung faßt Mannheim (1980) auch mit dem Begriff des „Verstehens". „Verstehen" ist nach Heidegger (1986, S. 123) nicht jenseits des „Seins" angesiedelt, sondern ist „eine ursprüngliche Seinsart, die Erkennen und Kenntnis allererst ermöglicht". *Kommunikative* Verständigung basiert demgegenüber nicht auf einem unmittelbaren Verstehen, sondern auf wechselseitigem *Interpretieren*. Dies vollzieht sich auf der Grundlage der Perspektivenübernahme, der Reziprozität der Perspektiven und der wechselseitig unterstellten Motive - im Sinne jenes Modells von Sozialität, wie es der phänomenologischen Soziologie von Alfred Schütz (1971) entspricht.

6 Zur Quelle und zum Kontext des Transkripts siehe: Bohnsack u. a. 1995, S. 278, sowie Schäffer 1996, S. 122 f. - Alle Transkripte sind vereinfacht abgedruckt.

Cm:	hmm
Bm:	mal laute, mal leise, mal schnelle, mal langsame
Cm:	mal schnelle, mal langsame
Bm:	mal gute, mal schlechte
Cm:	und immer mit Worten
Aw,Cm:	(Lachen)
Bm:	und ab und zu singt mal jemand
Cm:	meistens sprechen welche, hmm
Bm:	en Mädel is ooch mit bei (3 Sek. Pause)

Die Jugendlichen reagieren zunächst mit einer langen Pause, die dann als solche auch thematisiert wird: „Schweigen". Schließlich folgt eine ironisch-distanzierte und bis hin zur Banalisierung getriebene Beschreibung der eigenen musikalischen Praxis: „mal laute, mal leise" etc. Es dokumentiert sich hier also zunächst eine Distanz gegenüber der Ausgangsfrage mit einer Tendenz zu deren Verweigerung. Die Beschreibung mündet aber später in eine Erzählung, mit der die Gruppe die eigene Entwicklung und Alltagspraxis darstellt. Diese hat nun keinen ironisch-distanzierten Unterton mehr. In der gemeinsamen Erzählung dieser gemeinsamen musikalischen Praxis dokumentiert sich die Funktion dieser Praxis für die Entfaltung einer habituellen Übereinstimmung, einer Suche nach habituellen Stilelementen. Diese Suche ist nicht zweckrational am musikalischen Produkt und auch nicht an kommunikativ-generalisierend klassifizierbaren Stilen orientiert. Das, was hier generalisierend als „HipHop"-Stil bezeichnet werden kann, wird, wie die Musik überhaupt, als Medium benutzt, um eine habituelle Übereinstimmung und die „eigentlichen" Stilelemente entfalten zu können. Das Medium des kommunikativ-generalisierenden Stils („Hip-Hop") ermöglicht zwar einerseits die Verständigung zwischen den spezifischen Milieus und Gruppen, birgt aber auch andererseits die Gefahr der Stereotypisierung. In der Reaktion der Gruppe auf die Frage nach ihrem Musikstil dokumentiert sich somit das Spannungsverhältnis von kommunikativ-generalisierender oder gesellschaftlicher Klassifikation einerseits und konjunktiver oder milieuspezifischer Erfahrung andererseits. Anders ausgedrückt: Es handelt sich einerseits um generalisierende, über die Medien und den Konsum vermittelte Stile (also z. B. „HipHop") und andererseits um habitualisierte Stilelemente. Während jene von den Marktmechanismen und den kommerzialisierten Moden abhängigen Ausdrucksstile[7] direkt abfragbar sind, also per Fragebogen erhoben

---

7 Zur Unterscheidung von intendierten Ausdrucksstilen und habituellen Stilelementen siehe: Bohnsack u.a. 1995, Bohnsack 1997a sowie Schäffer 1996. Dahinter steht die von Mannheim (1964a) ausgearbeitete methodologische Differenz von immanentem Sinngehalt einer Äußerung, ihrem *dokumentarischen Sinngehalt* (der sich auf den Habitus bezieht) und dem *intendierten Ausdruckssinn*, zu dem auch die intendierten Stile gehören, z.B. auch die Rollendistanz im Sinne von Goffman. In der Äußerung von Goffman (1980, S. 290): „Stil kommt uns unecht ('fault') vor, wenn er absichtsvoll ist", ist die Unterscheidung von habituellen (nicht-absichtsvollen) Stilen und intendierten (absichtsvollen) Stilelementen und somit diejenige von habituellem und kommunikativem Handeln angesprochen (vgl. zu dieser Unterscheidung auch Hahn 1986).

werden können, ist der Zugang zu den habitualisierten Stilelementen als Ausdrucksform milieuspezifischer Erfahrungen wesentlich komplizierter. Dazu bedarf es des methodisch kontrollierten Fremdverstehens auf der Basis der Interpretation von Erzählungen und Beschreibungen, der Interpretation metaphorischer Darstellungen oder der direkten Beobachtung.

Der ästhetische Aktionismus der (Rock-)Bands

Konjunktive oder milieuspezifische Erfahrung und die dazugehörige habituelle Stilbildung artikulieren sich in diesen peer-groups auf dem Wege des situativen Aktionismus, des Zusammen-Spiels im ursprünglichen Sinne des Wortes, d. h. im zweckfreien spielerischen Erleben der gemeinsamen Praxis. Sie resultieren also aus dem Prozeß des „Machens" selbst und führen - wenn die kollektive Stilbildung nicht befriedigend gelingt - auch zu einer Neukonstellation der Clique oder der Band bzw. zu einem Cliquenwechsel. Insofern ist auch der Cliquenwechsel nicht zufällig und chaotisch, sondern folgt der Eigengesetzlichkeit probehafter Entfaltung und Ausdifferenzierung des kollektiven Habitus, der probehaften Suche nach Milieuzugehörigkeit. Der kollektive Aktionismus ist das Medium, innerhalb dessen erprobt werden kann, inwieweit und in welcher Hinsicht die persönlichen Stilelemente sich zu kollektiven Stilen verdichten und steigern lassen. Dies schafft habituelle Sicherheiten und damit auch Sicherheiten der Wahl im Bereich von Lebensorientierungen - so z. B. bei der Partnersuche.

Diese Art der Bewältigung der Adoleszenzproblematik erscheint also - wenn auch rituell inszeniert und somit weit entfernt von jeder Zweckrationalität - als immanent „rational". Sie kann nicht grundsätzlich als „magische" Lösung charakterisiert werden, wie wir dies z. B. in der Birmingham-School finden[8]. Vielmehr geht es darum, ein positives Verständnis und Konzept rituellen Handelns zu entwerfen, welches in den Sozialwissenschaften weitgehend fehlt[9]. Die derart verstandene rituelle Suche nach habitueller Übereinstimmung ist eine Sondierung von Gemeinsamkeiten jenseits individueller Selbstpräsentation und zweckrationaler Abstimmung. Dies findet seinen entsprechenden Ausdruck im Verständnis der Beziehung zwischen Band und Publikum. Auch dort geht es

---

Auch die Stilanalyse von Soeffner (1992) am exemplarischen Fall des „Punk" bewegt sich auf der Ebene des intendierten Ausdrucksstils.

8 Stilproduktionen sind von einigen Vertretern der Birmingham-School dort als „magische Lösungen" charakterisiert worden, wo sie in funktionalistischer gesellschaftstheoretischer Betrachtung mit dem Vergleichshorizont einer historischen Lösung gesellschaftlicher Widersprüche kontrastiert worden sind und unter diesem Gesichtspunkt defizitär erscheinen (vgl. Clarke 1979, S. 153 f.). Demgegenüber lesen sich die Stilproduktionen in den rekonstruktiven empirischen Studien von Willis (1979) als durchaus rationale Lösungen, wie auch Giddens (1988) in seiner Re-Interpretation der Studie von Willis gezeigt hat.

9 Dies ist vor allem von Mary Douglas (1974) kritisiert worden.

nicht - zumindest nicht primär - um die Inszenierung einer Selbstpräsentation („Show"), sondern um die Inszenierung habitueller Übereinstimmung. Das Konzert wird dann zu einer „gelungenen Party", wie es in einer der Gruppen heißt, wenn das Publikum am Aktionismus in engagierter Weise beteiligt werden kann und auf diese Weise auch eigene Stilelemente zu entfalten vermag, so z. B. im Medium des Tanzes: „Breakdance" oder „Pogo", an dem Mitglieder der Bands beteiligt sind, oder im Medium des gemeinsamen Gesanges. Dabei werden einerseits den unterschiedlichen ethnischen, geschlechtsspezifischen und persönlichen stilistischen Eigenheiten der Publikumsgruppen (z. B. der türkischen Breakdancer) Entfaltungsmöglichkeiten eröffnet. Andererseits wird zugleich versucht, diese Stilelemente in einen übergreifenden Rahmen habitueller Übereinstimmung zu integrieren[10.] Diese entfaltet sich auf dem Wege kollektiver Steigerung, der „kollektiven Efferveszenz", wie dies bei Durkheim (1981, S. 290 ff.) heißt. Allein in der kollektiven Handlungspraxis, im Aktionismus zeigt sich, inwieweit und in welcher Hinsicht diese Suche nach Konjunktion zu gelingen vermag. Dabei werden bruchstückhaft Stilelemente der kollektiven Sozialisationsgeschichte re-organisiert. Dies zeigt sich z. B. im Konzert einer Gruppe, welches von uns beobachtet wurde. Dieses Konzert wurde überwiegend von einem Ost-Publikum besucht und kann kommunikativ-generalisierend als dem „Punkstil" zugehörig klassifiziert werden. Das Konzert war eigentlich schon beendet, da meinte Bernd, der Gitarrist der Band[11:]

„Halt, wir haben ja eins vergessen. Wir müssen ja noch ein paar alte Lieder singen". Dies wurde von den Zuschauern begeistert aufgenommen: es wurde gejohlt und geklatscht. Bernd stellte den Klang seiner Gitarre um auf „Wandergitarre", d. h. auf einen gänzlich unverzerrten Klang, und begann mit der Intonation des Liedes: „Brüder zur Sonne, zur Freiheit". Er fuhr fort mit der „Internationalen" und sang schließlich „Bau auf, bau auf" und weitere Lieder, die zu dem in DDR-Institutionen obligatorischen Repertoire gehörten. Die Band begleitete ihn stilgerecht, d. h., wenn ein „Humtata"-Rhythmus oder ein Walzer zu spielen war, dann inszenierte man diesen auch recht naturgetreu. Spätestens beim zweiten Stück begann das Publikum mitzusingen und steigerte sich von mal zu mal in eine regelrechte Ekstase. Beim zweiten oder dritten Stück erklommen einige der martialisch aussehenden Skin-Punks die Bühne, gruppierten sich zu viert oder zu fünft um das Mikrophon und sangen lauthals Strophe für Strophe. Nach einer Weile war nicht mehr festzustellen, ob Bernd die Stücke vorgab oder ob die Impulse für das Singen immer wieder neuer Stücke aus dieser Gruppe oder aus dem Publikum kamen.

---

10 Derartige Beobachtungen lassen sich unter dem Aspekt einer „gelungenen Balance von Gemeinschaft und Individualität" interpretieren. Hierin sieht Böhnisch (1994, S. 222) eines der zentralen Charakteristika einer „offenen" Milieubildung.
11 Zur Quelle, zum Kontext und zu einer ausführlichen Fassung dieses gekürzten Beobachtungsprotokolls siehe: Bohnsack u. a. 1995, S. 345 ff. sowie Schäffer 1996, S. 111 ff..

Das Ganze dauerte ca. 20 Minuten. Die Menge wollte nicht mehr aufhören. Nach jedem Schlußakkord kam ein neuer Vorschlag von einzelnen aus dem Publikum, der von der Menge begeistert aufgenommen und dann auch sofort auf der Bühne umgesetzt wurde. Es herrschte eine allgemeine Euphorie. Schließlich versuchte Bernd, durch mehrmalige Ansagen („Jetzt ist aber wirklich Schluß" etc.) dem Treiben ein Ende zu setzen, was ihm aber erst gelang, als er die „Leute an der Technik" aufforderte, die große Saalbeleuchtung anzuschalten.

Auf dem Wege des ästhetischen Aktionismus wird hier ein Stilbruch kollektiv inszeniert zwischen dem Punk auf der einen und dem Liedrepertoire der DDR-Institutionen auf der anderen Seite. Hierin dokumentiert sich die gemeinsame Erfahrung sozialisationsgeschichtlicher Brüche. Diese kollektive ästhetisch-aktionistische Artikulation eröffnet aber zugleich Möglichkeiten der Re-Aktivierung und Re-Strukturierung brüchig gewordener bzw. der Genese neuer Milieuzusammenhänge.

Die hier zu beobachtenden Gemeinsamkeiten der Erlebnisschichtung resultieren also nicht aus sozialisationsgeschichtlicher Kontinuität, sondern aus dem gemeinsamen Erleben biografischer Diskontinuitäten und habitueller Verunsicherungen. Übereinstimmung und Kollektivität basieren nicht auf Traditionen, sondern konstituieren sich auf einer Ebene reflexiver Bearbeitung. Mit reflexiv ist aber nicht notwendigerweise eine theoretisierende oder rationalisierende Art der Bewältigung gemeint. Die reflexive Bearbeitung kann auch in handlungspraktische Sondierungsprozesse eingelassen sein und in diesem Sinne aktionistisch entfaltet werden. Auch setzt eine solche Bewältigung in der Adoleszenzphase nicht notwendigerweise biografische Planung im Sinne eines rationalen, gedankenexperimentellen Durchspielens alternativer Lebensprojekte voraus, wie wir dies vorwiegend bei den Gymnasiasten und Gymnasiastinnen finden.

Die Antizipation standardisierter und chronologisch sequenzierter Ablaufmuster der Berufs- und Ausbildungskarriere bildet bei den Lehrlingen aus den sog. bildungsfernen Milieus - im Unterschied zu den Gymnasiasten und Gymnasiastinnen - nicht die übergreifende biografisch-relevante Orientierungsstruktur[12]. Biografische Orientierung ist vielmehr in die Zeitlichkeit zyklischer Ereignis-

---

12 D. h., der „Lebenslauf als Institution" stellt hier nicht den übergreifenden Orientierungsrahmen dar. Eine derartige Orientierung am Lebenslauf als Institution kann, wie Kohli (1985) dargelegt hat, entweder über eine Standardisierung oder (in Auseinandersetzung mit ihr) über eine „De-Standardisierung" des Lebenslaufs sich vollziehen. Eine derartige De-Standardisierung oder „Biografisierung" haben wir bei Gymnasiast(inn)en beobachtet. Aber auch dies ist nicht etwas, was lediglich *individuell* zu bewältigen wäre und somit notwendigerweise zu individueller Isolierung führt. Vielmehr vermag auch ein gemeinsames, genauer: strukturidentisches Erleben derartiger Spannungen und Diskontinuitäten als *kollektives* Erleben seinerseits neue konjunktive Erfahrungsräume milieu- oder generationsspezifischer Art zu konstituieren.

abläufe eingelassen[13]. Diese sind an die nahweltlichen Erfahrungsräume (der Nachbarschaft, des Viertels oder der Familie und Verwandtschaft) und deren Alltagspraxis gebunden: angefangen bei den dörflichen Festen über die Aktivitäten des lokalen Fußballvereins bis hin zum gemeinsamen Frühjahrs- und Herbstputz der Hausbewohnerschaft in der Plattenbausiedlung. Letzteres findet sich in einer Diskussion mit einer Gruppe aus einer Ostberliner Trabantenstadt. Die Gruppe ist über die schöne Umgebung ihrer Nachbarschaft begeistert[14]:

Bm: Es is ne schöne Umgebung. Und ich muß dazu sagen, also zu Ostzeiten gabs dann immer diesen Herbstputz und Frühjahrsputz und so weiter. Der wurde vom Haus organisiert und da wurde och jesammelt, also pro Monat wurde immer abjegeben. Da wurde von Mieter zu Mieter gegangen und Geld für die Hauskasse zusammenjesammelt, daß wir Hausputz machen konnten. Und da ham wir och Kinderfeste jemacht in dem Wohnjebiet, weil et war im Prinzip einmalig in ganz Oststadt hier. Ich meine, da wurde richtich Kinderfest uffjezogn, mit allem drum und dran mit Kino

Ew: mit Fanfarenzug

Bm: en großet Kinozelt, en Fanfarenzug. Da hab ich noch Fanfare jeblasn, der hat Hochtrommel geschlagen. Richtig mit Fackelumzug ham wer das jemacht

Am: ick hab die Fackel jetragn

Ew: (Lachen)

Bm: Richtig mit Spiele ham wer das orjanisiert jehabt. Das war im Prinzip einmalig in Oststadt so. Und sie ham och diese Bäume jepflanzt, die im Wohnjebiet stehn, allet. Und durch die Frühjahrsputze, Herbstputze und so weiter. Und ick, ick würde janz jerne, im Prinzip würde ick janz gern hier wohn bleibn in dem Wohngebiet, weil es is en schönes Wohnjebiet, man hat seine Ruhe, man hat seinen Platz

Auch auf diesem Wege, demjenigen des gemeinsamen Hausputzes und der gemeinsam organisierten Kinderfeste, begegnet uns eine Suche nach habitueller Übereinstimmung. Dieser Typus ist derjenige der Fokussierung auf familiengebundene Formen habitueller Übereinstimmung. Damit ist hier sowohl die Herkunftsfamilie gemeint als auch - biografisch-antizipatorisch - die zukünftige eigene Familie. Die peer-groups bilden sich im Kontext der Beziehungen der Herkunftsfamilien untereinander. Auf diesem Wege entfalten sich auch Hausnachbarschaften und Vereinszugehörigkeiten, die dann wiederum re-aktivierend oder strukturierend auf den familialen Erfahrungsraum zurückwirken. Ein anderer Weg der Re-Aktivierung familienbezogener Lebenszusammenhänge, wie er im Kontext unseres Forschungsprojekts untersucht wurde[15], ist derje-

---

13 Vgl. dazu auch die Untersuchung von Cliquen weiblicher und männlicher Lehrlinge aus einer Kleinstadt und umliegenden Dörfern in: Bohnsack 1989.
14 Zur Quelle und zum Kontext dieses Transkripts siehe: Bohnsack u. a. 1995, S. 410 f.
15 Siehe dazu: Wild 1996 u. Bohnsack/Wild 1997.

nige einer organisatorischen Stützung des familialen Alltages und Lebenszyklus im Kontext von Fußballfangruppen und ihrer Vereine[16.] Die gesamte Familie ist an den wochen- und jahreszyklischen Fußball- und Vereinsaktivitäten
beteiligt. Derartige Nachbarschafts- oder Vereins- und Fanaktivitäten sind also
nicht schlicht als Substitut für familiale Zugehörigkeiten anzusehen, sondern
sie vermögen diese Zugehörigkeiten effektiv zu stützen und zu re-organisieren.

Die Jugendlichen der Ost-Berliner Trabantenstadt, die wir untersucht haben,
sind überwiegend bereits in der frühen Jugendphase in diese Plattenbauten
übergesiedelt - teilweise aus dem ländlichen Umland von Berlin. Sie wurden
nicht erst durch die Wende, sondern bereits zu Beginn der Adoleszenzphase mit
dem Verlust bisheriger konjunktiver Erfahrungsräume konfrontiert. Schon damals begann eine Suche nach habitueller Übereinstimmung, die von uns idealtypisch in drei Wegen nachgezeichnet werden konnte. Zwei der drei Idealtypen
habe ich umrißhaft bereits charakterisiert:

• Der eine ist derjenige der Fokussierung auf familiengebundene Formen habitueller Übereinstimmung.
• Den anderen Typus habe ich am Beispiel der Produktion habitueller Stilelemente in den Musikgruppen erläutert. Die Suche nach habitueller Übereinstimmung vollzieht sich auf dem Wege ästhetischer Aktionismen.
• Der dritte Typus wird in unserer Untersuchung durch die Hooligans verkörpert: Es handelt sich um eine Suche nach habitueller Übereinstimmung über
  körperliche Aktionismen. Auf diesem Wege konstituiert sich eine episodale
  Schicksalsgemeinschaft, wie wir dies genannt haben.

Irrwege: Die „episodale Schicksalsgemeinschaft" am Beispiel der Hooligans

Der Aktionismus der Hooligans unterscheidet sich in seiner Struktur deutlich
von demjenigen der Musikgruppen. In den Rockgruppen, den Bands, setzt der
rituell inszenierte Aktionismus der Musikproduktion ein vergleichsweise hohes
Niveau an Organisation, an rollenförmiger Abstimmung voraus. Diese kommunikative Abstimmung erfordert eine Perspektivenübernahme auf der Basis
wechselseitiger Anerkennung der persönlichen Identität und der individuellen
Lebensgeschichte. Dies ermöglicht es, die je individuelle Perspektive der anderen in Rechnung zu stellen als Basis für die organisatorische Abstimmung der
gemeinsamen Aktivitäten oder Aktionismen. Bei den Hooligans erscheint dies
prekär. Der hier zu beobachtende Aktionismus setzt sozusagen im Vorausset-
zungslosen an, d. h. nicht z. B. bei einer Organisationsform wie der Band, son-

---

16 Die Bedeutung von Kirmesvereinen („Kirmesgesellschaften") und Männergesangs-
   vereinen für die Re-Organisation und Reformulierung der *dörflichen* Zugehörigkeit
   und Kultur und die Regulierung der lokalen Heiratsbeziehungen hat Hüwelmeier
   (1997) herausgearbeitet.

dern beim „Mob", wie die Jugendlichen selbst sagen. Für die Mobilisierung des „Mob" ist die Fußballrandale von paradigmatischer Bedeutung. Die Aktivitäten des „Mob" werden durch bekannte und „kampferprobte" Identifikationsfiguren initiiert - immer auf der Suche nach dem „fight", welcher vorzugsweise mit anderen Gruppen von Hooligans gesucht wird. Während einer Gruppendiskussion erzählt Arno, eine zentrale Identifikationsfigur der Ostberliner Hooliganszene, über die Situation der Initiierung des „fight"[17]:

> Da hat in der Stadt vielleicht een Mob jetobt von siebenhundert Berliner. Mit dem Mob wird sich nie een Feind stellen. Also, da haben wir uns mal so mit dreißig-vierzig Mann abjeseilt. Wir alten Leute ham uns ins Café jesetzt in der Mitte von Magdeburg und ham nen Sprecher jemacht, ham jesacht: paß uff wir sind hier. Und denn kamen se an, mit hundertfuffzig Mann. Da kann ich nich den Arsch einziehen. Da ham wer uns geknallt, und haben janz schön jekriecht. Und da sind ab und zu die Bullen dazwischen, aber wir sind immer wieder ruffjegangen. Und da weeß ick janz jenau: auf die Leute kann ich mich verlassen. Ick sage: Nachwuchs muß man wirklich sich anerziehen im Fußball

Der „fight" hat primär die Funktion einer Verstrickung in die Handlungszwänge eines „situativen Aktionismus". Er erzwingt eine verlaufskurvenförmig sich verselbständigende, nicht antizipierbare, unberechenbare Dramaturgie. Das daraus resultierende Aufeinanderangewiesensein konstituiert eine elementar ansetzende Kollektivität: eine episodale Schicksalsgemeinschaft[18]. Ähnliches finden wir - wenn auch unter anderen Vorzeichen - im Sport oder in der Schicksalsgemeinschaft von Kriegsteilnehmern an der Front[19].

Die Identität der einzelnen, einschließlich ihrer Basis körperlicher Unversehrtheit, tritt hinter die Fokussierung des kollektiven Aktionismus zurück. Die persönliche Identität wird durch den kollektiven Aktionismus und die damit verbundene episodale Schicksalsgemeinschaft auch gruppenspezifisch quasi neu konstituiert. Die Eigendynamik dieses Prozesses erzeugt „sekundäre Motive"[20]. Indem der „fight" seine Funktion primär im Rahmen der Emergenz einer episodalen Schicksalsge-

---

17 Zur Quelle und zum Kontext dieses Transkripts siehe: Bohnsack u. a. 1995, S. 74.

18 Wir sind uns der Problematik des Begriffes der „Schicksalsgemeinschaft" aufgrund seiner Bedeutung in der Propaganda des Nationalsozialismus bewußt. Dieser Begriff erscheint hier jedoch durchaus treffend - vor allem vor dem Hintergrund seiner Bedeutung in der Mannheimschen Wissenssoziologie, innerhalb derer von einem Generationszusammenhang als einer „Partizipation" an den *gemeinsamen Schicksalen* (1964b, S. 542, urspr.: 1928) die Rede ist. Dies wiederum geht auf seine Bedeutung in der Praxisphilosophie Heideggers zurück (1986, S. 384).

19 Zur Analyse der „kleinen Solidargemeinschaft der Mitsoldaten ('Kumpels', 'Kameraden') an der Front" und deren „Funktionalisierung" durch die Armeeorganisation des Zweiten Weltkrieges vgl. Schütze (1989, S. 89 ff.).

20 „Zu diesen sekundären Motiven gehört (...) eine gruppendynamisch anwachsende Kohäsion der Verfolgten. Sie empfinden sich als Schicksalsgemeinschaft", wie Neidhardt (1981, S. 253) dies in einer Analyse der Eigendynamik „absurder Prozesse" am Beispiel einer terroristischen Gruppe herausgearbeitet hat.

meinschaft erhält, ist er einem zweckrationalen Verstehen, einer Analyse im Rahmen eines zweckrationalen Handlungsmodells nicht zugänglich[21].

Dabei geht es zugleich auch darum, den Bezug zur Alltagsexistenz abzuschneiden, sich aus der Alltagsexistenz und dem Arbeitsalltag - zumindest am Wochenende - gleichsam herauszukatapultieren: „Vom Leben abschalten", „aus dem Rhythmus rauskommen" lauten die entsprechenden Metaphern der Jugendlichen für das, was wir als episodale Negation der Alltagsexistenz bezeichnet haben. Die folgende Sequenz stammt aus einer Diskussion mit einer Gruppe von Hooligans aus dem Westteil der Stadt Berlin:

Cm: Na det isset halt, du jehst die janze Woche arbeiten und irgendwo willste halt mal abschalten. Dann siehste deine Kumpels am Wochenende, det wars dann

Bm: Und det is wirklich n Abschalten aus dem janz normalen, diskreten, stupiden Leben, wat de in der Woche hast.

Dm: Wie-gesagt, andere Leute machen ne andere Möglichkeit, mit Freizeit und Bungie-Springen und andere-

Bm: n-ne Mauer. Ne jewisse Mauer, da jibst det Wochenende, und hier ist die Woche und da bist du vollkommen draußen, du hast nicht mehr die gewissen normalen Gedanken, die de bei der Arbeit hast, sondern du sagst dir einfach: so, jetz schalt ick aus dem gewissen normalen stupiden Leben, schalt ick einfach aus.

Der Aktionismus des Kampfes gewinnt seine Funktion also zum einen aus der episodalen Negation der Alltagsexistenz und zum anderen - wie erwähnt - daraus, daß hierin Möglichkeiten angelegt sind zur Entstehung, zur Emergenz einer episodalen Schicksalsgemeinschaft. Hinter diese Funktion des Kampfes tritt die zweckrationale Orientierung am Sieg über den Gegner oder gar an dessen „Vernichtung" weit zurück. Vielmehr wird in der Auseinandersetzung mit einem respektablen Gegner - so paradox dies zunächst klingen mag - eine im „fight", im „Sich-Klatschen" allmählich sich konstituierende und bewährende sog. „Freundschaftsbereitschaft" angestrebt. Auf dieser Basis werden dann auch Regeln der Fairneß (des „fairen fight"), also Regeln der Wechselseitigkeit, der Reziprozität, allmählich konstituiert. Sie werden in Erzählungen und Beschreibungen ausgearbeitet und schließlich begrifflich formuliert. Neben der Kampferprobtheit und der auf dieser Basis sich konstituierenden „Kameradschaft" sind es diese Regeln der Fairneß, durch die die Mitglieder der Clique sich vom „Mob" abgrenzen und ihren Führungsanspruch ihm gegenüber begründen. Dies ist in der bereits zitierten Erzählung von Arno, dem Kerncharakter der Hooligan-Szene, zum Ausdruck gekommen (,,Ick sage: Nachwuchs muß man wirklich sich anerziehen im Fußball"). Außerhalb der Begegnung der

---

21 „Die Gewalttaten unterliegen einer Eigendynamik, die rationale Steuerung ausschließt. Dieser Sachverhalt ist Intellektuellen, die notorisch den rationalen Diskurs predigen und Gewalt verdammen, kaum nachvollziehbar", heißt es bei Schumann (1993, S. 327).

Hooligans untereinander bleibt die Regelreziprozität allerdings prekär[22]. In der Begegnung mit anderen Gruppen - z. B. den „Linken" - werden Regeln der Fairneß kaum eingehalten. Der Anspruch dieser Regelorientierung wird kontrafaktisch gleichwohl aufrechterhalten. Hier bieten sich Anknüpfungsmöglichkeiten für die Jugendarbeit, indem die Realisierung dieser Ansprüche immer wieder eingefordert werden kann. Da es die peer-group ist, die auch hier bei den Hooligans eine zentrale Bedeutung für Lernprozesse im Bereich von Regeln der wechselseitigen Anerkennung gewinnt, kann Jugendarbeit nicht gegen die Cliquenorientierung der Jugendlichen gerichtet sein, sondern muß sinnvollerweise - auch unter dem Gesichtspunkt der „Milieubildung" - daran anschliessen.

Der prekäre Charakter der Perspektivenreziprozität zeigt sich auch im Bereich der Herstellung von Intimität in der Beziehung zwischen den Hooligans und ihren Freundinnen. Prekäre Grundlage der Beziehung ist auch hier eine habituelle Übereinstimmung auf der Ebene situativer Aktionismen, nämlich „verknallt" zu sein oder den anderen „geil" zu finden. Ist diese Basis nicht mehr gegeben, schlägt das Verhältnis radikal um: in den „Ekel". Hierzu ein Ausschnitt aus einer Gruppendiskussion mit Freundinnen der Hooligans[23]:

A: Aber wenn ick mein Exfreund jetzt sehe ja, mit dem ick so lange zusammen war, ja dann, da wird mir wirklich schlecht

B: Denn wird dir schlecht, jenau wie mir, ick kann, wenn ich den sehe, krieg ick Jänsehaut, ööah

A: Also so wat asozialet ja

B: Nee, asozial is er nicht, aber ick kann ihn nich mehr sehn, iiiih weil der so eklig is

Sozialisationsgeschichtliche Hintergründe

Die Analyse der Biografischen Interviews läßt sozialisationsgeschichtliche Hintergründe einer derart prekären Kommunikationsstruktur bei den Hooligans sichtbar werden, so zunächst im Bereich der Familie. In der öffentlichen Meinung und in den Medien wird immer wieder die Vermutung geäußert, daß Hooligans aus Familien stammen, die nicht intakt sind. Dies trifft zwar weitgehend zu. Es führt jedoch in die Irre, hieraus unmittelbar Schlüsse ziehen zu wollen. Denn dies läßt sich z. B. auch in den (Rock-)Bands beobachten[24]. Nicht die Brüche in der

---

22 Prekär ist hier vor allem jene Art der Perspektivenübernahme, wie sie dem „universe of discourse" bei George Herbert Mead (1968) bzw. den „konstitutiven" Regeln von Piaget (1976) entspricht. Im Umgang mit Fremden erscheint allerdings auch bereits die „kooperative Reziprozität" im Sinne von Younniss (1984) prekär (dies entspricht der Kompetenz zur „Koordination" im Sinne von Piaget).

23 Dazu genauer: Bohnsack 1995, S. 95 f.

24 Auch quantitative, repräsentative Studien belegen, daß ein signifikanter Zusammenhang zwischen der Familienkonstellation und der Gewalttätigkeit von Jugendlichen nicht nachzuweisen ist (vgl. Heitmeyer u.a. 1995). Siehe dazu auch die qualitative

Familiengeschichte selbst, wie z. B. der Selbstmord des Vaters oder die Scheidung der Eltern, stellen für sich genommen das eigentliche Problem dar. Dieses dokumentiert sich vielmehr im Schweigen über den Selbstmord des Vaters oder im Verschweigen einer bereits vollzogenen Scheidung der Eltern.

Dieser feine, aber entscheidende Unterschied bedarf der näheren Erläuterung: Dort, wo die Kontinuität des Familienalltages - zumeist im Zusammenhang mit dem Verlust milieuspezifischer habitueller Sicherheiten - brüchig geworden ist, bedarf es der Kontinuitätssicherung auf der Ebene einer kommunikativen Verständigung über die Familiengeschichte, genauer: die familienbezogene Kindheitsgeschichte der einzelnen. Signifikanterweise fehlen darauf bezogene Erzählungen in den biografischen Interviews mit den Hooligans. Eine derartige Eliminierung der familienbezogenen Kindheitsgeschichte wird im Vergleich mit den (Rock-)Bands besonders deutlich. Dort finden sich detaillierte Erzählungen über die eigene Kindheit. Dies steht im deutlichen Kontrast zu den Hooligans. Deren Umgang mit der eigenen Kindheitsgeschichte läßt sich am Beispiel des Interviews mit Bernd exemplarisch darstellen. Der Interviewer hatte ganz zu Anfang nach der Erzählung der gesamten Lebensgeschichte gefragt und gebeten, mit der Kindheit zu beginnen[25].

Hm, des is bei mir halt dumm. Ick weeß aber nich viel von früher. Mein Vadder erzählt immer von früher. Und wenn ick an früher denke, dann weeß ick bloß noch eens: in A-Stadt. Weil ick da jeboren bin. Da war so'n Mädel, die war en paar Jährchen älter jewesen, so um die 6 Jahre. Und die hat sich damals in mich vernarrt jehabt, wie ick kleen jewesen bin, Baby und so. Die is den ersten Tag mit mir immer rumjeflitzt, hat mir Fahrradfahren beijebracht und so wat. Aber allzu ville weeß ick och nich mehr von damals. Eigentlich richtig fings erst hier in Berlin an. Da war ick glaub ick sieben Jahre jewesen, wie ick da herjekommen bin. An das erinner ich mich eigentlich größtenteils. Ansonsten weiß ick von früher jar nich ville.

Obwohl - im Unterschied zu anderen Hooligan-Familien - der Vater über die Kindheit von Bernd erzählt hat, läßt sich Bernd überhaupt nicht auf dessen Perspektive und auf das damalige Familienleben ein. Er erwähnt lediglich eine außerfamiliale Beziehung während seiner Kindheit. In dieser „Eliminierung der familienbezogenen Kindheitsgeschichte" wird ein Vertrauensverlust in die Perspektive des signifikanten Anderen sichtbar. Ein derartiger Vertrauensverlust wird im weiteren Interviewverlauf noch evidenter. Man könnte nun vermuten, daß dies auf autoritäre Strukturen in den Familien der Hooligans zurückzuführen ist. Die Zusammenhänge sind hier jedoch komplizierter: Der Verlust kommunikativer Verständigung begegnet uns nicht allein unter Bedingungen zwangsautoritärer fami-

---

Untersuchung von richterlichen Urteilsschriften im Falle von Delikten fremdenfeindlicher Gewalt in: Willems u.a. 1993.
25 Zur Quelle, zum Kontext und genauen Wortlaut des Transkripts: Bohnsack u. a. 1995, S. 134 ff.

lialer Beziehungen („der totale Druck"), sondern auch im Sozialisationsmodus einer bedingungslosen Permissivität („Mutter hat mir immer alles in nen Arsch gesteckt"). In beiden Fällen vermögen sich keine Erfahrungsräume im Sinne eines kommunikativen Aushandelns von Prinzipien und Grenzen zu entfalten.

Die nicht-offene Kommunikation ist es, die den Jugendlichen zum Problem geworden ist. Und Erfahrungen einer nicht-offenen Kommunikation sind es auch, auf die die Jugendlichen in der öffentlichen Begegnung mit Provokation reagieren. Provokation ist darauf gerichtet, auszuloten, welche (moralischen) Prinzipien und Grenzen dem Handeln der anderen „eigentlich" oder „wirklich" zugrundeliegen. Dies vollzieht sich allerdings eben nicht nach Art einer kommunikativen Verständigung über diese Regeln und Prinzipien, sondern die Stellungnahme des anderen soll aktionistisch erzwungen werden. Wie in der Gruppendiskussion deutlich wird, geht dies auch auf Erfahrungen zu DDR-Zeiten mit jenen Leuten zurück, die „jesagt haben: 'okay, der Staat hier is in Ordnung', pipapo, so weil die nämlich uff irgend ne Art Schiß haben um ihren Job oder überhaupt Lebensstandard"[26]. Die Provokation seitens der Hooligans zielte zu DDR-Zeiten darauf, diejenigen zu testen, denen eine derartige Doppelmoral zugeschrieben wurde: die „Spießer" und „Schichtler", wie sie von den Jugendlichen genannt werden. Von seiten dieser Erwachsenen haben die Jugendlichen das erfahren, was sie den „totalen Druck" nennen. Gesellschaft erscheint als totale Institution: „Gesellschaft ist wie die Army"[27] heißt es in der Gruppendiskussion. Zum Zwecke der Provokation bedienten sich die Jugendlichen zu DDR-Zeiten des Skinhead-Outfit. Beispielsweise haben sie sich als Anhänger des als „Stasi-Verein" etikettierten Berliner BFC ausgegeben. Durch ihr Skinhead-Outfit gelang es ihnen einerseits, die wirklichen Anhänger dieses Vereins bzw. die Stasi selbst zu „schocken", wie sie sagen. Zugleich haben sie auf diese Weise aber auch die Gegner des BFC provoziert und in körperliche Auseinandersetzungen verstrickt[28]. Die Randale und das Outfit, d. h. die Wahl der Embleme und der stilistischen Selbstpräsentation, sind also nicht primär im Rahmen politisch-ideologischer, d. h. theoretischer Überzeugungen zu verstehen, sondern im Rahmen des Aktionismus. Der auf diese Weise initiierten Provokation kommt eine doppelte Funktion zu: Es geht darum, den Gegner wie auch sich selbst untereinander zu testen und zugleich eine episodale Schicksalsgemeinschaft zu etablieren.

Indem die Jugendlichen auf Erfahrungen der Doppelmoral und des „totalen Drucks" in provokativer Weise reagierten, wurde mit eben dieser Doppelmoral gegen sie zurückgeschlagen. Die Provokation wurde nicht nur disziplinarisch stigmatisiert und kriminalisiert, sondern zugleich in einer für sie selbst zunächst kaum durchschaubaren Weise in einen politischen Rahmen gestellt. So wird

---

26 Zitat aus einer Gruppendiskussion; ausführlich dazu: Bohnsack u. a. 1995, S. 122.
27 Zitat aus einer Gruppendiskussion; ausführlich dazu: Bohnsack u. a. 1995, S. 106.
28 Hierüber berichtet „Arno" im Biografischen Interview; vgl. Bohnsack u. a. 1995, S. 192 f.

„Arno", einer der Kerncharaktere der Ost-Berliner Hooligan-Szene, in Folge einer Dorfschlägerei nicht nur mit 16 Jahren zum kriminellen jugendlichen Schläger hochstilisiert. Zusätzlich wird er als jemand etikettiert, der in seiner „Einstellung gegen den Staat"[29] gerichtet ist. Er wird nicht in die Jugendstrafanstalt, sondern in den „schweren Vollzug" eingewiesen. Im Zuge weiterer provokativer Auseinandersetzungen mit den Kontrollinstanzen wird die Fremdetikettierung als „rechts" und schließlich als „Nazi" als Selbststilisierung übernommen. So heißt es im Biografischen Interview: „spätestens bei der zweeten Gerichtsverhandlung sagt man sich denn na bitte ihr nennt mich Nazi, ich bin einer, was wollt ihr denn? Um-um einfach die ganzen Leute da abzuschocken wie se da gesessen haben". An einem bestimmten Punkt der Fremdbestimmung und der Verstrickung in eine Verlaufskurvenentwicklung erscheint die Inszenierung einer provokativen Selbstbezichtigung als der einzig noch verbleibende Weg, Elemente von Autonomie und Selbstbestimmung und damit auch von Würde zu bewahren, wie bereits David Matza (1964, S. 189) die Problematik jugendlicher Delinquenten charakterisiert hat. Durch die provokative Übernahme derartiger Fremdidentifizierungen werden Probleme einer biografischen Kontinuitätssicherung verschärft. Derartige, mit der provokativen Haltung verbundene, gemeinsame Erfahrungen der Verstrickung und des Ausgeliefertseins verfestigen aber auch zugleich die episodale Schicksalsgemeinschaft.

Allerdings ist die Übernahme dieser Fremdidentifizierung nicht ausschließlich durch die Provokation motiviert. Bei aller entschiedenen Ablehnung der Identifizierung mit der Fremdetikettierung als „Nazi" zu DDR-Zeiten blieb jedoch eine gewisse Identifizierung mit dem, was die Jugendlichen selbst „Nationalstolz" nennen, eine Identifizierung, die nicht allein von provokativer Bedeutung war. Auf diese andere Bedeutung stereotypisierender kollektiver Identifizierungen möchte ich im Zuge der abschließenden Bemerkungen noch kurz eingehen.

Idealtypische Elemente „offener" und „fiktiver Milieubildung"

Wie dargelegt, vollzieht sich die Suche nach habitueller Übereinstimmung, nach Milieuzugehörigkeit bei den Hooligans unter Bedingungen prekärer (meta-)kommunikativer Abstimmung. Die hierfür notwendige wechselseitige Anerkennung der persönlichen Identität und individuellen Lebensgeschichte in ihrer Einzigartigkeit ist sozialisationsbedingt problematisch. Die Suche nach habitueller Übereinstimmung bei den Hooligans beginnt demzufolge mit einer Negation bisheriger Biografie und Identität. Die im Aktionismus des Kampfes und der provokativen Auseinandersetzung produzierte Erlebnis- oder Schicksalsgemeinschaft bleibt - da außerhalb bisheriger biografischer Kontinuität - episodal. Sie tritt in nur unzureichender Weise an die Stelle einer kollektiven

---

29 Für dieses und alle folgenden Zitate siehe das Biografische Interview mit „Arno" in: Bohnsack u.a. 1995, S. 186 ff..

Selbstverortung auf dem Wege der Re-Strukturierung oder Re-Organisation biografischer oder sozialisationsgeschichtlicher Erfahrungsräume. Deshalb finden wir bei den Hooligans in einer spezifischen Phase ihrer Entwicklung sozusagen fiktive kollektive Erfahrungsräume - repräsentiert durch stereotypisierende kollektive Identifizierungen wie z. B. „Nationalstolz"[30] und die Betonung von Maskulinität. Die derart entworfenen kollektiven Erfahrungsräume der Hooligans, die sich als „fiktive Milieubildung" charakterisieren lassen, weisen somit idealtypische Merkmale dessen auf, was Lothar Böhnisch (1994, S. 222) als „regressive, ethnozentrische Milieubildung" klassifiziert hat.

Der ganz andere Typus der Suche nach Milieuzugehörigkeit, nach habitueller Übereinstimmung im Sinne „offener" Milieus wird durch einige der von uns untersuchten Musikgruppen verkörpert. Auf der Basis einer Perspektivenreziprozität und der wechselseitigen Anerkennung der persönlichen, individuellen Identität und Lebensgeschichte der einzelnen gelingt es, Gemeinsamkeiten der Sozialisationsgeschichte zu re-organisieren und aktionistisch zu inszenieren. In der kollektiven Verdichtung individueller Stilelemente im ästhetischen Aktionismus zeichnen sich habituelle Übereinstimmungen ab, als Keime der Entstehung neuer kollektiver Lebensorientierungen und neuer Milieus.

Auch wenn - gerade vor dem Vergleichshorizont diese Rockbands - die „episodale Schicksalsgemeinschaft" der Hooligans als ein Irrweg und ihre Milieusuche als Fiktion erscheinen, so vermag unsere empirische Analyse auch zugleich die positive Bedeutung der Hooligan-Cliquen offenzulegen. Für Lernprozesse im Bereich der Regelorientierung, der Perspektivenreziprozität und der wechselseitigen Anerkennung, wie sie die Grundlage für offene Milieubildung darstellen, kommt auch der peer-group der Hooligans ein zentraler Stellenwert zu. Hier bieten sich Anschlußmöglichkeiten für die Jugendarbeit. Gegen Versuche einer repressiven Einwirkung auf die Hooligan-Cliquen spricht sehr deutlich auch unsere Beobachtung, daß gerade der massive Druck und der Versuch der Zerschlagung der Cliquen seitens der Kontrollinstanzen (zu DDR-Zeiten) es war, der sich als ausschlaggebend erwiesen hat für die Verfestigung der Hooligan-Karriere und somit für die Bildung „regressiver" bzw. „fiktiver" Milieus.

---

30 Vgl. dazu Elwert (1989, S. 454): „Ideologisch expansive Nationalismen (mehr in Mythen als in Erfahrung verankert) scheinen desto stärker zu sein, je schwächer die Erfahrung konkreter Solidarität in ethnischen Koloniebildungen ist." - Die detaillierte empirische Analyse der Konstruktion von „Nationalstolz" bei den Hooligans läßt erkennen, daß diese auf einer „Zusammenziehung" oder „Diffusion" von persönlicher und sozialer Identität basiert (siehe dazu in: Bohnsack u. a. 1995, S. 115 ff.).

Liv Töpfer und Antje Schneider

Techno - Jeder tanzt für sich allein?

Die Shell-Studie '97 hat gezeigt, daß die allgemeine Jugendszene ausgangs der 90er Jahre unübersichtlicher, übergangslos und diffus geworden ist, d.h. viele Jugendliche sich nicht mehr in deutlichen subkulturellen Gruppierungen abgrenzen. Die Masse der Jugendlichen wird als Zuschauer beschrieben, die wechsel- und wahlweise die Angebote der Spaßgesellschaft nutzen. Dieses Erscheinungsbild scheint gerade die Techno-Kultur auszudrücken. Beim näheren Hinsehen zeigt sich jedoch, daß die vielfältigen Szenen der Techno-Kultur zwar nach außen hin fließend sind, sich innen aber identifizierbare Räume eröffnen, in denen Befindlichkeiten und Bedürfnisse junger Menschen ausgelebt werden. Die Technokultur bildet also - so die These - den modernen Sozialisationsmodus zwischen Offenheit und Halt. So wird deutlich, daß sich hinter dieser Thematik keine pädagogische Inszenierung verbirgt, sondern daß es von den Jugendlichen selbst alltagskulturell gelebt wird: „We are all different, we are one family."

„Ich habe angefangen, die Musik zu hören, ich habe eine andere Vorstellung bekommen wie ich sein will, sein sollte und wie mein Umfeld sein sollte. Ich habe eine andere Einstellung zum Leben bekommen" (Stephan, 23 Jahre).[1]

Dem Phänomen der (Jugend-)Kultur Techno kann sich heute fast niemand mehr entziehen. Der Begriff Techno dient als Bezeichnung für am Computer hergestellte rhythmische Musik, welche sich durch schnelle Beats - bis zu 180 pro Minute - auszeichnet. Die Bezeichnung Techno wurde mit der explosionsartigen Popularität dieses Musikstils auf die, die sie mögen, übertragen: Die Jugendlichen werden nunmehr als Technogeneration, Technokids, Raver oder auch Generation XTC bezeichnet. Dahinter verbirgt sich die Jugendbewegung der ersten Hälfte unseres Jahrzehnts: die Jugendkultur Techno. Es war eine Entwicklung vom Musik- zum Lebensstil, der - distanziert man sich von allgemeinen mit der Szene verbundenen Stereotypen - mehr ist als nur laut, schrill, schräg und hedonistisch.

Die technoide Manier des Feierns, die synthetische Musik, die Mode, die Art und Weise des Umgangs untereinander, die ästhetischen Codes und vieles mehr sind die Parameter für eine spezielle Kulturausrichtung. Dadurch, daß sich die-

---

1 Die Aussagen der Jugendlichen wurden aus Leitfadeninterviews (im Juli/August 1996 in Dresden durchgeführt) entnommen.

113

se Bewegung von bisher Gewesenem - indem sie dies einfach mit eigenen Komponenten fließend mixt - schrill und unkonventionell, aber auch laut und witzig abhebt, setzt sie Signale. Es wirkt verdächtig, wenn die Jugend nicht mehr im herkömmlichen Sinne rebelliert, sondern sich scheinbar - sei es auch nur zeitweise und partiell - von der Gesellschaft abspaltet, tanzt und ihren Hedonismus zelebriert.

Aus dem Tanz zu Technoklängen gewinnen die Jugendlichen nicht nur Spaß, Lebensfreude und ihr Zusammengehörigkeitsgefühl. Die Musik, die offensichtlich wenige der älteren Generationen (kennen und) mögen, ist als klarer Abgrenzungsfaktor zu Erwachsenen bzw. „anderen" Jugendlichen anzusehen. Man kann hierbei beobachten, daß junge Menschen immer selbstbewußter agieren und sich immer selbstverständlicher über konventionelle Vorgaben hinwegsetzen wollen. Die Schaffung der relativen Autonomie der Werte, Räume und Stile dieser Jugendkultur und ihre daraus folgende sozialisatorische Funktion für ihre Partizipienten sind als Merkmale dafür anzusehen. Die Jugendlichen sind bestrebt, ihre Werte, Ansichten und Lebensweisen in eigenen kulturellen Bedeutungen zum Ausdruck zu bringen. Doch ist es die ausdifferenzierte pluralistische technisierte Konsumwelt, die sich in ihren Räumen und ihrer Kultur spiegelt und der sie sich nicht entziehen können - höchstens temporär. Dabei sind die Techno-Kids und -Jugendlichen „keineswegs nur passive Objekte, die den von außen vorgegebenen und unabhängig von ihnen vorhandenen Bedingungskonstellationen ausgeliefert sind, von diesen determiniert werden und lediglich auf diese reagieren können" (Lenz 1988, S. 9). Die Technobewegung „nutzt" Geschaffenes, so z. B. die technischen Innovationen, die Erfahrungen anderer Generationen etc., um in einem nicht herkömmlichen Sinne, darauf aufbauend und verändernd, Neues und Eigenes zu kreieren.

Es wird für Jugendliche zunehmend schwieriger, ihren Weg in der postmodernen Gesellschaftsordnung zu finden, die viele Chancen aber auch ebenso viele Risiken in sich birgt. Der von den juvenilen Szenemitgliedern immanent postulierte Individualitätsanspruch scheint dabei kein Hindernis zu sein, daß die Jugendlichen der Technoszene „nah" zusammengerückt sind, um in ihrer Gemeinschaft ihre Lebensmaxime und -wünsche, die sich in ihrem Slogan „Love, Peace, Unity" niederschlagen, zu erleben, zu leben und auch weiterzugeben.

Raves: Feiern ohne Ende

Techno ist in erster Linie Partymusik. Wenn Jugendliche Techno hören, dann wollen sie tanzen, abschalten, sich fallenlassen in eine Welt fern von der Realität ihres Alltags und den Banalitäten schmerzhaft öder Wochentage, sich hineinbewegen in einen Taumel rauschartiger Glücksmomente, in einen Zustand, der alles herum vergessen läßt, in dem Konturen verschwimmen und man sich eins fühlt mit der Musik, dem Raum und den anderen.

Techno wurde nicht von der Musikindustrie als neue Mode- und Kommerzwelle erfunden und unter die Jugendlichen gebracht. Techno kam von „unten".

Die eigentliche Geschichte des Techno, dessen Klänge rein synthetisch von Maschinen bzw. Computern erzeugt werden, beginnt in der Mitte der 80er Jahre im Mittleren Westen der USA. Hier überflutete die House-Musik, deren Weiterentwicklung unter dem Namen Techno bei mehr und mehr amerikanischen und europäischen Jugendlichen Anklang fand, die Discotheken. Der Begriff House entstand aufgrund einer Chicagoer Tanzlokalität - dem „Warehouse", einer ehemaligen Lagerhalle.

„Chicago-House" bildete gewissermaßen die Schnittstelle, an der sich Techno zu entwickeln begann.

Zur gleichen Zeit bildete sich in Detroit eine weitaus härtere Form dieser Tanzmusik - der „Detroit-Techno" heraus. Einer der Pioniere dieses Techno ist Juan Atkins, der, in Detroit geboren und aufgewachsen, von dem Verfall dieser Stadt nachhaltig geprägt wurde, was sich an seinen Stücken durchaus ablesen läßt. Atkins orientierte sich - wie auch seine Label-Mitstreiter Kevin Saunderson und Derrick May - an den Werken der deutschen Gruppe „Kraftwerk" bzw. ähnlichen Underground-Werken. Diese drei DJ's und Produzenten gaben ihrer Musik explizit den Namen Techno. Damit wurde ein bezeichnender Begriff für das (jugendliche) Lebensgefühl und diese Musik der 80er und 90er Jahre gefunden.

Von Chicago nach England war der Weg für House-Musik nicht weit. Die Kompilationen des Acid-House fanden sich Ende der 80er Jahre in den englischen Charts an vorderster Stelle wieder und wurden zum medialen Massenspektakel.

Die neunziger Jahre brachten Techno den absoluten Durchbruch. Technomusik wurde damals und wird heute per modernster Technologie produziert, die auch die alltägliche Lebenswelt der Kids und Jugendlichen (und aller anderen) bestimmt oder zumindest tagtäglich tangiert. Das Eigene an Techno ist, daß diese elektronischen Errungenschaften, die man zur Musikproduktion verwendet, nicht strikt nach der Gebrauchsanweisungen, sondern experimentell benutzt werden. Die wichtigsten Prinzipien bilden dabei das Sample-, das Mix- und Remixverfahren.

Berlin bildete für Techno eine europäische Schlüsselfunktion. Den Wirren der Wendezeit sowie dem „Berliner Habitus" war es zu verdanken, daß man hier mehr als anderswo geeignete Party- und Tanzörtlichkeiten mit verruchtem und verlassenem Industrie- oder Kellerflair und ein aufgeschlossen-interessiertes Publikum finden konnte. Die neue Jugendkultur Techno war geboren.

Techno-Hören läuft nicht nebenbei ab, sondern wird auf Parties zelebriert. Die Bewegung, das Tanzen zu dieser Musik ist eine Zeremonie, welche eines besonderen Rahmens bedarf. Deshalb wird Techno in der Regel eher selten zu Hause gehört. Um Techno zu erleben, zu tanzen und zu „feiern", werden ganz bewußt die gewohnten räumlichen und sozialen Alltagsstrukturen verlassen. Dabei läßt man sich räumlich und mental auf eine Aura ein, in der die Effekte und Wirkungen dieser Musik unterstrichen und verstärkt werden. Die Party bietet - sofern sie gut ist - dieses Flair und schafft eine Atmosphäre, in der es möglich wird, „transzendentale Grenzerfahrungen zu erleben" (Henkel/Wolff 1996, S. 23).

Mit diesem gemeinsamen Streben nach körperlichem und psychischem Rausch und übersinnlichen Erlebnissen durch stundenlanges Tanzen beinhaltet das Techno-Ritual der 90er Jahre archaische Elemente - ein Jahrtausende alter Kult wird innerhalb der Partykultur der Technofans wiederbelebt (vgl. Henkel/Wolff 1996, S. 23). Es sind uralte Grundelemente in neuer Gestalt, welche auf Technoparties die Basis zu einer „ästhetisch-suggestiven Emotionalisierung" bilden: Statt Trommeln ertönen die Baßbeats der 303 Rhythmusmaschine und anstelle des Widerscheins von Fackeln und Feuer sind es die Lichtanlagen und das zerhackende Stroboskoplicht, welche dem Raum Mystik verleihen (vgl. Böpple/Knüfer 1996, S. 84).

„Die Verbindung von Musik, Licht, einfachen, aber beeindruckenden Symbolen und die beeindruckenden Orte, an denen die Raves stattfinden, übten Magie aus und rückten die Parties manchmal in die Nähe von Orakelkulten" (Böpple/Knüfer 1996, S. 85).

„Zusammen auf die Reise gehen" (Steffen 1995, S. 176), das ist das Ziel, der Sinn und Zweck der Party. Die Musik ist nur der Katalysator oder das Transportmittel für diese „Reise ins Wunderland", die viele Technokids nachts um Eins auf der Party antreten, um nicht vor dem nächsten Mittag wieder zurückzukommen.

„Wer mitwill muss auf den fliegenden Klangteppich aufspringen, sich mit einem kraftvollen Schritt von der Alltagswelt abstossen und mittragen lassen. Die Arme in die Luft werfen und die Beine lockern. Die täglichen Gewohnheiten wie lästige Kletten abschütteln und in voller Fahrt in die tanzende Masse steuern" (Steffen 1995, S. 177).

Nicht das diffuse Ziel, sondern das Ereignis der Reise selbst ist es, worum es an Raves geht:

„Wohin aber führt die Reise? Führt sie überhaupt irgendwohin? Gibt es das Wunderland? Das Nimmerland? Viel eher ist es so, dass die Reise an sich das Erlebnis, das Ersehnte und Gesuchte ist. Die Regeln der Alltagswelt, ihre Strukturen sind aufgehoben; das macht Rave um Rave zu einem befreienden Erlebnis, das nach Wiederholung verlangt" (Steffen 1995, S. 177).

„To rave" bedeutet im Englischen irrereden, phantasieren, aber auch rasen, toben. „Rave" ist in der Technoszene neben „Event" die geläufige Bezeichnung für große Parties, an denen die ganze Nacht und häufig in der Afterhour - der Party nach der Party - bis spät in den darauffolgenden Tag getanzt und gefeiert wird. Dementsprechend werden die Technofans und Partybesucher auch „Raver" genannt.

Der Begriff gelangte aus der englischen Ravebewegung Anfang der 90er Jahre nach Berlin und gehört mittlerweile zum selbstverständlichen Vokabular in der deutschen Technoszene (vgl. Henkel/Wolff 1996, S. 21).

Mit ihren Events und Mega-Raves brachte die Technobewegung neue Veranstaltungsformen hervor, welche in ihrem typischen Stil erstmalig Ende der 80er Jahre in England zelebriert wurden, nachdem englische DJ's diese exzessive Form des Party-Feierns, die sie auf Ibiza kennengelernt hatten, in die Tanzszene Englands importiert hatten. Mit dem legendären „Summer of Love" brach in England 1988 das Acid-House-Party-Fieber aus. In alten Fabrikgebäuden und Lagerhallen oder auch unter freiem Himmel wurden ohne staatliche Genehmigung riesige, oft über mehrere Tage dauernde, Tanzveranstaltungen organisiert. Informationen über Ort und Zeit der illegalen Parties erfuhren die Fans über Telefonketten und durch an einschlägigen Szeneorten ausliegende Flyer, welche schon bald „zum wichtigsten Informationsmedium der jugendlichen Subkultur" (Böpple/Knüfer 1996, S. 31) avancierten.

„Es ging um Spaß, Sex und Drogen. Bei Warehouse-Parties war von vornherein alles erlaubt. Es war der Beginn einer Clubbing-Kultur, die sich gegenüber der Schicki-Micki-Atmosphäre der 80er-Jahre-Diskotheken durch offeneren Umgang und Hedonismus auszeichnete" (Böpple/Knüfer 1996, S. 31).

Wie bereits erwähnt fanden Anfang der 90er Jahre in Berlin die ersten illegalen Technoparties statt. Mittlerweile haben sich deutschlandweit unzählige legale Technolocations etabliert; der Trend geht im offiziellen Bereich im Moment stark in Richtung Clubatmosphäre, weg vom „Lagerhallenflair" der Anfangszeit. Auffallend ist auch die stark kommerzielle Ausrichtung der Mega Raves - wie Loveparade und Mayday - in bezug auf Sponsoring und Preise.

Parallel zu den legalen Technodiscotheken sind alte Lagerhallen, ehemalige Fabrikgebäude und leerstehende Kellerräume nach wie vor beliebte Schauplätze für kleine und große Parties. Mit besonderer Vorliebe eigneten sich die Technofans immer wieder - „leih- und stundenweise" - ruinöse Gebäude mit dem Flair ehemaligem Funktionalismus, „die im Übergang von der Industrie- zur Informationsgesellschaft als 'terra incognita' brachlagen" (Walder 1995, S. 200), zum Feiern an: „Die letzten Räume des Unbestimmten und Vagen, die (noch) nicht verwertbar waren" (Walder 1995, S. 200). Der Reiz liegt dabei speziell in dem Ausfindig- und Nutzbarmachen immer neuer potentieller Locations. Diese „Ortslosigkeit (ist) ein für Techno wesentliches Element" (Pesch 1995, S. 204).

Charakteristisch für Raves ist eine andere Dimension des Raumes, der zusammen mit den ihn wesentlich bestimmenden Komponenten Licht und Musik eine Einheit eigenwilliger Ästhetik bildet.

Die Autorin Christine Steffen bezeichnet in „techno" (Anz/Walder 1995) die Partielocations als „Space Shuttles", „die mit ihrer Fracht durch die Nacht brausen" (S. 179) - die folgende Beschreibung spiegelt das schrille Szenario von Farben und Lichteffekten in vielen Technolocations wider:

> „Das Outfit der Shuttles ist bunt, ein Computer hat es geboren. Flinke Männchen spurten über eine Leinwand, gefrässige Münder folgen ihnen, und mutierte Köpfe drehen sich langsam und starren aus toten Augen. Lichter toben aus allen Richtungen durch die Höhle, jagen sich und treiben die Fahrt an. Grelle Strahlen versuchen in die hinterste dunkle Ecke zu gelangen. Fluoreszierende Flächen hüpfen und wandern. Ein rhythmisch zuckender Scheinwerfer erfasst eine Gruppe von Tanzenden: Sie baden jubelnd in seinem Licht" (Steffen 1995, S. 179).

Neben einer gewissen Mystik verleihen die Licht- und Nebeleffekte dem Raum eine intime und diskrete Atmosphäre: In den Blitzen des Stroboskopes wird die Masse der Tanzenden und somit auch die Bewegung des Einzelnen zerhackt. Sein Tanz geht zusammen mit dem Tanz der anderen „in gestaltlose Energie" (Böpple/Knüfer 1996, S. 161) über, er ist weitestgehend geschützt vor den voyeuristischen Blicken der Zuschauenden.

Ein weiteres wesentliches Merkmal von Technoveranstaltungen ist die ihnen eigene Zeitlosigkeit. Sie fallen schon durch ihre ungewöhnliche Zeitspanne aus dem konventionellen Rahmen und sprengen gesellschaftlich eingeschliffene Normen:

> „Auf Leistung bedachte Menschen haben Übereinkünfte getroffen, die eine funktionierende (Arbeits-)Gesellschaft garantieren sollen. An Raves sind diese aufgehoben. Die Zeitrechnung ist ausser Kraft gesetzt. Getanzt wird in der Nacht und anschliessend an den Afterhours noch am Tag. Diese zweifache Umkehrung des Tag-Nacht-Schemas ist lustvoll, weil sie eine der noch verbliebenen Möglichkeiten darstellt, sich abzuheben - von denen, die korrekt einem vorgegebenen Rhythmus folgen. An Raves fliesst die Zeit und ist nicht in Minuten oder Stunden eingeteilt. Sie ist dann abgelaufen, wenn die eigene körperliche oder psychische Grenze erreicht ist. Die After- und After-Afterhours gewährleisten den Fluss des Tanzes. Glück ist die Absenz des Zeitempfindens. Vergangenheit und Zukunft sind irrelevant. An Raves nähern sich Hunderte tanzend diesem zeitlosen Zustand" (Steffen 1995, S. 177).

Technoparties beginnen in der Regel erst nach Mitternacht und enden häufig nicht vor dem nächsten Mittag - sogenannte Mega-Raves dauern oft mehrere Tage. Die Technofans begeben sich zu einer Zeit „in die Spur", zu der die meisten anderen schlafen. Für sie beginnt der Tag erst richtig, wenn er für andere schon vorbei ist: „Die Nacht gehört den Tanzenden. Die 'anderen' schlafen. Nur so, mit dieser Gewißheit, kann man sich seine eigene Welt schaffen" (Böpple/Knüfer 1996, S. 161). Durch ihre Flucht in die Nacht versuchen die Jugendlichen, sich den Mechanismen der sozialen Kontrollen zeitweise zu entziehen. Sie werden aktiv, wenn ihre Eltern und andere „Inkarnationen normgerechten Verhaltens" schlafen. „In der Nacht kann man sein, was man will. Nur die Nacht setzt die Regeln der Erwachsenenwelt außer Kraft (...)" (Böpple/Knüfer 1996, S. 109).

Technoveranstaltungen sind also verbunden mit einem „Zeit- und Raumerlebnis, das völlig von der Alltagserfahrung abgeschottet ist" (Jerrentrup 1993, S. 76) und welches seinen Höhepunkt in einem zeitweisen Gefühl der totalen Abspaltung von diesen Komponenten findet.

Neben der Verwandlung von Raum und Zeit schließt diese an Raves übliche Distanzierung von der Alltagswelt weitere Rituale ein, welche in ihrer Symbolik Ausdruck eines zeitweilig zelebrierten Abstandes zu normgerechten gesellschaftlichen Verbindlichkeiten darstellt. Für die meisten der Technofans handelt es sich dabei um einen in seiner Dauer begrenzten Ausstieg. An Technoparties leisten sie sich die persönliche Freiheit, sich zu bestimmten gesellschaftlichen Normen, welche für sie im Alltag, also von Montag früh bis Freitag abend, unumstrittene Verbindlichkeit haben, konträr zu verhalten. Grenzüberschreitungen spielen bei dem Zusammenspiel von „Musik, Stimmung, Selbstinszenierung, Partygemeinde und Drogen" (Spohr 1996, S. 26) eine wesentliche Rolle.

„Zur Jugendphase gehört das Bedürfnis zu experimentieren, Grenzen zu überschreiten, sich selbst auf neue, intensive Weise zu erleben, Rausch zu erleben. Diese Bedürfnisse werden durch die Techno-Kultur in hohem Maße befriedigt: Die Partys sind ein betäubender Rausch für die Sinne, Ekstase ist Programm" (Spohr 1996, S. 26).

Dies gilt für die Gestaltung des eigenen Outfit über einen anderen Umgang mit der Sexualität bis hin zum szeneeigenen Drogengebrauch, welcher im Zuge von vorurteilsstiftenden Pauschalisierungen durch die Öffentlichkeit immer wieder als wirkungsvolles Negativbeispiel dienlich ist.

Charakteristisch für den technoeigenen „Ausstieg auf Zeit" ist, daß Raver im Zuge ihres konsequenten Rückzuges von der Erwachsenenwelt durch ihre typischen Ritualisierungen, was auch immer sie beinhalten, nicht demonstrativ provozieren, da sie ihre von der allgemeinen Norm abweichenden Handlungs- und Verhaltensweisen nicht öffentlich sondern nur innerhalb ihrer eigenen Szene zur Schau stellen.

Die Rituale von Techno werden mehr oder weniger im Schutz der Szene vollzogen. Selten treten die Technofans so bewußt ins Licht der Öffentlichkeit wie zur Loveparade, wobei hier eigentlich die Frage zu klären wäre, inwieweit der Medienrummel um derartige Veranstaltungen sowie deren Öffentlichkeit von Insidern überhaupt gewünscht ist. Die Tatsache, daß sich immer mehr Technofans von Events dieser Größenordnungen zu Gunsten weniger spektakulärer Parties zurückziehen, spricht hierbei bereits für sich.

Die Zeremonie der Technoparties schließt als wesentliche Komponente ein entsprechend extravagantes Outfit der Raver als Ausdrucksmittel der szeneeigenen Ästhetik mit ein. Die individuelle Gestaltung der eigenen äußeren Erscheinung wird von dem Gedanken getragen, dem außergewöhnlichem Erlebnis der Party auch äußerlich zu entsprechen, sich in Sachen Kleidung und Frisur dem unkonventionellen Rahmen der Raves anzupassen. Dabei orientiert man sich an den im Technodesign typischen Farben, Formen und Stilelementen. Der Eintritt in die Welt des Techno soll durch optische Extravaganzen unterstrichen werden - Alltagslook ist out, gefragt sind Originalität und Einfallsreichtum.

Technokleidung, als Clubwear bezeichnet, unterscheidet sich in der Regel wesentlich von der Alltagskleidung der Raver: „Wie die Nacht sich vom Tag unterscheidet, so ist Clubwear exhibitionistischer und extravaganter als das, was Raver tagsüber tragen" (Henkel/Wolff 1996, S. 130).

„Weil die Raver sich ins Wunderland absetzen, muss die Alltagsgestalt abgeschüttelt werden. Die Zeremonie des Ankleidens ist von grosser Bedeutung, weil parallel mit den Eintritt in die unkonventionelle Zeitrechnung des Space Shuttle ein unkonventionelles Wesen auftaucht. Nach minutiösen Vorbereitungen präsentiert sich eine Tänzerin auf Plateau-Absätzen, in einer Adidas-Jake, mit Zipfelmütze, ein Raver, der einen Lederslip trägt und einige Ketten, sonst nichts. Ein attraktives Rotkäppchen mit Heidi-Zöpfen, das an einem Schnuller saugt. (...) Nur wer in diesem enormen Freiraum besonders kreativ gekleidet ist, hat eine Chance aufzufallen - und Raver sind sich von Fellmützen bis zu leuchtenden Gebissen manches gewohnt. Wiederum entsteht das Gefühl, dass die Raves ermöglichen, was das Leben nur in normierten Abläufen und zu festgelegten Zeiten ermöglicht: das Verkleiden, das Spiel mit einem anderen Ich, das kindliche Herumtollen in schräger Aufmachung" (Steffen 1995, S. 180).

Ist die Kreativität nicht in jedem Falle bindend, so gilt dies doch in bezug auf den szeneinternen Anspruch, sich äußerlich keinesfalls „gehenzulassen". „Schmuddellook" wird zwar toleriert, wer jedoch immer noch diesem Relikt aus anderen Jugendkulturen frönt, darf weder erwarten, in der Technoszene besonders ernstgenommen zu werden noch sich über eine gewisse Ignoranz wundern.

Zwar sind die Zeiten vorbei, an denen Raver leuchtende Arbeitswesten für ihren Ausflug in den Underground bevorzugten und auch die legendäre Gasmaske „als Zeichen einer untergehenden Welt" (Henkel/Wolff 1996, S. 130) wird heute mehr als Parodie der Szene selbst interpretiert, als daß sie noch ein gefragtes Accessoires darstellt. Eine besondere Vorliebe der Technofans für einen sich in der Gestaltung der Technomode ausdrückenden Funktionalismus findet man jedoch auch in neueren Stilrichtungen wieder, welche sich in letzter Zeit immer weiter wegbewegen von den schrillen Farben und Formen, die bisher für diese Avantgardemode charakteristisch waren. Mittlerweile ist „Gediegenes" gefragt, die gesellschaftliche Etablierung der einstigen Undergroundkultur drückt sich auch in der Entwicklung ihrer Mode aus:

„Dunkle, gedeckte Farben in altmodischen Mustern sollen eine spießige Dekadenz ironisieren - 'just for those who know'! Der wirkliche Techno-Mode-Underground trägt dann Helmut Lang- oder Gaultier-Anzüge mit Krawattennadel und Ledersohlenschuhen. Die Techno-Dame hüllt sich in knielange Röcke; Techno-Mode wird zynisch und ironisch, es lebe die Parodie auf eine vielleicht verlorengegangene Distinktion bei denen, die von Anfang an mit dabei waren" (Henkel/Wolff 1996, S. 135).

Auch der neue Trend innerhalb der Technomode bedient sich dabei eines ihrer ureigensten Prinzipien: der Zitierung von Modecodes ehemaliger (Jugend)-Kulturen (vgl. Henkel/Wolff 1996, S. 130f.). Zentrales Merkmal des Technostils ist dabei das der Künstlichkeit. So wie die Musik mittels Computer erzeugt wird, besteht die Kleidung mit Vorliebe aus synthetischen Materialien. Auch das für die Musikherstellung geltende Prinzip der „Schichtung" durch Zusammenmischen mehrerer Quellen findet man im Modegebaren der Technofans durch „zwiebelartiges" Übereinandertragen von verschiedensten Kleidungsstücken wieder (vgl. Richard 1995, S. 319). Ganz gleich, ob es sich um typische Symbole der Hippiezeit, Stilelemente der Punkbewegung oder der Discoszene der 70er Jahre entnommene Outfits handelt, die „revivaled" werden: „Der für die Technoszene typische Stil zeigt sich im respektlosen und ironischen Umgang mit den Vorläufern" (Pesch/Weisbeck 1996, S. 114). Die Jugendlichen selbst sowie eine zu Techno gehörende „vitale Szene von Modedesignern" (Pesch/Weisbeck 1996, S. 114), bedienen sich dabei ziemlich ohne System und mit großer Beliebigkeit Codes verschiedenster jugendkultureller Stilrichtungen und kombinieren diese bunt durcheinander. Der technoeigene Funktionalismus spiegelt sich besonders bei langanhaltenden Modetrends wider - zu den Klassikern dieser Moderichtung zählen neben dem Minirock und Bikinioberteilen bei den Mädchen bequeme Sportsachen für beide Geschlechter, eine Kleidung, die den Ansprüchen von stundenlangen Tanzexzessen gerecht wird (vgl. Henkel/Wolff 1996, S. 131).

Auf der Basis eines neuen Umgangs zwischen den Geschlechtern, der chauvinistische Annäherungsversuche weitestgehend ausschließt, können es Frauen in der Technoszene genießen, sich besonders sexy zu stylen, ohne daß ihr erotisierendes Outfit auf der Party zum Spießrutenlauf führt (vgl. Henkel/Wolff 1996, S. 25).

Für den Akt des „Verkleidens" kann man sich Zeit lassen und sich in Ruhe auf die lange Nacht einstimmen. Da die meisten Veranstaltungen erst nach Mitternacht beginnen, kann der Abend vor der Party in entspannter Atmosphäre verlaufen. Das Ritual der Party wird dann mit dem nicht ohne weiteren und für jeden selbstverständlichen Passieren der Eingangstür eröffnet. Der Zweifel, ob der Türsteher einen hineinläßt oder nicht, gehört nach dem Motto „Vorfreude ist die schönste Freude" zum Gesamtzeremoniell dazu und schenkt einem, gesetzt der Fall, man hat die Musterung erfolgreich hinter sich gebracht, zudem das Gefühl von Dazugehörigkeit zu einer Gruppe von „Auserkorenen" (vgl. Henkel/Wolff 1996, S. 23).

Dann beginnt die lange Nacht des Tanzmarathons, ob mit oder ohne Drogen. Die Tanzenden produzieren sich auf dem Dancefloor, welcher Bühne und Zentrum des Geschehens ist. Indem jeder mehr oder weniger auf sich selbst konzentriert tanzt, ist er sein eigener Hauptdarsteller.

„Wenn du dahin gehst, dann wirst du von den Massen getrieben, du merkst die Energie, die darin steckt, die Leute sind einfach weg, das zieht mit, du mußt es einfach tanzen lassen. (...) Wenn ich tanze, dann bin ich woanders, es ist einfach anders, dann interessieren mich meine Probleme nicht mehr oder was läuft und dann ist mir auch egal, wer alles da ist, alles ist egal, man tanzt. Es kann eine Art Droge werden, so mitreißend, so geht es tief rein" (Stephan, 23 Jahre).

Sind die Tänzer erschöpft und benötigen eine Ruhepause, können sie sich in den Chill Out-Bereich zurückziehen. „Chill Out" bedeutet im Englischen aus- oder abkühlen. Die separaten Ruhezonen sind abseits vom Dancefloor eigens für die Erholung und zur Entspannung der Tänzer eingerichtet, es gibt Liege- und bequeme Sitzmöglichkeiten, die Klangkulisse ist dem Bedürfnis der Tänzer, sich auszuruhen, angepaßt - man spielt vorwiegend Trance und Ambient. Dahinter steht die Idee, die Party, die man zusammen gefeiert hat, auch gemeinsam ausklingen zu lassen (vgl. Henkel/Wolff 1996, S. 26). Die Ruhepausen, in denen sich die erschöpften Tänzer in den Chill Out-Räumen aneinanderkuscheln und sich gemeinsam zu den sanften Klängen „dahintreiben" lassen, sind für die Raver von großer Bedeutung. Geborgenheit und Zärtlichkeit spielen in der „Kuschelzone" eine große Rolle - Sex dagegen ist in der Regel nicht angesagt.

„Und die Sehnsucht ist spürbar, die Sehnsucht, dass die Nacht kein Ende hat, dass sich der Wechsel zwischen Ekstase und leichtem Schweben ohne Ende vollziehen möge, dass der Tanztempel seine Türen nicht schliesst - und dass die andere Welt in der Zwischenzeit untergegangen ist. Dass sie hier in ihrer ganzen Unschuld sitzen bleiben können und die Erinnerung an die normierte Welt da draußen verschwindet. Irgendwann steigen sie dann trotzdem wieder in ihre Autos, S-Bahnen und Trams, lassen sich in die Alltagswelt zurücktransportieren, in der Hand einen Flyer, auf dem steht, wo die nächste Party stattfindet" (Steffen 1995, S. 180f.).

Und wie sieht sie aus, die Alltagswelt der Raver? Was führen sie zwischen den Wochenenden für ein Leben? Wie kommen sie klar in einer Gesellschaft, vor deren sozialer Kontrolle durch Familie, Schule beziehungsweise Ausbildungsplatz oder Beruf sie Freitagabend fliehen, um sich Montagmorgen wieder in deren Maschinerie einzufügen? Offensichtlich ist, daß ein konsequenter Ausstieg aus dieser Gesellschaft für den Großteil der Raver keine lohnenswerte

Alternative darstellt; nur am Wochenende klinken sie sich zeitweise aus. Die Tage unter der Woche verleben sie in der Regel unauffällig und „normal" - diese Zweiteilung ihrer Welt ist für sie weniger problematisch, als sie zunächst vermuten läßt (vgl. Steffen 1995, S. 181):

> „Scheinbar kommen sie so gut zurecht mit der real existierenden Welt, mit deren genormten Abläufen, den fehlenden Freiräumen, dem Mangel an lustvoller Sinnlichkeit, dass sie keinen sichtbaren Versuch unternehmen, die Erfahrungen einfliessen zu lassen, die sie an den Raves machen. Von Ausbrechen aus dem Alltagsleben, von Wut und Rebellion kann schon gar nicht die Rede sein" (Steffen 1995, S. 181).

Im mittlerweile schon legendär gewordenen Spex-Artikel „Verliebt ins Nichts" (Heft 10/95) resümiert der Autor Simon Reynolds, daß es besonders die Rave-Kultur ist, die deutlich macht, daß wir es heutzutage immer noch nicht geschafft hätten, uns dem wochenendfixierten Kreislauf der Arbeiterklasse zu entziehen und somit eine Überwindung der typischen Arbeit/Freizeitstrukturen des Kapitalismus noch nicht abzusehen wäre (vgl. S. 69). Er steht damit keineswegs im Widerspruch zu der Aussage der Autorin Christine Steffen, die Raves würden aufgrund der Tatsache, daß sie durch ihren enormen Erlebniswert zur unmittelbaren Befriedigung von dringenden Bedürfnissen beitragen und damit helfen, Frustrationen abzubauen, eine unterstützende Wirkung auf die Alltagsgesellschaft haben (vgl. Steffen 1995, S. 181).

Der Kick des Wochenendes tröstet über den Wochenalltag hinweg, die Jugendlichen sind nicht gezwungen, sich auch unter der Woche „auf die Suche nach einem real existierenden Wunderland" (Steffen 1995, S. 181) zu begeben. „Vielleicht wächst da eine Generation heran, die ihre Erfahrungen aus den Tanztempeln unspektakulär und selbstverständlich in die Alltagsgesellschaft einbringt" (Steffen 1995, S. 181).

Über den Umgang der Geschlechter

Innerhalb des sozialen Umgangs an Raves haben sich zwischen den Geschlechtern typische Verhaltensmuster herauskristallisiert, die sich eher konträr zu den Vorstellungen gestalten, die nach oberflächlicher Beobachtung bestimmter Rituale dieser Jugendkultur in bezug auf die Frage des sexuellen Umgangs in der Szene entstehen können.

Das Geschlechterverhältnis an Raves hebt sich stark von den Umgangsformen, die das Verhältnis zwischen jungen Männern und Frauen in anderen Jugendkulturen kennzeichnen, ab. Manifestierte Normvorstellungen über die Gestaltung zwischengeschlechtlicher Beziehungsstrukturen verlieren in der Technoszene in größerem Maße an Verbindlichkeit und Bedeutungsgehalt, als dies in anderen Jugendszenen der Fall ist.

Auf der einen Seite fällt dem Betrachter eine gewisse Laszivität in der Wahl der Kleidung und der Zurschaustellung der jugendlichen Körper ins Auge. Es wird locker und freizügig mit den eigenen erotischen Reizen umgegangen, die körperliche Nähe zu anderen provoziert und gesucht, der Austausch von Zärtlichkeiten oft in aller Öffentlichkeit und ohne Verbindlichkeit genossen.

„Die Parties sind in den letzten Jahren zunehmend sexy geworden. Mit dem Boom von Techno und House wurde das Outfit immer schärfer und aufreizender. Die Décolletés wurden tiefer, die Minis kürzer und enger, die Stoffe durchsichtiger, oder die Frauen und Girls tanzen gleich in der Unterwäsche, während die Jungs mit ihren engen Radlerhosen und Bodies auch kaum mehr was vom knackigen Körper unerahnt lassen. (...) Techno hat die Clubs von stereotypen Tanzritualen befreit und die Bewegungen gelöst: Alles ist erlaubt, alles möglich. (...) Der Körper wird gefeiert - einzelne Tänzerinnen oder Tänzer stellen sich auf einem Podest zur Schau, präsentieren sich der Menge und machen sie an, ohne allerdings direkt auf sie zu reagieren" (Walder 1995, S. 201).

Auf der anderen Seite läßt sich feststellen, daß im Vordergrund dabei jedoch weniger die individuellen sexuellen Interessen der Partygänger stehen, sondern vielmehr der Traum von der verwirklichten „Raving Society". Der Befriedigung der eigenen sexuellen Bedürfnisse kommt zugunsten der Zelebrierung von Gemeinschaftsgefühl innerhalb der Partygemeinde eher eine untergeordnete Rolle zu. Das für den Umgang an Raves typische zärtliche Verhältnis zwischen Mädchen und Jungen ist somit weniger Ausdruck von sexueller Anmache als Symbolik für den über allem stehenden Family-Gedanken.

Außerdem gestattet die Technoparty - wie fast kein anderer Ort - die Wirkung der eigenen Erotik auszutesten, ein sexuelles und dennoch harmloses Spiel zu spielen, bei dem es nicht zu den sonst üblichen Konsequenzen kommt. Kennzeichnend ist, daß es meist beim Flirt bleibt, das Spiel in der Regel nicht mit der allgemein eingeschliffenen Verbindlichkeit zu sexuellen Kontakten führt, sondern sich von vornherein auf einer Ebene abspielt, die Sex an Parties weitestgehend ausklammert. Besonders für Frauen und Mädchen wird durch die Tatsache, daß keine Einlösungen ihres erotisierenden Verhaltens, anderenorts sofort als sexuelles Versprechen gedeutet, gefordert werden, der sexuelle Spielraum an Raves enorm erweitert. „Weil alle wissen (sollten), dass niemand nachher 'zu dir oder zu mir?' fragt, kann frisch & fröhlich drauflosgeflirtet werden" (Walder 1995, S. 201).

Diese Spezifik des sexuellen Umganges auf Parties steht in engem Zusammenhang mit dem an Raves weitverbreiteten Gebrauch der Droge Ecstasy. „XTC verändert Sex vom körperlichen zum sinnlichen Erlebnis. Und vom sinnlichen zum virtuellen. XTC pusht und zähmt Sex, eröffnet neue Formen von Love, Peace & Unity" (Walder 1995, S. 205). Unter dem Einfluß von Ecstasy - nicht umsonst als „Liebesdroge" bezeichnet - wächst das Bedürfnis nach Zärtlichkeit und Sexualität, werden die Sinne auf erotische Signale sensibilisiert. Man wird lockerer und freizügiger, was den Austausch von Zärtlichkeiten angeht. Reduziert ist dagegen die rein sexuelle Anmache: „Wildes Anbaggern findet nicht statt. Und nach der Party kann man kleine Gruppen beobachten, die dicht aneinander gedrängt den Rausch ausklingen lassen" (Böpple/Knüfer 1996, S. 182). Daß die „kuschlig"-zärtliche Stimmung unter den Technokids an Raves nie in sexuelle Orgien abzugleiten droht, ist sicher auch der potenzhemmenden Wirkung von XTC zuzuschreiben. Für einen Großteil der Männer, die unter dem Einfluß von XTC stehen, ist es sehr schwierig eine Erektion zu haben, sie genießen den sexuellen Kontakt auch ohne „echten" Sex. „Männer können ihre feminine Seite zulassen und entdecken subtilere Formen des Sexualverhaltens als stupiden Genitalsex. (...) Die Frauen lassen sich das nichtsexistische Verhalten gefallen" (Walder 1995, S. 205).

Neben der potenzhemmenden, zähmenden Wirkung von Ecstasy kommt der Ventilfunktion des stundenlangen (auto)erotischen Tanzens eine große Bedeutung in bezug auf die, trotz massiver sexueller Provokation und Reizüberflutungen, an Raves gelebte sexuelle „Enthaltsamkeit" bei. Mit der sich für viele Technofreaks eröffnenden erotischen Dimension des Tanzes erhalten ursprünglich auf das jeweilig bevorzugte Geschlecht fixierte sexuelle Triebe zeitweilig sekundären Charakter. „Der Spaß und das Vergnügen am Tanz drängt den Sex für die Dauer der Party in den Hintergrund" (Böpple/Knüfer 1996, S. 183).

Kennzeichnend für den Geschlechterumgang an Raves ist ein weit ausdifferenziertes Verhaltensmuster, welches sich durch eine ungewohnte Freizügigkeit gegenüber potentiellen Sexualpartnern auszeichnet, ohne daß aus dieser allgemeinen Offenheit Konsequenzen in bezug auf sexuelle Handlungen resultieren müssen. Männer und Frauen profitieren weitestgehend von dieser Entwicklung, sie können an Technoparties wesentlich selbstbewußter und unbeschwerter mit ihrer eigenen Erotik umgehen, als dies in anderen Jugendszenen, die durch eine mehr oder weniger unbewußte Übernahme streng eingeschliffener traditioneller Geschlechtsspezifik geprägt sind, der Fall ist.

Jugendkultur und Stil

Obwohl Jugendkulturen zumeist Autonomie symbolisieren, sind sie nicht aus dem Gesamtgefüge der Gesellschaft herauszunehmen. Es soll hier die These gewagt werden, daß die Generation der Techno-Jugendlichen, trotz - oder gerade wegen - der Eingebundenheit in soziale und gesellschaftliche Gegebenheiten, Neuerungen und Umbrüche, ihren Beitrag zu kulturellen Innovationen leistet und daß sie dadurch ihren Mitgliedern eigene Identitäten und darüber hinaus auch neue Tendenzen eröffnet, die in das gesamte gesellschaftliche Gefüge reichen und wirken.

Bei der Technokultur handelt es sich um eine freizeit- und konsumorientierte und damit hedonistische Strömung. Damit liegt bei Techno der jugendkulturelle

Sinnbezug in dem Faktum des „Gut-drauf-Seins" bzw. des „Miteinander-Spaß-Habens".

„Techno (...) ist Ausdruck der Idee, daß es nötig sei, den Käfig des Alltagsbewußtseins zu verlassen, um Zugang zu anderen höheren Qualitäten des menschlichen Seins zu erlangen" (Spohr 1996, S. 25).

Hinter dem Slogan „Love, Peace, Unity" verbirgt sich der Gedanke des friedlichen, freundlichen und verständnisvollen Miteinanders - dieses „die Welt soll doch bitte in Ordnung sein" kann als von der Jugend proklamiertes Ideal angesehen werden. Sie wollen die sozialen Regeln und materiellen Zwänge der modernen arbeitsteiligen Gesellschaft durch positive und hedonistisch orientierte Eigenschaften, wie die des Genusses, der Liebe, Ekstase und der Endlosfreude durch Feiern und Tanz, bereichern und damit - zumindest für sich selbst - verändern, um dem Streß des (Arbeits-) Alltages zu entgehen. Aber:

„Auch geistige Grenzen sollen erweitert werden, es geht ausdrücklich um die Förderung der Phantasie und Einbildungskraft, um Sinnsuche und die Entwicklung einer neuen Lebensperspektive" (Spohr 1996, S. 25).

Die Identität der Gruppe und deren Mitglieder wird durch das Gemeinschaftsgefühl des „We are different" -Mottos erzeugt, welches hauptsächlich auf den Parties und Veranstaltungen zelebriert wird. Das Ambiente, die Rituale der Party, der Tanz, die Musik u.a., all das erzeugt das Gefühl des Andersartigen, des „Spaß-haben-Könnens", des temporären Aussteigens und des Einzigartigen der Persönlichkeit innerhalb der Gruppe, die ihr Rückhalt, Identifikation und Orientierung bietet.

„Ich kucke eben Leute nicht schief an, im Gegenteil, ich finde das total gut, wenn jemand den Mut hat, sich so extravagant zu kleiden und extravagant die Haare trägt. Da fällt mir nur grade ein, daß vieles dabei auch wieder trendmäßig abtriftet, das Bärtchen tragen zum Beispiel oder knallrote Haare, was mir dann auch schon wieder zu sehr in das Klischee reinrutscht. Aber so würde ich sagen, ich stelle mir vor, daß bei anderen Jugendlichen, wenn die in der Gruppe sind, vielleicht irgendwelche Leute dumm angemacht werden, weil sie eben so 'normal' sind, daß sie da eben vielleicht nicht so tolerant sind" (Anja, 21 Jahre).

Charakteristisch ist auch, daß das Erleben eines jugendkulturell erfahrenen Gemeinschaftsgefühls besonders in der illegalen Technoszene unmittelbar mit dem Aspekt sozialräumlicher Aneignung verknüpft ist: Als wesentliches Kennzeichen jugendkultureller Erscheinungen spielt die Aneignung sozialer Räume durch Jugendliche in der „Lagerhallenkultur" der Technobewegung eine besonders zentrale Rolle. Räume sind in diesem Zusammenhang für die autonome Entfaltung eigener Stile einer Jugendkultur relevant.

Die Jugendlichen tanzen gemeinsam auf und in den Ruinen der Industriegesellschaft; sie erleben den kollektiven Kick in Zusammenhang mit der Zweckentfremdung oder besser Nutzbarmachung von Räumlichkeiten, die anscheinend für den Rest der Gesellschaft unbrauchbar geworden sind.

Die Initiatoren der Parties aber auch deren Konsumenten setzen sich über räumliche Tabus der Gesellschaft hinweg, indem sie allgemein für nutzlos - und damit für tot - erklärte Relikte vergangener Industrieepochen zu ihrem Vergnügen zweckentfremden. Die Organisatoren und die Partygänger verbindet neben dem gemeinsamen Feiern auch das Engagement, alten Lagerhallen und Fabrikgebäuden - denen vom Großteil unserer Gesellschaft weder Sinn noch Schönheit zugestanden wird - eine neue und eigene Ästhetik zu verleihen. Auch wenn die zeitweilige Aneignung und Nutzbarmachung maroder Industriegebäude in erster Linie dem hedonistischen Bedürfnis geschuldet ist, in aller Ruhe feiern zu können, stellt sich die Gemeinschaft der initiierenden Mitglieder der Technoszene durch ihr Tun deutlich gegen die Dominanz und Verbindlichkeit eines von der Leistungsgesellschaft geprägten Effektivitätsanspruches. Im Vordergrund steht hierbei zweifelsohne auch die neben einem permanenten verbindenden Gefühl von Gruppenzugehörigkeit bestehende aktuelle und direkte Gemeinsamkeit, sich über gesellschaftliche Regeln hinwegzusetzen, etwas Verbotenes zu tun und sich ungestört zurückzuziehen. Aber auch das Moment gemeinsamer Kreativität spielt im Zusammenhang mit der sozialen Raumaneignung innerhalb der Technoszene eine wichtige Rolle. Die Räume werden nicht nur erobert sondern auch verändert, für die Jugendlichen und ihre Ansprüche attraktiv gemacht.

Das gemeinsame Feiern der Technokids und -jugendlichen aktiviert neben der puren Lebens- und Gemeinschaftsfreude auch die narzißtische Komponente. Die Jugendphase ist von dem Prozeß der Selbstfindung geprägt, hierbei leistet die Peer-Group einen Beitrag bei der Bedürfnisbefriedigung des Ausprobierens und Grenzen-Austestens:

„In den Jugendkulturen finden (...) radikale Experimente des Daseins statt (...), die aus den Bezirken einer rational verwalteten Welt weitgehend ausgeschlossen sind. Jugendliche erfahren hier, daß sie in dem Sinne 'erwachsen' sind, als sie für sich selbst und ihre Beziehungen einstehen können, wollen und dürfen. Welche Präsentation ihres Ich ihnen sozial zuträglich ist, spielt hier keine Rolle - niemand, allenfalls die gleichgesinnten Peers, darf dreinreden" (Baacke 1987, S. 203ff).

Die Technobewegung und -party schaffen eine geradezu ideale Plattform für den Jugendlichen, sein Selbst und seinen originellen Stil zu repräsentieren bzw. auszuprobieren - und das möglichst im schrillen, schönen, heiteren und fiten Outfit und Habitus. „Wer sich besonders gut, d. h. brillant in Szene setzt, bekommt dafür sehr viel offene Anerkennung und Bewunderung" (Spohr 1996, S. 27). Die Peer-Group bietet hier den Jugendlichen einen eigenen Status und Raum, der unabhängig von der Eltern- und Erwachsenenwelt existiert und im Kontrast zu ihr steht, sich also deutlich abhebt. Auch innerhalb der Technoszene kommt es, wie bei anderen jugendkulturellen Formen und Ausrichtungen, zusätzlich zu einer Abgrenzung zu ihr differenten Gruppenritualen und -regeln.

Und das stärkt nicht nur das Selbstbewußtsein, man darf sich auch - bekommt man genügend Anerkennung - zur Szene/Gruppe dazugehörig fühlen. Das Balanceverhältnis zwischen dem Selbstfindungsprozeß und der Gruppenzugehörigkeit befördert die Ich-Entwicklung. Die Identitätsausbildung der Technojugendlichen qua auffälliger Selbstinszenierung wird durch den emotionalen Aspekt innerhalb der jugendlichen Gruppe unterstützt.

Selbstdarstellung und Narzißmus - Charakteristika, die den Technokids immer wieder vorgeworfen werden - genügen nicht auf dem Weg zur erfolgreichen Selbstfindung. Neben den Möglichkeiten der Inszenierung ihrer Einzigartigkeit benötigen die Szenemitglieder die Orientierungen an Werten und Regeln ihrer sozialen Umwelt, in dem Fall der Gleichaltrigengruppe. Die Aktivitäten und Interaktionen innerhalb der Gruppe der gleichaltrigen Freunde verstärken die Prozesse der Normbildung und stellen Orientierungs-, Wert- und Richtmaßstäbe verschiedenster Ausprägungen dar.

Die Peer-Group könnte ohne Interaktionen, aus denen die Persönlichkeit des Jugendlichen seine - wenn auch nur teilweise, da auch andere Sozialisationsinstanzen eine Rolle spielen - soziale Identität und neue Handlungskompetenzen gewinnt, nicht entstehen bzw. existieren (vgl. Schäfers 1980, S. 185). Das Ziel Jugendlicher beim Agieren in der Gleichaltrigengruppe ist es, die Grenzen ihres eigenen Ich's zu erproben.

Die Jugendlichen der Technoszene greifen bei der Ausbildung ihres Lebensstils und ihrer damit verbundenen Botschaft gern auf bereits dagewesene Symbole von vorangegangenen Jugendkulturen zurück, um sich von formalen Strukturen der Erwachsenengesellschaft abzugrenzen. Clarke bezeichnet in diesem Zusammenhang die Stilschöpfung Jugendlicher - in Anlehnung an den von Lévi-Strauss geprägten Begriff der Bricolage (Bastelei) - als „die Neuordnung und Rekontextualisierung von Objekten, um neue Bedeutungen zu kommunizieren" (1981, S. 136).

> „Bei der Schaffung eines eigenen Stils geht es nicht einfach darum, die Identität und das Selbstimage der Subkultur zu verkörpern. Der Stil erfüllt auch die Funktion, die Grenzen der Gruppe gegenüber den eigenen Mitgliedern und allen anderen Außenstehenden schärfer zu definieren - eine Funktion, die für den Fortbestand der Gruppe besondere Konsequenzen hat" (Clarke 1981, S. 144).

Am Beispiel der Technomusik, als ein weiteres relevantes Element der Szene, kann die Ausbreitung eines Stils illustriert werden. Die Ausbreitung, Vermarktung und nachfolgende Auflösung bzw. Modifikation eines Stiles und der dahinter stehenden (Avantgard-/Sub-) Kultur können sehr eng beieinander liegen. Das Beispiel der musikalischen Ausrichtung als Stilkomponente könnte genauso auf das der Mode oder der anderen künstlerischen Richtungen der Szenen übertragen werden. Die Technomusik hat seit Beginn dieses Jahrzehnts eine rasche Ausbreitung und Popularität in (West-)Europa erfahren. Die tempohohen, minimalistisch-synthetisch erzeugten Klänge waren und sind Ausdruck des Lebensgefühls einer stetig anwachsenden Zahl Jugendlicher unserer Zeit, die sich für Techno begeistern. Worum geht es, in bezug auf den Ausdruck?

„Der moderne Dance-Track ist ein Motor, der Gefühle programmiert und motorische Reflexe/Musikzuckungen auslöst. (...) Der avantgardistische/postmoderne Nihilismus von Rave-Musik im allgemeinen (...) wird in den Metaphern signalisiert, deren man sich bedient: allesamt Konnotationen von EnTHRALLment, von Verlust der Kontrolle für eine Art Überkraft, aber auch von äußerster Sinnlosigkeit. (...) Im Gegensatz zur Vorstellung von 'Resonanz' im Rock (mit all ihren psychologischen/soziologischen Konnotationen) geht es bei Rave um Frequenzen, um Musik, die mehr auf Wirkung als auf Auswirkung ausgerichtet ist" (Reynolds 1995, S. 69).

Ob nun sinnlos oder -voll, die Musik brachte und bringt ihren Anhängern ein Gefühl der Zusammengehörigkeit. Dennoch: Das Gefühl der globalen Gemeinschaft splittert und setzt sich in differenzierten Szenen innerhalb der Technokultur weiter fort. Einen nicht unwesentlichen Anteil daran hat die Kommerzialisierung des Stils. Den Klängen der Technomusik wird ihre Mystik und ihr avantgardistischer Stil insofern entzogen, daß sie inzwischen in allen Charts und unter vielen audiovisuellen Werbespots zu hören ist. Die Technomusik ist sozusagen von den ausgedienten Lagerhallen und deren Events in die Funkhäuser gezogen und wurde somit „aus dem Kontext der [unmittelbaren - d. A.] sozialen Beziehungen herausgenommen" (Clarke 1981, S. 152).

„Unter 'Auflösung' verstehen wir, daß ein bestimmter Stil aus dem Kontext und der Gruppe, die ihn schuf, disloziert und neu aufgegriffen wird - unter Betonung jener Elemente, die ihn zu einem 'kommerziellen Angebot' machen, besonders ihrer Neuheit. Vom Standpunkt der Subkultur betrachtet, die den Stil schuf, existiert er als totaler Lebensstil; durch den kommerziellen Nexus wird er in einen neuen Konsumstil verwandelt" (Clarke 1981, S. 152).

Bei Techno handelt es sich also um eine rasant anwachsende Szene, ihr Stil wird inzwischen konjunkturell „ausgeschlachtet", permanent vermarktet. Die Kommerzialisierung löst Stile jedoch nicht nur auf sondern auch ab: Neues, anderes bildet sich heraus, wird experimentell ausprobiert und setzt Kreativität und Alternativen in nicht vermarkteten Räumen frei. Dies hat wiederum zur Folge, daß man von dem Technostil nicht mehr sprechen kann, weil dieser sich in diverse Sektoren der Bewegung, d. h. der Mode, der Musik, der Art zu feiern etc. aufgespalten hat. Innerhalb der Szene haben sich Subsysteme herausgebildet, die sich scharf voneinander distanzieren wollen.

Die Mode-, Musik- und Tanzstile Jugendlicher, ihre Orte, ihre Kunst, ihr Design - also ihre Codes und Symbole - sind Ausdruck und Zeichen ihrer Abgrenzungs- und Veränderungsbemühungen nach autonomen Vorstellungen. Sie werden immer im gewissen Maße eigene und erneuernde Wege gehen und sich ihre Nischen suchen und schaffen.

Charakteristisch für die Technokultur wird folgendes bleiben:

> „Die Jugendlichen haben, noch während vom Verschwinden eigenständiger Jugendkulturen gesprochen wird, durch die Entwicklung neuer ästhetischer und musikalischer Strategien (...) diese düstere Prognose schon ad absurdum geführt" (Richard 1995, S. 232).

Wie verhält sich die Erwachsenenwelt einer Bewegung gegenüber, die feiern und Spaß haben möchte? Sie sind nicht gegen das System, sie klagen es nicht an, sie provozieren nicht - sie tanzen. Drückt diese Ignoranz nicht schon wieder Provokation aus? Wie verhalten sich die Erwachsenen, die so gern jugendlich-flott bleiben möchten? Was unternehmen die pädagogischen Institutionen? Geben sie nun Verhaltens- und Erziehungsanweisungen in das Internet ein?

Jugend ist unberechenbar (geworden).

Martin Rudolph

Bleibenkönnen

Jugendliche in ländlichen Regionen

„Bleibenkönnen" oder abwandern ist für Jugendliche auf dem Land eine Frage seit dem Beginn der Moderne. Kann das Land ihr zukünftiger Lebens- und Aufenthaltsort bleiben? Für Land- oder Stadtflucht als Kernproblem der Moderne sind neben wirtschaftsstrukturellen Aspekten sozialräumliche und sozialemotionale Beweggründe ausschlaggebend für die Entscheidung zum Bleiben oder Abwandern. Im folgenden sollen deshalb Einstellungen und Motive des Bleibeverhaltens Jugendlicher auf dem Land dargestellt werden.

Was bedeutet Land für Jugendliche? Ich will dies vorab unter vier Gesichtspunkten beschreiben: Allgemeinbildung/Ausbildung/Beruf, Entfernung, Kultur/Freizeit und Soziale Beziehungen. Einschränkend sei erwähnt, daß sich die folgenden Bemerkungen auf strukturschwache ländliche Regionen beziehen, die unter dem besonderen Druck stehen, „zu bloßen Objekten der von Zentren ausgehenden Landverwandlung zu werden" (Planck). Die von den urban-industriellen Gebieten abgewandten Regionen haben, wenn sie keine eigenständige, regionale Industrie aufbauen konnten, eine typisch geprägte ökonomische Regionalstruktur, da die Modernisierungsprozesse der letzten Jahrzehnte besonders arbeitsintensive, auf geringem Lohnniveau und mit vergleichsweise geringer (un- oder angelernter) Qualifikation ausgestattete Arbeit dorthin gebracht haben.

1. Allgemeinbildung/Ausbildung/Beruf

Das flächendeckende Angebot der allgemeinbildenden Schulen hat auf dem Land zu einem hohen durchschnittlichen Bildungsstand geführt, wie zahlreiche Forschungen auf diesem Gebiet belegen[1]. Die Bildungsqualifikation entspricht nahezu derjenigen in Verdichtungsräumen. Allerdings muß dabei erwähnt werden, daß die Vielzahl der Bildungseinrichtungen in Ballungsräumen mit ihren sehr differenzierten Angeboten auf dem Land nicht in entsprechendem Maß vorhanden sind und daß daraus resultierende Nachteile für die Jugendlichen auf dem Land nach wie vor existieren.

---

1 Vgl. u.a. Planck 1982 und Pongratz/Schmitt 1990.

Die Entkoppelung von Allgemeinbildung und Ausbildung bzw. Arbeitsmöglichkeiten tritt auf dem Land insofern deutlicher in Erscheinung, als die weitaus geringeren - sowohl quantitativen als auch qualitativen - Chancen zusätzlich die Auswahlmöglichkeiten einschränken, wodurch sich häufig die Frage nach dem Bleiben auf dem Land stellt.[2] Durch das eingeschränkte Angebot sind die Jugendlichen gezwungen, einerseits überhaupt einen Beruf bzw. eine Arbeit zu erhalten, auch wenn dies keineswegs ein Wunsch- oder Zukunftsberuf ist. Andererseits ist der Kampf um Berufe einem verstärkten Konkurrenzdruck ausgesetzt. Zu betonen ist hier bedeutende geschlechtsspezifische Differenzierung, da Mädchen in diesem Konkurrenzkampf erheblich geringere Chancen besitzen.[3]

Höher qualifizierte Ausbildungsplätze sind auf dem Land selten anzutreffen, und eine entsprechende Ausbildungsentscheidung ist in der Regel mit einem Ortswechsel oder mit täglichem oder vielfach auch wöchentlichem Pendeln in die Region oder in die Ballungszentren verbunden. Eine Möglichkeit, dauerhafte Trennung vom Land zu vermeiden, sehen die Jugendlichen im Weggehen um Wiederzukommen, d.h. sie verbringen die Ausbildungszeiten in den Zentren und wollen nach abgeschlossener Berufsausbildung auf das Land zurückkommen.

Aufgrund der bestehenden ökonomischen Struktur ist es zunehmend schwieriger, in den „verlängerten Werkbänken" der Industrie Arbeit zu finden, da diese einem stark zunehmenden Rationalisierungsdruck ausgesetzt sind. Bei dem in den vergangenen Jahren zu beobachtenden Rückgang von Arbeitsplätzen in den Ballungszentren ist die Möglichkeit der „Landflucht" eingeschränkt, was die Bleibedauer der Jugendlichen in den Familien auch auf dem Land z.T. erheblich verlängert, da diese zumindest eine soziale Integration bieten.

---

2 Eine emotionelle Komponente für das Bleibeverhalten betont Mannert: „Die Einstellung der Jugendlichen zum Verbleib auf dem Lande hängt in hohem Maße mit den nutzbaren Umwelt- und Lebensbedingungen zusammen; damit wiederum korrespondiert die Zufriedenheit. Sie kommt hier mehr als emotionelles Moment zum Tragen und weniger als strenge Abwägung des Nutzens objektiver Bedingungen; es fließen Wünsche, Vorstellungen und Gefühle mit ein. Was die Mobilität bzw. die tatsächliche Wanderung betrifft, so sind deren Wirkungen vielschichtiger Natur. Die Konsequenzen einer Berufs- und/oder Wohnortänderung beziehen sich nicht allein auf den, der Beruf oder Wohnort wechselt, und seine nähere soziale Umwelt (Familie, Freundeskreis), sondern von den Bewegungsvorgängen strahlen mannigfalte Wirkungen auf die verschiedensten Bereiche der Gesellschaft aus. Das entscheidende Moment für die Wanderung ist in den meisten Fällen das Ergebnis des Nutzenvergleichs, bei dem die gegenwärtige Region mit der Zielregion verglichen wird. Es handelt sich also um das Abwägen von ziehenden und bindenden Kräften" (Mannert 1981: 174f).
3 Besonders schwierig wird es für Mädchen dann, „wenn ein nichtfrauentypischer Beruf oder eine Ausbildung in einem Beruf, der sich in der regionalen Berufspalette nicht findet, angestrebt wird. Für viele junge Frauen bedeutet dies, daß sie sich relativ früh auch außerhalb des Dorfes orientieren, sie gehen, zumindest für die Zeit der Ausbildung oder des Studiums, weg vom Dorf" (Gfrörer 1991: 243).

2. Entfernung

Der äußerst mangelhaft entwickelte öffentliche Personennahverkehr auf dem Land erschwert die Lebenslage Jugendlicher. Lange Fahrzeiten sind schon während der Schulausbildung selbstverständlich.[4] Während der Schul- und Ausbildungszeit sind monatlich 1000 Kilometer keine Seltenheit, Fahrtzeiten bis zu drei Stunden täglich nichts Ungewöhnliches. Da außerhalb der Anfangs- und Schlußzeiten von Schulen und Berufsstätten der öffentliche Nahverkehr kaum Verbindungen zuläßt, dieser zudem nur in die nächsten zentralen Orte führt und darüber hinausgehende Ziele kaum erreichbar sind, sind die Jugendlichen auf eigene Fahrzeuge angewiesen, die für sie einen überaus hohen Stellenwert besitzen. Stationen des Erwachsenwerdens sind in besonderem Maße durch die Befähigung, ein Mofa, Moped, Auto oder Motorrad fahren zu dürfen, gekennzeichnet. Dies gilt wiederum vor allem für männliche Jugendliche; die Mädchen sind hier meist auf das Mitgenommenwerden angewiesen (vgl. Scheu 1991: 147). Die Selbstverständlichkeit, mit der jedoch Fahrzeuge als Transportmittel zur Verfügung gestellt und andere mitgenommen werden, mildert diese Lage der Jugendlichen ab.

3. Kultur/Freizeit

Nicht nur durch die eben dargestellten Entfernungen sind frei verfügbare Zeiten für die Jugendlichen auf dem Land stark eingeschränkt. Die überwiegend familienbetriebliche Arbeitsorganisation, Nebenerwerbslandwirtschaft, Mithilfe im Haushalt, Reparaturen und Pflege von Haus und Garten sowie Nachbarschaftshilfe (mit ihrem sozial stark verpflichtenden Charakter) verringern das Freizeitbudget erheblich. Das Eingespanntsein in diese Arbeitsvollzüge und Sozialbezüge mit ihren saisonalen Arbeitsspitzen unterscheidet sich erheblich von dem der Altersgruppe in Ballungszentren.

Industrialisierungsprozesse und Prozesse des technischen Wandels führen nicht durchgängig zu einer umfassenden Modernisierung der Lebensweise und des sozialen Kontextes, sondern es erhalten sich die Merkmale der traditionell geformten Lebenswelt, und diese können sogar zu einer Überformung des Modernisierungsprozesses führen. Modernisierung drückt sich eher in einer Individualisierung aus, d.h. der eigene Lebensweg wird bedeutsamer, die Herauslö-

---

4 Um weiterführende Schulen besuchen zu können oder einen attraktiven Ausbildungsplatz zu erlangen, wird eine hohe Fahrzeit in Kauf genommen: „Die schwierige Arbeitssituation im ländlichen Raum, mangelnde, minderbezahlte und unqualifizierte Arbeitsplätze, nicht ausreichende Ausbildungsplätze, monostrukturelle Arbeitsangebote etc., zwingt Jungendliche zum Auspendeln. Von einer weiterführenden Schule versprechen sich manche eine größere Auswahl an Berufsmöglichkeiten, was wiederum tägliches Pendeln notwendig macht. So wird schon von Schülern eine ein- bis zweistündige Fahrzeit erwartet und verlangt und die schon durch Mitarbeit und Mithilfe in Haus und Hof verknappte Frei-Zeit nochmals um einiges verkürzt" (Scheu 1991:143). Vgl. die Untersuchung von Mannert (1981) in Österreich S. 70f.

sung aus dem sozialen Herkunftskontext findet in Zusammenhang mit Bildungsprozessen und beruflicher Mobilität statt. Daraus ergeben sich Möglichkeiten anderer Formen „sozialer Geselligkeit", die gleichwohl noch an das Land gebunden bleiben und nicht den Übergang in die Stadt vollziehen, aber dennoch einen Übergang zwischen traditionellen und modernen Formen vollziehen.

Wichtige Sozialisationsinstanzen für Jugendliche sind Schule und Arbeitsplatz. In den letzten Jahren ist die Zentralisierung von Schulen, gesellschaftlichen und sozialstaatlichen Einrichtungen vorangeschritten und hat für Jugendliche eine starke Verallgemeinerung der Lebenszuschnitte bewirkt. Jugendliche auf dem Lande sind durch diese Institutionen schon im Schulalter im Spannungsfeld von traditionellen Orientierungen und städtisch-modernistischen Werten. Dieses führt zum Pendeln zwischen zwei Welten.

4. Soziale Beziehungen

Die Modernisierung des Dorfes, seine Wandlung zum „Wohn- und Schlafdorf" einerseits und zur entmischten Zone andererseits, in der Produktion, Dienstleistung und Wohnen getrennt sind, hat tiefe Spuren im Beziehungs- und Sozialgeflecht hinterlassen. Die zentralen Aktivitäten wie arbeiten, lernen, einkaufen, sich unterhalten sind beinahe nur noch außerhalb des eigenen Dorfes möglich.

Das Dorf kann sicherlich nicht als homogene Sozialgruppe gekennzeichnet werden (vgl. Haindl 1985: 127). Hier finden sich soziale Differenzierungen genauso wie andernorts. „Die soziale Differenzierung im Dorf erfolgt nicht primär nach sozioökonomischen Kriterien, sie basiert vielmehr auf einem gemeinsamen Regelwissen und den daraus resultierenden Zuschreibungen, die sich zusammensetzen aus Kriterien wie: Familie und Herkunft, Haus- und Grundbesitz, ordentliches Verhalten und gutes Arbeiten sowie Aktivitäten im anerkannten Rahmen (in Vereins- und Gemeindepolitik); der gute Ruf ist wichtiger als arm oder reich zu sein. Diese Kriterien gelten in erster Linie für die Alteingesessenen, die Zugezogenen bilden eine Gruppe für sich mit großen Integrationsproblemen" (Brüggemann/Riehle 1985: 105). Gerade für Jugendliche besitzt dieses gesamte Regelwerk eine hohe Verbindlichkeit, auch wenn einzelne Regeln, wie z. B. die Herkunft, allmählich ihre Bedeutung verlieren. Die soziale Differenzierung für das Dorf ist nicht in dem Maße prägend, daß sie Organisationsprinzip wäre, während das soziale Regelwissen bereits in der Familie in die Kinder und Jugendlichen hineingearbeitet wird. Die Anpassung an dieses Wissen macht den Raum für eine freigesetzte Jugendphase eng. Innerhalb des Dorfes gibt es nach wie vor eine sehr starke soziale Kontrolle, die sich in spezifischen Interaktions- und Kommunikationsstilen zwischen allen beteiligten Menschen des Dorfes ausprägt, was für die Jugendlichen eine starke Einschränkung ihrer Lebenslage darstellt. „Das individuelle und kollektive Regelwissen ist so sehr internalisiert, daß es als normales, alltägliches, selbstverständliches praktiziert und in seiner Normalität nicht hinterfragt wird, nicht hinterfragt werden soll (auch für Nicht-Dörfler ist ihr Alltag fraglos normal). Zugleich setzt es den Maßstab für Abweichungen bzw. entsprechende Sanktionen: auffallendes Verhalten von Individuen, d.h. solches außerhalb der normalen Regeln, wird ebenso sanktioniert wie das von ganzen Dörfern (z.B. die große Angst vor Nachfragen oder Kritik in der Lokalpresse). Unkonventionelles Verhalten wird am ehesten noch „Fremden" (z.B. neuen Ärzten, Lehrern oder sonstigen Zugezogenen) zugestanden, ansonsten gilt: 'wir machen das hier so' (Brüggemann/Riehle 1985: 106).

Die im Dorf verbliebenen wenigen Einrichtungen wie die Dorfkneipe (so diese überhaupt noch vorhanden ist) und die Vereine ergeben ein für die Jugendlichen von Erwachsenen besetztes Feld; vor allem in den Vereinen bietet sich die soziale Hierarchie der Erwachsenen als einzige Möglichkeit der Integration. Daß trotz dieses erwachsenenstrukturierten Feldes so viele Jugendliche in Vereinen sind, ist nicht zuletzt mit dieser Integrationsfunktion zu erklären.[5]

Gerade Jugendliche, die aufgrund ihrer Ausbildung oder Arbeit zwischen Dorf und Stadt pendeln, haben eine ständige Balance zwischen diesen beiden Kulturformen zu halten. Urbane Wertvorstellungen, Medien und Disco-Kultur dringen in die Freizeitvorstellungen der Landjugendlichen ein, während die Intimität der Dorfgemeinschaft Abweichungen sanktioniert. Breuer/Scheer (1988: 228) sprechen von einer „massiven sozialen Kontrolle, die die Abweichung von der herrschenden Norm nicht zuläßt bzw. mit Ausstoßung bestraft, (so) kann das Dorf von der Not- zur Terrorgemeinschaft für den Einzelnen und seine Familie werden". Jugendliche sind dadurch gezwungen - und es ist ihnen durch ihr gewachsenes Selbstbewußtsein durchaus möglich -, ihre Bedürfnisse und Interessen in der Dorföffentlichkeit, zumindest aber in den Jugendabteilungen der traditionellen Vereine, durchzusetzen. Die Ausbreitung von Jugendclubs und Jugendräumen zeigt, daß diese Versuche auf dem Vormarsch sind.

Als einschränkend für Jugendliche in ländlichen Regionen müssen auch die kleineren Geburtskohorten in den einzelnen Dörfern angesehen werden, insbesondere in den Altersabschnitten, in denen die Kinder und Jugendlichen auf Erwachsene angewiesen sind, um Entfernungen zu überwinden. So wird die Region zur Gelegenheitsstruktur, die - so sie die entsprechenden sozialemotionalen, haltgewährenden Ressourcen bereithält - darüber hinaus erst die Integration in die Gleichaltrigenkultur ermöglicht.

---

5 „Im Zuge der fortschreitenden sozialen Differenzierung und Individualisierung übernehmen die Vereine auf dem Land eine Ersatzfunktion. Das Vereinsleben wird zu einem typischen ländlichen Ersatzzusammenhalt" (Wagner 1986, S. 496). Die Vereine sollen „die Idee von Gemeinschaft aufrechterhalten und dörfliche Identität und Heimat generieren, obwohl sie selber partikuläre Interessen organisieren" (Kölsch 1990: 102).

Jugend und ländlicher Raum in zwei unterschiedlichen Vergesellschaftungen

Die Regionalentwicklung, die in beiden deutschen Gesellschaften vor der Einigung höchst unterschiedlich und kaum vergleichbar verlaufen ist[6], hat eine Gemeinsamkeit: Für beide Untersuchungsgebiete gilt, daß die Überformung bzw. die zweite Explosion des Dorfes erst nach 1945 stattfand.

Der Modernisierungsprozeß des ländlichen Raums ist seit Mitte der 70er Jahre mit dem Stadt-Land-Paradigma für Westdeutschland nicht mehr hinreichend erfaßbar, sondern muß als Regionalisierungsprozeß gekennzeichnet werden. Nicht der Stadt-Land-Gegensatz, sondern die Region als sich neu entwickelndes räumliches Sozialgebilde zwischen Dorf und Stadt und der damit zusammenhängende soziokulturelle Regionalbezug sind zu einem wichtigen Referenzbereich der biografischen Orientierung von Landjugendlichen und der ländlichen Jugendkultur geworden.

Durchzogen wird dieses Strukturtableau vom Aspekt der Modernisierung als Regionalisierung, der tendenziell eigenständigen Regionalentwicklung. Damit wird der Regionalbezug zum Gradmesser der Entwicklung einer Jugendkultur, einer biografischen Perspektive, und als Ressource der Lebensbewältigung bei den Jugendlichen also zum Maßstab möglichen Halts in der Region. Der empirische Hintergrund für die Überlegungen ist eine Vergleichsuntersuchung von 1993/1994 zu der Situation von Jugendlichen in ländlichen Regionen in Ost- und Westdeutschland.[7]

Auf fünf Ebenen wird im folgenden versucht, Region in unterschiedlichen Vergesellschaftungen nachzuzeichnen:

a) die Struktur und Richtung des ländlichen Modernisierungsprozesses in West- und in Ostdeutschland vor der Wende;
b) das Ausmaß der sozialdemografischen Umschichtungen, der Migration und Mobilität in den ländlichen Räumen;
c) Struktur und Ausmaß der Freisetzung einer Jugendkultur im ländlichen Raum;
d) die Rolle der ländlichen Klein- und Mittelstädte im Kontext der Regionalentwicklung;
e) Problem und Ausmaß der Nivellierung städtischer und ländlicher Jugendkultur durch eine übergreifende und Konsumkultur.

---

6 vgl. BMFSFJ 9. Jugendbericht 1994, S. 19-28
7 vgl. Böhnisch/Rudolph 1997. Diese Vergleichsstudie zu Jugendlichen in ländlichen Regionen wurde 1995 in insgesamt sieben Bundesländern durchgeführt. Neben der quantiativen Erhebung ($N= 1728$; $N_O=715$; $N_W=1013$) wurden 10 Gruppengespräche und zahlreiche Einzelinterviews mit Jugendlichen und Experten geführt.

Die Strukturzugänge für die ländlichen Räume Westdeutschlands

a) Der ländliche Raum in Westdeutschland hat sich in den 70er Jahren nach dem Prinzip der funktionsräumlichen Arbeitsteilung entwickelt. So sind ländliche Räume entstanden, die zunehmend ökonomische, soziale und kulturelle Eigenständigkeit gegenüber den urbanen Ballungsgebieten erhielten. In Westdeutschland ist Land heute der von urbanen Metropolen und ihren Ballungsgebieten sowie den (mittel- und großstädtischen) Verdichtungszonen abgewandte Raum. Dieser Raum ist in sich regional strukturiert und gegliedert. Die ökonomischen, planerischen und politischen Voraussetzungen für diese Regionalisierung wurden durch die funktionsräumliche Regionalpolitik geschaffen. Mit der Verwirklichung des funktionsräumlichen Konzepts vor allem in den 80er Jahren wurde das zu Anfang der ländlichen Modernisierung favorisierte regionalpolitische Prinzip einer flächendeckenden Industrialisierung des ländlichen Raums (mit dem Risiko einer hohen konjukturellen Abhängigkeit der ländlichen Standorte von den städtischen Zentren) weitgehend überwunden. Das funktionsräumliche Prinzip enthält eine regionalökonomische Planungs- und Förderungsperspektive, welche die produktions- und infrastrukturell entwickelten Standorte bzw. Standortachsen in den Vordergrund stellt. Anderen ländlichen Räumen werden dagegen reproduktive Funktionen zugewiesen: Erholungs-, Wohnungs-, Fremdenverkehrs- und Naturfunktionen.

b) Dieses funktionsräumliche Entwicklungskonzept konnte nur gelingen, wenn die Landbewohner eine hohe Mobilität als Selbstverständlichkeit akzeptierten. Damit einher ging die Ausdehnung eines mit dem Stadtniveau vergleichbaren attraktiven Konsummarktes und die Entwicklung und der Ausbau großer ländlicher Siedlungsräume für Neusiedler. Dem ökonomischen Strukturwandel mußte ein sozialer und kultureller Strukturwandel folgen, der nicht allein aus den Dörfern heraus, sondern vor allem durch die Impulse von Neusiedlern gelingen konnte. Mit der Attraktivität der die zunehmend ballungsintensiven Stadträume kontrastierenden ländlichen Wirtschafts- und Lebensräume wurden die ländlichen Räume für viele Menschen aus den Ballungsgebieten und den unterschiedlichsten Regionen Zuzugsgebiet. Die in den 70er und 80er Jahren sich vollziehende Sozialmigration und sozialdemografische Umschichtung führte zu einer deutlichen Veränderung des ländlichen Siedlungsraums. Erst diese neue sozialdemografische Durchmischung brachte die sozialen und kulturellen Voraussetzungen für die im funktionsräumlichen Prinzip erforderliche Mobilität. Gleichzeitig entstanden regionale Zugehörigkeiten, welche die traditionellen Dorfzugehörigkeiten entweder ablösten oder überlagerten. In dem Maße, in dem die Auflösung der traditionellen Dorfmilieus offensichtlich wurde, suchte auch die Regionalpolitik, das Gefühl der Zugehörigkeit für eine Region bei der Bevölkerung politisch herzustellen. Sie sollte in den neuen Regionalzusammenhängen heimisch werden. Dadurch sollten ökonomische und politische Markt- und Einflußräume zwischen Dorf und Stadt entstehen und sich Planungs- und Kulturbereiche für regionale Wirtschafts- und Konsumräume entwickeln, welche die traditionellen Heimatgrenzen weit verschoben und überlagert haben. Die Risiken dieser expandierenden funktionsräumlichen Regionalpolitik werden von den meisten in Kauf genommen: Eine zwar selbstverständliche, aber doch alltagsbeherrschende Pendlerexistenz und hohe Vereinzelung in der Arbeitswelt. Neben diesen subjektiven Kosten fallen die objektiven Nachteile der funktionsräumlichen Regionalpolitik, die neuen Disparitäten ins Gewicht: Landfremde soziale Segregation in den auswuchernden ländlichen Neubaugebieten, der Zwang zu überdurchschnittlichen, zeitaufwendigen Arbeitsplatzmobilitäten, die regionale Zentralisierung der Konsummärkte und die Entleerung der Dörfer, die Entstehung eines neuen Gefälles zwischen Zentren und Peripherien auch in der ländlichen Region selbst.

c) Der Strukturwandel der Jugendphase hat auch die Jugendlichen im ländlichen Raum erfaßt. Jugendliche werden früh selbständig, der Jugendstatus als Sozialstatus tritt deutlich hervor. Die Berufsfindungsphase hat sich im Durchschnitt verlängert und kompliziert, der jugendkulturelle Bereich der Gleichaltrigengruppe, die eigenen ökonomischen und sozialen Ressourcen werden Jugendlichen heute schon im Jugendalter wichtig. Diese kulturelle und soziale „Freisetzung" der Jugend ist im ländlichen Raum besonders durch die überdörfliche Zentralisierung des Bildungswesens, die verbreitete Modernisierung und die damit verbundene Gelegenheit zu regionaler Mobilität der Jugendlichen und Erwachsenen und schließlich durch einen sich zunehmend ausdehnenden Kommerz gefördert worden. Jugendliche im ländlichen Raum sind heute aus ihrem dorfgebundenen und dörflich definierten Übergangsstatus zwischen Familie und dörflicher Erwachsenenwelt (früher Jahrgangsgruppen) „herausgetreten". Sie sind in ihrem Status und ihren soziokulturellen Möglichkeiten nicht mehr im gleichem Maße wie früher auf das Dorf angewiesen und partizipieren an einer sich ausdehnenden regionalen Jugendkultur. Dennoch bildet sich in dieser ländlichen Jugendkultur die eigenartige Überformung von Tradition und Moderne ab, die für den ländlichen Raum typisch ist. So hat die bisherige neuere Landjugendforschung den Doppelcharakter der ländlichen Jugendkultur in Westdeutschland herausgearbeitet: Auf der einen Seite dorfunabhängig und regional orientiert, auf der anderen Seite mit einem Bein im Dorf stehend, an der dörflichen Erwachsenenkultur und dem späteren Erwachsensein ausgerichtet. Landjugendliche, so könnte man vereinfachend sagen, leben zwischen zwei Welten und versuchen diese auszugleichen. Sie partizipieren am allgemein urbanen-industriellen Strukturwandel, müssen aber zugleich mit den besonderen ländlichen regionalen Sozialwelten umgehen können.

d) Die ländlichen Klein- und Mittelstädte waren und sind in der funktionsräumlichen Regionalentwicklung Westdeutschlands nicht nur ökonomische Entwicklungszentren an den Entwicklungsachsen entlang, sondern vor allem auch soziale und kulturelle Kristallisationspunkte mit hoher Ausstrahlung in die Region, besonders für die Jugend. Von den selbstverwalteten Jugendzentren der ländlichen Kleinstädte ging in den 70er Jahren - vor allem im süddeutschen Raum - ein breiter Impuls für die ländliche Jugendarbeit aus. Jugendliche aus den Dörfern - wenn sie sich der regionalen Jugendkultur zugehörig fühlen - suchen die jugendkulturellen Orte in diesen Kleinstädten auf, holen sich Ideen, lernen jugendkulturelle Szenen und Lebensstile kennen, die sie aber in der Regel nicht imitieren, sondern in ihren regional-dörflichen Lebenszusammenhang zu transportieren versuchen (vgl. Winter 1992, Schimpf 1996).

e) Jugendliche im ländlichen Raum haben heute längst breiten Zugang zu Medien- und Freizeitmärkten. Vieles an ländlicher Jugendkultur ist von älteren Jugendlichen und jungen Erwachsenen selbst kommerzialisiert worden (Festivals, Diskokultur etc.). Die urbanen modernen Freizeit- und Konsumstandards prägen heute den alltäglichen Anspruchshorizont der ländlichen Jugend. Deshalb entsteht aber auch für viele eine problematische Spannung zwischen der leichten Erreichbarkeit der Konsumniveaus auf der einen Seite und den regionalen Realisierungsmöglichkeiten der Berufsperspektive. Auf der anderen Seite zeigen unsere Erfahrungen, daß Jugendliche im ländlichen Raum - auch wenn sie die Konsumkultur demonstrativ leben - sich nicht allein mit dem Konsum zufriedengeben, sondern in Dorf und Region weiterhin soziale Bindungen, Zuflucht und Rückhalt suchen.

Strukturzugänge für die ländlichen Räume Ostdeutschlands

Auf den ersten Blick sieht es in den heutigen ballungsgebietsabgewandten ländlichen Räumen in den Neuen Bundesländern so aus wie in den 50er und 60er Jahren in der alten Bundesrepublik: kleine, infrastrukturell wenig entwickelte Dörfer, noch kaum erwachte Kleinstädte, Straßen, die immer noch nicht auf regionale und überregionale Mobilität eingerichtet sind. Dazwischen aber: Ruinen, Reste oder genossenschaftliche Umwidmungen von Agrarkombinaten, ab und an hoffnungsvoll oder trotzig ausgewiesene oder teilbesetzte Gewerbeflächen.

Doch dieser Vergleich trügt. Zwischen den 50er und 90er Jahren gab es in der DDR eine Entwicklung des ländlichen Raums, von der wir zwar heute nur noch Reste sehen, die aber die heutigen Ausgangsbedingungen der Regionalentwicklung so entscheidend geprägt hat, daß sie mit der bundesdeutschen Entwicklung der 60er, 70er und 80er Jahre nicht vergleichbar ist und einer besonderen regionalpolitischen Betrachtung und Einschätzung bedarf. Dies hat dann auch erhebliche Rückwirkungen auf die Lebenssituation und die Entwicklungsperspektiven gerade der Jugend im ländlichen Raum der Neuen Bundesländer. Vier spezifische Entwicklungskontexte sind es, die das Bild des ländlichen Raums in der DDR geprägt haben und den Vergleich mit der Entwicklung in den Alten Bundesländern erheblich erschweren:

• Der agrarindustrielle Komplex der landwirtschaftlichen Kombinate und Produktionsgenossenschaften hat den ländlichen Raum agrarindustriell aber nicht „bäuerlich" geformt. Eine LPG war nicht nur produktionstechnisch und ökonomisch hoch differenziert; sie prägte auch das soziale und kulturelle

Leben ihrer ländlichen Umwelt. Von sozialen und kulturellen Angeboten bis hin zur Versorgung mit Konsumgütern war alles über die LPG organisiert.

- Dörfer gab es in der DDR genauso. Nur waren sie mit der Zeit immer weniger durch eine bäuerliche Kultur bestimmt, sondern wurden zu familienübergreifenden „Reproduktionsorten" für agrar-industrielle Komplexe. Das Dorf funktionierte zwar als Ort von Gegenseitigkeit, Intimität und sozialer Kontrolle (vor allem auch für die Jugend), es hatte aber mit der Zeit seine kulturelle Eigenständigkeit und traditionelle Integrationskraft verloren. Nach der Wende, mit dem Ende der agrar-industriellen Komplexe waren die Dörfer „zurückgeblieben" und auf sich gestellt.

- So wie die Dörfer wenig eigene regionale Entwicklungskraft haben, sind auch die ländlichen Kleinstädte kaum in der Lage, regionale Entwicklungsperspektiven zu vermitteln und gerade für die Jugend zu symbolisieren. Sie sind zwar Konsumzentren geworden, können darüber hinaus aber in der Regel auf die Region wenig soziokulturell ausstrahlen.

- Dieses „Regionale", das sich in Westdeutschland in den 70er und 80er Jahren „zwischen Dorf und Stadt" entwickelt hat, geht den ländlichen Räumen in Ostdeutschland noch deutlich ab. Die Dörfer sind noch sehr atomisiert. Zwar gibt es deutliche Anzeichen regionaler Jugendkulturen vor allem im soziokulturellen Bereich. Insgesamt kann man aber noch lange nicht davon sprechen, daß sich „die Region" als jugendkulturelle Größe herausgebildet hat.

Diese in den Neuen Bundesländern immer noch vorherrschende „dörfliche und kleinstädtische Atomisierung" führt in der neuen industrialisierten Leistungs- und Konsumgesellschaft dazu, daß auch die regionale und überregionale „Mobilität" schon für die Jugendlichen mit hohem Eigenrisiko behaftet ist.

In diesem Bruch in der ländlichen Regionalentwicklung liegt der entscheidende strukturelle Unterschied zwischen den Lebens- und Entfaltungsmöglichkeiten der westdeutschen und der ostdeutschen Landjugend. Während sich in Westdeutschland regionale Jugendkulturen und -szenen mit Rückbindung an die Dörfer und sozialen und kulturellen Netzwerke längst herausgebildet haben, findet in Ostdeutschland noch die Suche nach einer regionalen Jugendkultur statt, die über den akzidentiellen Jugendkonsum (der im Osten inzwischen genauso intensiv und bunt ist wie im Westen) hinausgeht und die regionale Lebensbewältigung der Jugend trägt.

Der Unterschied zwischen West und Ost im Verhältnis „Jugend und Regionalentwicklung" muß also differenziert gefaßt werden: Während im ländlichen Raum der Neuen Bundesländer eine orientierende Regionalentwicklung und ein damit zusammenhängendes positives Regionalklima, das auch Jugendlichen sozialen und ökonomischen (insgesamt biografischen) Rückhalt gibt, noch weitgehend fehlt, ist in Westdeutschland dieser regionale Rückhalt im ökonomischen und sozialen Bereich weitgehend vorhanden, es mangelt aber an kultureller und politischer Akzeptanz für die Lebensäußerungen und die Rolle der Jugend im ländlichen Raum.

Neben diesem für die jugendpolitische Gewichtung der West-Ost-Ergebnisse zentralen Aspekt der unterschiedlichen regionalen Entwicklungsbedingungen ist ein zweites allgemeines Strukturproblem von Bedeutung: die unterschiedliche Ausdifferenzierung der Jugendphase selbst. Während sich in den letzten drei Jahrzehnten - verstärkt durch die enormen Bevölkerungsumschichtungen im Zuge der Modernisierung und funktionsräumlichen Erschließung der ländlichen Räume - in Westdeutschland eine selbständige, verlängerte und jugendkulturell differenzierte Jugendphase herausgebildet hat, treffen wir in den Neuen Bundesländern auf eine andere Situation. Hier herrscht noch der traditionelle, erwachsenenorientierte „Übergangsentwurf" vor, in dem die Jugend weniger als sozial und kulturell eigenständige Lebensphase, sondern als weitgehend unselbständige, mehr auf das baldige Erwachsensein ausgerichtete Lebensphase gilt. Dies ist beileibe kein Stadt-Land-Problem, denn aufgrund der agrarindustriellen Lebensverhältnisse und der soziokulturellen Zentralisierung und Nivellierung war die ländliche Jugend zu DDR-Zeiten nicht unbedingt „rückständiger" als die städtische Jugend. Es war ein allgemeines Problem des (erwachsenenzentrierten) Lebensentwurfs Jugend in der DDR-Gesellschaft.

Heute scheinen sich zwei Probleme in der Veränderung dieses „alten" Übergangsentwurfs Jugend abzuzeichnen: Zum einen sehen wir ein zunehmendes jugendkulturelles Stadt-Land-Gefälle. Das betrifft weniger den Konsumbereich, sondern vor allem die soziokulturellen Gelegenheitsstrukturen für Jugendliche, die sich im städtischen Raum nach der Wende hauptsächlich und eher entwikkelt haben (und vor allem auch schwerpunktmäßig dort gefördert wurden). Zum zweiten ist zu beobachten, daß sich der traditionelle Übergangsentwurf Jugend nicht einfach mit den neuen Jugendgenerationen „überholt", sondern daß inzwischen konkurrierende Jugendentwürfe existieren, welche die Jugend im ländlichen Raum Ostdeutschlands nahezu dichotomisieren, zumindest aber deutlicher aufspalten als im Westen.

Warum Bleibenkönnen ein Problem des Landes ist

Die gesellschaftliche Situation, auf die sich unsere Reflexionen beziehen, ist eine in Deutschland seit ca. 150 bis 180 Jahren andauernde, in mehreren explosionsartigen Brüchen aber auch in kontinuierlichen Abläufen sich vollziehende Entwicklung. Sie beginnt mit der massenhaften „Freisetzung" und Abwanderung der Menschen auf dem Land[8]. Seither ist die Binnenmigration dem Spiel ökonomischer Konjunkturen unterworfen mit Ab- und Zuwanderungsbewegungen vom und zum Land. Mit dem Anwachsen von Ballungs- und Verdichtungsräumen, den Konzentrationen industrieller Produktion, war die Entstehung

---

8 vgl. Negt/Kluge 1981

von Land als agrarisch geprägter Sozialform verbunden, ein ausgeprägtes Stadt-Land-Gefälle hinsichtlich der Produktions- und Lebensform entstand. Erst die Zeit nach dem Zweiten Weltkrieg leitete auf dem Land gravierende Transformationsprozesse ein. Die wohlfahrtsstaatlich-institutionelle Nivellierung insbesondere im Bildungs-/Ausbildungsbereich aber auch im Konsumsektor führte zu einer Angleichung des Gefälles[9], womit Land seine agrarische Prägung verlor[10] und Binnenmigrationen Dörfer in der Nähe von Ballungsgebieten zu Schlaf- und Wohnstätten einer Pendlerbevölkerung machten.

Der gesellschaftliche Wandel, der gleichzeitig Ursache, Medium und Selbstzweck ist, verändert Menschen sowie deren soziale und politische Beziehungen mit nie dagewesener Geschwindigkeit, Kontinuität und Intensität; die Einzelnen treiben durch ihr Handeln diesen gesellschaftlichen Wandel weiter; ohne menschliches Handeln ist dieser Prozeß nicht denkbar. Die Auseinandersetzung mit und die Bewältigung der zunehmenden Kontingenz des Alltags - des „Alles könnte anders sein" - ist damit die Sozialisationsgrundlage und Sozialisationsaufgabe nachwachsender Generationen und zunehmend auch der diesen Prozeß tragenden Erwachsenen. Auseinandersetzung mit und Bewältigung von Kontingenz ist aber nur möglich durch Halt, emotionale Stärke, durch Qualitäten der Befindlichkeit der einzelnen Person, letztlich mittlerweile eine Aufgabe der sozialen Integration von Biografien. Die wohlfahrtsstaatliche Überformung des Landes sicherte die Mobilität und die damit verbundenen Schwierigkeiten der Landbevölkerung rechtlich und monetär zumindest minimal ab und trug so zur Stabilisierung des Sozialgefüges Dorf bei. Region wurde zur biografischen Bezugsgröße, eine individuell „haltgewährende" Ressource.

Bleibeorientierung muß aus der Sicht des einzelnen Jugendlichen als sozialemotionaler Halt gedeutet werden, der sich neben persönlichkeits- und beziehungsabhängigen Faktoren auch aus der Region als Ressource dieses Halts, also aus der sozio-kulturellen Gelegenheitsstruktur der Region speist. Die grundsätzliche Frage für die Landbevölkerung, aber insbesondere für Jugendliche auf dem Land, ist die Frage des Abwanderns, Bleibens, Pendelns, die neben ökonomischen Motiven auch Fragen des Eingebundenseins in das ländliche Sozialgefüge aufwirft. Trennungsprozessen steht demgemäß eine Bleibeorientierung gegenüber. Insofern ist zu fragen: Was gibt Integration, Sicherheit und Halt in den modernisierten Dynamiken gesellschaftlicher Offenheit? Daß sich Antworten auf diese Fragen für Jugendliche auf dem Land anders stellen, hat nicht zuletzt mit der geringer ausgeprägten Institutionenstruktur wohlfahrtsstaatlicher Einrichtungen und den kleineren Geburtskohorten in den ländlichen Regionen zu tun. Sowohl die geringere Anzahl jugendgeeigneter Lokalitäten als auch die wenigen Gleichaltrigen mit gleichem Lebensstil erhöhen insgesamt den Konformitätsdruck. Die Qualitäten eines überschaubaren Sozialgefüges können durch die dadurch mögliche Intensität der sozialen Kontrolle überlagert wer-

---

9 vgl. Planck 1981
10 vgl. Rudolph 1996

den. Während die gesellschaftlichen Jugendbilder ein „Alles ist möglich" entwerfen, können diese jugendkulturellen Äußerungen vor Ort zu bloß abweichendem Verhalten erklärt werden. Der Mangel an Einrichtungen wie auch die geringe Anzahl Gleichaltriger mit gleichem Lebensstil zwingt zu Konformität oder zu Mobilität und verweist auf die Region als haltbietende Ressource.

Allgemein betrachtet können Trennungsprozesse vom Land sowohl als kollektive Lern- als auch als Anpassungsprozesse gedeutet werden. Die Erlebens- und Handlungsdimensionen, die sich daraus ergeben, lassen sich einmal in „getrennt werden" und zum zweiten in „sich trennen von" unterscheiden. Dieser zweite Schritt im Trennungsprozeß ist nur möglich, wenn Personen etwas haben, das es ihnen ermöglicht zu sagen: Ich habe mich getrennt. In den wohlfahrtsstaatlich geprägten 60er und 70er Jahren waren dies Entwürfe von Arbeiterexistenz in Städten, die einerseits auch objektiven ökonomischen Zwängen geschuldet waren, deren subjektives Erleben aber durch wohlfahrtsstaaliche Maßnahmen gestützt wurde. Das Leiden an der Trennung, der Verlust früherer Tätigkeiten und Bindungen konnte deshalb anders bewältigt werden, bis hin zur Möglichkeit von Selbstverwirklichung.

Trennungsprozesse vom Land haben eine relativ kurze Geschichte, und sie setzen als massenhafte Prozesse erst im 19. Jahrhundert ein. Sie sind Trennungsprozesse von Tätigkeiten, Sozialität und Rechten. Nur in der Bewältigungsdimension sind sie qualifizierbar (trennen - getrennt werden), und nur in ihrer aktiven Bewältigungsform können Elemente der Selbstverwirklichung entstehen.

Vor dem Hintergrund der Bewältigungsdimension, die ihrerseits auf die Qualität sozial-emotionalen Halts in Region und Sozialität verweist, soll die nun erfolgende Interpretation der Ergebnisse eines Ost-West-Vergleichs von Landjugendlichen erfolgen.

Ergebnisse einer vergleichenden Landjugenduntersuchung

Region als Ressource, als sozial-emotionaler Halt wird im folgenden auf unterschiedlichen Strukturebenen operationalisiert: auf der individuellen Ebene als Fragen nach dem Selbstwert und nach Bewältigungsverhalten, auf der Ebene der sozialen Integration durch Fragen nach Familie, Gleichaltrigen, Dorf, Konflikten und Partizipation. Zunächst werden die Jugendlichen in ihrer Befindlichkeit dargestellt und zwar in ihren Äußerungen zum Selbstwert. Dazu wurde die Befindlichkeit der Jugendlichen in unterschiedlichen sozialen und topologischen Kontexten geprüft. Der persönliche Bereich wird im folgenden unter den Gesichtspunkten des Selbstwertes, der Einschätzung der Zukunft und der Bewältigungsversuche aktueller Problemlagen - also insbesondere nach Fragen der Bildung, der Ausbildung und des Berufes - unterteilt.

Selbstwert ist dabei eine wesentliche Dimension der Identität in wechselnden Sozialbezügen, die die Umgehens-, Bewältigungs- und Verhaltensweisen der Einzelnen mit Konflikten, Problemen und anderen Menschen beeinflußt. Fragen des Selbstwertes waren in dieser Untersuchung in einer Relationierung von Personen in unterschiedlichen sozialen Umfeldern konzeptioniert, also Jugendliche in Familie, Gleichaltrigengruppe, Schule, Beruf, Dorf und Region. In unterschiedlichen Umfeldern ergeben sich durchaus Verschiebungen von Wertigkeiten.

Wie gestaltet sich der private und persönliche Bereich? Wo sind Problemlagen und wie wird versucht damit zurecht zukommen? Die Frage „Wie siehst Du Dich selbst?" war durch eine vorgegebene siebenstufige Skala von „Ich habe das Gefühl, wichtig zu sein" bis „Ich habe das Gefühl, völlig nutzlos zu sein" durch zwei Einstufungen zu beantworten. Von den insgesamt 1180 Antworten im Osten (Westen 1712) entfielen 704 (Westen 1122) auf die drei Positivwerte „Ich habe das Gefühl, wichtig zu sein" (Osten/Westen: 43/101), „Ich glaube, ich habe eine ganze Reihe guter Seiten" (Osten/Westen: 337/539) und „Ich bin mit mir ganz zufrieden" (Osten/Westen: 324/482). Der Mittelwert „Ich bin in der Lage, meine Angelegenheiten genauso gut zu erledigen wie andere" war in beiden Befragtengruppen ausgeprägt (Osten/Westen: 316/396). Ein negatives Selbstbild hatten vergleichsweise weniger: „Ich habe das Gefühl, daß ich nicht gerade stolz auf mich sein kann" (Osten/Westen: 54/79); „Ich kann mich selbst nicht leiden" (Osten/Westen: 31/30) und „Ich habe das Gefühl völlig nutzlos zu sein" (Osten/Westen: 75/83). Auf den ersten Blick bietet sich zunächst ein deutlich positiv geprägtes Selbstbild, wobei die Unterschiede zwischen den Untersuchungsgebieten eher gering sind.

Auffällige Unterschiede ergaben sich jedoch bei einer geschlechtsspezifischen Differenzierung. Hierbei zeigt sich, daß Mädchen und junge Frauen ein negativeres Selbstbild haben. Betrachtet man nur die Antwortmöglichkeit „Ich habe das Gefühl völlig nutzlos zu sein", ist der Anteil der Mädchen und jungen Frauen im Osten mit 71,6% und im Westen mit 61,4% sehr hoch. Bei der Kumulation der drei Negativwerte aller Antworten, ergibt sich bei den Mädchen und jungen Frauen im Osten 15,2% (im Westen 12,2%) und bei den Jungen und jungen Männern im Osten 11,2% (Westen 10,1). Ein umgekehrtes Ergebnis findet sich bei der geschlechtsspezifischen Betrachtung des positiven Items „Ich habe das Gefühl wichtig zu sein", das im Osten zu 58,1% und im Westen zu 57,4% eher von männlichen Befragten angezeigt wird. Die Kumulation der drei Positivwerte aller Antworten ergibt im Osten 59,8% (weiblich 58,3%; männlich 61,6%) und im Westen 65,4% (weiblich 64%; männlich 67,1%).

Insgesamt ist das Selbstbild der Landjugendlichen in den Alten Bundesländern von einem geringfügig höheren Eigenwert geprägt. Die Betonung des Einzelnen scheint auf Grund des spezifischen ländlichen Gemeinwesens mit der Ambivalenz von starker sozialer Kontrolle und der geforderten Anpassung eher verpönt, was die Ausbildung eines positiven Selbstbildes und Selbstwertes in beiden Untersuchungsgebieten aber nicht verhindert.

In diesem Zusammenhang erscheint die Frage „Glaubst Du, daß es sich in Zukunft, z. B. in zehn Jahren, eher besser oder schlechter leben läßt als heute" ein Indikator für Möglichkeiten, die man sich erhofft. Daß es sich dann besser leben läßt, glauben im Osten 23%, im Westen 9,5%; daß das Leben gleich wie gegenwärtig ist, ist für 33,8% im Osten und 30,8% im Westen wahrscheinlich. An eine Verschlechterung für die Zukunft denken im Osten 43,6%, im Westen schließlich ist der Pessimismus mit 59,8% der Befragten noch höher.

Die Ambivalenz hohen Selbstwerts in einer skeptisch beurteilten Zukunft verweist auf hohe Risikopotentiale und Unsicherheiten der gegenwärtigen Gesellschaft. Selbstwert ist angesichts der Unwägbarkeiten des forcierten gesellschaftlichen Wandels eine conditio sine qua non, ist notwendig aber sicherlich nicht hinreichend. Diese Ambivalenz aushalten zu lernen, scheint wesentliches Merkmal der heutigen Jugendphase zu sein, zumindest für die von uns untersuchten Jugendlichen.

Die persönliche Bewältigungsform dieser skeptisch eingeschätzten Zukunft scheint für viele Jugendliche auf dem Land Bildung und Ausbildung zu sein. Insbesondere die jungen Frauen und Mädchen reagieren auf die zu großen Teilen vorhandenen Ausbildungsplatzdefizite mit Bildungsanstrengungen. So sind unter den Befragten in den Neuen Bundesländern dem jüngeren Altersdurchschnitt (Osten/Westen: 17,1/19,1 Jahre) entsprechend ein hoher Anteil SchülerInnen (insgesamt 61%), davon 58,7% Schülerinnen und 41,3% Schüler. Bei der Gruppe, die sich StudentInnen nennt (16,8%), sind die Frauen zu 63,6% und die Männer mit 36,4% beteiligt. Da der Arbeitsmarkt im Osten für Frauen zusammengebrochen ist, Ausbildungsplätze für Bewerberinnen sehr knapp sind, bleibt der Gang durch die Bildungsinstitutionen, um sich Chancen offenzuhalten. Daß darüber hinaus vor allem die jungen Frauen sehr aktiv mit den Bildungs- und vor allem den Arbeitsplatzproblemen umgehen, zeigt auch ein Blick in die Abwanderungsbilanzen der Neuen Bundesländer, wobei hier häufig die immens hohe Zahl der PendlerInnen gerade auch aus ländlichen Regionen nicht mit ausgewiesen ist. Längst müssen die Neuen Bundesländer einen Teil ihres Ausbildungs- und Arbeitsplatzproblems insbesondere für Mädchen und junge Frauen in die Alten Bundesländer exportieren.

Bei SchülerInnen im Osten zeigt sich aber in den Absichten für einen bestimmten Schulabschluß noch eine Orientierung in Hinblick auf eine Lehre. 2/3 der Befragten wollen den Realschulabschluß machen. Nur 10% streben das Abitur an. Darin zeigen sich noch Orientierungen, die die DDR-Berufslaufbahnentscheidungen geprägt haben, aber dies weist sicherlich auch auf Infrastrukturprobleme insbesondere im erweiterten Schulbereich auf dem Land in den Neuen Bundesländern hin. Daß noch erhebliche finanzielle Einschränkungen auf Grund der Arbeitslosigkeit bzw. des erheblich geringeren Einkommens der Eltern hinzukommen, erschwert die Bewältigungssituation im Osten erheblich.

In den Alten Bundesländern hingegen ist die SchülerInnenquote 41,7%, davon sind 63,2% Mädchen (Jungen 36,8%), während bei den FacharbeiterInnen 81,9% männlichen Geschlechts sind (Quote 18,7%).

Der allgemeine Trend zu höherer Schulbildung als Option für den Berufsmarkt spiegelt sich in unseren Zahlen nicht. So scheint das Abitur insbesondere im Osten in ländlichen Regionen noch weit hinter der allgemeinen Entwicklung herzuhinken. In Westdeutschland konnte Planck schon in den 80er Jahren das Schließen der Bildungslücke zwischen Stadt und Land feststellen. Für Ostdeutschland zeichnet sich hier noch ein immenser Nachholbedarf ab.

Um heute im Beruf erfolgreich sein zu können, glauben die Jugendlichen, unterschiedliche Eigenschaften einsetzen zu müssen. Von den vorgegebenen Eigenschaften flexibel, durchsetzungsfähig, solidarisch, anpassungsfähig, mobil eigenwillig und rücksichtsvoll sollten die wichtigsten zwei angegeben werden. Hier ergeben sich Unterschiede sowohl zwischen den Untersuchungsregionen als auch zwischen den Geschlechtern. Es wird deutlich, welcher Druck erfahren wird, und gleichzeitig, wie man subjektiv damit umgeht. Die deutlich geschlechtsspezifische Einstellung gilt es gesondert zu beachten. Insbesondere die stark belastete Ausbildungs- und Arbeitsmarktsituation für Frauen im Osten führt bei ihnen zu entsprechenden Bewältigungsmustern. Die Eigenschaften „flexibel" und „durchsetzungsfähig" sind für die Landjugendlichen die bedeutungsvollen, mit deutlichem Abstand folgt dann „anpassungsfähig". Die biografischen und sozialstrukturellen Erfahrungen der Mädchen und jungen Frauen im östlichen Untersuchungsgebiet bewirken, daß hier eher Durchsetzungsfähigkeit vor Flexibilität gesetzt wird. „Eigenwille" und „Solidarität" sind als Eigenschaften, um im Beruf erfolgreich zu sein, nicht gefragte Werte. In beiden Untersuchungsgebieten erhielten sie die letzten Plätze, wobei im Osten „solidarisch" mit 3,6% und im Westen „eigenwillig" mit 3,6% den jeweils letzten Platz belegen. Beachtenswert ist, daß die Rangfolgen in beiden Untersuchungsgebieten unterschiedlich sind.

Im Westen sind die ersten vier Ränge mit Anpassungsleistungen besetzt, dies zeigt die Fungibilität des Menschen in der Moderne, „eigenwillig" ist damit logischerweise Resteigenschaft. Im Osten hingegen findet sich die ehemalige politische Kampfparole „solidarisch" als Restgröße, „Rücksicht" ist jedoch gefragte Eigenschaft und dem gegenwärtigen Alltag entsprechend „Durchsetzungsfähigkeit" als wichtigstes Merkmal im Kampf um Ausbildungs- und Arbeitsplätze.

Dem Anpassungsdruck wird versucht, mit Flexibilität und Anpassungsfähigkeit zu begegnen. Den geringen Stellenwert, den Mobilität vor allem im Osten hat, sollte erhöhte Beachtung entgegengebracht werden, da er als Indikator für Bleibeverhalten genommen werden kann.

Das einmalige Erlernen eines Berufs oder das ständige Überprüfen und Wahrnehmen von Aus- und Fortbildungsmöglichkeiten wurde von uns in Hinblick auf das Ausbildungs- und Berufsverhalten abgefragt. So glauben 44,7% im Osten und 28,7% im Westen, daß das, was man nach der Schule in der Ausbildung lernt, das ganze Leben bestimmt. Daß dem nicht so ist, behaupten 38,9% (Osten) und 53,9% (Westen). Ein ständiges Ausschauhalten nach anderen Möglichkeiten halten 78,8%/76,8% (Osten/Westen) für richtig, ca. 10% für falsch. Lebenslange Anpassung an vorgegebene Arbeitsstrukturen ist im Westen selbstverständlich, zumindest für 60% der Befragten, Orientierung an anderen Möglichkeiten ein Muß. Dieses Verhalten teilen sie mit den Landjugendlichen Ostdeutschlands, denen allein durch die Härte der Verhältnisse kaum etwas anderes übrigbleibt. Das Vertrauen auf ausreichende Schul- und Berufsausbildung ist im Osten noch eher gegeben. Immerhin knapp die Hälfte der Befragten setzen hier (noch) auf Bildungsoptimismus und Formalqualifikation.

Zentriert man den Selbstwert und das Bewältigungsverhalten der Befragten, so ergibt sich insgesamt eine sehr positive Ausgangslage; die überwiegende Mehrheit der Jugendlichen akzeptiert sich und traut sich einiges zu. Der eher ausgeprägte Selbstwert findet sich jedoch in eine eher als schlecht befürchtete Zukunft eingebettet, der man - aber vor allem frau - dann auch mit vermehrten Bildungs- und Ausbildungsanstrengungen zu begegnen versucht. Dies gilt in besonderem Maße für Mädchen und junge Frauen. Allerdings ist dies auch die Gruppe, die die geschilderte Situation am ehesten nicht mehr bewältigt und sich trotz der Anstrengungen am ehesten nutzlos fühlt.

Im folgenden Abschnitt werden die Integration der Jugendlichen im und die Partizipationsmöglichkeiten am Dorf und in der Region analysiert. Dorf und Region sind sowohl für Ausbildung, Bildung und Arbeit bedeutsam, aber auch für die soziale Integration von Kindern und Jugendlichen. Dazuhin war der Umgang der Jugendlichen mit der sozialen Kontrolle im Dorf ein Gegenstand unseres Vergleichs, der uns Auskunft über Integration und Partizipation von Jugendlichen in der Erwachsenenwelt des Landes gibt.

Die Seßhaftigkeit und Verbundenheit mit der Herkunftsregion ist ein wichtiger Indikator für die Bleibeorientierung beim gegenwärtigen Mobilitätsdruck, der einerseits aus dem anhaltenden Mangel an Arbeits- und Ausbildungsplätzen und andererseits aus nicht seltenen kulturellen und sozialen Infrastrukturproblemen entsteht. Wie schätzen die Jugendlichen die Lebenslage Land ein? Wie erleben sie ihre Gemeinde? Welche Versuche zur Bewältigung der Lebenslage werden unternommen?

Die Seßhaftigkeit der Herkunftsfamilien in der Region steht außer Zweifel. Im Osten lebten 72,1% schon immer in der Region, im Westen sogar 81,9%. Zugezogen waren im Osten 25% und im Westen 17%. 40,7% der Jugendlichen im Osten wollen selber in der Herkunftsgegend bleiben, im Westen sind es weit mehr als die Hälfte, 61,8%. Hier zeigt sich deutlich, daß der Druck der Lebensbewältigung im Osten höher eingeschätzt werden muß, da 34,8% antworteten, vielleicht in der Gegend zu bleiben (Westen 25%). Dieses „vielleicht" hängt natürlich in hohem Maße von der Möglichkeit für Schule, Ausbildung und Beruf ab. Daß diese für viele Befragte nicht gegeben ist, zeigt, daß 13,4% bereits jetzt wissen, daß sie die Herkunftsgegend sicher verlassen werden (Westen 5,4%), während 11% dies noch nicht wissen (Westen 7,8%). Die Verbundenheit der Landjugendlichen mit ihrem Wohnort wird deutlich. Gleichzeitig aber ist eine Verunsicherung der Jugendlichen wie und ob sie am Ort bleiben können erkennbar, diese ist in den Untersuchungsgebieten verschieden stark ausgeprägt. Im Osten ist diese Verunsicherung sehr stark ausgeprägt. Dort wissen immerhin mehr als doppelt so viele Landjugendliche, daß sie ihren Herkunftsort verlassen müssen; im Osten trifft dies ca. jeden siebenten Jugendlichen im Westen jeden zwanzigsten.

Ein ausgeprägter Wille vor Ort zu bleiben, die hohe gefühlsmäßige Besetzung der Eltern sowie die Verwurzelung der Familie im Dorf sind eindeutige Kriterien, die für eine Bleibeorientierung sprechen. Flexibilität, Berufswunsch und die wenig zukunftsträchtigen Berufs- und Ausbildungsangebote sowie unzureichende Freizeitgelegenheiten hingegen „exportieren" die Jugendlichen aus ihrer gewohnten Umgebung. Es gibt in unserer Untersuchung nur ca. 3% Jugendliche, die die Stadt attraktiv finden, auch die unterstellte höhere „Freiheit" der Stadtjugendlichen scheint für die Landjugendlichen wenig attraktiv zu sein. Wenn man diese braucht, so ist es aufgrund der Mobilität in der Region in der Freizeit möglich, dorthin zu kommen, sich das zu holen was man braucht. Von daher ist es einsichtig, daß Jugendliche durch die sie umgebenden Verhältnisse eher vom Land gedrängt werden als daß sie aus eigener Motivation weg wollen. Dieses Weggehen kann temporären Charakter annehmen: Daß man weggeht um wiederzukommen, dem stimmen 55,2% im Osten und 53,6% im Westen zu. In dieser Zustimmung äußert sich die Hoffnung, mit einer in der Region nicht erhältlichen Ausbildung nach entsprechendem Qualifikationserwerb dorthin zurückzukommen.

Die regionale Orientierung von Jugendlichen zeigt sich auch darin, daß 60,8% im Osten und 65,6% im Westen ihre Freizeit gleich gern in der Heimatgemeinde und unterwegs in der Umgebung verbringen. Ca. 10% (Westen und Osten) bevorzugen die Heimatgemeinde und ca. 25% (Westen und Osten) die Umgebung. Allerdings weist die „Region" zwischen Ost und West starke altersspezifische und Entfernungsunterschiede, die Jugendliche dabei regelmäßig überwinden, auf. Mit fortschreitendem Alter vergrößert sich der regionale Aktionsradius, die Bewegungsfreiheit hängt von den benutzten Fahrzeugen ab. Indirekt zeigt sich auch die bessere Versorgung der Westjugendlichen mit Fahrzeugen, sie zeigen sich in allen Altersstufen mobiler, legen in früherem Lebensalter weitere Strecken zurück.

Neben der Umgebung sind es vor allem die „sozialen" Orte, die Anziehungskraft ausüben, deshalb haben wir in einer konkurrenten Reihe beide nebeneinander gestellt. Eindeutig haben die „sozialen Orte", vor allem FreundInnen und

Clique, für die Landjugendlichen Vorrang vor den topographischen. Das Dorf wird dabei mit noch weit stärkerer Bedeutung belegt wie die nächstgelegenen größeren Städte. Die Aufwertung der Sozialbeziehungen wiederum zeigt auch deren tendentielle Überlastung. In den Sozialbeziehungen wird die Kompensation für das gesucht, was der topographischen Umgebung fehlt. Die sozialen Orte können aber bestenfalls emotionalen Rückhalt liefern, wenn sie ihrerseits nicht nur Auffangbecken sind; sie können nichts abgeben, was sie nicht selbst von ihren TeilnehmerInnen erhalten.

Das Dorf ist zunächst vor allem für die Jüngeren, die noch keine Fahrzeuge haben, wichtig. Das Dorf als Gemeinwesen jedoch ist von zentraler Bedeutung für die Älteren, wobei dann die soziale Kontrolle sehr schnell negative Auswirkungen auf das Wohlfühlen vor Ort haben kann. Im Dorf gilt es, als Familie zusammenzuhalten, dies ist allen Landjugendlichen wichtig, dann fühlt man sich gut aufgehoben an seinem Wohnort, man würde aber gerne einiges anders machen. Dies unterlassen die Jugendlichen aber, weil sie glauben, auf die eigene Familie Rücksicht nehmen zu müssen. Neben dieser ausgeprägten Familienorientierung ist das Klima in den Dörfern aber meist so, daß sich „Jugendliche, wenn sie wissen was sie wollen", durchsetzen. Dies behaupten im Osten 69,4% (Westen 67,9%). Gleichzeitig betonen 36,8% (Westen 28,1%), daß man auf andere Rücksicht nehmen muß, wenn man was für sich will. Nur jeweils eine - wenn auch gewichtige - Minderheit glaubt, als Jugendliche im Dorf zurückstecken zu müssen (Westen 22,6%; Osten 16%). Eine Streitkultur im Dorf bescheinigen 85% im Osten und 77% im Westen. Interessant ist dabei die Ergänzung, daß jeweils über 75% der Befragten der Ansicht sind, daß „mehr für eine faire Konfliktregelung" getan werden müßte. Die Art und Weise der Konfliktaustragung, die Einseitigkeit der dörflichen Erwachsenenwelt spiegelt sich hier wieder und zeigt die schwache Stellung der Jugendlichen in Konflikten.

Der Selbstwert der Jugendlichen ist auch bei der „informellen" Konfliktregelung, „wenn Leute über einen reden", zu erkennen. Knapp 60% im Osten und 50% im Westen interessiert solches Gerede nicht, während 29% in den NBL und 36,8% in den ABL „mit den Leuten sprechen" wollen, jeweils 12,9% stekken bei solchem Tratsch zurück.

Eine andere Ebene, sich mit dem Dorf und der Region auseinanderzusetzen, ist der Blick auf vorhandene Probleme und die Möglichkeiten der Veränderung. Unzufriedenheit und Mangel äußern die Jugendlichen, wenn es um den Freizeit- und Kulturbereich geht. Daß es „wirklich öde auf dem Land" ist, sagen 15,4% im Osten und 4,1% im Westen, „wichtige Sachen gibt es nicht" für jeweils 20% aller Befragten, und schließlich meinen 30,1% im Osten und 17,1% im Westen, daß man „halt was aufbauen müßte". Nur ein Drittel im Osten, aber immerhin knapp 60% im Westen sagen, „es ist mehr los als man glaubt".

Vor diesem Hintergrund erhält die Integration in die dörflichen Vereine eine andere Aussagekraft. Knapp 80% im Westen und gut 40% im Osten sind Mitglieder in einem Verein. Hier ist im Westen der Ort wo man sich engagieren will, ein interessantes Angebot sucht und Fähigkeiten erwerben will. Im Osten steht eher das Freizeitangebot im Mittelpunkt. In keiner Befragtengruppe erhält die intergenerative Begegnungsmöglichkeit (Erwachsene treffen) jedoch mehr als 3-4%. Die Erwachsenen dominieren die Vereine, in denen sich die Jugendlichen ohne viel Partizipationsmöglichkeiten engagieren, so vor allem im Westen, im Osten dagegen sind zu wenige Vereinsangebote überhaupt festzustellen.

Das Dorf und die Region werden vor allem hinsichtlich der Lebensverhältnisse in Beruf und Freizeit thematisiert. Das soziale Gefüge ist für die Befragten in der Regel zu bewältigen, obgleich sie sich in Konfliktfällen häufig „überfahren" vorkommen, trotz allem wird der Streit im Dorf eher ausgetragen. Das Klima im Dorf wird vor allem im Westen bemängelt und für verbesserungswürdig erachtet. In einigen Punkten sind sich die Jugendlichen beider Befragungsgebiete gegenüber Dorf und Region einig: Es müßte mehr für Jugendliche getan werden und sie sollten bei mehr Fragen in die öffentliche Meinungsbildung einbezogen werden.

Zusammenfassend ergibt sich, daß Jugendliche in ländlichen Regionen der Gegenwart stark an ihrer Herkunftsregion orientiert sind, wenn diese sozialemotionalen Halt in Form von sozialer Integration in Gleichaltrigencliquen, Familie und Dorf bereitstellt. Neben den sozio-kulturellen Gelegenheitsstrukturen sind Partizipation und „faire" Konfliktregelung in der Region entscheidende Indikatoren für Bleibeorientierung. Die Bildungs- und Ausbildungssituation im ausgehenden 20. Jahrhundert übt jedoch einen gewaltigen Druck insbesondere auf Mädchen und junge Frauen aus, zumindest vorübergehend die ländliche Region zu verlassen. Die Bleibeorientierung scheint gegenwärtig jedoch so groß zu sein, daß mit erhöhter Lern- und Anpassungsbereitschaft versucht wird, auf die Veränderungen der Moderne zu reagieren. Familien, Freundschaften und Gleichaltrigencliquen werden dadurch zunehmend kompensatorische Funktionen übernehmen müssen, die häufig für diese einen überfordernden Charakter annehmen. Insofern erhalten regionenübergreifende sozio-kulturelle Gelegenheitsstrukturen wie die Jugendarbeit in ländlichen Regionen eine wichtigere Integrationsfunktion.

Jugendarbeit in der Region

Flächendeckende plurale Angebote zu erhalten und zu schaffen, Szenen zu unterstützen und Mobilität zu ermöglichen sind die zentralen Forderungen an die Jugendarbeit. Im Umgang mit Jugendlichen bleibt es wichtig, den vorhandenen Selbstwert der Jugendlichen zu stützen, geschlechtsspezifische Angebote bereitzuhalten und die Region als Ressource zu berücksichtigen (z.B. durch überlokale Kooperationen), d.h. Konflikte offenzulegen und Partizipation von Jugendlichen zu ermöglichen.

Sozial-emotionaler Halt und Bleibeorientierung sind Resultanten aus Selbstwert, sozialer Einbindung und sozio-kulturellen Möglichkeitsstrukturen der Region, also von Gleichaltrigengesellung, Partizipation und Mobilität und den Möglichkeiten, jugendeigene Räume zu besetzen und auszugestalten. Dazu gehört auch der transparente Umgang mit Generationenkonflikten, die Auseinandersetzung mit der sozialen Kontrolle der Sozialform Dorf und die Anerkennung der Dienstleistungen, die Jugendliche für diese Sozialform erbringen. Daß dies nicht mehr überwiegend von herkömmlichen Vereins- und Verbandsstrukturen zu leisten ist, sondern offener Angebote bedarf, ist ein Gebot der Zeit.

II. Jugendarbeit als Lebensort

Nachdem wir uns so an der Jugend vergewissert haben, können wir die konzeptionellen Grundbegriffe einer Jugendarbeit als Lebensort - Bedürftigkeit, Milieu, pädagogischer Bezug - aufschließen. Im entsprechenden Beitrag von Lothar Böhnisch wird deutlich, daß diese Prinzipien nicht psychologisierend sind, sondern sozial gerichtet und jugendkulturell vermittelt. Sie bezeichnen also soziale Interaktions- und pädagogische Aufforderungsstrukturen, in denen Jugendarbeit von den Jugendlichen und ihren Befindlichkeiten her entwickelt werden kann. Daß diese Prinzipien Jugendarbeit strukturieren können, zeigen die Praxisarbeiten von Barbara Wolf und Thomas Seifert auf - je unterschiedlich, aber auf komplementäre Weise: Sie bestätigen sich im Alltag der Jugendhausarbeit genauso wie in den alltäglichen Beziehungen zwischen JugendpädagogInnen und Jugendlichen. Dabei kommt in dem empirisch breit abgestützten Beitrag von Wolf gut heraus, wie die Jugendlichen die Milieuorientierung in die Jugendhäuser „hineintragen" und welche alltagstypischen, räumlichen und zeitlichen Bezüge der Jugendeinrichtungen von ihnen abgefragt werden. Seiferts in teilnehmender Beobachtung erschlossene Untersuchung der interpersonalen Beziehungen zwischen JugendarbeiterInnen und Jugendlichen im Jugendhausmilieu können überdies typische Segmente des „Pädagogischen Bezugs" herausarbeiten und jugendpädagogisch strukturieren.

Die milieugestützte Individualität und Gegenseitigkeit in der Jugendarbeit wird von den Jugendlichen genutzt, um zu sich selbst zu kommen und ihre Befindlichkeit, ihrem „Wesen" (A. Flittner) Ausdruck zu geben. Dabei hat sich wieder gezeigt - wie schon beim Beitrag zur Technokultur offensichtlich - daß die Jugendlichen dies über die Kreation von Stilen und Symbolschablonen tun und auch über die Symbole direkt miteinander kommunizieren. Karsten Fritz stellt diese Symbolwelt dar und vermittelt uns, wie diese medial entfaltet und erweitert werden kann und welche Ausgangs- und Strukturierungshilfen die medienpädagogische Arbeit in den Jugendeinrichtungen dabei leisten kann. In diesem Sinne kann durchaus gefolgert werden, daß Selbsttätigkeit einfordernde Medienangebote eine wichtige Funktion in der pädagogischen Balance von Offenheit und Halt haben können. Denn um Halt bieten zu können, muß man Jugendlichen Gelegenheiten - eben mediale - auftun, in denen sie sich erkennen, gegenseitig spiegeln und „ihre Welt" sichtbar und abgrenzbar machen können.

Da Milieuorientierung und pädagogischer Bezug vor allem auf die sinnlich-emotionalen Befindlichkeiten und Bedürftigkeiten zielen, kann die geschlechtsspezifische Perspektive - die ja vor allem emotional strukturiert ist - in eine sich als Lebensort begreifende Jugendarbeit organisch eingebunden und in ihr entfaltet werden. Denn Mädchen- und Jungesein sind ja zuvörderst Befindlichkeiten und können in diesem Milieubezug der Jugendarbeit als solche freigesetzt, die in Institutionen und Öffentlichkeit vorgegebenen Geschlechterrollen hingegen zurückgedrängt werden. In dieser Perspektive wird es auch möglich, die tradierte Außenorientierung von Jungen und jungen Männern zumindest fallweise zu durchbrechen und sie zu ihrem Selbst gelangen zu lassen. In Lothar Böhnischs Beitrag zur aufsuchenden Arbeit mit Straßenjungen wird in diesem Verständnis dargestellt, welche Schwierigkeiten männliche Jugendliche in beschädigten Lebensverhältnissen bewältigen können, wenn sie den „Beziehungsanker" Jugendarbeit ergreifen und sich - frei von Cliquendruck - in ihrer versteckten Individualität öffnen können. Berith Möller geht da allerdings für die Mädchenarbeit weiter. Sie entwickelt in der Milieuperspektive eine Konnotation von Parteilichkeit und Geborgenheit, in der sich das Schlüsselproblem aller Mädchenarbeit, die realen Alltagsbefindlichkeiten mit einer für die Mädchen nicht immer sichtbaren Emanzipationsperspektive zu vermitteln, thematisierbar ist.

Daß die Schule mit milieubezogenen pädagogischen Orientierungen durchaus ihren Bildungs- und Sozialraum gestalten könnte, macht der Beitrag von Wilfried Schubarth sichtbar. Wenn die Schule wie hier einmal von ihren milieubildenden Möglichkeiten her gesehen wird, wird sie für die Diskussion mit der Jugendarbeit wesentlich kommunizierbarer als dies in den üblichen gegenseitigen negativen Zuschreibungen von Jugendarbeit und Schule geschieht. Jugendarbeit und Schule können im Gesamtzusammenhang der Befindlichkeit Jugendlicher und nicht nur in ihren institutionellen Segmentierungen gesehen werden.

Wer Jugendlichen Halt bieten und dabei noch in einem offenen Arbeitsfeld wie der Jugendarbeit als Professionelle(r) bestehen will, muß selbst im Berufsalltag Halt finden können. Mechthild Wolff versucht in ihrem Beitrag, die sozialpädagogische Berufspraxis differenziert darauf abzutasten, wo Ressourcen für individuelle und kollegiale Stützungen - von der Selbstreflexivität bis zum Team - aktivierbar und organisierbar sind. Hans Thiersch nimmt am Ende diesen Faden auf und plädiert für eine Anerkennung und Integration der persönlichen Zuwendungen und Selbstbefindlichkeit der MitarbeiterInnen in das sozialpädagogische Professionsbild. Erst in der gelingenden Balance von distanzierter Fachlichkeit und persönlicher Involviertheit kann sich die sozialpädagogische Profession in einer Jugendarbeit, die sich als Lebensort versteht, ausweisen.

Lothar Böhnisch

Grundbegriffe einer Jugendarbeit als „Lebensort"

Bedürftigkeit, Pädagogischer Bezug und Milieubildung

In dem Überblickstext zur Geschichte und dem neueren Diskussionsstand der Jugendarbeit ist deutlich geworden, daß die Jugendarbeit sich im Verlaufe ihrer Professionalisierung mehr an der „äußeren" Jugendkultur denn an der inneren Befindlichkeit der Jugendlichen orientiert hat. Bis heute findet man in der Literatur zur Jugendarbeit wenig Auskunft darüber, was in den Jugendlichen vorgeht, mit welchen leibseelischen Befindlichkeiten die Jugendlichen in die Jugendarbeit kommen und wie diese Befindlichkeiten sich in der Jugendarbeit Beziehung zu den JugendarbeiterInnen ausdrücken. In dieser Hinsicht macht auch die vom Verfasser in den 80er Jahren mitgestaltete Schrift „Wozu Jugendarbeit" (Böhnisch/Münchmeier 1987) keine Ausnahme.

Jugendliche schienen auch in ihrem Selbst in der Jugendkultur der Gleichaltrigen aufgehoben und Jugendarbeit verstand sich eben als organisierte Jugendkultur. Erst als in der Jugendarbeit in den letzten Jahren erkannt wurde, daß es nicht nur Cliquen, sondern immer wieder auch Individuen sind, die im Raum Jugendarbeit ein schützendes Milieu und in den JugendarbeiterInnen Bezugspersonen für sich selbst suchen, rückte die individualitätsbezogene Seite der Jugendarbeit, die sonst meist durch die Gruppenorientierung überformt war, in den Vordergrund. Selbstwertstärkung (Empowerment) wird nun zum pädagogischen Ziel.

In der Entwicklungspsychologie wird die Dimension des Selbstwerts im Kontext der Selbstkonzeptbildung in zwei Komponenten thematisiert. Dabei bezieht sich die kognitive Komponente auf das Wissen, daß man von sich hat, die Selbstwahrnehmung seiner eigenen Fähigkeiten. „Die affektive Komponente des Selbstkonzepts wird unter anderen erfaßt als Selbstwertgefühl bzw. Minderwertigkeitsgefühl (...) und als Selbstvertrauen" (Oerter 1987, S. 297). Die Jugendarbeit reklamiert für sich vor allem die Zuständigkeit für die sozialemotionale Dimension (affektive Komponente), verknüpft diese aber meist aber sofort mit der Dynamik der Gleichaltrigenkultur. Diese „äußeren", jugendkulturellen Bedingungen der Verbindung von emotionalem und sozialem Lernen herzustellen, gehört auch weiterhin zum Handwerk der Jugendarbeit. Es ist aber

155

das, was die Jugendlichen voraussetzen, wenn sie zur Jugendarbeit kommen. Was sie sonst noch suchen liegt aber in ihrem Inneren. Dies hat im Grunde erst die fortschreitende Individualisierung der Jugendphase ans Licht gebracht: Die Bedeutung der individuellen leibseelischen Befindlichkeit als Medium des Antriebs und der Steuerung des Handelns Jugendlicher wird über die Biografisierung der Jugendphase stärker freigesetzt denn je. Es gibt nicht mehr die kollektiven Jugendmilieus, in denen das Jugendalter einen verläßlichen und sicheren Kontext, einen gesellschaftsabgewandten Entwicklungsraum (Moratorium) bildete. Die Jugendlichen sind auf sich gestellt und oft mit sich allein.

Die leibseelische Befindlichkeit ist durch die Pubertät strukturiert. Sie bleibt der emotionale Kristallisationspunkt der Jugendphase, auch wenn sich die äußere (sozialkulturelle) Jugend entstrukturiert. Natürlich ist die Pubertät - trotz der Auffälligkeit der körperlichen und der darauf bezogenen seelischen Umbrüche - mehr als ein psychophysisches Phänomen. Grundlegend ist für die Triebdynamik dieser Lebensphase, daß sie sozial gerichtet und von dem „sozialen Ort" (Bernfeld 1914/15) beeinflußt ist, dem der Jugendliche zugehörig ist. Sie ist also sowohl biografisch über das Selbst entwickelt, als auch auf die soziale Umwelt - libidinös besetzte Trennung von den Eltern und Suche nach neuen zu besetzenden Objekten außerhalb der Familie - bezogen: „Der Triebdurchbruch der Pubertät lockert die vorher in der Familie gebildeten psychischen Strukturen auf und schafft damit die Voraussetzungen für eine nicht mehr auf den familiären Rahmen bezogene Umstrukturierung der Persönlichkeit. (...) Das Auftreten der Menstruation bei Mädchen, sowie die Unbeherrschbarkeit des Phallus bei Knaben verändern das Selbstbild des Körpers und damit auch den Bezug zur Umwelt. Die Verselbständigung innerer und äußerer Objekte ist eine befremdende Erfahrung" (Erdheim 1988, S. 193ff.). Winnicott (1990) bezeichnet in diesem Sinne die Pubertät als Schwebezustand und Zeit der inneren „Unwirklichkeit" bei den Jugendlichen. Sie suchen sich selbst und ihre neue Beziehung zur Umwelt und haben nur sich selbst als narzißtischen Orientierungspunkt.

Die triebdynamische Pubertät verschränkt sich mit der soziokulturellen Repräsentanzebene, die unter dem Einfluß der sozialen Erwartungen der Erwachsenengesellschaft und mithin der Generationendynamik steht. Dort wird die innere Unwirklichkeit, indem sie nach ihrer eigenen äußeren Verwirklichung sucht, ins jugendkulturell Widerständige, Andere und auch Auffällige gedrängt. Aber gerade an der jugendkulturellen Auffälligkeit wird deutlich, daß die dahinter liegende pubertäre Triebstruktur des Jugendalters ihre Eigengerichtetheit hat, die sich so in der „Identitätskrise" (Erikson 1966) des Jugendalters äußert. Und je mehr soziale Probleme in das Jugendalter hineinreichen, je stärker Identitätsentwicklung und soziale Problembewältigung sich ineinander vermischen, desto spürbarer tritt die triebgesteuerte leibseelische Befindlichkeit, verstärkt durch die Biografisierung, hervor. Damit ist auch die geschlechtstypische - männliche und weibliche - Identitätsdimension sozial folgenreicher freigesetzt als in traditionellen Entwicklungskontexten, in denen die Geschlechterrollen vorgegeben und die geschlechtsspezifischen Identitätsprobleme verdeckt waren.

Diese leibseelischen, geschlechtstypisch strukturierten Zustandsbefindlichkeiten Jugendlicher, in denen sich Ungewißheit, Unwirklichkeit, Minderwertigkeit, Omnipotenzgefühl und Selbstbehauptung gleichermaßen mengen, will ich mit dem Begriff der Bedürftigkeit kennzeichnen. Es ist wohlgemerkt kein therapeutischer Begriff, denn er bezeichnet nicht ein Defizit oder eine einseitige Abhängigkeit, sondern einen inneren Antrieb, ein Suchen nach dem eigenen Selbst bei sich und bei den anderen und in der Spannung zu den gesellschaftlichen Erwartungen, die an die Jugendlichen gerichtet sind. Natürlich macht dieser Begriff jugendtheoretisch nur Sinn, wenn man ihn in der Spannung zum Streben nach jugendkultureller Selbständigkeit definiert, in der er steht. Durch diese jugendkulturell zelebrierte Selbständigkeit, wie sie sich vor allem in der Gleichaltrigenkultur ausdrückt, ist diese Bedürftigkeit dem Blick der Jugendpädagogen oft entzogen, genauso wie sie den Jugendlichen selbst oft nicht bewußt ist. Sie fühlen sich zwar unwohl, spalten dies aber in der Regel über die Gleichaltrigenkultur ab. Erst wenn der/die Jugendliche dem Druck der Gleichaltrigenkultur entronnen ist, bricht es aus ihm heraus. In der Praxis der offenen Jugendarbeit gibt es genug Beispiele dafür: Jugendhäuser werden in ihrem Alltag so gestaltet, daß Milieubezüge entstehen können, in denen ohne Cliquendruck Bedürftigkeiten artikuliert und „andere Erwachsene" (s. u.) gesucht werden können. Hat der Einzelne eine von der Clique geschützten Raum des Vertrauens (vgl. den Beitrag von Seifert i. d. Bd.), dann kann er auch über die Angst vor Verlust und neuen Bindungen, über Selbstzweifel aber auch Selbstsuche, über Ausgesetztsein und regressive Wünsche in einer Art und Weise sprechen, wie es die einander aufschaukelnde und konkurrierende Gleichaltrigengruppe nicht zuläßt.

Dabei sind es nicht nur die Jungen, die in ihrer gespaltenen Suche nach männlicher Geschlechteridentität diese Bedürftigkeit in der Jugendarbeit ausleben können (was ihnen sozial der gesellschaftlich erwarteten männlichen Geschlechtsrolle oft verwehrt ist). Gerade auch die Mädchen erhalten Raum für ihre Bedürftigkeiten (wenn sie sich in der Pubertät mit dem zwiespältigen Bild der Frau und dem damit verbundenen Verlust der Mutter konfrontiert sehen), in dem sie sich nicht mehr zurücknehmen müssen, sondern diese Bedürftigkeit auch sozial mitteilen können.

In dem modernen Grundmuster der Sozialisation - schon in der Jugend gesellschaftlich offen und verfügbar, options- und risikobereit zu sein und gleichzeitig mit sich selbst identisch und bei sich selbst sein - sonst klappt das mit der Offenheit nicht -, hat sich die Spannung zwischen Selbständigkeit und Bedürftigkeit bei der Jugend verstärkt, denn die Mehrheit der Jugendlichen entwickelt sich nicht wie nach dem klassischen Modell des Moratoriums phasenverschoben - erst Identität erreichen dann in die berufliche und soziale Zukunft schauen -, sondern die meisten müssen heute gleichzeitig Identität erlangen und soziale

Probleme bewältigen (Bildungs- und Ausbildungskonkurrenz, Arbeitslosigkeit, Mithalten in der Gleichaltrigenkultur) bevor sie überhaupt innerlich fertig sind. Kein Wunder, daß das Es herausbricht und steuert: Regressionen, Bindungsunsicherheiten, Zukunftsängste wechseln mit neurotischen Konstellationen: In Schule und Ausbildung ist man unauffällig, das krisengesellschaftliche Über-Ich wirkt: Hauptsache ich komme durch, bekomme Arbeit, egal wie und welche, dafür befreie ich mich in der Konsum- und Spaßkultur, in der ich mich als Jugendlicher genauso oder gar noch besser austoben kann, als die Erwachsenen. Das ohne Störung auszubalancieren gelingt aber nicht allen Jugendlichen, vor allem nicht denen, die wenig materielle und/oder emotionale Unterstützung von ihrer Herkunftsfamilie bekommen oder in der durchschnittlichen Gleichaltrigen- und Konsumszene keinen sozialen Anschluß finden. „Bedürftigkeit" meint vor diesem Hintergrund - nun sozial erweitert - einen triebunterlegten, leibseelischen Spannungszustand, der sich in seiner sozialen Gerichtetheit nicht unbefangen aus der Befindlichkeit des Jugendlichen entfalten kann, sondern früh auf soziale Bewältigungsprobleme (die aus der Krise der Erwachsenengesellschaft herrühren) trifft. Energien, die der Entwicklung dienen, werden gebunden, Hilflosigkeit und Narziß liegen eng beieinander. Jugendliche sind einer gesellschaftlichen Umwelt ausgesetzt, die ihnen wenig von ihrer Befindlichkeit zurückspiegelt, sie kaum sozial experimentieren läßt und unter unerklärten und unverstandenen Druck setzt.

Es wurde schon darauf hingewiesen, daß jugendliche Bedürftigkeit sich vor allem auch deswegen so entwickelt hat, weil inzwischen auch das Jugendalter hoch biografisiert und diese Bedürftigkeit geradezu Ausdruck dieser Biografisierung ist. Jugendliche können sich nicht mehr auf den tradierten und selbstverständlichen gesellschaftlichen Kontext der Jugendphase mit ihren vorgegebenen sozial abgeschirmten Statuspassagen verlassen, sondern müssen ihr Leben früh selbst in die Hand nehmen. Im Vordergrund der Lebensbewältigung steht nun die individuelle Frage, wie ich am Ball bleibe und so durch- und weiterkomme, daß es mir gegenwärtig gut geht und ich für die Zukunft dennoch eine Perspektive habe. Damit erhält die implizite Orientierung an Entwicklungsaufgaben (Havighurst 1974), welche durch die Ablauflogik einer mittelschichtigen Jugendkarriere strukturiert sind (und an denen sich die Jugendpädagogik traditionell orientiert), einen unübersehbaren Riß. Denn wenn man diese Entwicklungsaufgaben (in ihrer Erweiterung bei Oerter 1987, S. 276f.) unter dem Aspekt des biografisierten Bewältigungsdrucks durchdiskutiert, so ergibt sich eine neue und brisante Entwicklungs- und Bewältigungsmischung, die bei den einzelnen Jugendlichen je verschieden ausfällt, bei der aber Risiken und Chancen eng beieinander liegen. Im folgenden soll deshalb versucht werden, in diesem sozial erweiterten Sinne Bedürftigkeitskonstellationen im heutigen Jugendalter zu operationalisieren. Bedürftigkeit ist so gesehen eine asymmetrische psychosoziale Konstellation. Sie bildet sich in der ungewissen Spannung zwischen triebbesetzter Entwicklungsdynamik (vereint mit jugendkultureller Unbefangenheit) und gesellschaftlichen Erwartungen an die Jugend (vermittelt über Entwicklungsaufgaben), die durch unübersichtliche soziale Bewältigungsprobleme destrukturiert und belastet werden:

- Jugendliche sollen ihre eigene körperliche Erscheinung in und nach der Pubertät akzeptieren, mit ihrem Körper bewußt umgehen, um mit ihm in Zukunft haushalten zu können. Gleichzeitig aber stehen sie unter Bewältigungs- und Mithaltestreß, suchen Auswege, um zu Wohlbefinden und Selbstwertsteigerung über frühes Risikoverhalten (z. B. gegen sich selbst gewandtes Sucht- und Gewaltverhalten) zu gelangen.

- Sie sollen weiter ihre Geschlechterrollen finden. Die Biografisierung mit der Folge des Stärkerausgesetztseins hat nun aber die Problematik des Mann- und Frauseins in der Pubertät spürbarer freigesetzt. Man wächst nicht mehr in vorgeprägte Geschlechterrollen hinein, man muß seine Männlichkeit und seine Weiblichkeit selbst definieren, klammert sich an tradierte Muster, sucht Vorbilder und spürt, wie man in den Verstrickungen des bisherigen Junge- und Mädchenwerdens seit der Kindheit befangen ist.

- Neue - das heißt selbständige - außerfamiliale Sozialbeziehungen sollen über Gleichaltrigenkontakte erworben werden. Aber auch die Gruppen der Gleichen (Peers) sind inzwischen auch von Ökonomisierung und Utilitarisierung der gesellschaftlichen Beziehungen erfaßt. In manchen Gruppen herrscht Konkurrenzdruck, wird Individualität blockiert und immer wieder entsteht Gewalt zwischen Jugendgruppen, Gewalt zwischen Jugendlichen untereinander.

- Man soll sich von den Eltern loslösen und emotionale Unabhängigkeit erwerben. Heute aber suchen viele Jugendliche angesichts des Ausgesetztseins und frühen Bewältigungsdrucks die emotionale (und nicht nur materielle) Unterstützung durch die Eltern weit über die engere Jugendzeit hinaus. Die Jugendlichen-Eltern-Beziehungen werden ambivalent: Einerseits bieten die Eltern Halt, andererseits ist die Enttäuschung an den Eltern dann groß, wenn man merkt, daß sie schon mit sich selbst nicht zurecht kommen.

- Nach der Pubertät steht die Vorbereitung auf die berufliche Karriere an. Bildungs- und Ausbildungskonkurrenz, prinzipiell absehbare Arbeitslosigkeit und Berufsunsicherheit - bei weiter bestehender Berufsillusion - lassen die Berufsorientierung anomisch und unübersichtlich werden. Eine „ist ja sowieso umsonst"-Mentalität und die aufrechterhaltene biografische Option stehen oft unverbunden nebeneinander. Dies kann die Herausbildung der biografischen Integrität beim Eintreten ins Erwachsenenalter gefährden.

- Die Jugendlichen sollen in ein sozial verantwortliches Handeln, in eine kommunitäre Gesinnung (Engagement für das Gemeinwohl) hineinwachsen. Gleichzeitig macht sich bei Jugendlichen angesichts der mit sich selbst beschäftigten (ebenfalls biografisierten) Erwachsenengesellschaft ein Gefühl des Nichtgebrauchtwerdens breit. Die Shell-Studie 1997 spricht nicht nur von einer Politikverdrossenheit der Jugend, sondern genauso von einer Jugendverdrossenheit der Politik und Gesellschaft.

- Als weitere, mit der vorigen Entwicklungsaufgabe verbundene, gilt der Aufbau einer humanistisch-ethischen Perspektive im sozialen Handeln. Dazu gehört gerade auch die Fähigkeit, sich in andere hineinversetzen zu können, andere zu akzeptieren, um selbst sozial anerkannt zu sein. Gestörter Selbstwert, Aufbrauchen der psychosozialen Energien für frühe Bewältigungsanforderungen und Ritualisierung von Risikoverhalten verhindern aber oft die Orientierung an notwendiger sozialer Gegenseitigkeit. So ist es auch nicht verwunderlich, daß bei manchen Jugendlichen und Cliquen soziale Gegenseitigkeit nur durch Abwertung Anderer, Schwächerer, entstehen kann.

- Eigengestaltete Intimität (in Ablösung von der Familie) und Sexualität soll den Jugendlichen nach der Pubertät gelingen. Was aber, wenn diese Intimität unter Druck gerät, wenn die endlich gefundene intime Beziehung alle Bewältigungsprobleme auffangen, „es unbedingt bringen" muß? Aufbau und Überforderung der intimen Beziehung geben sich bei Jugendlichen heute die Klinke in die Hand.

- Die Jugendlichen sollen eine realistische Zukunftsperspektive entwickeln. Früher, in der klassischen Jugendpädagogik, hieß es für die Jugendzeit: „Heute etwas leisten, auf etwas verzichten, damit man später etwas hat". Nun scheint sich das Bild gedreht zu haben: „Heute sich etwas leisten, auf nichts verzichten, weil man nicht weiß, was später einmal sein wird". Jugendliche spüren, daß die Modelle des Arbeitens und der Lebensführung, in die sie heute hineinerzogen werden, später - angesichts des rapiden Wandels der Arbeitsgesellschaft - nicht mehr realistisch sind.

- Jugendliche müssen - wenn sie nicht mehr auf die Statuspassage Jugend vertrauen können - Zukunft in der Gegenwart aufbauen können, d. h. in ihrem jugendkulturellen Kontext ernst genommen werden. Dazu gehört aber auch, daß Erwachsene das Generationenverhältnis ernst nehmen und sich Jugendlichen offen stellen. Jugendliche erleben dagegen Erwachsene, die sich an ihre Status- und Machtpositionen klammern, weil sie selbst Angst haben, ihre berufliche und soziale Sicherheit zu verlieren.

Diese Brüche, Ambivalenzen und Anomien in der Wirklichkeit des Umgangs mit den Entwicklungsaufgaben konstituieren jene Bedürftigkeiten, die sich quer durch das Jugendalter ziehen. Sie sind bei den einen ausgeprägter als bei den anderen. Die Jugendarbeit kann dieser Bedürftigkeit - ihrem Ausleben und ihrer Selbstthematisierung - Raum geben und sie in die soziale Umwelt vermitteln. Die besondere Qualität dieses Raumes soll im folgenden mit den Begriffen des „Milieus" und der „Milieubildung" beschrieben werden. Diesen Milieubezug zu schaffen und sozialisatorisch zu begründen ist aber nur die eine Seite einer befindlichkeitszugewandten Jugendarbeit. Die andere Seite entwickelt sich in der Interaktion zwischen JugendarbeiterInnen und Jugendlichen, in der sich die Integrationsthematik den Jugendlichen anders aufschließt, als in den erwachsenenzentrierten Institutionen der Bildung und Ausbildung und in der kommunalen Öffentlichkeit. Diese interaktive Dimension soll mit dem Begriff des „Pädagogischen Bezugs" aufgeschlossen und strukturiert werden.

Der Pädagogische Bezug

In Gruppendiskussionen mit JugendarbeiterInnen, die ich von 1992-1995 in Projekten aufsuchender Jugendarbeit und Krisenintervention durchgeführt habe, wird durchgängig deutlich, daß sich neben den funktionalen Arbeitsbezügen - Angebote entwickeln, Räume eröffnen, Kontakte und Informationen vermitteln und gegenüber Institutionen abschirmen - ein spezifischer „Pädagogischer Bezug" ausgebildet hat. Die MitarbeiterInnen kommen bei der Darstellung ihrer Alltagsbezüge zu den Jugendlichen und der Beantwortung der Frage, was sie denn ihrer Meinung nach für die Jugendlichen bedeuten, immer wieder auf den Punkt, daß sie die Erfahrung gemacht hätten, daß sie von den Jugendlichen „als Erwachsene" gesucht wurden und werden. Natürlich nicht als die Art von Erwachsenen, wie sich Eltern, Lehrer oder öffentliche Autoritäts- und Kontrollpersonen für die Jugendlichen darstellen, sondern eher als solche, welche die Jugendlichen in ihrer jugendkulturellen Eigenart verstehen und belassen können und trotzdem ihnen als zu respektierende Erwachsene begegnen, an denen sich die Jugendlichen orientieren können, an denen sie vieles beobachten und für sich übersetzen können, was sie zum Erwachsensein hinzieht, auch wenn sie jugendkulturell selbständig und in Distanz (oder gar Opposition) zur Erwachsenenwelt sind: Wie verhalten sich die MitarbeiterInnen in Konfliktsituationen, gegenüber ihren Partnern, wie geben sie sich in ihrer Lebensführung, welche Standpunkte beziehen sie, wie weit kann man bei ihnen gehen etc. Es ist eine Beziehung, die von den Mitarbeitern nicht so ohne weiteres nur als Vorbildbeziehung auf der einen oder gar Kumpelbeziehung auf der anderen Seite empfunden wird. Vor allem gegen den Begriff „Kumpel" wehren sich die MitarbeiterInnen vehement. Denn hier haben manche von ihnen negative, d. h. vor allem persönlich überfordernde Erfahrungen gemacht: Sie haben gelernt, daß die Kumpelrolle - ob sie nun die Mitarbeiter den Jugendlichen „anbieten" oder ob sie sich die Jugendlichen selbst „herausnehmen" - jene spezifische Balance von Distanz und Nähe zerstört, welche diese besondere Erwachsenenrolle verlangt. Dies wird besonders dann plausibel, wenn es um die „alltägliche Herausforderung" offener Jugendarbeit geht. Es ist die Frage nach den Grenzen: Wie, wo und wann muß ich im Umgang mit den Kids und Jugendlichen Grenzen setzen? Aus der Kinder- und Jugendsoziologie wissen wir, daß das Experimentierenkönnen mit Grenzen jugendkulturell typisch und das interaktive Setzen von Grenzen pädagogisch zentral ist. Die ProjektmitarbeiterInnen nehmen in diesem Zusammenhang für sich in Anspruch, daß sie in ihrem pädagogischen Aufgabenverständnis mit Grenzen anders umzugehen haben als Erzieher in relativ geschlossenen Einrichtungen oder Lehrer in der Schule. Denn nicht (wie dort) über Regeln, institutionelle Kontrolle oder Sanktionen darf das in den Projekten geschehen, sondern über Aushandeln, Kommunikation, Auseinandersetzung und Vorbildfunktion. Eine Reihe der MitarbeiterInnen haben den Eindruck, daß die Jugendlichen diesen besonderen „Pädagogischen Bezug", die Orientierung an der erwachsenen aber auch jugendzugewandten Persönlichkeit des Mitarbeiters/der Mitarbeiterin suchen, auch wenn sie das oft nicht so ausdrücken.

Im Begriff des Pädagogischen Bezugs steckt eine zentrale pädagogische Annahme, wie sie Herman Nohl bereits in den 20er Jahren formulierte: Er hat darauf hingewiesen, daß in der Entwicklungsdimension des Kindes- und Jugendalters eine pädagogische Aufforderungsstruktur enthalten ist, welche sich nicht nur an der Gleichaltrigen-, sondern auch an der Erwachsenenperspektive des Jugendalters ausrichtet. Nohls zentrale These dabei ist, daß die besondere pädagogische Entwicklungsgesetzlichkeit des Jugendalters darin besteht, daß Jugendliche über ihre Jugend einen noch nicht gekannten aber entwicklungsthematisch erahnten Erwachsenenstatus anstreben und dazu die eigenständige Jugendkultur sowie die „relevanten" Erwachsenen gleichermaßen benötigen. Die pädagogische Interaktion ist also von seiten der Erziehenden nicht nur funktional ausgerichtet (Erzieherrolle), sondern ist - eben im Sinne dieses Pädagogischen Bezugs - personale Teilhabe der Erwachsenen an der Entwicklungsthematik Jugend wie Teilhabe des Jugendlichen an der Thematik des Erwachsenseins in der sensiblen Balance von jugendkultureller Distanz und personaler Nähe (Nohl 1933).

Nohl hatte in seiner konzeptionellen Herleitung des „Pädagogischen Bezugs" noch den Lehrer im Sinn. Er wollte aufzeigen, daß Schule nur dann jugendgerecht sein kann, wenn die Lehrer sich neben ihren funktionalen Unterrichtsaufgaben in diesen „Pädagogischen Bezug" einlassen und neben der funktionalen Lehrerrolle ihr persönlich-pädagogisches „Lehrersein" annehmen und gestalten. Für mich ist dieser begriffliche Zusammenhang auch dafür geeignet, die typische pädagogische Dimension der Jugendarbeit herauszuarbeiten und strukturieren zu können. In diesem Sinne haben wir in Anlehnung an Nohl den Begriff des „Jugendarbeiterseins" (oder auch „Sozialarbeiterseins") eingeführt, in der sich dieser Pädagogische Bezug ebenfalls konstituiert. Wir wollen deshalb dem Nohl'schen Begriff noch theoretisch etwas intensiver nachgehen, um ihn zu festigen und so auch für die dringend notwendige pädagogische Wiederbelebung der Professionalisierungsdiskussion in der Jugendarbeit „haltbar" machen zu können.

Für Nohl war die öffentliche Erziehung ein institutionelles und organisatorisches Mittel, mit dem die Gesellschaft ihre Jugend - ihrem Übergangsstatus entsprechend - auf die Bahnen der zukünftigen funktionalen Erwartungen und Anforderungen lenkt. *Wie* sich die Jugend aber als Jugend in die Gesellschaft hineinentwickelt, wie Jugendliche das Erwachsenwerden als Persönlichkeitsprozeß erleben und vollziehen, wie sie es als biografische Gegenwart und Zukunft gleichermaßen erfahren, das erschloß und verwirklichte sich für Nohl nicht in den funktionalen Lernprogrammen, sondern im „Pädagogischen Bezug", der sich zwischen lehrenden und erziehenden Erwachsenen und lernenden Heranwachsenden konstituiert. Er sah das erzieherische Verhältnis also als Generationenverhältnis besonderer Art an und schrieb diesem eine zentrale „pädagogische Wirkung" zu:

> „Die pädagogische Wirkung [entsteht aus, d. A.] einem wirklichen Menschen mit einem festen Willen, wie sie auch auf einen wirklichen Menschen gerichtet ist: die Formung aus einer Einheit. Das ist das Primat der Persönlichkeit in der Erziehung gegenüber bloßen Ideen [und, d. A.] einer Formung durch die Macht der Sache. Wenn wir älter werden, leben wir in sachlichen Interessen und in der Hingabe an objektive Aufgaben, aber im Erziehungsprozeß geht die Gestaltung unseres Lebens nur vor sich, wo wir uns Personen hingeben, in denen uns solche Aufgaben lebendig entgegenkommen, und auch dann wird nicht die Idee in ihnen gemeint, sondern immer der Mensch und seine persönliche ideale Form [...] und wir entnehmen aus ihnen weniger die Sache als die persönliche Art ihrer Vertretung" (Nohl 1933, S.21).

Der Pädagogische Bezug ist für den Jugendlichen „ein Stück seines Lebens selbst und nicht nur Mittel zu Erwachsenendasein" (Nohl 1933, S. 22), also Teil der jugendtypischen Befindlichkeit und Bedürftigkeit. An dieser entscheidenden Stelle seiner Argumentation erkannte Nohl, daß die spezifische Entwicklungsthematik des Jugendalters einen pädagogischen Aufforderungscharakter enthält, der sich in seiner Ambivalenz sowohl auf die Zukunftsdimension Erwachsenwerden als auch auf die Gegenwartsdimension Jugendkultur bezieht. Hier liegt auch der moderne Transformationspunkt des Nohl'schen Paradigmas. Jugendliche „suchen" Erwachsene, um sich an „Modellen" für das Erwachsenwerden gleichermaßen orientieren, aber auch gegenüber diesen abgrenzen zu können. Jugend schafft also lebensaltertypische pädagogische Aufforderungs- und Beziehungskontexte, in die der erziehende Beruf zwangsläufig eingebunden ist, auf die sich das „Sozialarbeitersein" bezieht. Nohl setzte diesen Pädagogischen Bezug ausdrücklich von der Elternschaft ab, die nur auf die anthropologisch-private Ebene verweist und rechnet ihn der öffentlichen Sphäre der Perspektive der Vergesellschaftung junger Menschen zu. Dennoch - weil eben das Konzepts des Pädagogischen Bezugs auf den Menschen in seiner Sinnlichkeit und Geschlechtlichkeit rekurriert - sind deutliche Rückbezüge zu den elterlichen Geschlechterrollen enthalten, dort aber „transzendiert".

Ein Pädagogischer Bezug kann sich also in der Jugendarbeit in dem Maße konstituieren, in dem der/die JugendarbeiterIn die Jungen und Mädchen in ihrem Jungsein und ihrem (noch ungerichteten) Erwachsenwerden über dieses Jungsein versteht und sich in diesem Verstehen als Erwachsene(r) mit eigenen persönlichen Angeboten, gleichzeitig aber auch mit in dieser Persönlichkeit lebensweltlich vermittelten eigenen Ansprüchen an die Jugendlichen darstellt. Den Jugendlichen muß die Möglichkeit gegeben sein, einen so weiten und offenen Zugang zur persönlichen Befindlichkeit der SozialarbeiterInnen zu haben, daß sie „an ihnen" lernen können, daß sie ihnen nicht nur Angebote als Resultate vorsetzen und sich dahinter verstecken, sondern ihnen Deutungsspielräume - mit Offenheiten und Grenzen gleichermaßen - zur personalen Verständigung ermöglichen. Der psychoanalytisch orientierte Schweizer Pädagoge Heinrich Meng hat dies einmal mit dem Begriff der „Entwicklung am anderen" beschrieben (1934, S. 165).

Gerade in der Gewaltthematik - ob nun in der Jugendarbeit oder in der Schule - wo es bei den Jugendlichen um massive Probleme des Nichtgebrauchtwerdens und der psychosozialen Orientierung geht, stoßen wir heute auf die Notwendigkeit der Wiedergewinnung des Pädagogischen Bezugs in der Figur des „relevanten und gesuchten" Erwachsenen, den die Jugendpädagogen für die Jugendlichen verkörpern (vgl. auch Hafeneger 1996b). In den Streetwork-Projekten ist diese Erkenntnis bei den SozialarbeiterInnen - so haben die Gruppendiskussionen gezeigt - längst präsent, die Gefahr ist nur, daß die daraus zu ziehenden Konsequenzen für Arbeitsfeld und Berufsbild professionell und institutionell übergangen bzw. nicht anerkannt werden. Die Professionalitätsdiskussion in der Jugendarbeit grenzt das Personale immer noch zu sehr vom Professionell-Funktionalen ab und drängt es damit oft zwangsläufig ins Pathologische (z. B. „burning-out-Syndrom"). Dabei geht es bei der Dimension des „Pädagogischen Bezugs" nicht nur um die Frage der persönlichen Generationenbeziehungen, sondern auch um das Geschlechterverhältnis als pädagogischem Verhältnis. Gerade dieses kann im „Pädagogischen Bezug" aus seiner Verdeckung im Alltagsgeschäft der Jugendarbeit herausgehoben und thematisiert werden.

Milieubezug und Pädagogik der Milieubildung

Diese interaktive Personalität des Pädagogischen Bezugs - so argumentieren wir heute aus den Erfahrungen sozialräumlicher Jugendarbeit heraus (vgl. dazu Böhnisch/Münchmeier 1993) - kann sich aber nur in entsprechenden räumlichen Settings, die emotionale Gegenseitigkeit zulassen, entfalten.

Schon unsere explorativen Zugänge hatten uns gezeigt, daß Jugendliche in den Projekten und Einrichtungen der Jugendarbeit auch Räume sehen, wo sie sozialen Anschluß bekommen und sozialemotionalen Rückhalt finden können. Wir haben versucht, diesen Zusammenhang mit dem Milieukonzept zu strukturieren und in einem Jugendservey, sowie qualitativen Studien über verschiedene Indikatoren, zu operationalisieren (vgl. dazu Drößler, Wolf und Seifert i. d. Bd.). Die empirischen Erhebungen haben dann auch die Tragfähigkeit und Bedeutungsbreite der Milieudimension sichtbar gemacht, weiter differenziert und gewichtet. Da wir uns mit dieser Perspektive - die in der ostdeutschen Umbruchsituation sicher signifikanter erscheint - Anstöße für eine konzeptionelle Neuorientierung der Jugendarbeit (in Richtung eines sozialemotional verdichteten und pädagogisch reflexiven Unterstützungssystems) versprechen, soll im folgenden das Konzept der Milieubildung sowohl in seiner theoretischen Begründung als auch in seinem empirischen Niederschlag und seinen pädagogisch-praktischen Konsequenzen vorgestellt werden.

Unter „Milieu" verstehen wir ein sozialwissenschaftliches Konstrukt, in dem die besondere Bedeutung persönlich überschaubarer, sozialräumlicher Gegenseitigkeits- und Bindungsstrukturen - als Rückhalte für soziale Orientierung und soziales Handeln - auf den Begriff gebracht ist. Milieustrukturen sind durch intersubjektive biografische und räumliche Erfahrungen charakterisiert und als solche hoch emotional besetzt. Ihr Vorhandensein, ihre psychosoziale Dichte und Geschlossenheit, aber auch die in ihnen vermittelte Spannung zwischen Individualität und Kollektivität entscheiden über die Art und Weise, wie sich Individuen der Gesellschaft gegenüber (ausgesetzt oder zugehörig) fühlen. Milieubeziehungen steuern also die Lebensbewältigung, strukturieren das Bewältigungsverhalten bei psychosozialen Belastungen und in kritischen Lebensereignissen. In Milieubezügen formiert sich aber auch Normalität und soziale Ausgrenzung, entwickeln sich Deutungsmuster über das, was als konform und was als abweichend zu gelten hat. Milieus steuern also auch die alltägliche Stereotypenbildung und die Bilder vom Fremden und Anomalen. Insofern braucht der Milieuaspekt, weil er strukturell zwangsläufig ambivalent ist, eine normative und mithin eine pädagogische Gewichtung: Milieugeborgenheit und -zusammenhalt dürfen nicht auf Kosten Anderer gehen, also nicht auf der integritätsverletzenden Abwertung von (meist schwächeren) Menschen gegründet sein.

Wir müssen deshalb zwischen offenen, demokratischen und regressiven, autoritären Milieubezügen unterscheiden. Bei all dem ist immer darauf zu insistieren, daß „Milieu" ein theoretisches Konstrukt ist, das nicht - wie in der Alltagssprache - verdinglicht werden darf. Wenn wir von Milieubezügen sprechen, meinen wir eine typische, von anderen Sozialbezügen abgrenzbare Struktur und besondere Qualität sozialen Zusammenlebens. Wir verbinden dabei aber weniger die Vorstellung von konkreten Sozialmilieus, wie z. B. das Dorf- oder Arbeitermilieu.

Der Milieubegriff ist - von seiner Begriffsgeschichte her - ein Begriff der Moderne mit bezeichnend wechselnden Konnotationen (vgl. dazu ausführlich Böhnisch 1994). Während dieser Begriff - auch in der Sozialpädagogik - zu Beginn des 20. Jahrhunderts eher negativ besetzt war, ist er erst im letzten Drittel dieses Jahrhunderts zum positiven Begriff geworden (vgl. Hradil 1992). Dies hängt unzweifelhaft mit dem Bewußtseinswandel in der späten Moderne zusammen. Während früher Milieubindung als Hemmschuh für den gesellschaftlichen Fortschritt galt - man sprach z. B. von „milieugeschädigt" und „Milieubarrieren", wenn es um die Beurteilung der Lern- und Anpassungsfähigkeit bei Kindern und Jugendlichen ging - tritt heute in den Vordergrund, daß Milieubindung notwendig ist, um dem Sog der wechselnden Fortschrittsturbulenzen überhaupt standhalten zu können. Der Milieupol ist also in dem Maße wichtig geworden, in dem die technologische Beschleunigung der Arbeitsgesellschaft mit ihren Individualisierungs- und Rationalisierungsschüben mehr soziale Desintegration als sozial arbeitsteilige Integration freizusetzen droht. Überdies können wir in der Sozialpädagogik auf eine positive Verwendung des Milieubegriffs dort zurückblicken, wo versucht worden ist, den sozial Ausgegrenzten nicht mit Disziplinierung, sondern mit lebensweltlichen Angeboten des Wieder-Vertrauen-Findens zu sich und anderen zu begegnen. Im Bereich der Heimerziehung aber auch im Bemühen um einen humanen Strafvollzug, wurde dafür der Begriff des „therapeutischen Milieus" geprägt. Der Milieubegriff des Lebensbewältigungskonzepts, wie wir ihn hier verwenden, ist aber breiter - eben sozialisationstheoretisch - gefaßt.

Allerdings macht der Milieubegriff nur Sinn, wenn man auf seiner sozialräumlich (lokalen) Bindung besteht. Er ist deshalb primär für jene soziale Gruppen von Bedeutung, die in ihrer Lebensbewältigung auf den sozialen Nahraum angewiesen sind. Das trifft sicher für einen großen Teil Adressaten offener Jugendarbeit zu. Besonders für Jugendliche und junge Erwachsene scheint dieser nahräumliche Milieubezug sozialisatorisch wichtig zu sein. Wenn es dagegen um für den Nahraum relativ unabhängige Formen des Suchens nach sozialem Anschluß bzw. der alltagskulturellen Abgrenzung von anderen geht, benutzen wir den Begriff des „Lebensstils": „Die Vergesellschaftungsmechanismen des Lebensstils beinhalten gegenüber den traditionellen Integrationseinheiten einen eigenständigen Regulierungsmodus von sozialer Zugehörigkeit und Abgrenzung, der vor allem auf den Ausweis von sozialer Distanz ausgerichtet ist. Die Herstellung gemeinsamer Lebensstile kann räumlich sehr dissoziiert erfolgen, basiert aber auf einer hohen Vergleichzeitigung von Problemlagen" (Hörning/Michailow 1990, S. 504). Lebensstilorientierungen finden wir bei Menschen, die der Janusköpfigkeit der modernen Sozialisation nicht so prekär ausgesetzt sind, weil sie die Anforderungen der offenen Gesellschaft - Mobilität, rationale Lebensführung, Flexibilität - personal integrieren, zu „ihrem" Lebensstil machen und damit eine gewisse Balance der Spannung von gesellschaftlicher Verfügbarkeit und personalem Bei-sich-Sein halten können. Dazu gehören natürlich biografisch akkumulierte Ressourcen und Kompetenzen: Gehobener Bildungsstand, raumunabhängige Kommunikationsfähigkeit und Vermögen sozialer Imagination. P. Bourdieu (1982) hat diesen Zusammenhang auf den Begriff des „kulturellen Kapitals" gebracht. Natürlich gibt es Bereiche der Jugendarbeit, in denen mit dem Lebensstilbegriff sinnvoll gearbeitet werden kann. So hat alle sozialpädagogische Bildungsarbeit mit Jugendlichen und jungen Erwachsenen - vornehmlich die Bildungsaktivitäten der Jugendverbände - damit zu tun, Lebensstilbildung zu begleiten und so kulturell zu qualifizieren.

Im Jugendalter entwickelt sich Milieubildung vor allem in der Balance zwischen familialem Herkunftsmilieu und milieuformender Gleichaltrigengruppe (vgl. Bohnsack i. d. B.). Die Herkunftsfamilie verkörpert dabei den Milieu-aspekt der lokalen und biografisch-emotionalen Bindung. Die Gleichaltrigen-gruppe wird durch das zentrale Milieuelement der sozialräumlichen Gegensei-tigkeit (und Abgrenzung) zur milieuhaften „Clique".

Dieser lokale Milieubezug kann natürlich auch seine problematischen Seiten haben. Die emotionale Dichte und Geborgenheit, die sich in dieser Milieubin-dung entwickelt, führt auch dazu, daß die meisten Jugendlichen sich schwer vorstellen können, diesen Rückhalt aufzugeben. Nach unseren Erfahrungen klammern sich viele Jugendliche geradezu an diesen gewohnten Rückhalt, weil sie glauben, ansonsten nicht bestehen zu können. Diese „Mobilitätsangst" von Jugendlichen wird problematisch, wenn sie gezwungen sind, ihren Heimatort zur Ausbildungs- und Arbeitssuche zu verlassen (vgl. Rudolph i. d. Band). Die überbetonte Milieugebundenheit kann auch dazu führen, daß sich die im Alltag ritualisierten Verhaltens- und Bewältigungsmuster in den lokalen Milieubezü-gen - verstärkt durch die enge Anlehnung an die Eltern - halten und unbeweg-lich verfestigen können, so daß der Wert des Milieurückhalts überformt wird durch regressive Milieutendenzen, die zu Immobilität und eventuell sogar zu Abschottungs- und (tiefenpsychologisch gesehen) Abspaltungstendenzen (in der Ausformung von Fremdenfeindlichkeit und Abwertung Schwächerer) füh-ren können. Dies soll zwar hier nicht überinterpretiert, aber doch zum Anlaß genommen werden, an die *Balance* von Milieurückhalt und sozialer und gesell-schaftlicher Offenheit zu erinnern, durch die eine gelungene moderne Soziali-sation gekennzeichnet ist. Die Jugendarbeit muß deshalb „offene Milieus", die Jugendlichen sozialemotionalen Rückhalt und zugleich Anregung und Unter-stützung für soziale Aktivitäten nach außen bieten, anstreben.

Die milieubildenden Qualitäten der Jugendarbeit traten natürlich in Ost-deutschland angesichts der Erfahrung der Milieubrüche und des sozialen Wan-dels, dem die Jugendlichen (und ihre Eltern) insbesondere in den neuen Bun-desländern ausgesetzt waren, besonders hervor. Unsere Erfahrungen zeigen, daß sich die Bedeutung der Jugendarbeit für die Jugendlichen auf den „Alltag" und nicht auf die Schule oder die Ausbildung erstreckte. Dies bestätigt nicht nur ihre milieubildende Funktion, sondern läßt auch an frühere Untersuchungs-ergebnisse zur Situation ostdeutscher Jugendlicher anknüpfen, aus denen deut-lich wird, daß sich die Jugendlichen ihren geregelten Alltag selbst zurechtbauen mußten, und zwar ohne jugendkulturelle Generationenvorbilder und ohne große Unterstützung durch die Eltern, welche ja selber keine Erfahrung mit den „ge-wandelten Verhältnissen" hatten (vgl. Wolf i. d. B.). Der daraus resultierende Alltagsstreß kann gerade über die milieubildende Alltagsarbeit solcher Ange-bote gemildert werden, welche den Jugendlichen „unterhalb" der gängigen ju-gendpädagogischen Ziele und Ansprüche erst einmal zu einem geregelten All-tag mit festen Punkten und überschaubaren Zeiten und Anforderungen verhel-fen können. Die Jugend- und Sozialarbeit kann hier ein neues Magnetfeld auf-bauen, in dem sie sich als verläßlicher sozialemotionaler „Pol" verortet. Gerade sozial desintegrierte, problembelastete Jugendliche brauchen aufgrund ihrer eingeschränkten Handlungsfähigkeit Orte, feste Zeiten, verläßliche personale Zuwendungen und basale soziale Dienstleistungen. Auch wenn die Erfahrungen in Ostdeutschland gemacht wurden und deshalb sicher pointierter ausgefallen sind, scheinen sie mir - angesichts der unübersehbaren Umbruchstendenzen der Arbeitsgesellschaft in Westdeutschland und der nicht mehr zu verbergenden gesellschaftspolitischen Ratlosigkeit der Erwachsenengenerationen - generalisierbar. Jugendarbeit wird sich auch hier - dafür gibt es genug Anzeichen in der Praxis - zum Lebensort entwickeln können, an denen Bedürftigkeiten sichtbar, Milieurückhalt geboten und pädagogische Bezüge aufgebaut werden können, wie es sonst im Erziehungs- und Bildungsbereich auf absehbare Zeit nicht möglich sein wird.

Barbara Wolf

Kann Jugendarbeit Halt bieten?

Was suchen Jugendliche, wenn sie das Angebot der offenen Jugendarbeit nutzen? Für unsere These, daß Jugendliche sozialemotionalen Halt suchen haben wir deutliche Hinweise gefunden. Die zu dieser Frage durchgeführten Untersuchungen[1] beziehen sich auf regionale bzw. lokale, sozialräumlich abgegrenzte Milieus. Da im Fokus unserer Fragestellung die offene Jugendarbeit steht, bietet sich die sozialräumliche Abgrenzung von Milieus an. Zum einen ist die offene Jugendarbeit durch den lokalen und räumlichen Bezug und die damit verbundenen Möglichkeiten gekennzeichnet, zum anderen sind Jugendliche sozialräumlich orientiert, im Gegensatz zur Rollen- und Institutionenorientierung von Erwachsenen. Außerdem haben Jugendliche begrenzte finanzielle Ressourcen, um z.B. Entfernungen zu überwinden. Allerdings ist die Abgrenzung der von uns beschriebenen regionalen Milieus nicht immer eindeutig. Im folgenden steht das Einzugsgebiet des Jugendhauses im Vordergrund. Wie in dem Kapitel „Grundbegriffe einer Jugendarbeit als Lebensort" ausgeführt, verstehen wir unter Milieu die räumliche und zeitlich begrenzte Nahwelt, ein besonderes psychosoziales Aufeinanderbezogensein, eine typische, meist gruppen- oder gemeinwesenvermittelte Gegenseitigkeitsstruktur, die emotional relativ hoch besetzt ist. Von der Milieudefinition ausgehend wurden drei Analyseebenen: Zeit, Raum und emotionaler Bezug verwendet. Zur Analyse werden diese drei Dimensionen getrennt, obwohl sie eng miteinander verknüpft sind und sich gegenseitig bedingen. Unter der entsprechenden Dimension soll nun gefragt werden, was Jugendliche an der Jugendarbeit schätzen und welche Konsequenzen sich daraus für die Konzeption von Jugendarbeit ergeben. Milieu ist dabei im sozialpädagogischen Sinne nicht eine von uns zu schaffende Einheit, sondern eine handlungsleitende Perspektive in der Qualifizierung des fachlichen Handelns.

Emotionaler Bezug

Für fast alle Jugendlichen ist die Gleichaltrigengruppe ein bedeutender emotionaler Bezugspunkt. Es ist nicht neu aber in unserer Untersuchung wieder deut-

---

1 Diese Untersuchungen bestanden zum einen aus einer quantitativen Fragebogenerhebung (N=437), die von Februar bis Mai 1994 in 38 sächsischen Jugendclubs durchgeführt wurde, zum anderen aus qualitativen Untersuchungen in drei Jugendclubs.

lich geworden, daß Jugendliche ihre Freizeit hauptsächlich mit Gleichaltrigen - sei dies nun die Clique oder Freund/Freundin - verbringen. Aber nicht nur der größte Teil der Freizeit wird mit Gleichaltrigen verbracht, sondern die Gruppe ist eine wichtige soziale und emotionale Ressource. Jugendliche suchen in der Clique emotionale Nähe, soziale Unterstützung und Erlebnis, Abenteuer und die Möglichkeit sich auszuprobieren. Jugendarbeit ist also ein bedeutender Kristallisationspunkt für die Gleichaltrigengesellung. In der Fragebogenerhebung lehnten nur 9% die Aussage „Im Jugendclub sind Leute, die so sind wie ich" ab, während 54% der Aussage zustimmten (37% antworteten teils/teils). Auf die Nachfrage, woran die Jugendlichen als erstes denken, wenn sie sagen, „die Leute sind so wie ich" wurde am häufigsten genannt „Einstellung zum Leben", „persönliche Eigenschaften" und „Alter", am wenigsten häufig wurden „Hobbys" und „Kleidung" genannt. Das Gefühl von „Gleichsein" mit anderen vermittelt Sicherheit in Bezug auf die eigenen Vorstellungen. Die Gleichaltrigengruppe dient dazu, sich im Alltag darüber zu vergewissern, welche (Wert-)Vorstellungen für Angehörige der eigenen Generation Gültigkeit haben, welchen Optionen Priorität eingeräumt wird und welche abgelehnt werden, wobei die Bandbreite der tolerierten Werthaltungen unterschiedlich ist. Bei der Betrachtung rechter Gruppen kommen, wie ich meine, Pädagogen all zu schnell zu dem Ergebnis, daß man sich in solchen meist hierarchisch organisierten und nach außen abgrenzenden Gruppen nicht wohl fühlen kann. Unserer Erfahrung nach bedarf es jedoch einer ausführlicheren Analyse der Gruppenstruktur, -normen und -aktivitäten, um Aussagen treffen zu können, worin die Attraktivität der jeweiligen Gruppe liegt. Hier sei auf Bohnsack (i.d.Bd.) und dessen Ausführungen zur Suche Jugendlicher nach habitueller Übereinstimmung verwiesen, also nach milieu- und generationenspezifischen Gemeinsamkeiten.

Um zu zeigen, wie eine rechte Gruppe sozialemotionalen Rückhalt gewährt, soll hier beispielhaft eine Gruppe von ca. 20 jungen Erwachsenen, darunter 3 Frauen im Alter von 16 bis 22 Jahren, beschrieben werden, die als Stammpublikum das Projekt R. besuchten. Die Gruppe war als „Kameradschaft" in der rechten Szene organisiert und hatte auch Kontakt zu anderen rechtsextremen Gruppen im gesamten Bundesgebiet. Alle Mitglieder hatten einen Schulabschluß, arbeiteten oder machten eine Lehre. Wenn sie das Projekt besuchten, fanden sowohl Alltagsgespräche über Arbeit, Schule, Wohnung usw. statt, wie auch ein Austausch von politischen Informationen. Im Umfeld des Projektes gab es keine gewalttätigen Auseinandersetzungen. Die BesucherInnen beschrieben sich als „Rechte" erster Klasse. Sie äußerten sich abfällig über Glatzen, die nichts im Kopf hätten. In ihrer Freizeit besuchten sie überregionale Treffen von rechten Gruppen.

Die Gruppe sah sich als die „intellektuelle Rechte". Für die eigene Person wurde gewalttätiges Handeln abgelehnt, verknüpft mit dem Selbstbild, der „denkende" Kopf zu sein. Man begab sich nicht auf die Ebene gewalttätiger Auseinandersetzung, dazu bediente man sich „untergeordneter" Leute, sprich „Glatzen". Diese Eigendefinition ermöglicht die Bewältigung unterschiedlicher Kon-

170

flikte. Zum einen kann so gesellschaftliche Integration erreicht werden; man steht nicht in Gefahr, seine Ausbildungs- bzw. Arbeitsstelle z.B. wegen anhängiger Strafverfahren zu gefährden und verbaut sich keine zukünftigen Optionen. Zum anderen wertet man die eigene Person und Gruppe auf, indem man Führungs- und Leitungsrollen für sich reklamiert. Man verortet sich in einer (fiktiven) Hierarchie an der oberen Position und gewinnt dadurch als Einzelne(r) und als Gruppe Status und Selbstwert.

Die Vorstellung, - über die politische Arbeit mit und in der Gruppe - eine Frau oder einen Mann „fürs Leben" zu finden, spielte eine sehr wichtige Rolle. Geschlechtsspezifisch betrachtet, hatten die Frauen in einer männerdominierten Gruppe gute Chancen, einen Partner zu finden und waren sich dessen auch bewußt. Eine Frau aus der Gruppe drückte dies so aus: „Eine Frau, die bereit ist, nur für Mann und Kinder da zu sein, die „richtige" politische Einstellung hat und noch intelligent ist, ist selten und deshalb begehrt." Andererseits resultierten aus diesen Wertvorstellungen der Gruppe auch Probleme für die Frauen. Eine der jungen Frauen der Gruppe stand zwischen zwei Männern, dies durfte jedoch nicht öffentlich werden, da die Gruppe „deutsche Treue" predigte. Zwar sehen die Gruppenmitglieder auch den „Preis", der durch die Gruppe vertretenen Normfestsetzungen, dies führte jedoch nicht dazu, die Gruppe zu verlassen.

Für die Männer der Gruppe waren die Chancen, eine Frau zu finden, wesentlich geringer. Allerdings bot die Gruppe, verstärkt durch die in ihr vertretenen rechten Ideologien von Männlichkeit, die Möglichkeit, sich seiner Männlichkeit zu versichern, indem man sich als „überlegener Kämpfer" sah. Interessant war die von den männlichen jungen Erwachsenen vorgenommene Verknüpfung einer festen Partnerschaft mit dem Beenden der politischen Arbeit und damit auch dem Verlassen der Gruppe. Dies kann als Hinweis auf die biografisch begrenzte Bedeutung von Gleichaltrigengruppen interpretiert werden, und es ist kein Zufall, daß gerade in einer Gruppe von jungen Erwachsenen die Episodenhaftigkeit von jugendlichen Gesellungsformen thematisiert wird.

Insgesamt läßt sich resümieren, daß die in der Gruppe herrschenden Geschlechtsrollenstereotypen dem klassischen Rollenmuster entsprachen. Der Mann als der Starke, der die Familie finanziell abzusichern hat, der Entscheidungen trifft und die Frau als Hausfrau, die den Mann und die Kinder versorgt. Es werden zwar auch die Brüche und Verunsicherungen, die Rollen von Männern und Frauen erfahren haben, gesehen, deren Bedeutung für die eigene Person wird jedoch negiert. Der/die Einzelne sind jedoch um eine(n) Partner(in) zu finden auf gleichaltrige „Gleichgesinnte" angewiesen. Dieses Verharren in den klassischen Geschlechterrollen bedeutet auf der einen Seite Halt. Halt insofern, als daß die aus den Geschlechterrollen bestimmbaren Forderungen an den Mann und die Frau eindeutig zu sein scheinen. Erfüllt man die Forderungen, so kann man sich zumindest der Anerkennung in der Gruppe als Mann oder Frau sicher sein. Die Geschlechterbeziehung wird nach dem Vorbild vermeintlich gesicherter Geschlechterrollenstereotypen gestaltet. Dies kann als ein Versuch, die eigene Geschlechtsidentität zu stabilisieren, gesehen werden, und insofern bietet die Gruppe mit den von ihr vertretenen Vorstellungen Sicherheit in der Geschlechtsidentität. Auf der anderen Seite wurde jedoch auch das „Leiden" sowohl der Frauen wie auch der Männer an den klassischen Geschlechterrollenstereotypen dokumentiert.

Diese Ergebnisse bestätigen auch die Bedeutung der cliquenorientierten Jugendarbeit (vgl. Krafeld 1992), darüber hinaus sind jedoch differenzierte Beobachtungen bezüglich der Gruppenstruktur und Gruppennormen notwendig, um erkennen zu können, welche Hoffnungen und Wünsche die einzelnen Jugendlichen mit der Gruppenmitgliedschaft verbinden und auf welche Weise die Gruppe die Identität ihrer Mitglieder stützt und emotionalen Halt und Sicherheit bietet. Verkürzt zusammengefaßt: So wie Handeln Jugendlicher als Bewältigungshandeln verstanden wird und funktionale Äquivalente angeboten werden, sind auch Gruppenstrukturen danach zu untersuchen, inwieweit sie Manifestationen von Bewältigungsverhalten und Ausdruck der Suche nach sozialemotionalem Halt sind.

Bezüglich der von Jugendlichen gewünschten Angebote wurde festgestellt, daß Präferenzen nicht auf festen Angebotsstrukturen zur Wissens- und Fertigkeitsvermittlung wie z.B. Seidenmalerei, Kochkurs oder Videokurs liegen, sondern auf Angeboten, die Möglichkeiten eröffnen, mit und in der Gruppe etwas zu unternehmen - durchaus auch, um Kontakt zu anderen Jugendlichen oder Jugendgruppen herzustellen - und auch mal „etwas Verrücktes" zu machen. Wenn Jugendliche Angebote fordern, so denken sie - wie Gruppendiskussionen gezeigt haben - an Ausflüge, Feste, Turniere usw., an Angebote also, die das Gefühl von Gemeinsamkeit und Zugehörigkeit vermitteln und dem jugendkulturellen Bedürfnis nach Aktion und Erlebnis entsprechen. Auch bei den Angeboten stehen emotionaler Halt, Integration und Erlebnis für die Jugendlichen im Zentrum.

Pädagogischer Bezug

Nicht nur die Gleichaltrigengruppe ist für die JugendhausbesucherInnen ein wichtiger emotionaler Bezugspunkt, sondern auch die MitarbeiterInnen. Dem Arbeitsfeld der Offenen Jugendarbeit werden aufgrund des Settings (Freiwilligkeit, beschränkte Sanktionsmöglichkeiten) besondere pädagogische Möglichkeiten zugeschrieben (vgl. auch Hafeneger 1996a; B.K.Müller 1996b). Die besondere pädagogische Qualität der Beziehung zwischen JugendhausmitarbeiterIn und Jugendlicher(m) als Beziehung zwischen Erwachsenen und Jugendlichen soll im folgenden thematisiert werden. In der Fragebogenerhebung sollten die Jugendlichen auf einer Skala von 1 bis 5 der Aussage „Der Rat der MitarbeiterInnen (Clique, Eltern, Lehrer) ist mir wichtig" zustimmen (1) oder sie ablehnen (5).

Wir waren überrascht, welch hohen Stellenwert die MitarbeiterInnen im Jugendhaus haben. Sie werden von den Jugendlichen mit 67,9% als sehr wichtige oder wichtige Ratgeber am häufigsten genannt. Weibliche Jugendliche nennen mit 69,9% die MitarbeiterInnen noch etwas häufiger als die männlichen Jugendlichen, bei denen Eltern (65,5%) und MitarbeiterInnen (65,4%) fast identische Werte erreichen. An zweiter Stelle insgesamt liegen die Eltern mit 65,1% und an dritter Stelle die Clique mit 54,0%. Wobei die Clique für die weiblichen Jugendlichen mit 60,5% ein deutlich wichtigerer Ratgeber ist als für die männlichen Jugendlichen mit 47,9%. Der Rat der Lehrer wird nur von 40,2% als wichtig empfunden. Die häufige Nennung der MitarbeiterInnen als RatgeberInnen mag damit zusammenhängen, daß sie ein freundschaftliches Verhältnis zu Jugendlichen haben, aber gleichzeitig auch keine Sanktionsmöglichkeiten wie Eltern oder Lehrer. Hier können sich Jugendliche unverbindlich - ohne größeren Aufwand wie z.B. in Jugendberatungstellen - Rat holen. JugendhausmitarbeiterInnen sind aber nicht nur im Alltag erreichbar, sondern gleichzeitig wird ein bedeutender Teil des Alltag, indem reproduktive Arbeit geleistet wird, gemeinsam erlebt und gestaltet. Sie haben eher als Lehrer die Möglichkeit, die Jugendlichen in unterschiedlichen Lebensbezügen zu erfahren und erleben die Jugendlichen im Alltag, in der Gleichaltrigengruppe und in der Freizeit. Gerade zu diesen Alltagsbereichen haben Eltern in der Jugendphase immer weniger Zugang. Die Perspektive der MitarbeiterInnen als Erwachsene wird geschätzt, aber gleichzeitig hat der oder die Jugendliche die Möglichkeit, sich trotzdem anders zu verhalten. JugendhausmitarbeiterInnen als „andere Erwachsene" werden von den Jugendlichen gesucht und genutzt. Sie werden als „andere Erwachsene" (vgl. Drößler „Hunger nach Erwachsenen" i.d.Bd.) gesucht, die sich als Person zur Verfügung stellen, oder wie es Böhnisch (vgl.i.d.Bd.) - in Übertragung von Nohl auf die Jugendarbeit - ausdrückt, nicht nur in ihrer funktionalen Rolle als SozialarbeiterInnen, sondern auch in ihrem „SozialarbeiterInnensein", in dem sich der pädagogische Bezug sowohl in der persönlichen Generationenbeziehung wie auch im Geschlechterbezug konstituiert. Eine Frage aus der Fragebogenerhebung lautete: „Was sind die Mitarbeiter(innen) hauptsächlich für Dich?" 66% bezeichneten die MitarbeiterInnen als Freunde, 20% als Ansprechpartner, 7% als Personal und 5% als Aufsichtspersonen (Sonstiges 2%). Die deutliche Mehrheit der Jugendlichen bezeichnete die MitarbeiterInnen als Freunde und stellte damit nicht die funktionale Rolle in der Vordergrund, sondern die persönliche Beziehung, die für Freundschaft kennzeichnend ist. Im Gegensatz dazu wird in den Aussagen der Jugendlichen zu Lehrern die funktionale Rolle als Wissensvermittler betont und als Ausnahme einzelne Lehrer angeführt mit denen man „auch mal so reden kann". Bei Gruppendiskussionen zeigte sich, daß die Jugendlichen ihre Freundschaft zu den MitarbeiterInnen nicht gleichsetzten mit der Freundschaft zu Gleichaltrigen, sondern betonten, daß die MitarbeiterInnen älter sind, sie auch anderes Wissen, andere Perspektiven und mehr Erfahrungen haben, die für Jugendliche wichtig sind. Außerdem könnte man mit ihnen anders reden als mit Eltern, Lehrern und anderen Erwachsenen. Es wird nicht der „Kumpel" gesucht, sondern ein(e) dem/der Jugendlichen zugewandte(r) Erwachsene(r).

Zu einer Praktikantin, die in einem Jugendclub im F.-Gebiet arbeitete, der von vorwiegend sich als „rechts" bezeichnenden Jugendlichen besucht wird, sagten zwei männliche Skinheads, sie wäre so anders als die Leute hier im F.-Gebiet. Sie sähe ja auch schon anders aus (Anspielung auf das eher „alternative" Outfit der Studentin), aber es sei gut, daß sie hier wäre. Sie wäre mal eine Erwachsene mit der man wirklich quatschen könnte, auch wenn sie politisch eine völlig falsche Meinung hätte. In der pädagogischen Beziehung zwischen JugendhausmitarbeiterIn und Jugendlichen bietet sich die besondere Chance, daß Jugendliche ihre Bedürftigkeit ausleben können, ohne daß sie befürchten müssen, ihre jugendkulturelle Selbständigkeit aufgeben zu müssen.

In der Konzeption eines Jugendhauses ist zu betonen, wie wichtig die MitarbeiterInnen als gesuchte Erwachsene sind, die sich um eine verstehende und akzeptierende Haltung gegenüber den Jugendlichen bemühen aber gleichzeitig auch um Abgrenzung, Anderssein und Konflikte sowohl ertragen wie auch austragen können. Damit die MitarbeiterInnen dies leisten können, ist ein hohes Maß an Selbstreflexion und sozialer Deutungskompetenz erforderlich.

Zeit

Jugendliche nutzen das Jugendhaus im Alltag zu Zeiten - bezogen auf Tages-, Wochen- und Jahreszeiten -, die ihnen als „frei" zur Verfügung stehen. Die zur Disposition stehenden Zeiten differieren je nach Alter (Kids, Jugendliche und junge Erwachsene) und dem Status (SchülerInnen, Auszubildende, Arbeitslose usw.) der BesucherInnen. In der Fragebogenerhebung gaben 30% an, den Jugendtreff täglich, 32% mehrmals die Woche und 21% jede Woche zu besuchen. Es wird deutlich, daß der Besuch des Jugendhauses fester Bestandteil im Alltag der Jugendlichen ist. Ein erheblicher Anteil ihres frei verfügbaren Zeitbudgets wird für den Jugendhausbesuch genutzt. In Gruppendiskussionen betonten die Jugendlichen, daß regelmäßige und zuverlässige Öffnungszeiten für sie wichtig sind. So die Aussage eines Jugendlichen: „Es ist gut, wenn man dann so weiß, heute abend kannste da wieder sicher hingehen."

In der modernen Gesellschaft wird Jugend als Bildungsmoratorium im Gegensatz zum Übergangsmoratorium beschrieben (vgl. Zinnecker 1991). So ist es auch von der Struktur der Jugendphase zu erklären, daß für Jugendliche die Gegenwartsorientierung im Gegensatz zur Zukunftsorientierung an Bedeutung gewinnt. Zukunftsorientierung meint, heute auf etwas verzichten, damit man morgen etwas hat, heute Bildungszertifikate erwerben, damit man sich Optionen für die Zukunft offenhält. Gegenwartsorientierung meint, sein jetziges Leben nicht unter der Perspektive zu arrangieren, welche Konsequenzen für später damit verbunden sind, sondern „das Leben findet heute statt". Aufgrund der Auswertung des Fragebogens, sind wir zu dem Ergebnis gekommen, daß Jugendliche bestrebt sind, eine eigene Balance zwischen Zukunfts- und Gegenwartsorientierung zu finden. Die Schule und meist auch die Eltern betonen einseitig die Bedeutung der Zukunftsorientierung. Zitat eines Jugendlichen:

„Aber wenn man nur für die Schule lernt, das bringt eigentlich nicht viel fürs Leben. Es ist natürlich dafür wichtig, aber die Schule ist abgeschlossen, ist ja nicht das wirkliche Leben und schneidet auch viele Gebiete nur an".

Die offene Jugendarbeit wird von den Jugendlichen gesucht, da sie gerade dort ihre Gegenwartsorientierung ausleben wollen. Als Ressource für die alltägliche Lebensbewältigung fragen Jugendliche offene Jugendarbeit an. Gruppendiskussionen mit Jugendlichen stützen die Vermutung, daß die Attraktivität der MitarbeiterInnen als Ratgeber sich auch darauf begründete, daß sie der aktuellen Lebenssituation einen gewichtigen Platz einräumen.

Die Jugendlichen brauchen das Zutrauen und die Gewißheit, die aktuellen Probleme bewältigen zu können, bzw. Rückhalt bei der aktuellen Problembewältigung zu erhalten. Erst dann können Optionen für die Zukunft als Chance und nicht als Unsicherheit oder Bedrohung empfunden werden. Aus der Milieuperspektive gewinnt die Gegenwartsorientierung Jugendlicher, gerade um zukünftige Optionen nutzen zu können, an Gewicht. In der Fragebogenerhebung lehnten nur 18% der Befragten die Aussage „Hier [im Jugendhaus, d.A.] kann ich gut über meine Zukunft reden" ab. In Gruppendiskussionen zeigte sich, daß die Jugendlichen das Jugendhaus nutzen, um die Diskrepanz zwischen dem institutionalisierten Lebenslauf - der für immer weniger Gültigkeit besitzt - und der eigenen Biografie auszubalancieren. Hier können sie die Zukunft vor dem Hintergrund der eigenen Biografie thematisieren. Ihre eigene Geschichte und ihre aktuelle Situation stehen im Mittelpunkt, wenn es um die Frage von zukünftigen Gestaltungsmöglichkeiten und Statusübergängen geht. Biografische „Umwege" erscheinen als sinnvolle Zwischenstation und nicht als „verlorene" Zeit. Jugendliche erleben, daß kollektive Erfahrungen, die sie mit anderen Jugendlichen teilen, unterschiedlich in die je eigene Biografie einfließen und bewältigt werden können.

Für die Konzeption eines Jugendhauses sind die Öffnungszeiten von besonderer Bedeutung, da sie den Rahmen bestimmen, in welchem Umfang und zu welchem Zweck die Ressourcen des Jugendhauses genutzt werden können. Obwohl dies eine Selbstverständlichkeit zu sein scheint, halten wir es - aufgrund unserer Untersuchungen - für angezeigt, hierzu einige Bemerkungen vorzunehmen. Zuerst ist zu fragen, welche Zeiten die BesucherInnen je nach Alter und Status unterschiedlich, im Alltag als „frei" zur Verfügung stehende - bezogen auf Tages-, Wochen- und Jahreszeiten - nutzen können.

Im F.- Gebiet mit ca. 65.000 Einwohnern hat von 6 Jugendhäusern während der Woche gerade mal ein Jugendhaus bis 22.00 Uhr geöffnet. Alle anderen schließen zwischen 18.00 Uhr und 20.00 Uhr. Am Wochenende sind die Jugendhäuser entweder ganz geschlossen oder schließen noch früher als während der Woche. Gerade mal ein Jugendhaus hat am Wochenende bis 21.30 geöffnet. Diese Öffnungszeiten, obwohl bis auf einen Jugendhaus alle angeben, daß auch junge Erwachsene zu den BesucherInnen zählen.

Hieraus wird deutlich, daß bei der Festlegung der Öffnungszeiten anderen Kriterien als das der verfügbaren Zeit von Jugendlichen Priorität eingeräumt wurde. Auch stellten wir fest, daß die Öffnungszeiten meist das ganze Jahr hindurch gleichbleibend waren und nicht etwa z.B. in den Schulferien ausgeweitet wurden, sondern sogar im Gegenteil, beispielsweise zwischen Weihnachten und Silvester, einige Jugendhäuser geschlossen hatten. Für ein an der Milieuperspektive orientiertes Jugendhaus sind Öffnungszeiten in der frei verfügbaren Zeit und an der Lebenssituation der BesucherInnen orientiert eine grundlegende Voraussetzung. Erst dann besteht überhaupt die Möglichkeit, daß das Jugendhaus sozialemotionale Haltepunkte und Rückhalt gewähren kann. Den Bedürfnissen der Jugendlichen angepaßte Öffnungszeiten werden somit zu einer grundlegenden aber nicht hinreichenden Bedingung für milieuorientierte Jugendarbeit.

Außerdem konnte gezeigt werden, daß Jugendliche versuchen, eine Balance zwischen Gegenwarts- und Zukunftsorientierung herzustellen. Jugendarbeit muß sich der Gegenwartsorientierung Jugendlicher bewußt sein und auch vermitteln können, daß sie bereit ist, sich auf diese Perspektive einzulassen und ihr entsprechendes Gewicht in der Thematisierung der Lebenslage der Jugendlichen zu verleihen.

Für die Jugendarbeit ist eine Perspektive, die sich aus der Schnittstelle von Biografieforschung und Jugendforschung ergibt, von Bedeutung. So muß auf der einen Seite gerade das Entwicklungs- und Veränderungspotential des einzelnen Jugendlichen betont werden und der einzelne Jugendliche mit seinen biografischen Ressourcen gesehen werden, auf der anderen Seite aber auch kollektive Erfahrungen und Entwicklungsgrundlagen, die die Jugendphase bestimmen.

Jugendliches Verhalten ist auf zwei Ebenen zu interpretieren. Zum einen ist das Entwicklungs- und Veränderungspotential des einzelnen Jugendlichen mit seinen/ihren jeweiligen biografischen Ressourcen zu thematisieren. Diese Ebene steht im Vordergrund, wenn Jugendliche die MitarbeiterInnen als BeraterInnen für persönliche Probleme anfragen. Auf der anderen Ebene sind aber auch bestimmte Verhaltensweisen allgemein als typisch für diese Entwicklungsphase anzusehen. Die Theorien abweichenden Verhaltens zeigen beispielsweise, daß abweichendes Verhalten im Jugendalter ubiquitär und episodenhaft ist. Es wird der kollektive Charakter von Orientierungs- und Bewältigungsmustern betont. Diese Ebene ist wichtig, wenn es darum geht, Interessen von Jugendlichen im Sozialraum und gegenüber der Öffentlichkeit zu vertreten.

Raum

Der Sozialraum ist der Ort für Jugendliche, der mehr oder weniger überschaubar und bekannt ist, in dem sie sich verwurzelt, zu dem sie sich zugehörig oder aus dem sie sich ausgeschlossen fühlen. Die Identifikation mit dem Sozialraum wird in Aussagen wie „wir aus dem F.-Gebiet" und „wir hier in A." deutlich. Die unterschiedliche Qualität der jeweiligen Sozialräume drücken die Jugendlichen plastisch in den Aussagen über ihren Sozialraum aus. Bei Beschreibungen zum F.- Gebiet tauchten immer wieder Begriffe wie kämpfen, überleben, durchsetzen und „zeigen, daß man stark ist" auf. Wobei in diesen Beschreibungen gleichzeitig auch Stolz der Jugendlichen zu spüren war, daß sie „Überlebensstrategien" entwickelt hatten, die es ihnen erlaubten, sich im Wohngebiet zurechtzufinden. Die Aussage eines Jugendlichen: „Im F.-Gebiet muß man rechts sein, um überleben zu können, da kannst du keine linke Einstellung haben, die völlig widerspricht, was du täglich erlebst, hier ist eine andere Atmosphäre da."

Bei einem anderen Projekt in A. wurde eher betont, daß nicht viel los sei, es ruhig und beschaulich zugehe, man wenig erleben könne. Begriffe wie überleben oder kämpfen wurden nicht genannt.

Im Aneignungsprozeß erfahren Jugendliche gesellschaftliche Möglichkeiten, Begrenzungen und Ausgrenzungen. In der Fragebogenerhebung lehnten nur 17% die Aussage „Für uns Jugendliche ist in dieser Stadt immer weniger Platz" ab, 54% stimmten der Aussage zu und 29% antworteten mit teils/teils. In den qualitativen Untersuchungen zeigte sich, wie unterschiedlich die Jugendlichen die Möglichkeiten und die Erfolgschancen einschätzten, wenn sie versuchten, ihre Interessen (z.B. Nutzung/Gestaltung von Räumen und Grünflächen) einzubringen. Im Sozialraum erfahren Jugendliche gesellschaftliche Partizipationsmöglichkeiten oder aber auch deren Verweigerung.

Eine Jugendarbeit aus der Milieuperspektive befaßt sich nicht nur mit dem Sozialraum des Jugendhauses, sondern fragt darüber hinaus nach der Einbettung des Jugendhauses in den Stadtteil bzw. die Stadt. Jugendarbeit versteht sich nicht mehr auf die eigenen Räumlichkeiten begrenzt, sondern als soziale Infrastruktur. Nimmt die Jugendarbeit die sozialräumliche Orientierung von Jugendlichen ernst, so benötigt sie Informationen, um sich ein Bild von der Lebenswelt der Kinder und Jugendlichen machen zu können (vgl. auch Schumann 1995; Weskamp 1996; Ortmann 1996). Die Erkundungen und Erhebungen können aber nicht nur ein genaueres Bild von der jeweiligen Lebenswelt der Kinder und Jugendlichen geben, sondern sie können auch auf nicht genutzte Ressourcen im Sozialraum verweisen: beispielsweise, welche Räume von Jugendlichen genutzt werden und welche potentiell zur Verfügung stehen. In unserer Untersuchung wurde deutlich, welche Rolle Definitionen und Stigmatisierungen spielen, die das Wohngebiet betreffen.

Dieses Wissen über den Sozialraum ist wichtig, um einen Überblick über bestehende Sozialräume und Jugendkulturen und damit auch Hinweise auf Bedürfnisse von Jugendlichen im Sozialraum zu erhalten. Gewachsene Strukturen und Zugehörigkeiten, sowie (Selbst-)Stigmatisierungen werden erkennbar, Vernetzungen mit anderen sozialen Einrichtungen möglich. Dieses Wissen ist aber auch wichtig, um auf kommunalpolitischer Ebene als Anwalt Jugendlicher deren Interessen zu unterstützen und zu einer Erweiterung der Ressourcen beizutragen. Wenn sich ein Jugendhaus als soziale Infrastruktur versteht, muß es sich auch für Interessen Jugendlicher, die über das eigentliche Jugendhaus hinausgehen, einsetzen. Gemeinwesenarbeit wird somit zu einem festen Bestandteil von Jugendarbeit.

Nachdem nun die Bedeutung und der Gewinn von Erkundungen des Sozialraums dargelegt wurden, sollen auch nicht die Probleme, die bei unserer Analyse auftraten, verschwiegen werden. Versucht man bei Sozialraumanalysen, auf sozialstatistische Daten zurückzugreifen, stellt man fest, daß deren Erhebungsraster ungeeignet sind. Daten über einzelne Stadtteile lagen in keinem unserer untersuchten Gebiete vor. Im F.-Gebiet war es leicht möglich, das zu untersuchende Gebiet abzugrenzen, da es sich um eine „geschlossene" Siedlung handelt, in der alle BesucherInnen des Jugendhauses wohnten. Der Bezugspunkt der BesucherInnen war nicht das gesamte Stadtgebiet, sondern die Siedlung. Insofern wurden die Analysen auf diese Siedlung beschränkt. Schwieriger war es in A., da die BesucherInnen aus dem gesamten Stadtgebiet und auch umliegenden Dörfern kamen. Hier konnte die Analyse nicht auf ein Stadtgebiet oder die Stadt begrenzt werden, sondern war auf die Region auszuweiten. In den Interviews mit den MitarbeiterInnen wurde deutlich, daß zwar Wissen über den Sozialraum vorhanden war, dieses Wissen jedoch kaum reflektiert, noch versucht wurde, systematisch neue Informationen zu gewinnen. Die MitarbeiterInnen hätten dies als zusätzliche Arbeitsbelastung empfunden, deren Nutzen für die alltägliche Arbeit im Jugendhaus ihnen nicht deutlich war.

Als Fazit kann festgehalten werden, daß das Erschließen, Systematisieren und Auswerten von Informationen über den Sozialraum als wichtiger Bestandteil der Jugendarbeit zu sehen ist. Um von der Praxis jedoch aufgenommen zu werden, ist auch der Gewinn für die alltägliche Arbeit hervorzuheben (etwa Kenntnisse der Lebenswelt der Jugendlichen, Unterstützung durch Vernetzung, mehr Gewicht auf der kommunalpolitischen Ebene, Ressourcenerweiterung). Die Erkundung des Sozialraums ist ein kontinuierlicher Prozeß, bei dem immer wieder neue Informationen hinzukommen, der auch nie als abgeschlossen betrachtet werden kann. Sozialraumanalysen sind als integraler Bestandteil von Jugendarbeit zu sehen, denen ein festes Zeitdeputat einzuräumen ist. Damit Jugendarbeit sozialemotionalen Halt und Rückhalt bieten kann, muß sie ein möglichst differenziertes Bild der Lebenswelt und damit verbunden auch der Befindlichkeit der jeweiligen Jugendlichen entwerfen. Auf die im Sozialraum vorhandenen Ressourcen kann zurückgegriffen werden, und möglicherweise können auch neue Ressourcen erschlossen werden.

Das Jugendhaus als sozialräumlicher Ort

Das Jugendhaus ist für Jugendliche ein Ort, an dem man sich überwiegend mit Gleichaltrigen trifft, „die so sind wie man selbst", den man gut kennt, der überschaubar ist und einen wichtigen Rückzugspunkt im Alltag darstellt. 61% stimmten der Aussage „Hier im Jugendclub weiß ich was läuft" zu, 31% antworteten mit teils/teils und nur 8% lehnten diese Aussage ab. Die Bedeutung als Rückzugsort im Alltag wurde durch die hohe Zustimmung (57%) und geringe Ablehnung (14%) zu der Aussage „Hier [im Jugendhaus, d.A.] kann ich abschalten und vom Streß ausruhen" sichtbar.

Je nachdem wie die Relation zwischen Raumangebot und Gruppenanzahl sowie -größe ist, kam es zu Ausgrenzungsprozessen.

Beschreibung einer Praktikantin aus dem F.-Gebiet: „Gestern war nichts los, und dann blieben die Kinder natürlich, die Kleineren, so lang es geht, bis zu dem Zeitpunkt, wo sie nach Hause müssen. Am nächsten Tag sind dann so viele Jugendliche da, daß die dann sagen: So raus jetzt." In einer Konkurrenzsituation um Räume hatten besonders männliche Jugendliche die Räume dominant besetzt und kontrolliert. Die sozialen Abgrenzungen und Zugangsbarrieren waren offensichtlich.

Beispiel F.-Gebiet:

Da ständig Jugendliche vor der Tür standen, um zu rauchen und zu trinken, wurde der Zugang zum Treff sichtbar von außen ständig kontrolliert. Um zur Gruppe der JugendhausbesucherInnen zu gehören, war die sichtbare Definition als „rechts" und die Bekanntschaft mit jemandem aus dem Club entscheidend.

Interviewausschnitt:

„Sagen wir mal so: Ins P. geht man wenn man jemanden kennt."
„Und wenn ich keinen kenne?"
„Dann gehst du nicht rein. Das P. hat seinen Ruf ... Da geht keiner mal so rein und schaut was da los ist."

Die Aneignung des Raumes und das soziale Klima werden durch Regeln beeinflußt, die das Zusammenleben ordnen. Diese Regeln werden von Jugendlichen gewünscht, auch weil man sich von den Regeln Übersichtlichkeit und Verläßlichkeit erwartet. 56% stimmten der Aussage „Wenn es hier nicht bestimmte Abmachungen gäbe, würde es drunter und drüber gehen" zu, 16% lehnten diese Aussage ab und 28% antworteten mit teils/teils. Die qualitativen Untersuchungen zeigten, daß es nicht nur von Bedeutung ist, an welche Regeln die Raumnutzung gebunden wird, sondern auch von wem sie aufgestellt und sanktioniert werden. Hierzu die Gegenüberstellung von zwei Jugendclubs:

A.: Dort wurden Regeln, z.B. ab wann Alkohol ausgeschenkt wird, mit den Jugendlichen ausgehandelt. Diese Regeln wurden auch im Verlaufe des

Untersuchungszeitraumes verändert. Verstöße wurden sowohl von Jugendlichen wie auch MitarbeiterInnen sanktioniert. Sanktioniert hieß in diesem Fall, daß die Regelverstöße angesprochen und nach dem Warum gefragt wurde. Von den Jugendlichen selbst wurde darauf verwiesen, daß neue Besucher willkommen sind, solange sie sich an die Regeln halten. Ein Gremium aus Jugendlichen und MitarbeiterInnen war institutionalisiert, um Angelegenheiten des Jugendhauses zu diskutieren.

F.: Hier wurden die Regeln von den MitarbeiterInnen festgelegt und per Aushang am Eingang bekannt gegeben. Im Club selbst galt Rauch- und Alkoholverbot, was dazu führte, daß vor dem Haus geraucht und getrunken wurde. Indem der Problembereich des Alkoholmißbrauchs mit Hilfe von Verboten externalisiert worden war - vor der Tür des Jugendhauses fühlten sich die MitarbeiterInnen nicht mehr zuständig -, wurden mögliche Einflußchancen wie z.B. Kontrolle über konsumierte Alkoholmenge, Einflußmöglichkeiten bezüglich der Art des Alkohols (Schnaps, Bier) und frühzeitige Interventionen aus der Hand gegeben. Man wurde mit den Folgen konfrontiert, ohne jedoch Probleme bewältigbar zu machen, da man sich keine Einflußmöglichkeiten offen gehalten hatte. Verstöße wurden ausschließlich von den MitarbeiterInnen sanktioniert, die im „schlimmsten Fall" mit der Schließung des Jugendhauses für den Abend drohten.

Diese Gegenüberstellung zeigt, wie unterschiedlich die Möglichkeiten der Jugendlichen sind, sich einbringen zu können, soziale Arrangements zu gestalten und so auch an einer entspannten Atmosphäre und der Gestaltung des Sozialraums mitzuwirken. Außerdem wird deutlich, wie das Selbstverständnis der MitarbeiterInnen bezüglich der Verfügung über Räume ist. Einmal stehen Aushandlungsstrategien im Vordergrund, den Jugendlichen wird breite Mitsprache ermöglicht, das andere mal verstehen sich die MitarbeiterInnen eher als Raumwächter.

Insgesamt erscheint es für die Konzeption von Jugendarbeit wichtig, den Raum des Jugendhauses auch als Rückzugsort für Jugendliche zu sehen, denn unter dieser Perspektive erhält das so oft beschriebene und beklagte „bloße Rumhängen" der Jugendlichen eine andere Bedeutung. Wird der Aneignungsprozeß ernstgenommen, gehört das immer wiederkehrende Aushandeln von Regeln, welches von den MitarbeiterInnen oft als mühselig empfunden wird, zu den Kernbereichen der Jugendarbeit.

Jugendarbeit kann Jugendlichen sozialemotionale Haltepunkte und Rückhalt bieten,

- indem Jugendarbeit sich als besonderer Kristallisationspunkt für die Gleichaltrigengesellung anbietet. Obwohl nicht jede Gleichaltrigengruppe im gleichen Maße Rückhalt für den/die Einzelne gewährt, konnte gezeigt werden, daß über die Gleichaltrigengruppe sozialer Anschluß, gemeinsames Erlebnis, Rückhalt und so auch eine Stützung der eigenen Identität gesucht wird und aufgrund des pädagogischen Bezugs die Bedürftigkeit der/des Einzelnen wahrgenommen wird;

- indem Angebote das Gefühl von Gemeinsamkeit und Zugehörigkeit vermitteln und dem jugendkulturellen Bedürfnis nach Aktion und Erlebnis entsprechen;
- indem Jugendliche sich auf ihre jugendkulturelle Art mit der Erwachsenenperspektive auseinandersetzen können und sich in dieser Auseinandersetzung ein Bild vom Erwachsensein machen können. Hierin liegt die besondere pädagogische Qualität der offenen Jugendarbeit;
- indem Jugendarbeit verläßlicher Bestandteil des Alltags und Rückzugsort im Alltag ist;
- indem Jugendarbeit der Gegenwartsorientierung Jugendlicher besonderes Gewicht einräumt und vor dem Hintergrund der je eigenen Biografie zukünftige Gestaltungsmöglichkeiten thematisiert;
- indem nicht nur sozialräumliche Verortung ermöglicht wird, sondern auch Aneignungsmöglichkeiten eröffnet werden und über das Aushandeln von Regeln das soziale Klima mitgestaltet werden kann.

Lothar Böhnisch

Jugendarbeit als „Beziehungsanker"

Sozial ausgegrenzte Jungen als Adressaten
aufsuchender Jugendarbeit [1]

Die Möglichkeiten und Perspektiven der Jungenarbeit in der offenen Jugendarbeit sind - von der antisexistischen bis zur pädagogischen Programmatik kritischer Männerforschung - heute weitgehend theoretisch aufgearbeitet und erfahrungspraktisch fundiert (vgl. dazu umfassend Möller 1997). Dabei überwiegen die Bildungskonzepte, die das geschlechtstradierte Rollenverhalten von Jungen und jungen Männern aufzubrechen versuchen und eine neue soziale Balance von Innen- und Außenorientierung, Schwächen und Stärken, ermöglichen wollen. Auf der anderen Seite kennen wir inzwischen eine Reihe von konzeptionellen Ansätzen zur Männerberatung, die aber in der Regel stabile und stationäre Bezugssituationen verlangen und mehr auf krisenhafte Lebensereignisse von erwachsenen Männern abzielen. Für die familialen und sozialisatorischen geschlechtstypischen Nöte von männlichen Kids und Jugendlichen, die nicht in kinder- und jugendpsychiatrischen Diensten behandelt werden, sondern im „normalen Alltag" in der offenen Jugendarbeit auftauchen, gibt es aber wenig Problemerfahrungen und pädagogische Anhaltspunkte. Die folgende Skizze versucht, die Lebensprobleme von sozial ausgegrenzten Jungen, die vorwiegend außerhalb ihrer Familien - auf der Straße - ihren Alltag verbringen, unter dem Aspekt der männlichen Bewältigungsproblematik zu untersuchen und einige Konsequenzen für eine geschlechtstypische jugendpädagogische Unterstützungsarbeit zu ziehen. Da die ostdeutschen Straßenkidsszenen (noch) nicht so segregiert sind wie die in westdeutschen Großstädten und vielfältige Bezüge der Jugendlichen zu Projekten der Straßenarbeit und offenen Jugendarbeit bestehen, lassen sich an diesem nur scheinbar spektakulären Beispiel der „Straßenjungen" Anhaltspunkte dafür herausarbeiten, wie Jugendarbeit männliche Lebensprobleme wahrnehmen und - vor allem in der Funktion eines sozialisatorischen „Haltepunkts" - pädagogisch aufnehmen kann.

---

1 Meine Erfahrungen und Erkenntnisse resultieren aus der wissenschaftlichen Begleitung des AgAG-Programms (1997) und der Beratung von Streetworkprojekten in drei ostdeutschen Großstädten.

Spricht man MitarbeiterInnen aus der Jugendhilfe, die in allgemeinen Kinder- und Jugendnotdiensten oder Sonderprogrammen mit Straßenkids zu tun haben, auf die Geschlechterdifferenz an, so kommen sie meist auf die Mädchen und die frühe Gefahr der Gelegenheitsprostitution zu sprechen. Was die Jungen anbelangt, trifft man in der Regel auf eine „Leerstelle". Auch gibt das jugend- und straßenkulturelle Erscheinungsbild der Straßenkids wenig her für geschlechtsspezifische Wahrnehmungsanstöße und entsprechende pädagogische Aufforderungen an die MitarbeiterInnen: Jungen und Mädchen scheinen sich in den Straßencliquen jugendkulturell gleichartig und gleichrangig zu verhalten. Beide - Jungen und Mädchen - suchen Halt in der Clique, die Mädchen sind bei den Straßenkids genauso auf die Clique angewiesen wie die Jungen (was in jugendkulturellen Szenen mit Familienrückbindung eben nicht der Fall ist) und versuchen sich deshalb genauso und primär als Jugendliche zu behaupten - ebenso wie die Jungen.

Wenn man sich allerdings nicht so mit der Phänomenologie der Straßenkultur der Kids und Jugendlichen zufrieden gibt, sondern biografisch nachfragt, treten aufeinmal bemerkenswerte geschlechtstypische Unterschiede hervor. Zum einen in der Art und Weise, wie Jungen geschlechtstypisch von der Herkunftsfamilie ausgegrenzt werden und diese verlassen. Zum anderen: Wie die Wege und Möglichkeiten des Zurückfindens aus der Straßenkultur geschlechtsspezifisch bestimmt sind. Es sind also bei männlichen Straßenkids drei Zugangsbereiche hinsichtlich der Geschlechtstypik zu unterscheiden:

- Die besondere familiale Situation der betroffenen Jungen und die Art der Ausgrenzung aus und Abwendung von der Herkunftsfamilie.
- Die Cliquenkultur der Straßenkids.
- Die unterschiedlichen Möglichkeiten der sozialen Reintegration.

Allgemeine Charakteristika der Straßenkidskultur

Bei den in der Jugendhilfe als „Straßenkinder" etikettierten Kids und Jugendlichen ist in den ostdeutschen Städten die Altersgruppe der 12-18jährigen in der Mehrheit. Es handelt sich also - entwicklungspädagogisch grob unterteilt - um jüngere Jugendliche im Kontext der Verfrühung der Jugendphase (Kids) und Jugendliche im mittleren Jugendalter. Diese Unterscheidung ist für die Straßenkindthematik insofern wichtig, als sich beide Entwicklungsphasen durch differente Beziehungs- und Integrationsmuster zur Herkunftsfamilie charakterisieren lassen. Während bei den Kids die Familienorientierung und Angewiesenheit auf die Herkunftsfamilie (im Wechsel zu frühen Ablösungsversuchen und Orientierungen an der Gleichaltrigenkultur) die gesamte Persönlichkeit und die Sozialorientierung durchziehen, sind bei den Jugendlichen Familien- und Gleichaltrigenorientierung sektoral voneinander getrennt: Während die Familie weiter als sozialemotionaler (und ökonomischer Rückhalt) gehalten wird, realisiert sich das soziokulturelle Streben nach Selbständigkeit, Ablösung und eigenem Sozialstatus dezidiert in der Gleichaltrigenkultur. Bei Ausgrenzungen aus und Verlassen der Familie, so wie wir es bei den Straßenkids beobachten, ist also bei den beiden Altersgruppen das Trennungserleben unterschiedlich: Bei den Kids überwiegt das in diesem Alter schwer bearbeitbare (quasi-) traumatische Syndrom der destruierten Bindung, bei den Jugendlichen eher die - über die „alternative" Cliquenorientierung - rationalisierbare Enttäuschung an der Familie.

Der Familienaspekt ist für die Analyse und Beurteilung der ostdeutschen Straßenkidsproblematik - über seine allgemeine Bedeutung hinaus - besonders zentral, weil die ostdeutsche Jugend im Durchschnitt immer noch wesentlich familiengebundener orientiert ist als die westdeutsche. Dies zieht sich durch alle Jugendsurveys nach der Wende als markante Erlebnislinie. Das ist zum einen darauf zurückzuführen, daß die Familie in der DDR-Gesellschaft ein in sich geschlossenes privates Bezugssystem war und - gleichzeitig und zum zweiten - sich keine öffentliche und plurale Jugendkultur ausbilden konnte. Auch wenn dieser familienzentrierte Typus der Jugendentwicklung heute zunehmend entstrukturiert ist, ist er immer noch tradiert und bricht besonders in kritischen Lebenssituationen - also dort, wo die eigene Handlungsfähigkeit überfordert ist - immer wieder auf.

Neben diesem besonderen Familienbezug, den die Kids und Jugendlichen - je nach Altersgruppe traumatisch oder enttäuscht-aggressiv - nach dem Erleben der SozialarbeiterInnen in Einzelgesprächen immer wieder artikulieren, ist es vor allem die Art und Weise, wie die Straßencliquen strukturiert sind und auftreten. Bemerkenswert dabei ist, daß die meisten Straßenkids nicht ausgegrenzt von der übrigen Jugendkultur sind, Beziehungen zu anderen Jugendlichen pflegen und deutlich auf ihren Stadtteil bezogen sind. Es wird berichtet, daß Straßenkids in den Schulpausen auftauchen und andererseits, daß Kids und Jugendliche, die zu Hause wohnen, einen Teil ihrer Freizeit auch in Straßenkidsszenen verbringen. Es besteht also eine gewisse lose und punktuelle Integration in die allgemeine offene Jugendszene. Straßenkids tauchen auch in offenen Einrichtungen der Jugendarbeit und auf Abenteuerspielplätzen auf. In das Bild dieser partiellen Integration paßt auch, daß die Straßenkids sich in ihrer Kleidung meist nicht von der übrigen Jugendkultur unterscheiden; sie wollen in Kleidung und Habitus nicht auffallen.

Auch verweisen die SozialarbeiterInnen, die mit Straßenkids arbeiten darauf, daß es bis jetzt noch keine segregierten Drogen- und Prostitutionsszenen in der Straßenkidskultur gibt. Das hängt sicher einmal mit dieser stadtteilbezogenen Integration der Straßenkids zusammen, ist wohl aber auch darauf zurückzuführen, daß Drogengebrauch und Prostitution in der ostdeutschen Gesellschaft noch hoch tabuisiert sind und es vor allem auch (noch) keine jugendkulturellen Zugangs- und Erfahrungstraditionen über mehrere Generationen hinweg gibt. Dennoch weisen JugendarbeiterInnen auf neuere Trends hin, daß mit Aufkommen und Verbreitung der „inländischen" (synthetischen) Ekstasy-Drogen die Gefahr gewachsen ist, daß Drogen von Straßenkids stärker angenommen werden. Sie sind auch erschwinglicher und fordern deshalb nicht so unbedingt zu ausgrenzender Beschaffungskriminalität auf. Sie werden bisher eher aus Langeweile benutzt, um den Schulalltag erlebnisreicher zu machen und um die „eigene Welt" gegenüber den familien- und schulgebundenen Gleichaltrigen demonstrieren und auch selbst spüren zu können. Aggressive Segregrationen sind deshalb in diesem Bereich noch nicht zu beobachten.

Auffällig ist weiter, daß - wie bereits angedeutet - Mädchen und Jungen gleich auftreten und präsent sind, in den Straßenkidskulturen also keine ausgeprägten männlichen Dominanzen zu beobachten sind. Jungen und Mädchen treten in gleichem Habitus und mit gleicher Cliquenpräsenz in der Straßenkultur auf. Die Cliquen sind auch meist gemischt, das Aufeinanderangewiesensein strukturiert die Gleichaltrigenkontakte. Diese geschlechtsnivellierende Cliquenstruktur wird von den SozialarbeiterInnen allerdings nur soweit betont, als es um die Erstkontakte geht, der/die SozialarbeiterIn also mit der Clique konfrontiert ist. Bei intensiveren und einzelfallorientierten Kontakten wird aber deutlich, daß Jungen gegenüber Mädchen signifikant unterschiedliche - geschlechtstypische - Bindungs- und Verlusterfahrungen, Selbstwert- und Integrationsprobleme aufweisen.

Männliche Sozialisation und Bedürftigkeit von Jungen

Das allgemeine Muster der männlichen Sozialisation in hierarchisch-arbeitsteilig strukturierten Industriegesellschaften ist inzwischen vielfältig und auch systematisch beschrieben worden (vgl. dazu Chodorow 1985, Böhnisch/Winter 1993). Für unsere Thematik „Straßenjungen" und das darauf bezogene Problemverständnis und die entsprechende Interventionslogik sind drei Aspekte von Bedeutung. Es handelt sich dabei natürlich um sozialstatistisch durchschnittliche Tendenzen, die im Einzelfall ganz unterschiedlich entwickelt und bewältigt sind:

- Jungen sind in der frühkindlichen familialen Entwicklungsphase früh der Trennungsproblematik ausgesetzt. Bei den Mädchen beginnt das eher erst in der vorpubertären Phase. In der frühen Kindheit geht es für die Mädchen - relativ „unspektakulär" - um die psychosexuelle Entwicklung, für die Jungen dagegen schon sehr spannungsreich um die soziale Geschlechteridentifikation (Chodorow). Im Mittelpunkt steht dabei die Loslösung von der Mutter, die - zwecks der Förderung einer männlichen Geschlechteridentifikation - von dieser auch entsprechend (meist unbewußt-ritualisiert) betrieben wird. Das negative Attribut „Mamasöhnchen" in der Alltagssprache symbolisiert, wie negativ eine nicht erfolgte Ablösung von der Mutter gesellschaftlich bewertet wird. Diese Ablösung hat ihre problematische Grundstruktur darin, daß sie in gesellschaftlicher Tradition so erzwungen wird, daß der Junge früh in eine äußere Welt gedrängt wird und die Welt des Inneren, der Gefühle überwinden soll (und muß, wenn er „draußen" bestehen soll). Es ist diese Verbindung von beginnender Suche nach männlicher Geschlechteridentität, Verlust der inneren Welt der frühkindlichen Mutter-Sohn-Beziehung und immer stärker vorgegebener Orientierung nach außen, die es den Jungen verwehrt, zu sich selbst zu kommen und sie zwingt, Gefühle und Schwächen von sich abzuspalten. Zum Dilemma kann das werden, wenn es die Familie nicht versteht, dem Jungen eine Balance zu ermöglichen. Wenn Jungen - egal welcher sozialen Schicht zugehörig - von Kind an unter dem Druck stehen, funktionieren zu müssen und sich der Vater nicht darum kümmert, wie es in dem Kind aussieht (die Mutter ist meist hin und her gerissen), dann ist die Gefahr der problematischen Abkehr des Jungen von der Familie angelegt.

- Die Rolle des Vaters ist in vielen Fällen insofern ambivalent, weil er einerseits äußeren Druck auf den Jungen ausübt, gleichzeitig oft als männliche Identifikationsfigur gerade dann ausfällt, wenn der Junge Schwächen zeigt, mit seiner erzwungenen Äußerlichkeit „als Mann" nicht zurechtkommt. Der „abwesende" Vater ist nicht nur der beruflich außerhäusige Vater, sondern auch der „mental abwesende", der nur mit seinem Äußeren, seiner demonstrativen väterlichen Autorität, nicht aber mit seinen Schwächen und Problemen, seinem Inneren für den Jugendlichen präsent ist. Diese Außenorientierung des Vaters führt meist auch dazu, daß Väter mehr an dem Außenbezug der Familie als an ihrer emotionalen Binnenproblematik orientiert sind. Die Familie soll funktionieren (s. o.) und dies wird - nach dem männlichen Generativitätsprinzip - vor allem im Druck auf den Sohn weitergegeben. Da die Mutter diesen väterlichen Druck sozialemotional in das Binnenleben der Familie vermittelt, gleichzeitig dies gegenüber dem Sohn auch abmildern will, erscheint sie dem Jungen gefühlsambivalent. So erleben SozialarbeiterInnen bei Jungen, die sich von der Familie abgewandt haben, oft eine Enttäuschung an der Mutter, aber gleichzeitig ein völliges Ignorieren des Vaters, der für manche Jungen dann einfach nicht existent ist.

- Umso wichtiger wird die Peergroup, die Clique für die Jungen, nicht nur als Identifikations- und Orietierungsfeld, sondern als Ort emotionaler Geborgenheit, wenn diese von der Familie nicht mehr zu bekommen ist. Allerdings können die Cliquen diese Erwartungen meist nicht erfüllen, setzen die Jungen oft selbst unter Druck. Da Jungen mehr auf Cliquen angewiesen sind als Mädchen (Clique als Ort der Suche nach männlicher Geschlechteridentifikation) müssen sich Jungen auch stärker in Cliquen beweisen als Mädchen. Dies kann vor allem dann passieren, wenn die Familie als emotionaler Rückhalt, in der der Junge seinen „Beziehungsanker" hat (Kühnel/Matuschek 1995), ausfällt. Hier liegt eine wichtige Ausgangsmöglichkeit für die Jugendhilfe: Milieugeschützte Räume und ansprechbare Erwachsene vermitteln, welche diese verwehrte Individualität und Emotionalität aufnehmen und anerkennen können.

Ich will mich im folgenden vor allem den Straßenjungen zuwenden, die aus Familien ausgegrenzt werden bzw. sich von ihnen abwenden. Dabei wird aber die andere Gruppe von Straßenjungen, die aus Heimen entweichen und über das Straßenleben sozialen Anschluß zu finden versuchen, nicht übergangen. Für sie gilt vieles, was im folgenden über die Begleitung solcher Straßenkulturen und die Möglichkeiten der Reintegration gesagt wird. Denn auch in ihrer Situation ist das Grunddilemma männlicher Sozialisation aufgebrochen: Nicht zu sich selbst finden können, sich an das Außen klammern müssen, das in der Cliquenkultur der Straße fragil und streßhaltig sein kann. Insofern sind die sozialemotionalen „Ersatzanker", welche die Jugendarbeit in der Begleitung von Straßenkindern auswirft, für diese Gruppe genauso wichtig.

Fluchtkonstellationen

In Berichten von Streetworkern taucht immer wieder - neben der erzieherischen Überforderung - das Thema „Unübersichtlichkeit der Familie für die Kinder" auf. Eltern kümmern sich nicht um die Kids, reagieren aber hin und wieder extrem affektiv - durch Bestrafung oder auch Belohnung - wenn die Kinder ihren Erwartungen nicht nachkommen, abweichendes Verhalten bekannt wird oder die Eltern von Schuldgefühlen in Richtung Vernachlässigung der Kids heimgesucht werden. Die Familie wird für die Kids nicht mehr kalkulierbar, das Elternverhalten willkürlich, die Verläßlichkeit des emotionalen Halts der Familie ist dahin, das Kind fühlt sich zunehmend ausgegrenzt.

Diese Grundproblematik familialer Überforderung, die Jungen vor allem dann zu schaffen macht, wenn sie ihre emotionalen, inneren Signale nicht mehr in der Familie setzen können, kann durch folgende manifesten Auslöser in eine Abkehr des Jungen von der Familie umschlagen. Drei (exemplarische) Konstellationen sind immer wieder anzutreffen:

Das Hinausgedrängtwerden bzw. die Flucht aus der Familie

„Besonders Jungen, die auf der Straße leben sind aus Familien mit mehreren Geschwistern. Meistens war nicht ausreichend Geld vorhanden. Es kam zu sozialen Krisensituationen, die zu Gewalt, häufig in Verbindung mit Alkohol, in der Familie führten. Für die Jugendlichen entsteht ein zu großer Druck. Sie erkennen das Problem, finden aber keine Lösungsmöglichkeiten. Oft verfallen sie in eine Art Paniksituation und der einzige Ausweg, diese Situation zu bewältigen, ist die Flucht aus der Familie".

In dieser Schilderung einer Streetworkerin aus einer sächsischen Großstadt liegt eine exemplarische Überforderungssituation für den Jungen. Während die Mädchen eher unter der Kontrolle der Familie stehen und Familien geradezu Angst haben, daß ihnen ihre Tochter als „Straßenmädchen" „Schande" macht, wird dem Jungen zugemutet, daß er sich draußen durchschlägt und der Familie nicht allzulange zur Last fällt. Außerdem werden Mädchen in solchen Familien eher ans Haus gehalten. Sie müssen sich um die Kinder kümmern und den Haushalt mitmachen. Wie das „Draußen" für die Jungen dann aussehen soll, dafür geben die Eltern bei diesen Jungen wenig oder keine Orientierungshilfen. Aber dann, wenn es nicht „funktioniert", erhöhen solche Familien eher den Druck, anstatt emotionalen Halt und Unterstützung geben zu können. Wenn der Junge dann „auf der Straße" landet, ist die Trennung längst vollzogen und wird auch von den Eltern oft als logisch hingenommen.

Die emotionale Vernachlässigung

„Die Eltern des Jungen arbeiten beide in den alten Bundesländern. Sonntags packen sie ihm den Kühlschrank voll und legen Geld für die Woche auf den Tisch. Erst Freitag abend kommen sie beide zurück. Sie „wundern" sich über ihren Sohn, der doch alles von ihnen bekommt. Emotionale Bindungen und Verständnis werden von den Eltern durch materielle Werte ersetzt. Emotionen, Selbstwert und Familienersatz suchen die Jungen dann in Cliquen auf der Straße".

Auch in diesem Bericht eines Streetworkers aus einer anhaltinischen Großstadt stecken Anlässe, die wir auch in Biografien anderer Straßenjungen wiederfinden. Es gehört zu den Schattenseiten männlicher Sozialisation, daß Eltern - vor allem Väter - glauben, Jungen bräuchten keine emotionale Zuwendung, müßten lernen, sich durchzubeißen. Vor allem die Anerkennung und Wertschätzung dessen, was dem Jungen wichtig ist, durch die Eltern, geht in dieser Konstellation ab. Die Eltern erkennen in der Regel primär an, daß sich der Junge so gut allein kümmert und übergehen damit seine Bedürftigkeit und seine individuellen Alltagsprobleme. Straßenszene und Clique werden dann zu emotionalen Bezugspunkten, die dann Ausschließlichkeitscharakter gewinnen können, wenn die Eltern - trotz Abwesenheit - diese Außenbeziehungen mißtrauisch betrachten oder gegenüber dem Sohn gar abwerten.

Die Stiefvater-Konstellation

„Der Junge hat nach einem ordentlichen Hauptschulabschluß eine Schlosserlehre begonnen. Die macht ihm aber keinen Spaß und mit der Lustlosigkeit wächst die Tendenz, die Lehre abzubrechen. Er schwänzt immer häufiger und bricht dann die Lehre ab. Nun hätte er den Halt der Familie gebraucht, um nicht auf die schiefe Bahn zu geraten, was ihm aber versagt blieb. Das Gegenteil, der kompromißlose Herausschmiß durch den Stiefvater, machte ihn zum Straßenkind".

Die von einem Sozialarbeiter so beschriebene Stiefvaterkonstellation ist für Jungen immer eine prekäre Situation. Die Rivalitätssituation, die Enttäuschung an der Mutter, das gegenseitige Austesten und Provozieren der männlichen Dominanz in der neuen Familie kann in schwierigen Situationen dazu führen, daß die Schwierigkeiten des Jungen vom Stiefvater als Machtvorteil genutzt, zur funktionellen Bereinigung der Familiensituation (oft unbewußt) benutzt werden. Da die Vaterrolle von dem neuen Mann erst - interaktiv - erlernt werden muß, besteht in solchen Stiefvaterkonstellationen - vor allem in Familien, die wenig soziale und kulturelle Ressourcen haben, die neue Konstellation auszuhandeln und experimentell zu erproben - eine brisante „Hierarchielücke" der Männerrivalität, in der sich der potentiell arrivierte aber emotional unsichere „neue" Mann gegen den emotional in der alten Familie verankerten, aber sozial noch schwachen Jungen durchzusetzen versucht - bis hin zur Hinausdrängung des Jungen. Männlich konkurrentes Verhalten und unübersichtliche Vatersituation verdichten sich hier.

Um diese geschilderten Extrempunkte gruppieren sich unterschiedliche Variationen der emotionalen Vernachlässigung, Überforderung, des Ausgrenzungsdrucks und der Ausgrenzungsgewalt. Dabei wird hier nur die Grundkonstellation aufgeführt. Natürlich gibt es bei der Stiefvaterkonstellation auch besondere Mutter-Sohn-Beziehungen und -Konflikte, welche diese Konstellation noch verstärken. Auch können Gewaltstrukturen in der Familie (Bsp. Vater ist Alkoholiker) vorhanden sein, unter denen Jungen anders leiden als Mädchen (die als Gewaltopfer mit der Mutter stärker ans Haus gebunden sind und dann meist abrupt die Familie verlassen): Jungen werden bei der Gewaltfokussierung auf die Mutter (und ggfs. Co-Abhängigkeit der Tochter) schrittweise aus der Familie ausgegrenzt, erleben die Gewaltakte und Rituale des Vaters als männliche Machtwillkür. Aber auch hier scheint wieder das Grundmuster der Rivalität und der Unterdrückung des jungen Mannes durch den älteren Mann, die Abwertung und Verletzung des Jungen in seiner männlichen Identität durch.

Mögliche Zugänge der Jugendarbeit zu Straßenjungen und ihren Cliquen

Streetworkerprojekte und Jugendnotdienste sehen ihre sozialpädagogischen und sozialtherapeutischen Interventionsmöglichkeiten angesichts der ostdeutschen Situation, in der die Cliquen noch relativ überschaubar und stadtteilintegriert sind (s. o.), vor allem in der helfenden Begleitung dieser Straßenszenen. Da es in den ostdeutschen Großstädten zudem noch relativ viele leerstehende Altbauten gibt, ist der Segregrations- und Illegalitätsdruck auf die Kinder noch nicht so hoch wie in den westdeutschen Szenen. Auch scheint - schließt man aus den Berichten von StreetworkerInnen - die Drogenproblematik noch nicht so ausgrenzend und stigmatisierend zu sein. Alkohol und Drogen werden alltagsstimulierend (Langeweile überwinden, emotionale Erlebnisse haben) genommen, das Versinken in der Droge und das damit verbundene Abschließen von der Umwelt sind weniger zu beobachten.

Als vorläufiges Fazit bleibt: Die Kids sind ansprechbar, es lassen sich sozialpädagogische Bezüge aufbauen. Je intensiver und dauerhafter die Kontakte zwischen Kids und SozialpädagogInnen, desto offener werden die meisten Kids - so die Auskunft von MitarbeiterInnen. Daß diese Offenheit und der Wunsch des Kontakts meist von den Mädchen gewollt und gesucht wird, bedeutet aber nicht, daß die Jungen nicht ansprechbar sind. Sie haben es nur nicht gelernt, mit ihrem Selbst und ihren Gefühlen so umgehen zu können, daß sie sie aufnehmen und mitteilen können. Sie verstehen oft ihre inneren Signale nicht, deuten sie als unmännliche Hilflosigkeit und Schwäche, nehmen sie eher zum Anlaß, sich noch stärker an die Clique anzuhängen und sich ihr zu unterwerfen. Damit wird aber ihre Außenabhängigkeit noch verstärkt und die Möglichkeit, zu sich selbst zu kommen, weiter verbaut. Vieles an nicht bewältigten und übergangenen Gefühlen zeigt sich aber auch in Mustern symbolischen „Umwegverhaltens“: Bei den Jungen gerade betont aggressives oder die Aufmerksamkeit auf sich lenkendes Imponiergehabe, die willkürliche Anzettelung von kleinen Streits etc. verraten, daß Jungen ihrem Gegenüber - vor allem Mädchen, aber auch den JugenarbeiterInnen - etwas von sich selbst ausdrücken, das sie nicht preisgeben oder direkt sagen können. Hier ist es wichtig, daß SozialarbeiterInnen einen „geschlechtsspezifischen Blick“ entwickeln und solche Signale verstehen können.

Die Balance zwischen Individualität und Kollektivität, die gerade für die Entwicklung in der Jugendphase notwendig ist, ist bei den Straßenjungen oft extrem gestört. Aber dennoch zeigt die Erfahrung von StreetworkerInnen: Die Jungen kommen zwar nicht von sich aus, aber sie sind ansprechbar, wenn man auf sie zugeht und ihnen Räume eröffnet, in denen sie sich - ohne Druck und Prestigeverlust durch die Clique - öffnen, auch ihr Innerstes einmal preisgeben können. Die sozialpädagogische Begleitung wird dadurch zu einem „Ersatzmilieu“ (Milieu als emotionale Gegenseitigkeitsstruktur) für entgangene Bindungen neben der Clique.

Dies ist für Jungen besonders wichtig. Wenn auch die Altersspanne der Straßenkids und -jugendlichen mit 12 bis 18 angegeben wird, so ist doch die Gruppe der 13/14 bis 16/17jährigen in den ostdeutschen Szenen am stärksten vertreten. Diese Altersphase ist gerade für Jungen ein wichtiger Entwicklungs- und Orientierungsabschnitt auf der Suche nach männlicher Geschlechteridentität. Nicht in Wiederholung, aber doch in entwicklungstypisch neuer, nun soziokultureller Bearbeitung der frühkindlichen innerfamilialen Spannung von Bindung und Verlust bringt diese Phase eine neue, entwicklungsnotwendige Auseinandersetzung mit den Eltern: Abarbeiten am Vater in der Erkenntnis (oder Ablehnung) seiner Besonderheit im Vergleich zu sozialen und medialen Männerbildern, Bewältigung und Integration der andauernden emotionalen Spannung zur Mutter. Dies geschieht nicht in ausschließlicher Konkurrenz, sondern in spannungsreicher Ergänzung zur Suche nach Männlichkeit in der Clique, einer Männlichkeit, die in der Regel eher den Außenbezug des Mannseins verfestigt, indem im Binnenraum Konkurrenz und im Außenbezug der Clique Zusammenhalt gegen andere, Ausgrenzung stilisiert wird. Während also die Jungen in der Clique das sich Durchsetzen gegen andere als „männliche Stärke“ erproben, geht ihnen gleichzeitig jener emotionaler Rückhalt und Selbstbezug ab, jenes Vermögen der Empathie, das in der durchschnittlichen Jungensozialisation mehr oder weniger über die weiter bestehende emotionale Bindung an die Familie oder empathische Freundschaften (die bei Mädchen aber wesentlich häufiger und ausgeprägter sind) erworben wird.

Vor diesem Hintergrund der Jungensozialisation in Pubertät und Adoleszenz sind jene Erfahrungen (besser: Empfindungen), die StreetworkerInnen haben, zu deuten und zu interpretieren, wenn sie berichten, daß sie sich als „Familienersatz" von den Jungen gesucht und gebraucht fühlen. Das bezieht sich sowohl auf die Mutterrolle als auch auf die Vaterrolle, in die sich Mitarbeiterinnen und Mitarbeiter manchmal von den Kids gedrängt, manchmal aber auch selbst hineingezogen fühlen.

Jugendnotdienste, Streetworkerprojekte aber auch Einrichtungen der offenen Jugendarbeit werden also von den Straßenjungen nicht lediglich als Versorgungsstationen angesehen (so eine Mitarbeiterin), vielleicht sogar analog zu der auch sonst der Familie von ihren Jugendlichen zugewiesenen Versorgungsfunktion, sondern als sinnlich-emotionale Vertrauens- und Autoritätsbezüge gesucht. Hier in dieser Dimension - und weniger in der funktionellen der Versorgung - liegen die (sozial-)pädagogischen Einflußmöglichkeiten. Mitarbeiter eines Kriseninterventionsprojekts in einer anhaltinischen Großstadt haben die dabei ablaufenden pädagogischen Handlungsmuster wie folgt beschrieben:

„Wichtig ist es, dem Jungen gegenüber eine Vertrauensbeziehung durch Offenheit der eigenen Person aber auch Standpunktfestigkeit und Ermunterung des Jungen (bezüglich seines Standpunktes) aufzubauen. Er muß als Individuum angesprochen werden, nicht als Cliquenmitglied. Er muß spüren können, daß das was ihn nach innen berührt, hilflos macht, aussprechbar ist, auch nach außen wichtig ist, nicht gleich runter gemacht wird. Man muß die Sehnsüchte und Ängste des Jungen von der Clique lösen, ihnen einen eigenen Raum geben können, ohne daß der Junge die neue Angst bekommt, man wolle ihm die Clique vermiesen oder sie ihm gar nehmen. Wenn das gelingt, dann sprudelt es aus manchen nur so heraus".

Angebote der Jugendhilfe an Straßenjungen brauchen also eine emotional-geschlechtsbezogene Reflexivität, die sie aus der Zufälligkeit der jeweiligen persönlichen Beratung und dem individuellen Situationsspür der MitarbeiterInnen heraushebt und zum Teil der Professionalität werden läßt. Gerade für Jungen, die es schwerer haben als die Mädchen, aus der Straßenszene wieder herauszukommen (s. o.), ist der Bezug zu den SozialarbeiterInnen als „Anker" wichtig, ein Anker der allerdings schon während der Zeit des Straßenlebens ausgelegt sein muß. Nur dann können latente Wünsche des Ausstiegs oder eventuell selbstgesteuerten Kontakts zu den Eltern auch eine vertrauensvolle und aktivierende Resonanz finden.

Ziel der mir bekannten ostdeutschen Straßenprojekte ist es, die Jungen und ihre Cliquen so zu begleiten, daß sich ihr segregierter Lebensstil nicht biografisch verfestigt und möglichst eine jugendkulturelle Episode bleibt. Dazu gehören nicht nur die beschriebenen personalen und funktionalen Angebote, sondern auch Aktivitäten der Vermittlung und Konfliktschlichtung, die darauf abzielen, einer dauerhaften Kriminalisierung der jeweiligen Straßenkidsszene vorzubeugen. Die Chance der sozialen Reintegration sind vielerorts gegeben aber sehr differenziert zu betrachten: Gerade weil hier in Ostdeutschland die Straßenkinderszene noch stadtteilbezogen ist, braucht es offene Konzeptionen des ASD in Zusammenarbeit mit den Jugendnotdiensten und den Streetworkprojekten. Die Tatsache, daß die Familien und ihre auf die Straße angewiesenen Kids oft in einer Stadtregion leben, verlangt sozialräumliche Konzepte der koexistenten Hilfen aber auch der Verständigung über gemeinsame Prävention. Die Erfahrung der SozialarbeiterInnen, daß die Abwendung von der Familie stufenweise geschieht, sollte - im Sinne des Hilfeplans und der Flexibilisierung und Regionalisierung der Hilfen nach dem KJHG - Streetwork und Familienhilfen mit den Familien und Jugendlichen so zusammenarbeiten lassen, daß Möglichkeiten des selbständigen (von der Jugendhilfe beratenen) Wohnens und Lebens gefunden werden können, ohne daß sich die Familientradition durch ein Panikhandeln (Weglaufen des Jungen) weiter verschärft. Denn das Weglaufen darf nicht als Schwäche der Familie gedeutet, sondern muß als Signal gesehen werden, daß diese Familienkonstellation nicht mehr haltbar ist und eine Neustrukturierung - unter der Perspektive der geschützten außerfamilialen Selbständigkeit des Jungen - braucht.

Berith Möller

Mädchenarbeit als Lebensort - Parteilichkeit, Geborgenheit und Selbstwert

Eigenständigkeit und Selbstbezug

Die überkommene Ordnung des Geschlechterverhältnisses, die sich über eine strukturelle und sozial-psychische Dimension vermittelt, beschreibt also männliche Identität über einen instrumentellen Bezug auf die Welt im Denken und Handeln, in der Abgrenzung zu Fürsorge, Einfühlung; gegenüber Bindung und Kontinuität wird Trennung und Grenze betont (vgl. Rommelspacher 1994, S. 48f.).

Im Kontext dessen, daß Begriffe wie Selbstbestimmung und Eigenständigkeit in unserer von individualisierenden Werten geprägten Öffentlichkeit zunehmend an Bedeutung gewinnen, scheinen Mädchen eine - vollständige - Individualisierung nicht erreichen zu können.

„Das gegenwärtige Verständnis von Eigenständigkeit mißt der Ich-Entwicklung als Ausdruck rationaler und bewußter Lebensplanung einem hohen Wert bei und betont häufig den Aspekt der Unabhängigkeit. Dies ist u.a. darauf zurückzuführen, daß in hoch differenzierten Gesellschaften die Eigenständigkeit des einzelnen - verstanden als die Fähigkeit, sich als eigene und unabhängige Person wahrzunehmen - notwendig ist, um unterschiedliche und widersprüchliche Erfahrungen in einzelnen Lebensbereichen verarbeiten zu können und einen eigenen Standpunkt zu finden. Eigenständigkeit wird dabei meist mit der erfolgreichen Ablösung von Bindungen gleichgesetzt" (Seidenspinner 1994, S. 18).

Eine wichtige theoretische Fundierung und Zuspitzung bekam diese Position durch Carol Gilligans Buch „Die andere Stimme" (1984), in dem sie vor dem Hintergrund der Kognitionstheorie von Kohlberg die Entwicklung moralischer Urteilsfähigkeit bei Mädchen und Jungen untersuchte und herausarbeitete,

„daß Mädchen sich in ihrem moralischen Urteil von dem Prinzip des 'care' (Caritas), der Orientierung an und der Sorge für konkrete Andere bestimmen lassen, wohingegen Jungen eher abstraktes Recht und Gerechtigkeit im Vordergrund ihrer Urteilsbildung stehen [...] Die entscheidende Wende, die durch Gilligan eingeleitet wurde, war, daß diese andere Moral der Frauen nicht als unreif (wie in den Untersuchungen Kohlbergs), sondern als eine gleichwertige betrachtet wird. In ihren weiterführenden Arbeiten kommt sie zu folgendem Ergebnis: Beiden Geschlechtern stehen im moralischen Dilemmata beide Regelsysteme zur Verfügung: Recht und Gesetz und Fürsorge. Jungen sind sich bei weiterem Nachdenken gar nicht mehr sicher, ob ihr System das passende ist. Mädchen dagegen fällt zuerst auch das dominierende System (Gerechtigkeit) ein, aber in der Reflexion darüber halten sie weitaus häufiger das eigengeschlechtliche Modell für das Überlegenere. Das heißt: das männliche Modell ist das dominante, daß mit der höheren Legitimität. [...] Mädchen, so die Schlußfolgerung auch ihrer neuen Veröffentlichung, haben schon sehr früh gelernt, in Beziehungen zu denken, und vor allem: für Harmonie, für das Fortbestehen der Beziehungen zu sorgen, zu verhindern, daß 'Dinge außer Kontrolle geraten'.[...]" (In: Tatschmurat 1996, S. 12).

Mädchen müssen insofern ihre Lebensentwürfe in einem auf politischer, kultureller und ökonomischer Ebene wirksamen Gebot der Selbstbezogenheit entwickeln und sind zugleich durch ihre Orientierung auf Beziehungen potentiell von anderen abhängig. Sie müssen dabei das Kunststück vollbringen, „ihre Bedürfnisse zu leben und gleichzeitig die Bedürfnisse der anderen nicht außer acht zu lassen, auf andere Menschen eingehen zu können und doch die eigene Persönlichkeit zu bewahren." (Seidenspinner 1994, S. 23) Dem Gelingen einer derartigen Balance, nämlich „selbstbestimmt im Netz sozialer Beziehungen" zu leben (Seidenspinner 1994, S. 23), stehen verschiedenartige Barrieren und Grenzen gegenüber, die hier nur angerissen sein sollen:

Mädchen und jungen Frauen wird ein gesellschaftlicher Selbstbezug verwehrt. Öffentliche Bilder von Weiblichkeit sparen die Bewältigungsanforderungen und -leistungen in weiblichen Lebenszusammenhängen aus und postulieren zugleich reduzierte und reduzierende Definitionen weiblichen Seins. (Entweder fürsorgliche Gattin und Mutter oder Karrierefrau / eine nicht zugestandene eigene Aggressivität von Mädchen und Frauen ...).

Es wird ihnen schwer gemacht, eine eigene „kulturelle Identität" zu entwickeln, die ihnen ein stärkeres Selbstwertgefühl vermitteln würde.

Demgegenüber stehen Mädchen vor einer zweifachen Identitätsanforderung: Auf der einen Seite wird ihnen noch immer der reproduktive, häusliche private Bereich als Zuständigkeits- und Aufgabenfeld zugeordnet. Ihre Sozialisation vollzieht sich vor dem Hintergrund ihrer perspektivischen Mutterrolle, die Kompetenzen auf emotionaler sozialer Ebene unterstellt und abfordert. Auf der anderen Seite müssen, wollen und sollen sie sich im Sinne des allgemeinen, durch die männliche Normalbiografie geprägten Anspruchs als „autonome", selbstverantwortliche Individuen entfalten. („Ein Mann ist ein Mann ist ein Mann, eine Frau muß zusätzlich beweisen, daß sie *auch* Frau ist, aber gleichwohl - trotzdem kompetent, gleichwertig etc. ist." Vollmer-Schubert, 1991, S. 164f.)

Der Konflikt von Sittsamkeit und Sinnlichkeit

Mädchen werden danach angesehen und bewertet, wie reizvoll sie für andere sind. Dabei wird das jüngere Mädchen zunächst als 'schutzbedürftig' wahrgenommen (sie werden z. B. eher in ihrer Freizeit auf den häuslichen Raum orientiert), um dann in der Pubertät allein für den Schutz ihrer Integrität verantwortlich gemacht zu werden, d. h. die körperliche und seelische sexuelle Integrität von Mädchen und Frauen wird nicht grundlegend gesellschaftlich anerkannt. Mädchen und junge Frauen erfahren schließlich vor diesem Hintergrund eine unmittelbare Beschränkung von Erfahrungsräumen und sozialräumlichen Bewegungsmöglichkeiten. Die elterliche Ambivalenz von Schutz und Kontrolle wird über die Grenzen der Familie hinaus weiter fortgesetzt: Mädchen übernehmen insofern diese Raumbegrenzungen im Sinne einer Selbstkontrolle in ihr Selbstbild. Ihnen wird eine Gratwanderung abgefordert, die nicht selten eine tiefgreifende Verunsicherung ihrer Selbsteinschätzung und ihres Selbstwertgefühls zur Folge hat (Bodenmüller, 1994, S. 30):

„Obwohl sie die Erfahrung machen, ich bin attraktiv, mein Körper ist begehrenswert, können sie die nicht bemächtigende Seite solcher Äußerungen selten unbeschwert wahrnehmen. Auch die in ihnen geweckten Gefühle können sie weder genießen, noch positiv für sich verarbeiten. Denn letztlich wird ihnen ihre Körperlichkeit und Geschlechtlichkeit als etwas Bedrohliches, Gefährdetes und Gefährliches vermittelt, weshalb sie kontrolliert und geschützt werden müssen" (Klees u.a. 1989, S. 28).

Gerade in diesem Zusammenhang wird auch sichtbar, wie sehr kollektives und individuelles Handeln strukturell geprägt ist und sich in Denk- und Verhaltensmustern auf weiblicher Seite entäußert. Be- u. Abwertungen der äußerlichen Attraktivität erfahren Mädchen auch und gerade durch Mädchen selbst. In der Adoleszenz werden sich gegenseitig schmerzvolle Erfahrungen zugefügt, die das Selbstwertgefühl schädigen und tendenziell auch allein verarbeitet werden müssen. Meist gelingt es erst als erwachsene Frau, wenn über Beruf und/ oder Mutterrolle Anerkennung und Bestätigung erfahren wurde, diese individuelle Erfahrung mit anderen Frauen zu reflektieren und als das zu erkennen, was Mädchen sich nicht nur vereinzelt gegenseitig vor dem Hintergrund verinnerlichter stereotyper Denkweisen antun.

In den individuellen Lebenswelten von Mädchen findet sich dies als zu leistender Spagat von erwarteter äußerlicher Attraktivität und 'Sittsamkeit'. Das Erleben als sexuelles Wesen in der Adoleszenz geht einher mit der Erfahrung, verstärkt und intensiviert dem Konstrukt des Geschlechterdualismus unterworfen zu sein. Die Besetzung des weiblichen Idealtypus mit dem Verhaltensmuster 'passiv, abhängig' forciert den Konflikt von Autonomiebestreben, dem Wunsch nach Aktivität und der kulturellen Vorstellung von Weiblichkeit vor dem Hintergrund sexueller Bedürfnisse. Ein Spannungsfeld, daß (nicht selten in autoaggressiven Zügen) wiederum individuell bewältigt, werden muß.

Geborgenheit und Parteilichkeit als pädagogische Zugänge in der Mädchenarbeit

Tendenziell greift, verstärkter denn je, eine reduzierte und reduzierende Leistungshierarchie, der sich mehr oder weniger zu unterwerfen ist und die dazu auffordert, Menschen danach zu bewerten, wieviel sie im ökonomischen Sinne wert sind. Ausreichender emotionaler Schutz kann Jüngeren, Schwächeren jedoch nur gewährt werden, wenn eigene Bedürftigkeiten und schwache Seiten nicht verdeckt werden müssen. In der Lebenswelt Familie erfahren Mädchen in mehrfacher Hinsicht die Begleiterscheinungen und direkten Folgen einer Wirtschafts- und Sozialentwicklung. Ostdeutsche Mädchenarbeiterinnen berichten:

- Mädchen erleben, daß Arbeitslosigkeit Eltern zum Rückzug aus der gesellschaftlichen Öffentlichkeit veranlaßt und - im Falle eines Beschäftigungsverhältnisses- ganztägig abwesende Mütter bzw./und Väter;

- familiäre persönliche Situationen werden im direkten Verhältnis zur finanziellen Lage gesehen ('Wenn das Geld stimmt, dann spielt auch die Gleichberechtigung keine Rolle...');

- materielles Denken bestimmt zunehmend die häusliche Atmosphäre ('Da wird das Wohnzimmer abgeschlossen, damit die Kinder nicht das Sofa beschmutzen...');

- Bedürfnissen nach emotionaler Wärme und Zuneigung wird kaum mehr im ausreichenden Maße entsprochen;

- gewohnte soziale Bindungen zerbrechen - zumeist Väter verlassen die Familien, z. T. um günstigere Arbeitschancen wahrzunehmen;

- Mütter gehen neue Beziehungen mit dem Gebot der vollständigen Akzeptanz des neuen Partners für die Mädchen ein;

- Alkohol und Gewalt wird zunehmend zum Problem in der Lebenswelt Familie (Modellprogramm 1995, S. 153) und kann nicht mehr nur sozialen Randgruppen zugeschrieben werden.

Diese blitzlichtartigen Einblicke in gegenwärtige familiale Lebenssituationen von Mädchen spiegeln einzelne, je konkrete Aspekte in der Struktur moderner Überlastung der familialen Privatheit (Funk 1996, S. 251): Einerseits sollen Familien genau das ermöglichen und vermitteln, was anderswo negiert wird - Nähe, Geborgenheit, Solidarität. Traditionelle soziale Milieus lösen sich bis in die ländlichen Dorfgemeinschaften hin auf, der Rationalisierungs- und Konkurrenzdruck instrumentalisiert und entemotionalisiert Arbeits- und Berufsbeziehungen zeitgleich. Anderseits sind Familien aufgrund der Trennung von häuslichem Leben und Arbeit aufgefordert, öffentlich induzierte Probleme privat zu bewältigen bzw. zu lösen. „Dies kann zu Überforderungssyndromen und internen Belastungen führen, welche aber in der familialen Identität verbleiben und aufgrund der allseits geteilten und geforderten Privatheit der Familie schwer an die Öffentlichkeit [...] gelangen können" (Böhnisch 1996, S. 60). Damit verflochtene familiale Konflikte und Mangelsituationen an ausreichendem Schutz und emotionalen Rückhalt fordern Kindern und Jugendlichen Bewältigungsleistungen ab, die wiederum in der gesellschaftlichen Öffentlichkeit nicht als solche anerkannt werden. Für Mädchen ist dabei festzuhalten, daß sie vielmals massiv an den je konkreten Familienkonflikten leiden und oft auch aus diesen heraus handeln. (vgl. dazu: Trauernicht 1989)

Mädchenarbeit sucht dergestalt familiale Konfliktlinien unter der Mädchenperspektive in verschiedenartigen thematischen Feldern und Angeboten (offener Treff, Hausaufgabenhilfe, gemeinsame Freizeiten etc.) öffentlich wirksam aufzuzeigen. Mädchen wird damit die Möglichkeit vermittelt, mit ihren Konflikten, Ängsten, Stärken und Wünschen aus dem Kreis der familialen Privatheit herauszutreten und diese auch nach außen sichtbar werden zu lassen. Diese Bezüge von Mädchenarbeit und Geborgenheit lassen sich in einem weiteren Zusammenhang skizzieren: „Mädchen sehen die Welt so wie sie ist - nämlich furchtbar kompliziert und zum Teil ohne moralischen Halt [...] es fehlt [...] ein Nährboden aus Zuneigung und Anerkennung [...] die Möglichkeiten zur eigenen Kreativität, Entwicklung [...] alles ist überdeckt und überlagert" (Modellprogramm 1995, S. 152)

Ebenso wie für Jungen erscheinen Zukunftsperspektiven für Mädchen fraglich und unkalkulierbar (Pluralisierung von Lebenslagen und Biografisierung von Lebensläufen), die jedoch für Mädchen und junge Frauen zudem noch durch die Diskrepanz von öffentlich postulierter und fehlender gesellschaftlicher Einlösung überschattet sind. Die auch für Mädchen relevante jugendkulturelle Freisetzung führt zu dem uns geläufigen Bild von Mädchen, die nach außen cool-Sein demonstrieren, nach innen jedoch eine Vielzahl von Verletzungen, Erfahrungen und Widerständigkeiten entwickelt haben. Diese Erfahrungen wirken sich dabei eher als Unklarheiten in der Lebensperspektive aus, was sich nicht zuletzt in der noch immer unzureichenden gesellschaftspolitischen Wichtung von Prozessen der Entwertung und Gewalterfahrung begründet (Modellprogramm 1995, S. 15).

Mädchenprojekte suchen vor diesem Hintergrund Rückhalt über eine Orientierung ihrer Aktivitäten an den vielseitigen Fähigkeiten zur Lebensgestaltung, am Wert der einzelnen Person und deren Akzeptanz in der Öffentlichkeit zu vermitteln. Dabei werden die Erfahrungen von Mädchen und jungen Frauen mit sich und untereinander verstärkt ins Zentrum der praktischen und konzeptionellen Vorstellungen und Umsetzungen gerückt (Modellprogramm 1995, S. 31). Ebenso wie für die Adressatinnen selbst, erfahren dergestalt auch die Pädagoginnen in einem fortlaufenden vertiefenden Prozeß, wie sich gesellschaftliche Widersprüche und Einschränkungen, der selbst einzulösende Anspruch auf Gleichberechtigung im je konkreten Lebenszusammenhang spiegeln und sich gleichermaßen in Rückzug, Selbstbehauptung und Widerstand enäußern. Inwieweit Mädchenarbeit dahingehende professionelle Unterstützungsangebote über ein eigenes - eben parteiliches - pädagogisches Prinzip zu entwickeln sucht, soll nachfolgend skizziert werden.

Parteilichkeit als feministisches Prinzip

„Parteilichkeit" gilt als „Essential" feministischer Mädchen- und Frauenarbeit. Das Wort signalisiert, daß sich die Pädagoginnen auf der Seite der Mädchen sehen und speziell für sie etwas tun wollen, wenn auch zum Teil noch heute verschwommen bleibt, was das praktisch heißen soll (Nauendorf 1995, S. 253).

Analog zur Definition des Unterdrückseins bei Paolo Freire („Pädagogik der Unterdrückten") kann ein Zugang zu der Befindlichkeit von Mädchen und Frauen gefunden werden. Freire zeigt, wie sich Herrschaftsstrukturen im Bewußtsein verankern: die „Wahrnehmung seiner selbst als Unterdrückter wird dadurch beeinträchtigt, daß er in die Wirklichkeit der Unterdrückung eingetaucht ist. Auf dieser Ebene ist seine Selbstwahrnehmung als Gegner des Unterdrückers noch nicht vom Engagement im Kampf zur Überwindung des Widerspruchs [...] gekennzeichnet. Der eine Pol strebt nicht nach Befreiung von, sondern nach Identifikation mit seinem Gegner." (Freire 1973, S. 33, zit. nach Dudeck, 1988 S. 201ff.). Freire zielt damit auf die durch Soziale Arbeit zu stützende bewußte Wahrnehmung der eigenen Lebenssituation als Problem und die Lösung dieses Problems in Reflexion und Aktion ab (vgl. Freire 1973, zit. nach Dudeck, 1988 S. 201ff.).

Positionen wie: sich Klarheit zu verschaffen über den eigenen Ort in der Gesellschaft, den der Betroffenen/Adressatinnen, deren Interessen und entsprechend zu handeln, führten zu heftigen Streits in der Fachdiskussion, als - wie Maria Bitzan schreibt - „nämlich politisches Handeln in diesem Sinne als Gegensatz zu professionellen Handeln gesehen wurde - da das professionelle System der sozialen Arbeit als Teil des gesellschaftlichen politischen Systems ja nicht gleichzeitig zu seiner Veränderung beitragen könne. Aber die politischen Hoffnungen, die mit diesem Ansatz verbunden waren, haben sich nicht erfüllt. Die revolutionäre Aufbruchsstimmung wurde enttäuscht, diese Strategie konnte als Strategie sozialer Arbeit nicht länger aufrecht erhalten werden. Sie galt als gescheitert. Es wurde still um die Interessenfrage und damit um die Parteilichkeit. Die Sozialarbeit verlor ihre Gesellschaftsanalyse - der Psychoboom 'ersetzte' sie." (Bitzan, 1994 S. 197). Die Frauenbewegung und die mit ihr entstandene feministische Frauenforschung hat das Prinzip der Parteilichkeit wieder eingeführt und weiterentwickelt. Das Neuartige daran war und ist, daß Mädchen und Frauen nicht nur in die Zielgruppe von Forschung und Praxis aufgenommen werden, sondern daß auch die Frauen, die Forschung betreiben, sich als Selbst-Betroffene mit der gesellschaftlichen Benachteiligung beschäftigen und deshalb nicht nur ein anwaltschaftliches, sondern ein ganz eigenes Interesse an deren Veränderung entwickeln.

Maria Mies entwarf in diesem Kontext „methodische Postulate der Frauenforschung" (1984), die die doppelte Seins- und Bewußtseinslage von Forscherinnen aufgreifen: sie sind sowohl Betroffene, die die Unterdrückung in unterschiedlicher Weise selbst erfahren haben und gleichzeitig sind sie Forschende, die sich dieser Unterdrückung und den Möglichkeiten ihrer Aufhebung wissenschaftlich zuwenden. Daraus kann - in der Interpretation von Maria Mies - die Chance erwachsen, Herrschaftsverhältnisse sensibler und umfassender zu analysieren. „Die 'Betroffenheit' läßt sich dann in eine bewußte Parteilichkeit überführen, die die Situation der Forscherinnen mit reflektiert." (Tatschmurat 1996, S. 13).

Die aus den Praxis - und Theoriezusammenhängen (Ende der 70er Jahre entstanden die ersten Frauenhäuser als „politische Selbsthilfeprojekte") resultierenden Erkenntnisse - wie die Einsicht, daß sexuelle Gewalt, die einzelne Frauen zum Teil dramatisch erfahren, sich gegen Frauen als Geschlecht richtet - entwickelten eine große solidarische Schubkraft: Parteilichkeit wurde als Begriff geführt gegen die Benutzung von Mädchen/Frauen für andere, gegen Mißtrauen und Abwertungen, die ihnen üblicherweise entgegengebracht werden und gegen eine Allparteilichkeit für die KlientInnen der Sozialarbeit (Tatschmurat 1996, S. 199)

Die in Folge der kritischen Sichten auf herkömmliche Sozialarbeit - wie z. B. die Benachteiligung von Mädchen und Frauen bei der Verteilung von Ressourcen - entstandenen ersten Mädchen- und Frauenprojekte definierten sich bewußt in Distanz zu den herrschenden Institutionen und Arbeitsformen, die das Geschlechterverhältnis nämlich genau nicht in Frage stellten (Tatschmurat 1996, S. 200). Aber, im Gegensatz zu den klassischen marxistischen Solidarisierungen mit den sozial Unterdrückten ist das Geschlechterverhältnis als Machtverhältnis wesentlich komplizierter und widersprüchlicher. Es reicht nicht aus, wie Anne Dudeck konstatiert, dieses Verhältnis zu analysieren, um es zu ändern, da der „Gegner" als Einzelperson jeweils „gleichzeitig in meinem Alltag mein Geliebter, mein Freund, mein Vater, mein Sohn, mein Bruder ist - ich also im Privaten mit ihm in einem - wie auch immer gearteten Liebesverhältnis verbunden bin." (Dudeck 1988, S. 200). So bedeutet „weiblicher Lebenszusammenhang [...] für Frauen immer, im Widerspruch zu leben. Es gibt keine eindeutigen, positiven Lösungen für diese Widersprüche. Klassisch galten für Frauen die Arrangements der weiblichen untergeordneten Hausfrauen- und Mutterrolle und der stillschweigenden 'Inkaufnahme' der privaten Gewaltverhältnisse. Die Moderne scheint für Frauen - besonders für junge Frauen und Mädchen - einiges geöffnet zu haben. Sie haben faktisch mehr Möglichkeiten und können andere Ansprüche formulieren als noch ihre Mütter und Großmütter. Sie darin zu stärken und zu unterstützen ist eine der wichtigsten Aufgaben parteilicher Arbeit. Das bedeutet aber nicht, daß die 'Lösungen' einfacher geworden seien. Denn es sind immer nur Teillösungen möglich, immer bleibt Unbehagen, Verzicht, Einseitigkeit. Die Mädchen heute spüren dies sehr deutlich, sie sind - so hat es meine Kollegin Heide Funke genannt -'Expertinnen des Zwiespalts'."(Bitzan 1994, S. 200).

Parteilichkeit in der Praxis

Parteilichkeit in die Praxis der Mädchenarbeit einzulösen, erfordert nicht nur frauenpolitisches Engagement sondern auch klare fachliche Kompetenzen:

- den Mädchen ist Wert zu geben - es bedeutet, die Erfahrungen und Gefühle der Adressatinnen wirklich ernst zu nehmen, anzuerkennen und sich selbst kompetent zu machen, diese auch „zu sehen". Marianne Hege bringt es auf den Punkt, wenn sie schreibt, daß Parteilichsein bedeutet, „sich zu verbünden mit den Kräften der Frau (bzw. des Mädchens), die nach neuen Lösungen trachtet" (Bitzan 1994, S. 205).

- den Pädagoginnen wird abgefordert, von der Perspektive der Mädchen, ihren Bedürfnissen, Ängsten, Wünschen, Erfahrungen auszugehen und sie in einem theoretischen Interpretationszusammenhang zu stellen, der „alle gesellschaftlichen Gebilde, Normen, und Strukturen daraufhin betrachtet, was sie für Mädchen/Frauen bedeuten" (Bitzan 1994, S. 205).

Wie schwer dieser fachliche Anspruch teilweise umzusetzen ist, spiegelt sich allein in den widersprüchlichen Bedürfnissen der Adressatinnen, die immer in ihrer Wahrnehmung durch das Selbst- und Weiblichkeitsbild der Pädagoginnen gebrochen werden, wider: Mädchen und junge Frauen geraten in das „Räderwerk der Justiz, in die Mühlen der Heime" oder in Übernachtungsunterkünfte für Obdachlose nicht zuletzt durch ihr Denken in Bindungen und Beziehungen, durch ihren Wunsch, geliebt zu werden.

Selbstbestimmte, nicht über Jungen/Männer definierte Lebensentwürfe sind keine eindeutige Perspektive, sie wollen vielmals beschützt werden und ihrerseits beschützen. Wenn dies nicht gelingt - was eher die Regel ist - können Ersatzabhängigkeiten wie Drogen, Eßprobleme, Medikamente ins Spiel kommen (Tatschmurat 1996, S. 11). Dann „macht Mädchensein krank", wie Carmen Tatschmurat die Mädchenpsychologin Monika Fröschl zitiert (Tatschmurat 1996, S. 11).

Für SozialpädagogInnen wird der Spannungsbogen in den Lebenslagen von Mädchen von einer Ausrichtung auf eine eigenständige Sicherung des Lebensunterhalts und die mehr, oder minder romantisierten Wunschphantasien von Mädchen rund um das Thema „Liebe" zum Kern ihrer täglichen professionellen Praxis mit Mädchen und jungen Frauen - sei es nun in der Jugendsozialarbeit, offenen Freizeitarbeit, Jugendberufshilfe oder im feministischen Mädchenhaus (Tatschmurat 1996, S. 11).

Wenn Parteilichkeit davon ausgeht, daß Mädchen selbstbestimmt sein können und Stärken haben, daß Mädchen von ihren individuellen Schuldzuweisung zu entlasten sind, um den Teufelskreis von Schuldgefühlen, Wiedergutmachung und Anpassung zu sprengen, dann bedeutet dies auch, Mädchen genügend Raum zu lassen, die eigenen - auch ganz lebenspraktischen - Dinge zu regeln, Widersprüche und schmerzhafte Verhaltensweisen von Mädchen auszuhalten. Diese Zerreißproben zeichnet u.a. Sabine Pankofer nach, wenn sie von ihren Erfahrungen mit der Auto- und Aggression von Mädchen als Überlebensstrategie am Beispiel der Heimerziehung berichtet:

„Vanessa steht mit erhobener Hand vor mir [...] auch ich bin ziemlich aufgeregt, innerlich zittere ich, mein Atem ist kurz und ruckartig [...]. Wir beide schweigen nach einem heftigen und lauten Wortgefecht und unsere Auseinandersetzung findet im Moment vor allem in unseren Blicken statt. Zwischen uns ist eine schier unerträgliche Spannung. Auch Angst davor, das Gesicht zu verlieren. Und das alles nur wegen einer Kleinigkeit. [...] Langsam sinkt ihre Hand und ich schnaufe innerlich kurz durch. Vanessa gilt als höchst aggressiv, wanderte durch verschiedene Heime, aus denen sie als untragbar entlassen wurde." (Pankofer 1996, S. 157).

Indem Vanessa in einem Interview erklärt: „immer wenn ich mich bedrohlich fühle, dann zeige ich es denen auch...", legt sie eine Konfliktlösungsstrategie offen, die wahrscheinlich ebenso Überlebensstrategie ist. Gerade das Thema Mädchen als Subjekte von Gewalt offenbart das hohe fachliche Maß, daß parteilichen Pädagoginnen abverlangt wird, wenn sie Mädchen mit ihren Erfahrungen ernst nehmen wollen, aber trotzdem einen eigenen dezidiert gewaltfreien Standpunkt haben und zugleich die Aggression zulassen, um sie nicht zu tabuisieren und zu sanktionieren (Pankofer 1996, S. 163) .

Neben einer der mädchenparteilichen Arbeit inhärenten Aufgabe, öffentlich wirksame Denkgebote darüber, wie Mädchen sind und wie sie sein bzw. nicht sein sollen, zu problematisieren und zu dekonstruieren und die ihren Lebenszusammenhängen innewohnenden Konflikte, Anforderungen, Auswirkungen struktureller und personeller Gewalt aufzudecken, ist es in einem weiteren Blick notwendig, auf das Differenzprinzip zu verweisen.

Mädchen unterscheiden sich nicht nur hinsichtlich ihrer Lebenssituationen, sondern auch in ihren Wünschen, Bedarfen, Welt-, Männer- und Frauenbildern etc. In einer parteilichen Sozialen Arbeit kann es deshalb nur darum gehen, das Gemeinsame und das Trennende zu erkennen, d. h. auch, daß nur Teilidentifikationen möglich sind. Eine Position, die zwar mehr Uneindeutigkeit schafft, aber eben Mädchen und Frauen stärker zugesteht, sie selbst zu sein!! Dies betrifft ebenso die Haltung zu den Adressatinnen wie auch zu den anderen Fachfrauen. Methodisch heißt Parteilichkeit in diesem Sinn, „Wege zu finden, wie Mädchen mehr von sich selbst herausfinden können, wie ihre Vielfalt nach außen und zum Vorschein kommen kann." (Bitzan 1994, S. 202). Desweiteren impliziert ein dergestalteter Anspruch, offen und aufmerksam für das zu sein, was Mädchen sich nach einem hergestellten Vertrauensverhältnis wünschen, was letztlich auch eine Erweiterung bzw. Veränderung des ursprünglichen Arbeitsanliegens bedeuten kann. Grenzen in den professionellen Wahrnehmungen von Mädchen müssen insofern auch in einem fortlaufenden Prozeß erkannt und erweitert werden.

Projekte, die allein oder im Verbund mit anderen Einrichtungen bei Krisensituationen und Problemlagen, Interessen und Ansprüchen von Mädchen ansetzen, zielen letztlich immer auf die Akzeptanz als übergreifenden Effekt in der Binnen- und Außenperspektive ab. Zum einen ist es ein wesentlicher Ertrag, für Krisensituationen, Ansprüche von Mädchen, für die Stärkung ihrer Kompetenzen aus fachlicher und jugendhilfepolitischer Sicht Akzeptanz und insofern in der Qualität der Angebote Standards für andere Träger und Institutionen - im weiteren Sinne auch für Eltern - geschaffen zu haben.

Zum anderen meint dies aber auch die Akzeptanz von Ansprüchen und notwendigen Auseinandersetzungen unter Mädchen. Gerade da, wo Mädchen und junge Frauen mit eigenen Aktivitäten und neuen Weiblichkeitsbildern nach außen treten, stoßen sie auf Konflikte und Unverstand.

Mädchenarbeit und die Falle der Nische

Nicht nur für ostdeutsche Frauen bedeutete die Wende und ihre Folgen ein Zerbrechen von Denkgewohnheiten und ein Auflösen von Sehmustern. Inwieweit der „Zusammensturz sich zu einem neuen Sinngebäude ordnen läßt und dieses überhaupt Ziel der Anstrengung sein soll" (Thürmer-Rohr 1994, S. 91) ist hier wie da ungewiß. Vor diesem Hintergrund, der nicht zuletzt durch eine öffentlich ausgebliebene Reflexion über die im Prozeß der Vereinigung entstandenen Risse und Sprünge mitgetragen wird, entfalten sich sowohl Verständnis als auch Unverständnis über die scheinbar auch in Mädchenarbeits-Zusammenhängen tabuisierte Frage: „Wo wollen wir hin?" (die mehr meint als neue förderpolitische Kriterien).

Es greift meines Erachtens zu kurz, wenn wir in unserer pädagogischen Praxis, in den öffentlichen und privaten Diskussionen immer wieder mit unserem Interesse beim - wie Ch. Thürmer-Rohr es definiert - „eigenen Ich" (Thürmer-Rohr 1994, S. 13) landen. Wir selbst sind befangen im kulturellen Denkmodell, das auf Selbstverwirklichung, Selbstentfaltung setzt und dabei zugleich ausblendet, daß dies unter den gegenwärtigen Bedingungen unserer Konsumgesellschaft immer auch auf Kosten von etwas und jemand bedeutet. Was hindert uns also daran - gerade angesichts der sich verstärkt problematisierenden Lebenslagen von Mädchen - zu fragen, wo wir hin wollen?

Sicherlich sind wir noch immer verletzt über den seit 1990 verlaufenden Prozeß einer gesellschaftlichen pauschalisierten Abwertung unserer Lebensmodelle, Erfahrungen, Denkmuster, aber dies entthebt uns und gerade deshalb nicht aus einer Verantwortung für eine offensive Kritik an den aktuellen gesellschaftlichen Entwicklungstendenzen.

204

Haben wir in Ostdeutschland uns möglicherweise nicht zu schnell mit der „Ideologie des individualisierten Glücks" arrangiert und dabei unsere ganz spezifische Tradition, die die eigene Person eher über den Zusammenhalt und den Zusammenhang definierte, nunmehr über die fachliche Intention von Kooperation und Vernetzung mit Gleichen (hier im Sinne von Mädchen-Projekte-Bewegung) selbst reduziert?

Jungen und Mädchen wird abverlangt, daß sie sich ständig neu orientieren, zwischen den Logiken der verschiedenen Lebenswelten pendeln,

„... das, was diese Sinninseln für das eigene Leben bedeuten könnten, herauszulösen und die Teile, die Bruchstücke selbständig, mit nur wenig Vorgaben, zu integrieren in das Patchwork des eigenen Lebens [...]. Und dies immer wieder auf's Neue: 'fragmentartige Identität' wird zunehmend zur Perspektive für das ganze Leben." (Tatschmurat 1996, S. 21).

Gegenwärtig verlieren sich zudem auch zunehmend eindimensionale Muster für die Entwicklung der individuellen Geschlechtsidentität. Auch und gerade Medien zeugen von einer immer breiter werdenden Variabilität in der Geschlechterinszenierung - es wird gespielt und verwirrt und dies mit Lust und Ironie. Michael Jackson kann hier ebenso als Symbolträger einer Tendenz benannt werden wie die Drag Kings, die als subkulturelle Szene aus den USA mittlerweile auch in Deutschland existieren. (Zum Beispiel Frauen, die sich als Männer verkleiden und für ein paar Stunden auf dem „Klavier des Lebens" nur die Bässe spielen ...) Geschlechtsidentität muß ohne schützende Sicherheit gewohnter Orientierung gestaltet werden, was noch mehr Verunsicherung für die einen und noch mehr produktive Herausforderung für die anderen bedeutet. Jedoch wäre es blanker Zynismus, „[...] wollte man den Mädchen in der Zufluchtsstelle mit ihren geschlechtsbezogenen Gewalterfahrungen den spielerischen Umgang mit ihrer geschlechtlichen Identität vorschlagen.

Daher muß und kann sich die praktische Soziale Arbeit weiterhin einzig auf das beziehen, was für die betroffenen Mädchen und Frauen 'durchlebte und durchlittene Realität' ist. Und das ist in der Regel Folge des Geschlechterverhältnisses, wie es mit Macht aufrechterhalten wird - zum Vorteil der einen und zum Nachteil der anderen. Die Erfahrungen der Mädchen in diesem Bereich der Gewalt sind - mehr oder weniger - traumatisch und die seelische Verwundung ist und bleibt eine Realität in ihrem Leben. Eine Verwundung, die sich in der zweigeschlechtlich konstruierten Wirklichkeit in hohem Maße auf ihre erlebte Geschlechtlichkeit bezieht. Nur mittels eines geschlechtsspezifischen Ansatzes kann Soziale Arbeit der Erfahrungen dieser 'Mädchen' gerecht werden und eine erfolgreiche Bearbeitung speziell der Gewaltproblematik stattfinden." (Hagemann-White 1985, S. 68ff; Szemerdy, zit. nach Tatschmurat 1996, S. 22).

In diesem Kontext ist es unbedingt notwendig, sich gerade der in der weiblichen Sozialisation verorteten Ressourcen zu besinnen und diese zu stärken: Die Fähigkeit, sich in sozialen Netzwerken einzubinden, bzw. solche aufzubauen, die kreativen musischen Potentiale des eigenen Körpers, für sich selbst sorgen zu können etc. Es ist jedoch gleichermaßen zu bedenken, welche Chancen sich eröffnen, wenn die Blickrichtung geändert wird und Selbstverständlichkeiten hinterfragt werden.

Im spielerischen, parodierenden Tun ist erfahrbar, daß auch die weibliche Geschlechterrolle im Grunde eine Inszenierung ist, die nicht zwanghaft in dieser Form erfolgen muß. Eigene Sicherheiten werden problematisiert, Denk- und Sehgewohnheiten erweisen ihre Begrenztheit. Das Spiel mit anderen Mustern geschlechtlicher Identitäten bedarf zweifellos einer abgesicherten materiellen und psychologischen Überlebensbasis bei den Mädchen, aber es erscheint mir als eine praktische Möglichkeit, existierenden gesellschaftlichen Vorgaben für weibliche Identitäten den Respekt zu verweigern und den Geschlechterdualismus zumindest in einzelnen Situationen aufzubrechen.

Sowohl Adressatinnen als auch Professionellen wird in den Arbeits- und Lebenszusammenhängen immer wieder deutlich, daß der Wunsch nach Sicherheit und Eindeutigkeit um so illusionärer bleibt, je starrer die Muster sind, auf die zurückgegriffen wird (Tatschmurat 1996, S. 25). Wenn die Gewißheit von der allgegenwärtigen Ungewißheit zur zentralen Lebenserfahrung gerinnt, dann sollte es uns zunehmend insbesondere in der ostdeutschen Mädchenarbeit darum gehen, scheinbar Selbstverständliches aktiv und offensiv in Frage zu stellen, d. h., wie Chr. Thürmer-Rohr es formuliert „außenstehend - auch - im Inneren" und „störrisch gegenüber allen Vereinnahmungen" zu sein (Thürmer - Rohr 1994, S. 86).

Thomas Seifert

„Verläßlichkeit", „Gebrauchtwerden" und „Bindung" in der Jugendarbeit

Die Verläßlichkeit des Raumes

Aufgrund der besonderen Form der Strukturierung des Alltags ist dem Begriff Verläßlichkeit in der milieuorientierten Jugendarbeit eine nicht zu unterschätzende Bedeutung beizumessen. Denn Verläßlichkeit im Alltag als die wechselseitige Abhängigkeit lebensweltlicher und gesellschaftlicher Strukturkomponenten (vgl. Thiersch 1992) bedeutet auch Routine, und Routine wiederum bedeutet individuelle Entlastung und Sicherheit[1].

Insbesondere dieser Zusammenhang macht den Begriff Verläßlichkeit für die Jugendarbeit so interessant. Denn ein wichtiger Bestandteil von dieser Alltagsroutine ergibt sich für Jugendliche durch das Raumangebot der Jugendarbeit, wodurch Jugendliche die Möglichkeit erhalten, dauerhaft über einen festen Raum verfügen zu können. Dies bedeutet für sie, sich nicht unentwegt überlegen zu müssen, wo ein Raum zu finden ist, in den man sich zurückziehen kann (vor allem auch außerhalb der privaten Räume) und der parallel dazu die Gelegenheit ermöglicht, sich mit anderen zusammenfinden zu können. Diesem Zwang zur Überlegung und Strukturierung sehen sich Jugendliche nicht ausgesetzt, wenn sie auf die Verläßlichkeit des Jugendraumes zurückgreifen können. Speziell deshalb erhält diese Verläßlichkeit gleichsam eine alltagsentlastende und sicherheitsvermittelnde Funktion. Die Verläßlichkeit wird zur Routine, die ihre besondere Bedeutung darin hat, daß Routine nicht nur einem Wandel widersteht, sondern genauso eine hinreichende Grundlage schafft, um soziale Sicherheit zu konstruieren[2].

Beispielhaft konnte dieser Aspekt sehr deutlich bei ostdeutschen Jugendlichen der Nachwendezeit beobachtet werden. In Gesprächen mit ostdeutschen Jugendlichen und JugendarbeiterInnen wurde beispielsweise in der Nachwendezeit immer wieder auf die zentrale Bedeutung der FDJ hinsichtlich der Freizeit-

---

1 Diese grundsätzliche Bedeutung für Jugendliche, die vor allem in eine Gruppe oder Clique eingebunden sind, läßt sich schon bei Homans nachlesen (vgl. Homans 1960).
2 Der kritische Aspekt, daß Routinen auch Gefahren in sich bergen (vgl. Homans 1960, S. 183), wird hierbei aber nicht übersehen.

gestaltung für Jugendliche hingewiesen. Interessant ist dabei weniger die damalige (politische) Bedeutung der FDJ-Jugendarbeit als vielmehr die subjektive Funktion für Jugendliche, die in der Erinnerung zum Ausdruck kommt. Denn auch wenn über die FDJ-Alltagsabläufe von Jugendlichen eher vereinheitlichte und vor allem klare (Alltags-)Strukturierungen verlangt wurden, so erreichte die FDJ zumindest eine stützende Funktion im Alltag jedes einzelnen Jugendlichen. Klarheiten dominierten dabei den Lebensablauf (den Biografieverlauf sowie -entwurf) der Heranwachsenden, was auch unter Umständen als positiv zu beurteilen ist, weil durch die Klarheiten und die strikten Vorgaben eine subjektive Entlastung wirksam werden kann: Beispielsweise besteht nicht die Notwendigkeit oder Pflicht, sich selbst um bestimmte Dinge in der Freizeit kümmern zu müssen, weil diese schon irgendwie von irgend jemandem gerichtet werden. Diese positive Funktion, diese subjektiv als unentbehrlich empfundene Abstützung des Alltags wurde nach den politischen Veränderungen, als die organisierten FDJ-Abläufe wegfielen, zuerst erleichtert festgestellt, dann vermißt und schließlich wieder gesucht, und zwar in Form eines ganz bestimmten Organisationsgrads, der vor allem mit der Suche nach einem Gruppenerlebnis einhergeht. Diese Suche läßt sich als die Weiterführung eines traditionellen Organisationsmusters aus der DDR-Biografie interpretieren.

Der Stellenwert, den die Verläßlichkeit des Raumes einnimmt, wird damit offenkundig: Je deutlicher Gewichtungsprobleme schon im Jugendalter entstehen (vgl. Böhnisch 1997), desto wertvoller werden für Jugendliche soziale Räume, die sie nicht unbedingt vorgefertigt aufzufinden brauchen. Viel wichtiger ist statt dessen, daß sie diese Räume selbst aufbauen und zu ihren eigenen erklären können. In diesen sozialen Räumen finden sie dann nicht nur räumliche Sicherheit in Form eines sozialen Netzwerkes, sondern auch in Form eines Wissens darüber, wo bei persönlichen Schwierigkeiten Hilfe angeboten wird (vgl. hierzu auch Thiersch 1992, S. 50 f.).

Die Verläßlichkeit von Personen

Wenn in der Milieutheorie auf die Verläßlichkeit des Raumes Bezug genommen wird, dann führt dies konsequenterweise zu der Annahme, daß innerhalb der Jugendarbeit zugleich auch von einer Verläßlichkeit von Personen auszugehen ist. Dies ist naheliegend, da Jugendeinrichtungen in der Regel über ein Stammpublikum oder eine feste Besuchergruppe verfügen, die sich auf der Grundlage einer wie auch immer gearteten Gegenseitigkeit oder Gemeinschaft (infolge gleicher oder ähnlicher Interessen oder aufgrund einer jugendkulturellen Verbundenheit) bilden. Diese Verläßlichkeit, die sich auf Personen bezieht - wobei sowohl Jugendliche als auch JugendarbeiterInnen darunter zusammenzufassen sind -, verweist auf die zweite Bedeutung, die der Jugendarbeit zukommt.

Während in der Jugendforschung und -arbeit der Wert der Verläßlichkeit von Gleichaltrigen längst bekannt ist, vor allem unter dem Gesichtspunkt der Gleichaltrigenorientierung, die als ganz wesentlicher Kontext im Ablöseprozeß von der Familie gilt, wird hier die Person des Jugendarbeiters bzw. der Jugendarbeiterin betont.

Generell ist die Vermutung naheliegend, daß die Orientierung an Personen nicht nur deshalb für Jugendliche sehr bedeutungsvoll ist, weil Personen für Jugendliche einen Orientierungskontext zur Unterstützung des Ablöseprozesses in einer Phase darstellen, „in der häufig Einsamkeitsgefühle vorherrschen" (Ochiai 1974 zit. n. Baacke 1979, S. 343), sondern auch deshalb, weil sie einen Orientierungskontext infolge gesellschaftlicher Umbrüche personifizieren. Auf dem gesellschaftlichen Hintergrund des heutigen gesellschaftlichen Strukturwandels, der von Jugendlichen die Notwendigkeit einer schlüssigen Lebensperspektive von der eigenen Person her abverlangt, ist die Dimension der personalen Verläßlichkeit als personale Orientierung bei Jugendlichen plausibel. Das Vertraute und Bekannte wird zu einem ganz zentralen Orientierungspunkt für das eigene Leben der Jugendlichen.

Die personale Orientierung sowie die personale Verläßlichkeit bündeln sich gemeinsam im sozialräumlichen Bezugspunkt, wobei sich der räumliche Bezugspunkt auf den Raum richtet, in dem die Jugendarbeit stattfindet, während der soziale Bezugspunkt neben den Gleichaltrigen auf die Person des Jugendarbeiters bzw. der Jugendarbeiterin zugeschnitten ist.

Den Wert, den die Jugendlichen ihren JugendarbeiterInnen beimessen, mißt sich an dem, was mit dem Begriff 'Vertrauen' umschrieben werden kann. „`Vertrauen´ ist eine Kategorie individueller psychosozialer Sicherheit und eines gemeinsam erfahrenen und geteilten positiven Sozialklimas, die über den Habitus der PädagogInnen inszeniert und demonstriert wird (...)" (Böhnisch 1994, S. 224). Für Jugendliche liegt die Bedeutung der JugendarbeiterInnen nicht darin, daß sie sich ihrerseits der Jugendarbeit und ihren JugendarbeiterInnen zuallererst aufgrund irgendwelcher Inhalte zuwenden, oder weil sie - ganz bewußt - eine „helfende Beziehung" (Böhnisch 1994, S. 224) benötigen. Der Wunsch nach 'Hilfe', das Bedürfnis nach Zuwendung entsteht erst in einem längeren und damit auch zeitaufwendigen Prozeß. Aus diesem Grunde ist eine ausschließlich inszenierte Hilfeleistung, die darauf vertraut, daß Jugendliche ohne einen personalen Bezug (Vertrautheit/Geborgenheit) und ohne eine räumliche Eingebundenheit (Interesse/Verortung) für die Belange der Jugendarbeit zugänglich wären, nicht nur unangebracht, sondern auch unzureichend. Viel entscheidender ist für Jugendliche statt dessen der personale Bezug, das heißt, daß JugendarbeiterInnen für Jugendliche nicht nur überschaubar und verläßlich (sowohl in ihrem Handeln als auch in ihrem Verhalten), sondern auch erreichbar sind (sowohl örtlich als auch zeitlich), und zwar in einer beständigen und dauerhaften Form.

Unter dem Begriff „Beständigkeit" wird nicht die ständige Verfügbarkeit der JugendarbeiterInnen für Jugendliche außerhalb jeglichen festgelegten Zeitrahmens verstanden, sondern es handelt sich um eine Beständigkeit in einem überschaubaren und transparenten - zeitlichen, personalen und ortsgebundenen - Rahmen, auf den sich Jugendliche einstellen können, in dem JugendarbeiterInnen erreichbar sind und in dem letztlich die Interaktion zwischen Jugendlichen und JugendarbeiterInnen stattfindet.

Dieser Rahmen ist vonnöten, da es sich hierbei sozusagen um eine zentrale „vertrauensbildende Maßnahme" handelt, die wiederum den erforderlichen Kontext zum sozialen Handeln in der Dyade (Interaktion) zwischen Jugendlichen und JugendarbeiterInnen garantiert. Böhnisch/Münchmeier haben bereits darauf verwiesen, wie bedeutsam sozialräumlich geschützte Arrangements sind, wenn es bei Jugendlichen um emotional behaftete Themen wie beispielsweise bei einer Beratung Jugendlicher in Lebensschwierigkeiten, Krisen oder Problemen in der Freundschaft geht (vgl. Böhnisch/Münchmeier 1990). Das heißt demnach, daß über die sozialräumliche Geschlossenheit (Vertrautheit) in Ergänzung zu einer personal-interaktiven Geschlossenheit (Vertrautheit) die Jugendlichen dazu befähigt werden, emotionale Befindlichkeiten oder Betroffenheiten zu zeigen, weil beide Formen von Geschlossenheit ein sozialemotional öffnendes Arrangement für die Jugendlichen bieten.

Der Begriff „Geschlossenheit" - sowohl räumlich als auch personal - eignet sich in diesem Kontext deshalb sehr gut für die Beschreibung des sozialemotionalen Arrangements, weil Geschlossenheit eine Abgrenzung zu „anderen" und einen Ausschluß von „anderen" bedeutet, die nicht in diese inszenierte Abgeschlossenheit eindringen dürfen. Die Zugehörigkeit zur „geschlossenen Gemeinschaft" vermittelt dabei das subjektive Gefühl, in einer privilegierten Position zu sein, wichtig zu sein, „in" (in der Gemeinschaft) und „dabei" zu sein und damit auch als Person ernstgenommen und in eine Gemeinschaft integriert zu werden. Geschlossenheit heißt Abgrenzung und Eingrenzung zugleich, bedeutet folglich Ausschluß wie auch Integration[3]: Ausschluß nach außen und Integration nach innen. Darum kann eine Situation, die objektiv als Ausgrenzung eingestuft wird, subjektiv von Jugendlichen als Integration erachtet werden. In diesem Falle wird Ausschluß und Geschlossenheit für Jugendliche zu einem subjektiv bedeutsamen Integrationsinstrumentarium: nicht nur als Integration in eine Gruppe oder in einen sozialen Raum, sondern auch in ein Personen- oder Beziehungsverhältnis. Genau dieser Effekt tritt im geschlossenen Arrangement in der Jugendarbeit ein. Es handelt sich dabei um die Integration in

---

3 Alltagssprachlich gibt es den Begriff der „geschlossenen Gesellschaft", der genau diesen Gedanken in seiner alltäglichen Bedeutung aufgreift. Denn solch eine „Gesellschaft" ist nicht für andere zugänglich, sie schließt andere bewußt aus, wobei sich dieser Ausschluß sowohl auf den Raum, in dem sich die geschlossene Gesellschaft eingefunden hat, als auch auf die personale (soziale) Zusammensetzung der Gesellschaft - einschließlich ihres Auswahlkriteriums des „Dabeiseins" - bezieht.

ein Personenverhältnis (das zwischen Jugendlichen und JugendarbeiterInnen existiert), in eine soziale Gruppe (der Gleichaltrigen) und schließlich in einen sozialen Raum oder Ort.

Verläßlichkeit als pädagogische Bezugskategorie der Jugendarbeit

In der Jugendarbeit ist also von einer zweifachen Verläßlichkeit - der räumlichen sowie der personalen Verläßlichkeit - auszugehen. Verläßlichkeit wird demnach zu einem wichtigen Aspekt sozialer Beziehungen, sie wird zu einer zentralen Grundbedingung von Kommunikation und Interaktion. Dies wird beispielsweise auch von ZOLL so erachtet, der darauf aufmerksam macht, daß „in der Kommunikation (...) erst eingeholt werden muß, was zuvor den Menschen wie selbstverständlich als sicherer Rahmen ihrer Existenz gegeben war" (Zoll 1993, S. 63)[4].

Im Jugendalter hängen diese beiden Formen von Verläßlichkeit, die angestrebt werden, ganz maßgeblich damit zusammen, daß Jugendliche wegen ihres Alters noch nicht vollständig und ohne Einschränkung in den herrschenden Status quo einer institutionellen und sozialen Ordnung eingebunden sind. Eben aus diesem Grunde wird die sukzessive Erfahrung von Verläßlichkeit zu einem wertvollen Erfahrungswert, um den Übergang vom Jugendalter ins Erwachsenenalter zu erreichen bzw. gelingend zu bewältigen. Unverkennbar ist dabei, daß diese beiden hier erwähnten Verläßlichkeiten somit zur Alltäglichkeit in der Lebenswelt der Jugendlichen werden. Alltäglichkeit wiederum, als eine spezifische Form des Verstehens und Handelns, ist auf der Grundlage des Alltagsmodells von Thiersch charakterisiert durch ihren „Bezug auf die erfahrene Zeit, auf den erfahrenen Raum, auf erfahrene Sozialbezüge, durch eine pragmatische Handlungsorientierung und die Sicherung durch Typisierungen und Routinen" (Thiersch 1992, S. 48).

Damit ergeben sich für Jugendliche über das Angebot der Jugendarbeit zwei wertvolle Vorteile (Sicherheiten) in ihrer Alltagsstrukturierung: Im Sinne einer sozialpädagogischen Alltagsarbeit, die einen festen Ort, feste Zeiten, verläßliche Zuwendungen und basale soziale Dienstleistungen bietet (vgl. Böhnisch 1994, S. 226), ist Jugendarbeit in der besonderen Lage, Jugendlichen über ihr Angebot die Sicherheit der institutionellen und personalen Verläßlichkeit zur

---

4 Zoll weist im selben Kapitel über die „Kommunikationsstrategie Vertrauen" ebenfalls darauf hin, daß der Ausbildung von Selbstvertrauen sowie der Vermittlung eines Gefühls des Vertrauens in die Welt sowohl in der Adoleszenz- als auch in der Postadoleszenzphase eine besondere Bedeutung zukommt (vgl. Zoll 1993). Dieser Hinweis untermauert die herausgehobene Position des hier behandelten Verläßlichkeitsaspektes.

Verfügung zu stellen[5]. Diese Vermittlungsfunktion drückt den wesentlichen Charakter der Jugendarbeit aus, der ihr unübersehbar positiv anhaftet, da in erster Linie in der Jugendarbeit eine hohe Sensibilität für diese Funktion entwikkelt werden kann.

Dieser Verläßlichkeitsaspekt ist für Jugendliche auch deshalb bedeutungsvoll, weil durch die Jugendarbeit als „Alltagsarbeit" erst die Voraussetzung dazu geschaffen werden kann, sozusagen aus einer personalen (sozialen) und institutionellen (räumlichen) Verankerung heraus das eigene Handeln zu erweitern. Neues im Alltag Jugendlicher - die Konfrontation mit neuen Erwartungen oder Ansprüchen - kann über die Jugendarbeit abgefedert und damit in ihrer Wirkung eventuell gemildert werden.

Selbstverständlich hängt das Ausmaß der abfedernden Funktion der Jugendarbeit von dem Ausmaß der jeweiligen Konfrontation ab. Aber generell kann der Jugendarbeit die Funktion eines Auffangbeckens zugesprochen werden, in das man sich begibt (eventuell sogar flieht), wenn die Konfrontation mit etwas Neuem zu stark wird - kurz: wenn Bewältigungsaufgaben unübersehbar und komplex erscheinen und ein Rückzugsort insbesondere wegen der Vertrautheit, des „Wissens-was-läuft", benötigt wird. Diesen Rückzugsort finden Jugendliche in der Jugendarbeit als sozialemotionalen und sozialräumlichen Bezugspunkt.

Der besondere Charakter, der sich durch die Jugendarbeit für die Jugendlichen ergibt - es kann nun auch vom Ort Jugendarbeit in seiner doppelten, personalen und räumlichen, Bedeutung gesprochen werden -, wird ergänzt durch den Vorgang der subjektiv selbstgewählten Zuwendung zur Jugendeinrichtung. Jugendeinrichtungen werden in ihrer überwiegenden Mehrheit von Jugendlichen selbstgewählt aufgesucht. In diesem Freiwilligkeitsaspekt findet sich neben der Offenheit der Angebote und einem weitgehend unreglementierten Zugang letztlich der besondere Charakter der Jugendarbeit, durch den sich diese in die Lage versetzt sieht, sich ganz wesentlich von weiteren, anderen jugendbezogenen Erziehungs- und Bildungsbereichen abzuheben.

Die noch weitgehend offene Frage, die aber unbedingt klärungsbedürftig ist, weil sie die eigentlichen Grundmauern der Jugendarbeit berührt, richtet sich darauf, wie bei Jugendlichen ein Interesse für den „Ort" Jugendarbeit erzeugt werden kann. Dabei hat es hier nicht darum zu gehen, Jugendliche „zwanghaft"

---

5 In diesem Kontext kommt die Arbeitsform der „Alltagsarbeit" in der Jugendarbeit zum Vorschein, die nach Ansicht von Böhnisch bislang in der pädagogisch-professionellen Diskussion immer noch zu wenig berücksichtigt wird, weil sie - so Böhnisch - nicht an das „Pädagogisch-Eigentliche" heranreiche. Mit dieser Beobachtung ist aber zugleich die Hoffnung verbunden, daß durch die Erfahrungen und Initiativen in den neuen Bundesländern, in denen insbesondere in der Jugendarbeit eine Koppelung mit der Alltagsarbeit vollzogen wurde, auch die pädagogische Arbeit - damit auch die Jugendarbeit - in den alten Bundesländern angeregt wird (vgl. Böhnisch 1994, S. 226).

für die Jugendarbeit gewinnen zu wollen, damit eine Profession am Leben erhalten wird. Es geht vielmehr darum, der Frage nachzugehen, wie insbesondere Jugendliche, die die Verläßlichkeit von Personen sowie von Räumen benötigen, die förmlich danach drängen und suchen, Zugang zur Jugendarbeit erhalten können. Die Beantwortung dieser Frage gewinnt vor allem dann an Reiz, wenn die Jugendlichen über keine offensichtlichen Alternativen zur personalen und räumlichen Verläßlichkeit verfügen. Da sich diese Verläßlichkeit aber nach der hier vorgenommenen Herleitung als ein wesentliches und charakteristisches Kennzeichen der Jugendarbeit ausgewiesen hat, ist die Fragestellung nach dem Interesse für die Jugendarbeit - unter Berücksichtigung des Anliegens dieser Jugendlichen - berechtigt.

Die Beantwortung der Fragestellung soll nun aber nicht direkt, sondern vielmehr über einen konstruierten Umweg erfolgen. Zweierlei Wege werden dafür eingeschlagen: Der erste Weg verläuft über den Begriff des „Nichtgebrauchtwerdens"; der zweite befaßt sich mit dem Aspekt des „Hungers nach Personen". Hierbei handelt es sich um die leichte Abwandlung einer von Hentig vertretenen Auffassung, derzufolge Kinder und Jugendliche einen gesteigerten „Hunger nach 'Person'" entwickeln würden (vgl. v. Hentig 1993, S. 32). Die hier vonstatten gehende Abwandlung des Zitats von Hentig besteht darin, daß im Anschluß nicht die Person des Jugendlichen einseitig betont wird, vielmehr soll es um die Frage nach der Bedeutung von Personen gehen, die die Jugendlichen in ihrem Wunsch nach Personsein - im Sinne von Hentig - wahrnehmen und akzeptieren. Dabei wird zwar der von Hentig behandelte Gesichtspunkt berücksichtigt, zugleich soll aber ein spezifischer Bezug zur Jugendarbeit hergestellt werden.

Das Nichtgebrauchtwerden Jugendlicher und die Folgen für die Jugendarbeit

Im Zusammenhang mit den Veränderungen des gesellschaftlichen Stellenwerts von Jugend (Jugend als „gesellschaftliche Risikogruppe"), wird Jugendlichen heute strukturell das Gefühl vermittelt, unnütz und überflüssig zu sein sowie als Person überhaupt nicht ernst- bzw. wahrgenommen zu werden. Das heißt also, daß dieses gesellschaftlich vermittelte Nichtgebrauchtwerden bei Jugendlichen massiv zu der Empfindung beiträgt, als Person einem Bedeutungsverlust zu unterliegen. Diese Zurückweisung wird als schmerzlich empfunden und zugleich wird die Ablehnung als Urteil erlebt: „Ich bin unerwünscht, ich bin schlecht und eigentlich wäre es besser, gar nicht zu existieren". Unter günstigen Umständen kann diese erlebte oder subjektiv empfundene Ablehnung korrigiert werden; wenn dieser Fall jedoch nicht eintritt, dann kann sich diese Erfahrung tief in die Empfindung der Jugendlichen eingraben und sie das gesamte Leben begleiten.

„Warteschleifen" im Rahmen einer unzureichenden Ausbildungssituation machen neben vielen anderen Beispielen deutlich, daß das Jugendalter einer gesellschaftlichen Entwertung unterliegt. Passend zu dieser Beobachtung läßt sich, unter Berücksichtigung einer von Goodman getätigten Aussage, derzufolge es „im Grunde (...) nur eine richtige Erziehung [gibt, d. A.], das Aufwachsen in einer Welt, in der zu leben sich lohnt" (Goodman 1956 zit. n. Griese 1994, S. 311), die Frage einbinden, inwiefern Jugendarbeit ausgleichen kann, was Erwachsene versäumen, nämlich den Jugendlichen nicht nur ein lebenswertes Leben vorzuleben, sondern ihnen auch eine sinnvolle Zukunftsperspektive anbieten zu können (vgl. Griese 1994, S. 311).

Tatsächlich ist es doch so, daß Jugend heute eher unter „negativen" Wertmustern gesehen wird. So nimmt es nicht wunder, daß Jugendpolitik in den neunziger Jahren hauptsächlich im Rahmen der Diskussion um Jugend und Gewalt zu einer Ordnungspolitik verkommen ist. Öffentliche und gesellschaftspolitische Auseinandersetzungen werden nicht mehr wegen der Zukunft der Jugend geführt, vielmehr gewinnt man den Eindruck, daß es im wesentlichen um die Frage geht, wie die Zukunft der Erwachsenen nicht durch die „negativen" Jugendlichen und deren „negative" Einstellungen und Handlungen beeinträchtigt wird; Jugend wird zum Risiko, zur Gefahr und Gefährdung (vgl. Hafeneger 1995). Derart herausgefordert, stellt sich der Erwachsenengesellschaft die Frage, mit welchen erzieherischen Strategien der Erwachsenen - auffällige - Jugendliche dazu bewegt werden können, sich den Ansprüchen und Tugenden der Erwachsenen unterzuordnen und sich dabei ruhig zu verhalten. Nichts ist also selbstverständlicher, als über die Jugend und ihre Probleme zu reden.

Während es in der früheren Bundesrepublik eine bestimmte gesellschaftlich anerkannte Idee von Jugend gab, und zwar die von der Jugend als kritischem Potential der Gesellschaft, zu der Protest und Avantgarde gehörte (vgl. Hartung 1993, S. 149), scheint es heute geradezu so zu sein, daß die Gesellschaft auf diese Jugend nicht sehr angewiesen ist. Jugend ist heute nicht mehr Kraft ihres Alters eine Art „Avantgarde in Reserve" (Hartung 1993, S. 149), sie ist nicht mehr die „strategische Gruppe" (Böhnisch/Münchmeier 1990, S. 89), die sie - wenngleich unter gesellschaftspolitisch unterschiedlichen Vorzeichen - sowohl in der alten Bundesrepublik als auch in der DDR einmal war.

Folglich überrascht es auch nicht, daß nur wenige (Erwachsene) wirklich interessiert danach fragen, wo „negative" Antriebe und Ambitionen bei den Jugendlichen herrühren, und daß sich nur wenige in die Untiefen der gesellschaftlichen Bedingungen und Verhältnisse vorwagen, die eventuell ursächlich mit dem Verhalten Jugendlicher zu tun haben (denn wer Fragen stellt, der bekommt zuweilen oder auch meistens Antworten geliefert und die können mitunter nicht nur Überraschendes zum Vorschein bringen, sondern sie können gegebenenfalls zum Handeln nötigen), aber viele fragen danach, wie der Besitzstand und der Status quo der Erwachsenengesellschaft vor den Jugendlichen gerettet werden kann.

Durch die Auswahl der Kriterien sowie durch die Intentionen des Nichtfragens bzw. des Fragens im Kontext Jugend läßt sich überdeutlich ein öffentliches Umdenken im Umgang mit der jungen Generation feststellen: Aus einer betont jugendzentrierten Einstellung der Gesellschaft (wie sie insbesondere in Westdeutschland in den siebziger Jahren vorherrschte) wird heute eine überwiegend erwachsenenzentrierte Einstellung, die die Jugend geflissentlich übersieht und die Pfründe der Erwachsenen zu sichern gedenkt. In diesem „erwachsenenphilen" bzw. „jugendphoben" Klima ist gegenwärtig für die Jugend nur wenig Platz vorgesehen, was schließlich mit dazu führt, daß ein bestimmter Teil der jungen Generation ausdrücklich nicht gebraucht wird. Daß Jugendlichen, denen gesagt wird, daß sie nicht gebraucht werden, weil auf sie verzichtet werden kann, gegebenenfalls der Gesellschaft in einem Umkehrschluß ebenfalls mitteilen, daß sie unter diesen Umständen auch die Gesellschaft nicht brauchen, wird häufig zu wenig beachtet und diskutiert.

Nun ist dieses Bild sicherlich etwas überzeichnet, weil selbstverständlich von dynamischen gesellschaftlichen Bedingungen auszugehen ist. Dies bedeutet, daß es immer einen Bestand an Jugendlichen gibt und auch weiterhin geben wird, der dringend gebraucht wird, aber zugleich ist es auch so, daß ein Teil der Jugendlichen ausgemustert wird. Dieser Ausmusterungsprozeß geschieht in unserer heutigen High-Tech-Gesellschaft häufig schnell und fließend - eben dynamisch. Wer heute noch als Jugendlicher dringend gebraucht wird, kann morgen schon wieder aussortiert werden. Jugendliche werden heute „auf Zukunft" entwertet.

Bei einem Jugendlichen, der nicht weiß, welche schulische oder berufliche Ausbildung sinnvollerweise anzustreben ist, droht eine Entwertung der zukünftigen Biografie, weil in der Gegenwart, vor allem aber in der Zukunft, kein besonders lebenswerter Wert gesehen wird (verbunden mit der Fragestellung: „Welchen Wert hat das, was ich mache?"). Bei einer erwachsenen Person hingegen, die keine Arbeit findet und der damit letztlich vermittelt wird, nicht mehr gebraucht zu werden, tritt eine vergleichbare Entwertung der Biografie ein; wenngleich mit dem Unterschied versehen, daß alles Bisherige plötzlich nichts mehr wert sein soll.

Aus diesem Zusammenhang ergibt sich die Frage, mit welchen Mitteln und mit welchen Stützen nun dieser Entwertung begegnet werden kann. Hierbei dürften sich wesentliche Unterschiede zwischen alt und jung ergeben. Die ältere Generation dürfte zumindest auf den ersten Blick eher in der Lage sein, aufgrund vielschichtiger Stützen dieser Entwertung etwas entgegenzustellen, während sich die junge Generation erst noch um den Aufbau von Stützen bemühen muß (z. B. Freundschaften aufbauen oder die eigenen Stärken erkennen, auf die man sich selbstbewußt und selbstvergewissernd berufen kann).

Für die Jugend bleibt festzuhalten, daß es sich hierbei nicht nur um Individuen auf der Suche nach Verläßlichkeiten handelt; zugleich geht es bei ihnen darum, als Person angenommen und verstanden zu werden - sie wollen nützlich sein.

Nützlich sein zu wollen darf aber nicht verwechselt werden mit benutzt werden wollen. Damit diese Fehldeutung nicht geschieht, ist es unbedingt erforderlich, daß Jugendliche das Gefühl und die Sicherheit erhalten, in ihrer Eigentümlichkeit und Eigenheit als Person sowie in ihrer Einmaligkeit nützlich zu sein, und in Ergänzung hierzu, gebraucht zu werden.

Nützlich sein zu können und gebraucht zu werden stellen somit die ersten entscheidenden Faktoren auf dem Weg zum Interesse an der Jugendarbeit dar, insbesondere dann, wenn man berücksichtigt, daß Jugendliche zuweilen massiv daran behindert werden, Selbstwert- und Orientierungsbezüge über gesellschaftliche Institutionen wie Schule, Arbeit oder lokale Öffentlichkeit herzustellen. Demzufolge kann man diesen Zusammenhang auch in der Form ausdrücken, daß Jugendlichen über Angebote und Gelegenheitsstrukturen der Jugendarbeit das Gefühl zu vermitteln ist, daß sie nicht nur etwas leisten können (dies entspräche eher einem passiven Aspekt des Gebrauchtwerdens), sondern daß sie gleichzeitig mit ihrem potentiellen Leistungsvermögen als Person gefragt sind und durch den Ort Jugendarbeit in Anspruch genommen werden (damit kommt der aktive Aspekt des Gebrauchtwerdens zum Ausdruck). Denn Leistungsbescheinigung sowie Leistungsinanspruchnahme sind zwei Seiten einer Medaille die da heißt: Gebrauchtwerden[6].

Der Ort Jugendarbeit empfiehlt sich als eine denkbare Möglichkeit, damit dieses oben beschriebene erforderliche Umarrangement für Jugendliche vom Nichtgebrauchtwerden zum Gebrauchtwerden - und zwar im Sinne authentischer Erfahrungen des Gebrauchtwerdens - gestaltet werden kann. Um diesen Aspekt etwas zuzuspitzen, sei folgendes hinzugefügt: Es gibt für die soziale Arbeit generell zwei analytische Vorgehensweisen, um gesellschaftliche Bedingungen und ihre Wirkungen (z. B. auf Jugendliche) aufzudecken. Auf der einen Seite können gesellschaftliche Zustände kritisiert und gegebenenfalls ihre

---

6 Der Unterschied beider Begriffe läßt sich an folgendem Beispiel erläutern: Einem Jugendlichen beispielsweise mit einem Abschluß als Facharbeiter kann permanent (z. B. beim Arbeitsamt) bestätigt werden, daß es sinnvoll und gut ist, ein Zertifikat (in diesem Falle einen Gesellenbrief) - gerade in Zeiten struktureller Arbeitslosigkeit - zu besitzen. Man kann diesem Jugendlichen u.U. auch noch durch ein Lob zu seinem Abschluß gratulieren und eventuell den Hinweis nahelegen, daß man heutzutage ohne eine Ausbildung überhaupt keinen Arbeitsplatz mehr finden könnte. Hierbei würde es sich aber insgesamt um nichts anderes als um eine Leistungsbescheinigung handeln. Denn dem Jugendlichen wird einzig und allein über eine andere Person seine Leistungsfähigkeit mittels der Leistungsbescheinigung bestätigt. Nur: Durch diese Leistungsbescheinigung wird die potentielle Leistung des Jugendlichen noch nicht in Anspruch genommen. Es würde demnach bei der *passiven* Form des Gebrauchtwerdens bleiben. Erst dann, wenn dem Jugendlichen tatsächlich die Möglichkeit gegeben wird, seine Leistungsfähigkeit unter Beweis zu stellen, indem das eigene Können in der Realität angewendet wird, dann wird auch seine Leistung gebraucht und dann spricht man von der *aktiven* Form des Gebrauchtwerdens. Arbeitslose Jugendliche z. B., die über einen fertigen Ausbildungsabschluß verfügen, die aber nach ihrer abgeschlossenen Ausbildung keine weitere Anstellung mehr gefunden haben, leiden unter der Dissonanz von Leistungsfähigkeit und Leistungsinanspruchnahme.

Veränderungen verlangt werden. Doch damit hat sich situativ und vor allem konkret für diejenigen, die unter den herrschenden Bedingungen leiden, überhaupt noch nichts verändert. Auf der anderen Seite wiederum können die gesellschaftlichen Bedingungen schlicht als gegeben akzeptiert werden, so daß allein ein Zurechtkommen und ein Sicheinrichten innerhalb dieser Bedingungen als einziger Weg des Umgangs mit diesen Verhältnissen angesehen wird. Hier soll nun kein weder/noch sondern ein *und* gesetzt werden. Das heißt konkret, daß das Umarrangement im Zuge der Jugendarbeit so lange als notwendig erachtet wird, solange gesellschaftliche Strukturen bzw. Institutionen nicht dazu in der Lage sind, Jugendlichen dieses Gebrauchtwerden als eine gesellschaftliche Selbstverständlichkeit zu offerieren. Zusammengefaßt bedeutet dies: Erstens wird das gesellschaftlich immanente Nichtgebrauchtwerden kritisiert, das wiederum auf die Gesellschaft zurückgespiegelt wird, um Abhilfe zu schaffen - dabei handelt es sich um einen Vorgang, den Giese als Diskurs über gesellschaftliche Lebens- und Zukunftsbedingungen bezeichnet (Griese 1994, S. 312) -, und als zweites wird davon ausgegangen, daß dieser gesellschaftliche Prozeß sich langwierig gestaltet, so daß es geradezu fahrlässig wäre, die heutigen Jugendlichen dem Nichtgebrauchtwerden auszusetzen und darauf zu hoffen, daß irgendwann die nachfolgenden Generationen diesem „Nachteil" des Jugendalters nicht mehr ausgeliefert werden. Dieses Vertrauen auf später hilft jedoch heute keinem Jugendlichen weiter. Aus diesem Grunde, dies ist aber ein altes Problem der sozialen Arbeit, gleicht sie in der Gegenwart immer etwas aus, was auf der Achse von Vergangenheit und Gegenwart aus den Fugen geriet.

Es geht hier also nicht darum, Jugendlichen, die im öffentlichen, gesellschaftlichen Leben nicht gebraucht werden, einzureden, daß sie im Arrangement der Jugendarbeit plötzlich gebraucht werden. Statt einem oberflächlichem So-tun-als-ob, bei Beibehaltung der gegebenen Verhältnisse (des Nichtgebrauchtwerdens), geht es um zweierlei: Zum einen sollen diese Jugendlichen in ihrem eigenen Selbstwert gestärkt werden, indem ihnen erstmals das Gefühl vermittelt wird, daß sie als Person nicht übergangen werden, so daß ihnen eine unter Umständen entschwundene Aufmerksamkeit zuteil wird. Hierbei geht es um die Betonung der Wertigkeit als Person. Und als zweites wird hierin die Chance gesehen, Jugendliche, wenn sie für sich diese Wertigkeit erfahren haben, zu einer Stärke zu befähigen, die es ihnen ermöglicht, wieder perspektivisch zu leben und sich in gesellschaftliche Prozesse einzubringen, statt sich womöglich selbst und unter Umständen für immer auszugrenzen. Das Gebrauchtwerden in der Jugendarbeit kann demnach für Jugendliche als Anstoß dafür dienen, aus einer resignativen Grundhaltung Engagement zu entwickeln. Dies geschieht aber nur wirklich dann, wenn Jugendliche tatsächlich den Eindruck gewinnen, daß sie als unverwechselbare Person gemeint sind. Wenn Jugendliche in gesellschaftlichen Bereichen oder systemintegrativen Zentren dieses Gebrauchtwerden nicht mehr erfahren, dann liegt es sehr stark an den Verantwortlichen der Jugendarbeit, einen Ausgleich zu den vorhandenen Mängeln zu gestalten und

Jugendliche in ihrer Eigenständigkeit durch Beispiele und Möglichkeiten zum Erproben ihrer individuellen Fertigkeiten und Fähigkeiten zu fördern (vgl. Gernert 1994, S. 21).

Der „Hunger nach Personen" und die Suche nach „Bindungen"

Für Jugendliche ist es enorm wichtig, daß sie als Persönlichkeit akzeptiert und sozialräumlich integriert werden, denn sie erkennen ganz genau, wenn nicht sie als Person in ihrer Einmaligkeit gefragt sind, sondern wenn es gleichgültig scheint, ob statt ihrer eine andere Person bestimmte Aufgaben (z. B. innerhalb der Jugendeinrichtung) zugewiesen bekommt und Verantwortung übernimmt. Jugendliche leiden darunter und sie sind verletzt, wenn sie den Eindruck haben, sie wären als Person austauschbar. Gerade sie aber, die noch nicht über gesellschaftlich anerkannte Rollen oder Statuspositionen verfügen, sind ausdrücklich von personenzentrierten Bestätigungen abhängig. Jugendliche in ihrem bereits erwähnten Einsamkeitsgefühl sind deshalb vorwiegend auf die direkte Bestätigung im Face-to-face-Verhältnis zwischen ihnen und anderen Personen angewiesen, um die für sie generell so unentbehrliche Bestätigung und Anerkennung zu erfahren. Diese Bestätigung bezieht sich dabei erstmals auf die Bedeutung und Akzeptanz als Person an sich und dann, als zweites, auf die als einzig und einmalig erscheinende Person des Jugendlichen in seiner Nichtaustauschbarkeit.

Wenn von Face-to-face-Beziehungen gesprochen wird, dann verweist dieser Sachverhalt zentral auf den zweiten unerläßlichen Weg, damit sich Jugendliche für die Jugendarbeit interessieren. Denn Face-to-face-Beziehungen meinen den direkten Kontakt von Person zu Person. Dieser Wunsch nach Bestätigung der eigenen Einmaligkeit sowie des Gebrauchtwerdens wiederum führt zu einem „Hunger nach Personen".

Der „Hunger nach Personen" nimmt in unserer heutigen Gesellschaft deshalb einen so hohen Stellenwert ein, weil der Personenbezug im sozialen Nahraum einschneidende Brüche erlebt. Als Folge gesellschaftlicher Entwicklungen wird der einzelne Mensch, so Rauschenbach, „sich buchstäblich selbst der Nächste" (Rauschenbach 1994, S. 106), und damit zur eigenen „Reproduktionseinheit des Sozialen" (Beck 1986, S. 209). Daraus folgt für Rauschenbach die Konsequenz, daß „diese risikoreiche Zumutung der eigenen sozialen und symbolischen Reproduktion, diese wachsende Zurechnung der Lebensführung auf eigene Entscheidungen (...) immer wieder und in unterschiedlichen Situationen Unterstützung von außen [benötigt, d. A.]" (Rauschenbach 1994, S. 106).

Das Interesse der Jugendlichen an Jugendarbeit setzt darum an der Unterstützungsleistung, zu der sich Jugendarbeit in der Lage sieht, an. Denn diese Unterstützungsleistung wird in den pädagogischen Szenarien der Jugendarbeit erbracht: nicht nur über die Gleichaltrigen, sondern ebenfalls über die Professionellen der Jugendarbeit. Sie sind es nämlich, die den Jugendlichen das so erforderliche Gebrauchtwerden vermitteln, sie sind es, die die Jugendlichen in ihrem „Personsein" akzeptieren, die ihnen statt einer „Verdinglichung von Beziehungen" (Zeltner 1993, S. 39) persönliche und überdauernde Bindungen gerade während der Phase des jugendlichen Egozentrismus bei einem gleichzeitigen Gefühl der Einsamkeit anbieten; und sie sind es schließlich, die eine personale Verläßlichkeit (im Gleichklang mit der räumlichen Verläßlichkeit) den Jugendlichen gegenüber direkt und unmittelbar verkörpern.

Dieser „Hunger nach Personen" ist demnach eine Antwort bzw. Reaktion Heranwachsender auf strukturelle Verwerfungen, die sowohl auf gesellschaftlicher als auch auf personaler Ebene stattfinden. Nicht übersehen werden sollte aber, daß es sich hierbei auch um ein Indiz für gewachsene Ansprüche Jugendlicher auf ein emotionales Aufgehobensein und auf ein erfülltes, gegenwärtiges Leben handelt, die in einem starken Kontrast zu den Leistungsanforderungen, beispielsweise der bildungsspezifischen Institutionen, stehen, weil sie von den Jugendlichen als bürokratisch und fremd empfunden werden. Dieser Zusammenhang kann mit dem Begriff der „Bindung" weiter pädagogisch thematisiert werden.

Winter geht davon aus, daß die Bindungsdimension „mit zunehmenden Modernisierungs- und Freisetzungstendenzen eine höhere Bedeutung [bekommt, d. A.], weil sich traditionelle und selbstverständliche Formen der Bindung auflösen. Damit wird die hohe Bedeutung von Bindungen erst erlebbar: Besonders das Fehlen von Anerkennung, von persönlicher Resonanz innerhalb von Bindungen wird schmerzhaft erfahren. Wenn alte Bindungen verschwinden, werden zunehmend neue Formen der Bindung notwendig" (Winter 1994, S. 14 f.). Als eine daraus zu beobachtende Konsequenz sieht Winter bei ländlichen Jugendlichen „ländliche Rückbindungsformen", die aber nicht das „Gegenteil" von Freisetzung widerspiegeln, sondern die vielmehr analog zur Freisetzung als Bedürfnis offensichtlicher und notwendiger werden. Aus dieser Einschätzung ergibt sich für ihn ein naheliegender Schluß: „Bindung und Tradition haben in diesem Verständnis eine lebensnotwendige, 'positive' Seite" (Winter 1994, S. 15).

Diese Rückbindung, und dies gilt es, ganz besonders zur Kenntnis zu nehmen, „ist dabei eben nicht die pure Anpassung und Unterwerfung unter Standards, sondern bleibt gestaltbar, z. B. als gelebte Tradition, persönliche Bindung und Beziehung, als Rahmen für neue Selbstverständlichkeiten. (...) Die 'Pole' Freisetzung und Bindung sind gleichermaßen individuelle wie auch sozialkollektive Bedürfnisse und Strebungen" (Winter 1994, S. 15).

Freisetzung und Bindung beinhalten unterschiedliche Qualitäten und Risiken

„Freisetzung enthält zwar die Seite der Gestaltung und Gestaltbarkeit. Andererseits sind mit der Freisetzung Risiken des Ausgestoßen-Seins, die Gefahr der Unterwerfung unter äußere und innere Zwänge, das Risiko der Überforderung verbunden. Bindung beinhaltet ebenfalls eine Freiwilligkeit und Entscheidung, also zur Gestaltung und Wahl von Beziehungen und Bezügen, zur Einbindung in Traditionen und Normen, zum Dabei-Sein. Ebenso kann Bindung die Form der aufgezwungenen Unterwerfung annehmen, etwa unter kollektive Ideale der Gegenleistung zur Integration, unter Beziehungen aufgrund mangelnder Alternativen; Bindung beinhaltet Risiken der Nicht-Veränderung, das Beharren auf dem Status Quo, Verhaltensvorschriften und Rituale, eine soziale Zwangsjacke der Verhinderungen" (Winter 1994, S. 16).

Die Ausführungen machen deutlich, weshalb das Begriffspaar Bindung und Freisetzung einen so zentralen Stellenwert einnimmt. Denn sowohl Bindung als auch Freisetzung verkörpern Risiken. Beide Dimensionen - Freisetzung und Bindung - erhalten demzufolge unterschiedliche Qualitäten, hinter denen sich gleichermaßen Beschränkungen und/oder Gefährdungen verbergen können.

Diese auf Winter zurückgehende Beschreibung beider Dimensionen ist in erster Linie deshalb so eindrucksvoll, weil die dargelegte Orientierungs- und Handlungsdynamik in sehr hohem Maße die Situation der Jugendlichen in Ostdeutschland prägt. Denn, vergleichbar eines Pendels, schwingen sowohl die Orientierungs- als auch Handlungskonzepte der Jugendlichen zwischen den Polen der Freisetzung bzw. der Bindung förmlich hin und her, dabei müssen sie sich gleichermaßen mit den Qualitäten und Chancen sowie mit den Beschränkungen und Gefährdungen auseinandersetzen.

Diese Pendelsituation hat Konsequenzen: Die Jugendlichen, die sich in ihrer eigenen Orientierung zwischen den beiden Qualitätspolen Chance und Beschränkung wie auf einer Lebens- oder Orientierungsschiene hin- und herbewegen, suchen nach Orientierung bzw. sie sind getrieben von einem Drang nach Klarheit. Man kann die Situation Jugendlicher auch so beschreiben, daß sie sich in bestimmten Lebensbereichen einer sozialen Freisetzung ausgesetzt sehen, wie dies beispielsweise im Übergang von der Schule in die Ausbildung geschieht, so daß von einer Freisetzung aus der Sicherheit des nahtlosen Übergangs gesprochen werden kann. Auch im Freizeitbereich werden Jugendliche freigesetzt, mit der Folge, daß die Freizeitgestaltung und damit z. B. die Erschließung von Räumen auf das eigene Engagement verwiesen ist.

Entscheidend kommt zu allem nun hinzu, daß diese Freisetzung in Ostdeutschland zuweilen auf eine Abschwächung der Bindungsdimension prallt. Dieser Aufprall verdeutlicht nun die begrifflich-definitorische Unterscheidung von „privat" und „öffentlich" hinsichtlich des Begriffs „Bindung". Während nämlich die Freisetzung gleichermaßen auf der privaten und öffentlichen Ebene geschieht - damit sind Veränderungen auf der traditionellen, familialen sowie auf der gesellschaftlichen, sozialstrukturellen Ebene gemeint -, geschieht die Bindungsabschwächung auf der privaten und öffentlichen Ebene verschiedenartig: die Bindungsdimension auf der privaten Ebene führt zu einer Abschwächung von direkten, persönlichen und sozialen Beziehungen (unter Umständen kommt es auch zu einem Abbruch von persönlichen Kontakten oder sozialen Gemeinschaften), während sich auf der öffentlichen Ebene die veränderte Bindungsdimension im bereits beschriebenen Nichtgebrauchtwerden ausdrückt.

Damit kommt zum Ausdruck, daß der Freisetzungsprozeß und die Bindungsdimension eng miteinander verzahnt sind, daß sie jedoch auf der öffentlichen bzw. privaten Ebene zu unterschiedlichen Ausprägungen der Bewältigung und der Einschätzung der jeweiligen Folgen führen. Was hier beschrieben wurde, scheint symptomatisch für Ostdeutschland zu sein. Wenn man bedenkt, daß die gesamte Bevölkerung in Ostdeutschland einem Freisetzungsprozeß unterlag (und zwar vereinfachend gesagt, freigesetzt aus dem „alten" System und entlassen in ein „neues" System), und wenn man zugleich berücksichtigt, daß sich dadurch die Bindungsdimensionen verändert haben - sowohl im (privaten) Alltag (Abbruch von Freundschaften oder Bekanntschaften) als auch im öffentlichen Bewußtsein (wenn sich z. B. Jugendliche als Bürger zweiter Klasse empfinden) -, dann kommt dadurch zum Ausdruck, daß die „Bindung" an das „neue" System ohne einen gesellschaftlich und persönlich wirksamen Kitt nicht funktioniert.

Die Belastungen der Jugendlichen liegen darin, daß sie auf der einen Seite einem Freisetzungsprozeß ausgeliefert sind, während es auf der anderen Seite für sie zu einer Veränderung der Bindungsdimension kommt, wobei ihnen sowohl auf der privaten Ebene als auch auf der öffentlichen Ebene eine „Rückbindung" z. T. verwehrt wird. Die private „Rückbindung" scheitert im wesentlichen an den Folgen des „neuen" Systems, da damit eine Veränderung des Alltags eintritt, wodurch wiederum die alten Formen von Bindungen nicht in die neuen gesellschaftlichen Bedingungen überführt werden können. Auf der öffentlichen Ebene mißlingt eine „Rückbindung" von Jugend an das „neue" System, da Jugendliche heute mit den Folgen eines Nichtgebrauchtwerdens konfrontiert werden; dies wird von den Jugendlichen sehr sensibel registriert. Jugend in Ostdeutschland bedeutet demnach Freisetzung einerseits und verwehrte „Rückbindung" andererseits.

Damit wird deutlich, daß es auf der einen Seite zu einer Erosion traditioneller Bindungsdimensionen (Bindungserosion) - einschließlich ihren sozial-integrativen Bedeutungen - kommt, die auf zweierlei Ebenen - der privaten und öffentlichen - stattfindet. Auf der anderen Seite wiederum werden neue Bindungen (Bindungssuche) angestrebt. Diese Bindungssuche verläuft dabei entweder über die Dimension der „Rückbindung", die aber größtenteils verwehrt bleibt, oder aber über die Dimension der „Neubindung" bzw. Neubildung von Bindungen. Beide Dimensionen treten bei Jugendlichen auf. An der Schnittstelle, an der die Bindungserosion einerseits und die Bindungssuche andererseits aufeinandertreffen, ist der Begriff der „sozialen Autorität" (vgl. Böhnisch 1994, S. 240) hilfreich. Denn wenn der Begriff der Autorität auf zwischenmenschliche Beziehungen ausgedehnt werden kann, und zwar „als Bindung an sozial Verläßliches und Unumstößliches" (Böhnisch 1994, S. 240), dann zeigt sich darin auch die Anwendbarkeit dieses Begriffs und seines Gehaltes für die ostdeutschen Jugendlichen und die dortige Jugendarbeit.

Bindung und Autorität

Wenn Autorität im Zusammenhang mit der Suche nach Geborgenheit und Selbstwert und der Sehnsucht nach Bindungen betrachtet werden kann, dann wird den JugendarbeiterInnen eine beachtliche Funktion zuteil, und zwar dadurch, daß sie als personale Autorität Jugendlichen transparent und lebbar machen, „daß Geborgenheit und Selbstwert gepaart sein können mit Respekt vor dem Wert Anderer, daß also die Neugier auf Andere nicht nur die soziale Anerkennung erhöhen, sondern auch Sicherheit und Abbau von Angst und Streß gegenüber dem Fremden verschaffen kann" (Böhnisch 1994, S. 241 f.).

Hier soll die Bedeutung der JugendarbeiterInnen etwas allgemeiner formuliert werden, denn zweifellos ist die hier zitierte Aussage von der zum Zeitpunkt der Formulierung geführten Diskussion um Jugend und Gewalt überlagert. Legt man aber den Kern frei, der in dieser Aussage enthalten ist, dann kommt eine zentrale Annahme zum Vorschein, die nicht nur speziell für die Thematik Jugend und Gewalt hilfreich ist, sondern generell die Bedeutung der Jugendarbeit auf der Achse Hunger nach Personen, personale Autorität und Jungsein betrifft. Dieser Kern liegt darin, daß die personale Autorität der JugendarbeiterInnen den Jugendlichen nicht nur Verläßlichkeit und Sicherheit vermitteln, damit für sie soziale Geborgenheit erreicht werden kann. Vielmehr ist es so, daß die JugendarbeiterInnen als personale Autorität von den Jugendlichen ausgesucht werden, weil sie von ihnen Antworten auf die oben dargelegten Schnittstellen erhoffen. Für Jugendliche sind die JugendarbeiterInnen zuweilen die „Naht", die benötigt wird, um die Schwachstellen, die sich zwischen Bindungserosion bzw. Bindungssuche eingestellt haben, zu kompensieren.

Die allgemeine Bedeutung der JugendarbeiterInnen als personale Autorität liegt in dem Vertrauen, das die Jugendlichen in sie haben, es liegt im Gefühl der Geborgenheit und Sicherheit und in der Erfüllung der Suche nach Bindung. Aus diesem Grunde definiert sich prinzipiell die personale Autorität der JugendarbeiterInnen als „Bindungsschnittstelle", weshalb die Person des Jugendarbeiters oder der Jugendarbeiterin sowohl eine „Rückbindung" für die Jugendlichen als auch eine „Neubindung" sein kann.

Jugendliche suchen in den JugendarbeiterInnen Antworten auf zentrale Fragen: Es sind dies beispielsweise die Fragen nach der „Rückbindung" bzw. „Neubindung", nach der notwendigen Orientierung in unserer pluralen und extrem ausdifferenzierten Gesellschaft, nach personaler Verläßlichkeit und Sicherheit, nach Geborgenheit, Selbstwert und Anerkennung - all dies kann seitens der Jugendlichen einer personalen Autorität in Person des Jugendarbeiters oder der Jugendarbeiterin zugeschrieben werden.

Dennoch gelingt dies nur, wenn ein personales Verhältnis zwischen Jugendlichen und JugendarbeiterInnen besteht. Dies ist überhaupt die Grundvoraussetzung dafür, daß JugendarbeiterInnen für Jugendliche den Wert einer personalen Autorität erfahren. Wenn sich also ein personales Verhältnis einstellt, dann werden die JugendarbeiterInnen nicht nur in ihrer Funktion als JugendarbeiterIn, sondern unter Umständen auch ganz massiv und direkt als Person (und nicht nur ausschließlich in ihrer Rolle und Funktion als JugendarbeiterIn) angegangen. Dies wiederum kann mitunter zu Spannungszuständen führen, da sich die Jugendlichen förmlich an die JugendarbeiterInnen klammern, um von ihnen persönliche Stellungnahmen abzuverlangen.

Damit tritt folgende Situation ein: Die JugendarbeiterInnen sind bestimmten Erwartungen aber auch Anforderungen ausgesetzt, weil die Jugendlichen von den JugendarbeiterInnen erwarten, daß diese selbst so etwas wie einen gangbaren Weg in unserer komplexen und komplizierten Gesellschaft wissen. Sollte dies nicht der Fall sein, dann geraten JugendarbeiterInnen allzu häufig in eine Sackgasse und sind überfordert. Hinzu kommt, daß das Ausmaß der Erwartungen und Anforderungen uneinheitlich ist. Damit soll der Tatsache Rechnung getragen werden, daß nicht jeder Jugendarbeiter oder jede Jugendarbeiterin als personale Autorität ausgewählt wird, denn diese Statusbedeutung hängt von verschiedenen Faktoren ab: neben der persönlichen, sozialen Beziehung zwischen JugendarbeiterIn und Jugendlichen, neben dem emotionalen Bezug zwischen beiden und unter Einhaltung der Prämisse, daß sich die JugendarbeiterInnen „nicht als Kumpel anbiedern, sondern durch eigene Standpunkte den Heranwachsenden Möglichkeiten zur Reibung mit erwachsenen Partnern bieten" (Gernert 1994, S. 24), sind es auch gesellschaftliche Verhältnisse, die hierbei einen enormen Einfluß ausüben. So ist zu erwarten, daß insbesondere in Krisenzeiten die JugendarbeiterInnen einen hohen Wert als personale Autorität erhalten. Diese Wertschätzung findet sich nicht nur in der subjektiven Einschätzung der Jugendlichen, sondern sie ist auch in der objektiven Beurteilung eingelagert, da Jugendliche insbesondere in Krisenzeiten eine personale Autorität im Sinne von sozialer Autorität benötigen. Zur Erfüllung der angesprochenen Notwendigkeit einer sozialen Autorität können die JugendarbeiterInnen einen wesentlichen Teil beitragen.

Jugendarbeit als Alltagsdialog

Gerade dann, wenn gesellschaftliche Entwicklungen an faßbarer und übersichtlicher Größe verlieren, wenn die Gegenwart nicht 'lebbar' erscheint und wenn schließlich die Zukunft nicht richtig greifbar und wahrnehmbar und schon gar nicht vorhersehbar ist, wird die Suche nach Verläßlichkeiten, besonders aber nach Personen, und damit auch nach personaler Autorität, um so größer. Personen geben Bestätigung, und Personen verlangen die direkte Auseinandersetzung und Konfrontation mit Einstellungen und Meinungen. Im Verbund mit anderen Personen ergibt sich daraus ein Dialog, der konträr zu einem weitläufig verbreiteten Monolog steht, bei dem es um keine Fragen und Antworten im wechselseitigen Austausch mehr geht - z. B. zwischen einer einzelnen Person auf der einen Seite und audiovisuellen Medien (Fernsehen, Video oder Computer) auf der anderen Seite. Die direkte und wechselseitige Auseinandersetzung aber über das persönliche Gespräch und über den Dialog erreicht die Beschäftigung mit der jeweils anderen Person und fordert Jugendliche dazu heraus, Positionen zu beziehen, sich mit sich selbst und mit anderen zu beschäftigen.

Bei dieser Suche nach Personen werden Jugendliche im sozialen Ort der Jugendarbeit fündig. Jugendarbeit als Alltagsarbeit erhält aus diesem Grunde einen besonderen Stellenwert, weil Jugendliche hier auf verfügbare und verläßliche Ansprechpartner stoßen und weil sie hier schließlich Personen finden, die das Nichtgebrauchtwerden Jugendlicher nicht einfach hinnehmen, sondern die ihnen im direkten personalen Austausch ein Gebrauchtwerden als Person zukommen lassen. Dieses Konglomerat bezieht die eigene Stärke daraus, daß es zur Alltäglichkeit für die Jugendlichen wird. Diese Erfahrung ist für Jugendliche in einem für sie schwieriger werdenden Alltag notwendig. Alltag wiederum, so liest es sich bei Thiersch, ist „durch das Interesse an der Pragmatik des Überschaubaren und Selbstverständlichen und (...) durch die Brüche in ihm und die Anstrengungen in ihnen verläßlich und pragmatisch zu Rande zu kommen [bestimmt, d. A.]" (Thiersch 1992, S. 45).

Insofern bezieht sich Alltäglichkeit in ihren Erfahrungen, ihrer Pragmatik und Routine auf das Vertraute, d. h. auf das Selbstverständliche. Dies alles aber muß gezwungenermaßen nicht als problematisch erscheinen, die jeweiligen Faktoren können statt dessen in ihrer jeweiligen Selbstverständlichkeit oft als nicht direkt bewußt wahrgenommen werden.

Wenn es den Verantwortlichen der Jugendarbeit gelingen sollte, das Gebrauchtwerden sowie die Befriedigung des „Hungers nach Personen" mit dem Status einer personalen Autorität zu verknüpfen und als positive Wesenszüge der Jugendarbeit zu dechiffrieren, dann entsteht bei Jugendlichen ein ausreichendes Interesse für Jugendarbeit. Dieses Interesse ist die gebotene Voraussetzung dafür, daß Jugendarbeit als sozialer Ort mit hoher emotionaler Wertigkeit erachtet wird, und zwar im Sinne eines subjektiven Bezuges, der als „Lebensgefühl", und im Sinne eines sozialen Kontextes, der als „Klima" für Jugendliche bezeichnet werden kann. In diesem Falle würde sich Jugendarbeit als eine wertvolle Ressource für Jugendliche erweisen, so daß die vielschichtigen Kriterien sowohl der Verläßlichkeit als auch des Gebrauchtwerdens - sozialemotional eingebettet - richtig zur Geltung gelangen könnten.

Karsten Fritz

Die Bilderwelt der Jugend

Milieuorientierte Medienarbeit mit Jugendlichen

Die Suche nach Orientierung und sozialemotionalem Halt vollzieht sich bei Jugendlichen heute nicht mehr nur zwischen Herkunftsmilieu und Gleichaltrigenmilieu. Es kommen in immer stärkerem Maße massenmediale Einflüsse hinzu. Niesyto schlägt in diesem Zusammenhang eine Erweiterung des sozialraumbezogenen Milieukonzepts (Böhnisch 1994) um die mediale Dimension vor. Gleichaltrigenmilieus gründen sich demnach nicht nur über gemeinwesenorientierte Formen des Alltagshandelns, über sozialräumliche Aneignung und über biografische Zeiterfahrung, sondern insbesondere auch über medienvermittelte Symbolmuster. Auf verschiedenen sozialen Ebenen (moralisch, emotional und ästhetisch) bilden sich somit jugendkulturelle Symbolmilieus, in welche unterschiedlichste Mediensymboliken einfließen, heraus. Diese Symbolmilieus prägen Gefühle, Stimmungen und Haltungen Jugendlicher. Mit der ethnografischen Erschließung von Symbolmilieus ist somit der Gegenstand der Sozialvideografie formuliert (vgl. Niesyto 1997, S. 13).

Diese Erkenntnis ist nicht neu, muß aber wohl immer wieder erneut formuliert werden, denn die Pädagogik hatte schon immer einen „Widerwillen gegen den Seh-Sinn" (Baacke 1995). Schon Erich Fromm plädierte dafür, neben der benutzten Alltagssprache, der Symbolsprache wieder mehr Aufmerksamkeit zu schenken:

„Die Symbolsprache ist eine Sprache, in der innere Erfahrungen, Gefühle und Gedanken so ausgedrückt werden, als ob es sich um sinnliche Wahrnehmungen, um Ereignisse in der Außenwelt handelte. Es ist die Sprache, die eine andere Logik hat als unsere Alltagssprache, die wir tagsüber sprechen, eine Logik, in der nicht Zeit und Raum die dominierenden Kategorien sind, sondern Intensität und Assoziation. Es ist die einzige universale Sprache, welche die Menschheit je entwickelt hat und die für alle Kulturen im Verlauf der Geschichte die gleiche ist. Es ist eine Sprache sozusagen mit eigener Grammatik und Syntax, eine Sprache, die man verstehen muß, wenn man die Bedeutung von Mythen und Träumen verstehen will. Aber der moderne Mensch hat diese Sprache vergessen, nicht wenn er schläft, aber wenn er wach ist.

Ich halte (...) die Symbolsprache für die einzige Fremdsprache, die jeder von uns lernen sollte. Wenn wir sie verstehen, kommen wir mit dem Mythos in Berührung, der eine der bedeutsamsten Quellen der Weisheit ist, wir lernen die tieferen Schichten unserer eigenen Persönlichkeit kennen. Tatsächlich verhilft sie uns zum Verständnis einer Erfahrungsebene, die deshalb spezifisch menschlich ist, weil sie nach Inhalt und Stil der ganzen Menschheit gemeinsam ist." (Fromm 1981, S. 987)

Wie konstituieren sich nun die gegenseitigen medialen Wirklichkeitserfahrungen, die Symbolmilieus Jugendlicher? Über welche medialen Vermittlungs- und Rezeptionskompetenzen verfügen Jugendliche? Bekannt ist die enorme sozialisierende Bedeutung der Medien im Alltag Jugendlicher. Medien vermitteln neue virtuelle Erlebnisformen, welche in hohem Maße emotional „ausgestattet" sind (Cyberspace, Techno). Reale und fiktive Erlebnisse und Erfahrungen schaffen somit völlig neue Formen von Weltwahrnehmungen. Um Erfahrungen zu sammeln, muß man sich nicht mehr zwingend „auf den Weg begeben" (Anders 1956, S. 100ff.). In optimistisch unbekümmerter Verkehrung der kulturpessimistischen Position von Anders, wonach die Ereignisse mittels moderner Medien zu uns kommen (und nicht mehr wir zu ihnen), nutzen Jugendliche die Welt der Medien zur Konstituierung ihrer eigenen Lebenswelt. Dabei verfügen Jugendliche bei der Aneignung des Medialen oftmals über eine höhere Kompetenz als Erwachsene, bzw. als Erwachsene ihnen zutrauen. Daraus ergibt sich für Jugendliche eine Veralltäglichung des Medialen. Diese können Erwachsenen bedingt durch eine anders gelebte Medienbiografie, oft nicht nachvollziehen. Es liegt auf der Hand, daß der mit der Nutzung der Medien verbundene offensive Aneignungs- und Interaktionsprozeß Auswirkungen auf jugendkulturelle Stilbildung und Identitätsentwicklung und damit auf die Lebensbewältigung junger Menschen generell hat.

Diese Einsicht muß für die Jugendarbeit Konsequenzen haben. Niesyto formuliert diese wie folgt: „Wer in der heutigen Kommunikationsgesellschaft etwas über die Vorstellungen, Lebensgefühle und das Welterleben von Jugendlichen erfahren möchte, muß ihnen die Chance geben, sich mittels eigenen selbst produzierten medialen Produkten auszudrücken" (Niesyto 1995, S. 2).

Mediale Exploration als Methode in der Jugendarbeit

Traditionslinien

In der Jugendpsychologie und der Jugendpädagogik der 20er Jahre, z.B. den Tagebuchstudien von Ch. Bühler (1927) oder den Arbeiten von Bernfeld (1914/15) finden wir wichtige Traditionslinien für einen medialen Zugang zu Jugendlichen. Für eine mediale Exploration jugendkultureller Milieus ermutigt die Aussage von Bernfeld: „Wir bedürfen eines 'Antworten'-Materials, das nicht durch gestellte Fragen angeregt ist. Alle Produkte jugendlicher, spontaner

Tätigkeit sind als Material dieser Art verwendbar: Zeichnungen, Sammlungen, Tagebücher, Briefe, Notizen, Gespräche, Organisationen." (nach Rosenmayr 1962, S. 30). Hätte es 1914 schon Video gegeben, wäre die Aufzählung um die Produkte mediale Selbstbilder Jugendlicher erweitert worden. Bezüglich der Aussagekraft des Tagebuchmaterials ergänzt Ch. Bühler: „Der Jugendliche hat so gut wie immer das Bestreben, vor sich wahr zu sein und zu seiner eigenen Klärung zu schreiben." (Bühler 1927, S. 8) Der sozialvideografische Ansatz ist in diesem Sinne als das Führen eines visuellen Tagebuchs zu verstehen. Die von Bühler (1927) beschriebene Verläßlichkeit des Tagebuchs bleibt die gleiche.

Spezielle Ansatzpunkte und Traditionslinien für eine Exploration jugendkultureller Milieus auf Grundlage von filmischem Material wären der ethnologische Film (Flaherty, Mead, Rouch), biografische Langzeitstudien: „35 up" (Apted 1963-1991) oder „Die Kinder von Golzow" (Junge 1961-1996)[1] und erste Versuche einer Jugendforschung mit Video (Theunert/Schorb 1989, Niesyto 1991).

Mit der Sozialvideografie können nicht nur körper - und gegenstandsbezogene Aktivitäten der Jugendlichen dokumentiert, sondern insbesondere Zugänge zu den inneren Vorstellungs- und Bildwelten junger Menschen eröffnet werden, welche die subjektiven Sichtweisen und Deutungsmuster der Jugendlichen als Bestandteil ihrer Lebenswelt miterfaßt.

Auch verbinden sich mit einer Kamera bei vielen Jugendlichen und SozialarbeiterInnen Assoziationen, welche sich in den üblichen Stigmatisierungen von Jugend in den Medien und damit in der Gesellschaft ausdrücken.

Das Interesse an einer Arbeit mit Video motivierte sich in erster Linie aus dem Bedürfnis der Jugendlichen, diesen Stigmatisierungen in den Medien eigene Reflexionen ihres Alltags gegenüberzustellen.

In einem Erprobungsprojekt, das einigen Jugendclubs und Jugendeinrichtungen angeboten wurde, konnte über längere Phasen Videotechnik genutzt werden. Die Jugendlichen wurden aufgefordert, im spielerischen Umgang die Technik selbst zu „entdecken", die Kamera auch mal mit nach Hause zu nehmen. Die „Entdeckung" der Technik erfolgte in der Regel über eine dokumentarische Reflexion des eigenen Alltags.

Beispiel A:
Bei dem zu beschreibenden Projekt handelt es sich um ein Jugendzentrum, welches 1991 auf Initiative von JugendsozialarbeiterInnen in einem leerstehenden ehemaligen Betriebsgelände eingerichtet wurde. Ca. 16 Jugendgruppen verschiedener Altersgruppen nahmen die Gebäude als ihren Treff an. Von An-

---

1 Die Kamera verschwindet, weil sie, da immer präsent, integraler Bestandteil des Alltags der Kinder geworden ist. Junge spricht in diesem Zusammenhang auch von einer Ästhetik des Vertrauens.

fang an waren beim Auf- und Ausbau des Jugendtreffs die Jugendlichen im starken Maß mit Eigenleistungen beteiligt. Daraus resultiert nicht zuletzt eine sehr enge Bindung der Jugendlichen an ihr Projekt. Das Projekt wird z. Z. von ca. 200 Jugendlichen frequentiert. Das Spektrum der Besucher ist sehr heterogen. Obwohl sich eine ganze Reihe Jugendlicher offen als rechts - bzw. linksorientiert polarisieren und durch die Medien immer wieder eine Stigmatisierung als rechter Jugendklub vorgenommen wurde, muß eingeschätzt werden, daß der größte Teil der Jugendlichen zu keiner Gruppe oder Clique gehört, die sich über symbolische Mittel und Formen bzw. über eine politische Orientierung bestimmen ließe. Vielmehr „sortieren" sich die Jugendlichen im Projekt nach Alters- und Interessengruppen, wobei die Zuordnungen fließend sind. Benötigte Räume werden durch die Sozialarbeiter angeboten, bzw. durch die Jugendlichen selbst gesucht.

Aufgrund von Rückführungsansprüchen war die Weiterexistenz des Projektes lange Zeit in Frage gestellt. Gerade in dieser unsicheren Zeit versuchten sich die Jugendlichen durch verschiedenste Aktionen für den Erhalt „ihrer" Einrichtung einzusetzen.

Beispiel B:
Das durch die Jugendlichen nur sporadisch genutzte Projekt ist das Haus der PDS und anderer linksorientierter Einrichtungen. Die Jugendlichen treffen sich hier wöchentlich, um im Flur „rumzuhängen". Sie sind durch die im Haus ansässigen Mitarbeiter wohlgelitten. Eine sozialpädagogische Betreuung erfolgt nicht. Bei den Jugendlichen handelt es sich fast ausnahmslos um Gymnasiasten, welche ihr deutliches Bekennen zur linken politischen Richtung verbal und symbolisch artikulieren. Aus den eingeschränkten Nutzungs- und Gestaltungsmöglichkeiten ergeben sich für die Jugendlichen grundsätzlich andere Beziehung zum Projekt. Bindung wird nicht über den Ort an sich, sondern über seine politisch-alternative Bedeutung erzeugt. Alle Jugendlichen nehmen individuell eine Reihe von Freizeitangeboten wahr (Theatergruppe, Schülerzeitung). Das Angebot zur medialen Reflexion ihres Alltags nahmen sie als ein ebensolches „Aktivitätsangebot" an.

Motivsuche und Interaktion

Wie beschrieben, geht es bei der Anregung von Eigenproduktionen nicht darum, ein vorab produziertes Drehbuch abzufilmen. Vielmehr sollen die Jugendlichen vermittels eines „dritten Auges" angeregt werden, über ihre subjektive Sicht auf den Alltag und ihr Welterleben zu reflektieren. Die Jugendlichen nutzten die Kamera zunächst für spontane Aufnahmen vom Projekt und für die Inszenierung von, durch die Kamera initiierte, Interaktionssituationen. Dabei spielte sicherlich in erster Linie der Reiz der Einbeziehung eines neuen Mediums in die Alltagskommunikation der Jugendlichen eine Rolle. In welchen Varianten sich der Umgang mit der Kamera realisierte, sei an folgenden zwei Beispielen exemplarisch beschrieben:

Einige Jugendliche aus dem Projekt A wählten bei der Motivsuche bewußt Aufnahmen, die ihre Umgebung so abbilden, „wie sie ist". Die Kamera schafft keine neue Wirklichkeit, sie bildet sie nur ab. Eine subjektive Brechung dieses Blicks auf die Wirklichkeit findet, wenn überhaupt, erst in der eigentlichen Produktionsphase am Schnittplatz statt. Dieses unbewußt analytische Vorgehen spiegelt die Planmäßigkeit, mit dem die Jugendlichen zunächst möglichst „schöne" Bilder sammeln, um sie dann durch manipulative Bearbeitung im Studio weiter emotional aufzuwerten. Die Kameraführung ist statisch, es finden kaum Perspektivenwechsel statt.

Ein konventionelles Verständnis vom Umgang mit der Kamera dokumentiert sich auch in einer reportagehaften Vorstellung der Projekte durch die Jugendlichen. Das Motiv war, mit der Kamera ohne Begleitung von Erwachsenen, den eigenen Alltag zu erkunden. In Reportagemanier wurden diese Orte aufgesucht und vorgestellt. Typische Aufnahmen zeigen Jugendliche, welche mit dem Mikrofon vor der Kamera agieren und der Kamera (also dem potentiellen Rezipienten: den Erwachsenen) voller Stolz ihr Projekt beschreiben. Dabei spielt stets ein hohes Maß an Medienförmigkeit eine Rolle, d. h. Jugendliche präsentieren uns ihr Projekt (im vorliegenden Fall ein durch die Jugendlichen nach eigenen Vorstellungen eingerichteter Bauwagen) wie in einer Magazinsendung des Fernsehens: „Ich freue mich Ihnen zeigen zu dürfen", „Bitte folgen Sie mir jetzt in unseren Klubraum", „Hier sehen Sie unseren Fernseher und die Mikrowelle". Deutlich die Betonung, sich einen individuellen „gemütlichen" Raum geschaffen zu haben. Die Kamera fährt zur Illustration des Gesagten im langsamen Schwenk durch den Bauwagen. Zu sehen sind neben Sesseln, Sofas und einem altem Fernsehgerät, ein Klubtisch mit Tischdeckchen und Kunstblumen, eine Glasvitrine mit verschiedenen Porzellannippes und verschiedene Musiker- und Fußballplakate. Bemerkenswert ist der Umstand, daß die Jugendlichen der Kamera, bzw. dem potentiellen Betrachter des Films, Einblick gewähren in einen Raum, zu welchem normalerweise nicht einmal der Sozialarbeiter Zugang hat. In der Interaktion mit der Kamera bemühen sich die Jugendlichen um einen Sprachstil, welcher sich deutlich vom normalen Umgangston zwischen den Jugendlichen unterscheidet. Wieder wird der Rezipientenkreis des Filmmaterials indirekt benannt: Die Jugendlichen machen nicht in erster Linie einen Film „für sich", sondern einen Film über sich, aber für Erwachsene (denen man vielleicht etwas beweisen möchte). Darum als Verständigungsangebot der (freilich unbeholfene) Versuch einer Transformation in Erwachsenensprache.

Inhaltlich kreisen diese „Reportagen" nur vordergründig um die Vorstellung des eigenen Projektes bzw. des eigenen Raumes innerhalb des Projektes. Es geht den Jugendlichen vielmehr um die Vermittlung der Botschaft, hier etwas eigenes geleistet zu haben. Überdeutlich wurde dieser Umstand immer wieder in die Kamera formuliert: „hier haben wir sehr viel Arbeit reingesteckt".

Im Projekt B wurden in diesem Zusammenhang grundsätzlich andere Beobachtungen gemacht. Da die Jugendlichen den ihnen angebotenen Raum nur partiell nutzen und nicht selber gestalten können oder auch nicht wollen, wurde hier auch die Kamera in anderer Weise zur Reflexion eigener Befindlichkeit eingesetzt. Die Kamera ist nicht mehr Zuhörer oder Beobachter der Jugendlichen, sondern wird von ihnen als eine Art Waffe eingesetzt. Es geht den Jugendlichen nicht darum, über ihren Alltag im Projekt zu reflektieren bzw. dem Erwachsenen irgendeine Botschaft zu übermitteln. Statt dessen versuchen sie eine Neuinszenierung von Alltagsrealität vor der Kamera. Durch eine exzessive Kameraarbeit (Reißschwenks, extreme Nahaufnahmen, Rotation der Kamera um den eigenen Körper) und einer durch die Jugendlichen provozierten Frontalkonfrontation von Passanten mit Mikrofon und Kamera schaffen sie eine Wirklichkeit, welche erst durch den Einsatz der Kamera entsteht. Eine manipulative Nachbearbeitung ist im Prinzip nicht beabsichtigt. Die Jugendlichen „schneiden" statt dessen ihren Film direkt in die Kamera. Dieses Vorgehen ist durch sporadische Entscheidungen geprägt (auftreten als Mitarbeiter des Fernsehsenders Chaos-TV; inszeniertes Interview mit einem Selbstmörder im Stil des Reality-TV) und nicht analytisch auf ein Ziel (die Produktion eines Films „über uns") ausgerichtet.

Obwohl in beiden Projekten die kommunikative Rolle der Kamera grundsätzlich verschieden ist, reflektieren sie doch in unterschiedlicher Weise mediale Aneignungsformen. Auf der einen Seite die klassische Form von Medienberichterstattung mit dem Ziel, einem erwachsenen Rezipienten etwas vom eigenen Werteverständnis zu vermitteln. Die Kamera spiegelt die Alltagswelt der Jugendlichen, die vermittelte Botschaft ist unverschlüsselt: „Schaut, was wir geschaffen haben; hier fühlen wir uns wohl; dies ist unser Haus." Auf der anderen Seite ein experimenteller und offensiver Umgang mit der Kamera. Ein möglicher Rezipientenkreis wird nicht benannt. Die Kamera bricht mehr als sie spiegelt, die Botschaft lautet entschlüsselt: „Wir sind jung; wir wollen unseren Spaß haben; die Erwachsenen verstehen uns sowieso nicht."

Parallel zu dieser ersten Phase hat die Gruppe aus Beispiel A verschiedene Kommunikationssituationen visuell dokumentiert. Hierbei handelt es sich um Gespräche mit den Jugendlichen (einzeln und in der Gruppe). Formuliert wird beispielsweise der emotionale Bezug der Jugendlichen zum Projekt A und zu dem dort geschaffenen Rückzugsraum. Die Kamera nimmt hierbei weniger eine kommunikative Stellvertreterfunktion wie bei den „Reportagen", sondern vielmehr eine Beobachterfunktion ein. Dies ermöglicht in stärkerem Maße die alltägliche Interaktion auch bzgl. der Alltagssprache zu reflektieren. Eine in diesem Zusammenhang typische Diskussion kreist um das Problem der drohenden Schließung des Hauses, bedingt durch Rückführungsansprüche. Zu dieser Zeit wurde durch die Jugendlichen emotional sehr intensiv die eigene Bindung und Positionierung zum Projekt und ein möglicher Umzug in eine andere Einrichtung diskutiert:

A: „Es ist eben so, daß das Haus dableiben soll, weil für die meisten, für jeden ist es eben wie schon gesagt ein zweites Zuhause. Hier hab'n wir es
eben warm." B: „Ich hab hier mein, hier mein Leben hab ich hier gefunden, also mein zweites Leben. Ich lebe zu Hause mein erstes und hier
mein zweites Leben. Hier kann ich machen, was ich will. Früher z. B. da
hab ich Schule geschwänzt, bin in die Kaufhalle gegangen, hab geklaut,
gleich früh, da sind wir losgezogen, hab'n den Leuten die Handtaschen
geklaut." Zwischenruf: „Du zeigst dich ja selber an, das müssen wir
rausschneiden aus dem Video."

B: „Ne, ich will's deswegen nicht rausschneiden, weil hier soll wirklich
mal, sollt's mal mitkriegen, wie's hier ist, wie ich damals war und wie
ich jetzt bin".

Inwieweit sich diese Katharsis tatsächlich vollzogen hat, sei dahingestellt.
Wichtig ist die Beobachtung, daß die Kamera als moralische Institution angesehen wird. Die Jugendlichen waren unter sich, das Thema wurde von ihnen
bestimmt.

Eigenproduktionen der Jugendlichen

Neben der Porträtierung von Alltagssituationen, sollten die Jugendlichen zu Eigenproduktionen angeregt werden. Für die meisten Jugendlichen aus dem Projekt A (Bauwagen) stellten die eingangs beschriebenen Porträts bereits ihre Eigenproduktion dar. Zu einer (manipulativen) Bearbeitung am Schnittplatz (mit
Montage, Musik etc.) waren sie nicht zu bewegen. Diese Jugendlichen waren
der Meinung, Ihren Alltag so „rüber gebracht" zu haben, wie es ihnen wichtig
erschien. So „wanderte" die Kamera in die Hände von Jugendlichen, welche
sich aufgrund ihrer Stellung in der Gruppe bzw. durch ihren Bildungsweg
grundsätzlich von den bisher beschriebenen Jugendlichen unterscheiden. Sie
nehmen in der Gruppe trotz Bemühungen eher randständige Positionen ein. Das
mag im wesentlichen damit zusammenhängen, daß sie das Werteverständnis
der Gruppe nicht teilen (in ihren Filmen später sogar karrikieren) bzw. von der
Gruppe selber als „Sonderlinge" ausgegrenzt werden. Diese Jugendlichen definieren sich dann auch in den Projekten weniger über Räume (wie die Jugendlichen aus dem Bauwagen), als vielmehr über eigene Interessen. Dies trifft im
vorliegenden Fall auf zwei Jugendliche zu, welche das Projekt in erster Linie
nutzen, weil sie hier die technischen und räumlichen Möglichkeiten vorfanden,
Musik machen zu können. Beide hatten es sich zum Ziel gesetzt, durch bewußte Motivsuche einen Film über sich und das Projekt zu drehen. Dabei trat
im Gegensatz zu den anderen Jugendlichen Selbstdarstellung völlig in den
Hintergrund. Dramaturgisch orientieren sich die Jugendlichen an den ihnen bekannten Videoclips. Die in diesem Zusammenhang entstandenen Filme sind
Ergebnis einer sehr individuellen Reflexion über das Projekt und der eigenen
Rolle im Projekt. Dies sei im folgenden an drei Filmen, welche von den zwei
Jugendlichen produziert wurden, beschrieben.

Film 1:

Der erste Film entstand zu einer Zeit, als die Existenz des Projektes durch Rückführungsansprüche stark gefährdet war. Einer der Jugendlichen hat dazu Bilder „gesammelt", welche diese Stimmung reflektieren: lange langsame Schwenks, statische Bilder (Totale und Details), Aufnahmen von Aktionen der Jugendlichen, wie z. B. einer Unterschriftenaktion für den Erhalt des Projektes vor einer Kaufhalle. Diese Bilder „verarbeitet" der Jugendliche im Studio zu einem Film, welcher unterstützt durch Musik von Delerue, eine melancholische und sentimentale Grundstimmung ausstrahlt. Der Film reflektiert weder typische Sehgewohnheiten noch musikalische Vorlieben des Jugendlichen (er spielt Schlagzeug in einer Heavy-Band). Die verwendete Musik und die Zusammenstellung statischer Bilder sind somit nicht unbedingt Ausdruck eines gelebten jugendkulturellen Stilbewußtseins, sondern dienen dem Jugendlichen als intime Ausdrucksmöglichkeit individueller Befindlichkeiten. Diese sind geprägt von der Sorge um den Erhalt „seiner" Einrichtung. Um dies zu visualisieren verbindet der Jugendliche statische Bilder vom Projekt (Vogelhaus, Fahrrad, Trabi) mit Bildern einer Unterschriftenaktion zum Erhalt des Projektes. Er selbst wird diesen Film später als eine kurzzeitige „sentimentalen Entgleisung" abtun und sich zumindestens öffentlich von seinem „Erstling" distanzieren.

Die Dreharbeiten und der Schnitt des Films im Studio waren nicht ergebnis-, sondern verlaufsorientiert. Die nächsten beiden Filme (hier bezeichnet als Film 2 und 3), welche der Jugendliche gemeinsam mit einem Freund drehte, hatten dagegen eine eindeutigere Produktorientierung. Beide Filme entstanden ca. 4 Monate nach dem ersten Film. Inzwischen ist es sicher, daß das Projekt nicht geschlossen wird.

Nach Aussagen der Jugendlichen unterscheiden sich beide Filme in der zugewiesenen Dominanz von Musik bzw. Bild. Film 2 handelt vom Projektalltag mit unterlegter Musik. Der Film 3 ist ein Clip, welcher einen Song visuell illustriert: „Wir haben schon beim Drehen gewußt, was wir für Musik nehmen wollen".

Film 2:

Die Aufnahmen zu diesem Film sind spontan entstanden; als gestaltende Idee könnte man die Beschreibung des Projektalltags bezeichnen. Die Kamera zeigt sich wenig experimentierfreudig, sie ist interessiert an Personen (offenbar Stammbesucher, Sozialarbeiter), an Aktionen (spontane Session einer Folkgruppe, inszenierter Karatekampf) und an Objekten (Details wie Autowracks, Bauwagen, Klobecken aber auch Blumen, Springbrunnen und Goldfisch im Goldfischteich). Diese Bilder werden collageartig in schneller Schnittfolge kontrastierend montiert und, da es sich ausnahmslos um statische Bilder handelt, tricktechnisch verfremdet. Insgesamt spiegelt der Film medienvermittelte Sehgewohnheiten:

„Normalerweise kann man bei 'nem Film ruhig mal zum Kühlschrank gehen, kommt man zurück, findet man gleich wieder Anschluß. Bei unserem Film geht es Schlag auf Schlag, einmal wegucken, schon was verpaßt."

Film 3:
Der nächste Film geht in seiner Konsequenz noch einen Schritt weiter. Personen, Aktionen und Objekte dienen als Folie für eigene Symbolisierungen und als visuelle Illustration eines musikvermittelten Lebensgefühls. Die Kamera wird wesentlich experimentierfreudiger und „entfesselter" eingesetzt, die Perspektive ist vielfach gekippt. Der fertige Film erhält seine Dynamik damit weniger durch eine rasante Schnittfolge, als vielmehr durch eine exzessive Kamerabewegung. Die Kamera wird wie ein Gewehr genutzt: Zielsuche (längere Fahrt) und Schuß (Reißschwenk). Insgesamt ist die Kameraführung mehr vertikal, als horizontal orientiert (Reißschwenks in den Himmel und in Richtung Sonne oder Schwenks nach unten in Brunnen und Toilettenbecken). Typisch sind lange Einstellungen, welche durch eine extrem kurze Einstellung mehrfach unterbrochen werden (Mädchengesicht in Großaufnahme und Gegenschnitt eines Aschenbechers; Häuserfassade und Gegenschnitt einer ausgestopften Taube, welche an den Türrahmen genagelt wurde). Nach Aussagen der Jugendlichen wollten sie damit einem gleichmäßigen Bildfluß kurze intensive Impulse geben.

Die eingangs beschriebene Beobachtung, daß die Eigenproduktionen in der Regel durch Jugendliche realisiert werden, welche nicht dem Gruppenkern angehören, läßt sich in fast allen anderen Projekten gleichfalls belegen. Die Motive, sich des Mediums Video als Ausdrucksmittel zu bedienen, ist allerdings unterschiedlich. Jugendliche, welche über ein recht hohes intellektuelles Potential verfügen, nutzen den Film, um die eigene sehr individuelle Sicht auf ihr Projekt auch der Gruppe, in die sie stärker integriert werden möchten, zu vermitteln. Das dieses Anliegen meist nicht gelang, beweisen die teilweise ablehnenden Reaktionen der nicht am Filmprojekt beteiligten Jugendlichen auf Vorführungen der Filme im Projekt.

Vor allem aber wird die Kamera von Jugendlichen genutzt, welche Probleme haben, eigene Befindlichkeiten mittels herkömmlicher Kommunikationsmittel wie Sprache und Schrift zu artikulieren. Sie finden in der Kamera ein Instrument, welches ihnen die Möglichkeit gibt, für ihre inneren Bildwelten durch manipulative Bearbeitung des aufgenommenen Bildmaterials ausdrucksstarke Entsprechungen zu finden. Seitens der Jugendlichen ist hier weniger an eine Veröffentlichung als vielmehr an eine Art Tagebucheintrag gedacht.

Die Ideen der Jugendlichen aus dem Projekt B für eine Eigenproduktion repräsentierten zwar deren intellektuelle Phantasie, wurden durch sie selber aber schnell als unrealistisch verworfen (z. B. dadaistischer Film, Legotrickfilm, 24-h Aufnahme von einem Ort). Der entstandene Film drückt dann auch die latente Unzufriedenheit der Jugendlichen aus, ihre hochgeschraubten Erwartungen an eine filmische Umsetzung ihrer Ideen nicht erfüllt zu sehen. Die produzierten Eigenproduktionen liefern somit „nur" ein Stimmungsbild der Jugendlichen, welches sich stärker über die unterlegte Musik (z. B. Nina Hagen) als über die assoziativ dazu geschnittenen Bilder illustriert.

So unterschiedlich die Motivation der Jugendlichen auch sind, sich auf eine Kamera „einzulassen" und so verschieden ihre Reflexionsebenen auch sein mögen, verallgemeinernd läßt sich formulieren: „Halt" heißt hier sich selbst erleben, sich selbst finden, sich allein oder mit anderen ausdrücken zu können. Kurz, Sinnlichkeit als ein zentrales Segment jugendkultureller Identität zu erfahren:

> „Diese über das handlungstheoretische Paradigma hinausgehende Erkenntnis von der sozialintegrativen Funktion des Medialen im Prozeß der Sozialisation und Lebensbewältigung von Kindern und Jugendlichen erhält ihre Bedeutung und Tragweite vor allem im Lichte der Ambivalenz und Janusköpfigkeit des modernen Sozialisationsprozesses (...): gleichzeitig offen und verfügbar für die wechselnden Anforderungen der Gesellschaft und dennoch bei sich, mit sich identisch sein sollen. Die Medien mit ihren parasozialen Eigenschaften der Entgrenzung, Verflüssigung und Bricolage, d.h. der Möglichkeit zur beliebigen Bildverfremdung und Symbolkombination, können diesen Spagat symbolisch lebbar machen und so den Jugendlichen nicht nur seine Machbarkeit suggerieren, sondern sie auch real in ihrem Gegenwartsoptimismus und ihrer jugendkulturellen Unbekümmertheit (...) bestärken" (Böhnisch 1996, S. 187).

Wilfried Schubarth

Schule zwischen Offenheit und Halt

Unter den heutigen Bedingungen einer „Risikogesellschaft" (Beck 1986) bedürfen Kinder und Jugendlichen für eine gelingende Sozialisation einerseits ein
hohes Maß an Offenheit und Flexibilität, andererseits aber auch (Rück-)Halt,
eine stabile Ich-Identität, um überhaupt offen, flexibel und veränderungsbereit
zu sein. In diesem Zwiespalt heutiger Sozialisation („Janusköpfigkeit moderner
Sozialisation") scheinen die Rollen der Institutionen recht eindeutig verteilt zu
sein: Auf der einen Seite steht die Schule, die als das Bedrohliche erscheint, die
den Menschen „zerstückelt" (Böhnisch 1995), ihn nicht zur Ruhe und zu sich
selbst kommen läßt, weil sie zu permanenter Offenheit zwingt. Auf der anderen
Seite (der Barrikade) stehen die Jugendarbeit, die geradezu über ein uner-
schöpfliches Repertoire und Reservoir verfügt, um Halt zu bieten und die
Ganzheitlichkeit, Gemeinschaft, Zugehörigkeit, Emotionalität usw. vermitteln
kann (vgl. z. B. die Beiträge von Böhnisch und Wolf i. d. Bd.) sowie die Familie, die ebenfalls ein „Hort des Haltens" besonders in Ostdeutschland ist oder
besser war, nun aber durch den - infolge des Umbruchs erlittenen - Verlust ihrer „Haltekompetenzen" durch die Jugendarbeit ersetzt werden muß (Drößler i.
d. Bd.).

Sicher ein etwas pointiertes Bild der bisherigen Debatte um „Offenheit und
Halt" in der Jugendpädagogik, doch die Zuspitzung macht das Problem deutli-
cher: Das Dilemma von Offenheit und Halt läßt sich m.E. nicht auf ein
Schwarz-Weiß-Schema in bezug auf die Institutionen (z. B. Jugendarbeit vs.
Schule) reduzieren, sondern stellt sich für jede Institution, die mit Kindern und
Jugendlichen zu tun hat. So vermittelt z. B. auch die Familie nicht nur Halt,
wenn man an vernachlässigte oder geschlagene Kinder denkt, genauso wie umgekehrt die Schule nicht nur Offenheit verlangt - z. B. ist sie für vernachlässigte
Kinder mitunter der einzige Ort, wo diese gemeinsam frühstücken und sich
aussprechen können, wo sie also wenigstens teilweise Halt finden. Kritische
institutionenbezogene Selbstreflexion ist also gefragt, was heißen soll: Jede Institution, besonders die pädagogischen Institutionen, müssen sich fragen, wie
sich in ihrem Wirkungsbereich die Spannung von Offenheit und Halt darstellt
und was sie zu einer gelingenden Sozialisation von Kindern und Jugendlichen
beitragen. Freilich wird man dann auch nicht umhin kommen, die Probleme der
Kooperation zwischen den verschiedenen Institutionen (z. B. zwischen Schule
und Jugendhilfe) zu thematisieren.

Genau das will ich nun im folgenden anhand der Institution Schule versuchen, indem ich aufzeigen will, erstens, was Offenheit und Halt im Kontext von Schule und schulischer Sozialisation bedeutet, zweitens, wie schulische Sozialisation durch Modernisierungs- und Individualisierungsprozesse beeinflußt wird und drittens, wie Kinder und Jugendliche darauf reagieren, also Schule heute erleben bzw. „bewältigen" und welche allgemeinen Folgerungen sich daraus für Schule und Schulsozialarbeit ergeben. Während die ersten beiden Punkte mehr theoretische Abhandlungen sind, werden im dritten Punkt neben theoretischen Aspekten auch empirische Befunde einfließen.

Was heißt Offenheit und Halt im Kontext von Schule und schulischer Sozialisation?

Ausgangspunkt für die theoretischen Betrachtungen soll zunächst die Frage sein: Welche gesellschaftlichen Funktionen hat überhaupt die Schule und welche Rolle spielt sie im Sozialisationsprozeß von Kindern und Jugendlichen?

Sowohl die Jugendtheorie bzw. -forschung als auch die Schultheorie bzw. -forschung schreiben der Schule beim Aufwachsen von Kindern und Jugendlichen große Bedeutung zu. Die Entwicklung intellektueller und sozialer Kompetenzen, der Erwerb schulischer und beruflicher Qualifikationen gehört zu den zentralen Entwicklungsaufgaben im Jugendalter. Schulischer Erfolg oder Mißerfolg steht in einem engen Zusammenhang mit der Identitätsbildung von Kindern und Jugendlichen (vgl. Havighurst 1974, Hurrelmann/Rosewitz/Wolf 1985, Melzer/Hurrelmann 1990). Helmut Fend (1981) hat im Rahmen seiner „Theorie der Schule", die Schulen bzw. Schulsysteme als Institutionen definiert, in denen absichtliche und kontrollierte Veranstaltungen stattfinden und in denen Sozialisation geschieht (vgl. Fend 1981, S. 2). Er stützt sich bei seiner Bestimmung der Funktionen von Schule auf drei theoretische Forschungstraditionen: Zum einen auf die kulturvergleichenden Untersuchungen der englischen Sozialanthropologen. Danach hat Erziehung in allen Gesellschaften die Funktion der kulturellen Überlieferung. Dadurch trägt sie zur Integration der Gesellschaft beiträgt, wobei Gesellschaft ein Mechanismus ist, der es dem Menschen ermöglicht, sich an seine Umwelt anzupassen, sich zu reproduzieren. Zum anderen stützt sich Fend auf den Struktur-Funktionalismus von Parsons, der zwei Funktionen des Schulsystems unterscheidet - die der Sozialisation und die der Selektion. Unter Sozialisation faßt Parsons die Aufgabe des Bildungswesens, die heranwachsende Generation in die bestehende Gesellschaft zu integrieren, indem es die Fähigkeiten und die Bereitschaft vermittelt, auf sie zukommende Aufgaben im Beruf und im öffentlichen Leben zu erfüllen. Die Selektionsfunktion führt zu einer Verteileraufgabe in dem Sinne, daß den Heranwachsenden jene Stelle im Erwerbssystem zugewiesen wird, die ihren Fähigkeiten entspricht (vgl. Parsons 1968). Als dritte Quelle dienen Fend marxistische Theorien, die in den sechziger und siebziger Jahren auch in der Bundesrepublik ziemlich breit rezipiert wurden und nach denen die Funktion des Bildungssystems vor allem darin besteht, die Klassengesellschaft zu reproduzieren.

Auf der Grundlage der genannten Quellen leitet Fend drei Funktionen von Schule ab, denen drei unterschiedliche Reproduktionsformen entsprechen: Zunächst geht es um die Reproduktion kultureller Systeme, also um Wissen und Fertigkeiten, angefangen von der Beherrschung grundlegender Symbolsysteme wie Sprache und Schrift bis zum Erwerb spezifischer Berufsqualifikationen, d. h. alles, was erforderlich ist, um am gesellschaftlichen Leben teilzuhaben. Diese Reproduktionsform bezeichnet er als Qualifizierungsfunktion. Darauf zielen Lehrpläne und fachliches Lernen. Die zweite Reproduktionsform bezieht sich direkt auf die Sozialstruktur, d. h. auf das System von Positionsverteilungen innerhalb einer Gesellschaft. Danach reproduziert das Schulsystem die bestehenden sozialen Positionsverteilungen. Diese Funktion nennt er Selektionsfunktion oder Allokationsfunktion. Darauf zielen Zensuren, Zeugnisse und unterschiedliche Schulabschlüsse. Schließlich ist drittens die Schule auch ein Instrument der gesellschaftlichen Integration, um die Reproduktion von solchen Werten, Normen und Interpretationsmustern zu gewährleisten, die der Sicherung der Herrschaftsverhältnisse dienen. Dies bezeichnet Fend als die Integrations- oder Legitimationsfunktion (vgl. Fend 1981, S. 13ff.). In der neueren Fachliteratur wird diese Funktion auch als Sozialisationsfunktion bezeichnet, die im Gegensatz zur Qualifikations- und Allokationsfunktion eher im verborgenen bleibt, weshalb man vom „heimlichen Curriculum" spricht (vgl. Pekrun/Helmke 1993, S. 567f.).

Gerade um die Legitimationsfunktion von Schule gab es im Anschluß an die Arbeiten von Habermas (1973) zu „Legitimitätsproblemen im Spätkapitalismus" längere und kontroverse Diskussionen. Legitimitätsprobleme ergeben sich nach Fend - in Anlehnung an Habermas - vor allem daraus, daß die ungleiche Verteilung knapper Güter legitimiert und zugleich die Akzeptanz der politischen Instanzen gesichert werden muß - ein Problem, das auch in der heutigen Zeit der „knapper werdenden Kassen" wieder höchst aktuell geworden ist. Die ungleiche Verteilung knapper Güter wird durch eine Leistungsideologie legitimiert, nach der Ungleichheit das Ergebnis unterschiedlicher Anstrengung und unterschiedlicher Qualität (z. B. Begabung) ist. Ihre gesellschaftliche Verankerung hat sie im Marktmechanismus und in den Vorstellungen vom gerechten Tausch gefunden. In die Leistungsideologie gehen Vorstellungen von der Chancengleichheit aller Menschen ein, wobei unterschiedliche Ergebnisse individuell erklärt werden: Wer es nicht schafft, der ist selber schuld und kann dafür niemanden verantwortlich machen. Ferner sind in dieser Ideologie Vorstellungen von einer Wettbewerbssituation enthalten, nach denen der Tüchtigere gewinnt: Wer begabt ist und sich anstrengt, der steigt auf, wer unbegabt ist und sich wenig anstrengt, der bleibt unten. Dem Prozeß der Internalisierung solcher Interpretationsmuster entspricht dann der Aufbau eines entsprechenden Selbstbildes: selbst der degradierte Schüler fühlt sich schließlich gerecht behandelt, da er sich als wenig begabt, als wenig fleißig und an Karriere uninteressiert einschätzt. Der niedrigere Status wird dem individuellen Versagen zugeschrieben (vgl. Fend 1981, S. 45 ff.). Der Prozeß der Selbstzuschreibung ist durch empirische Untersuchungen gut belegt. Wie dieser Mechanismus bereits in der Grundschule eingeübt und praktiziert wird, hat Parsons am Beispiel des amerikanischen Schulsystems eindrucksvoll beschrieben. Er arbeitet anschaulich heraus, daß Schule die erste Sozialisationsinstanz ist, die eine Statusdifferenzierung auf nichtbiologischer Basis vornimmt und institutionalisiert. Dabei entsprechen die Spielregeln der Schule den Spielregeln der Gesellschaft insgesamt (vgl. Parsons 1968).

Es bleibt somit zunächst festzuhalten, daß Schule und schulische Prozesse zum einen nicht losgelöst von der Gesellschaft existieren oder z. B. der Willkür von Schulleitern oder Lehrern ausgeliefert sind. Vielmehr prägen die gesellschaftlichen Funktionen, Ziele und Erwartungen die Schule als Institution. Wie diese Erwartungen allerdings interpretiert und umgesetzt werden, ist wieder eine ganz andere Frage, wovon auch die großen Unterschiede zwischen den Schulen zeugen (In Deutschland gibt es über 40 000 allgemeinbildende Schulen!). Zum anderen kann Schule nicht nur von der gesellschaftlichen Perspektive aus betrachtet werden. Schulen sind ja kein Selbstzweck - sie beeinflussen vielmehr ganz entscheidend die allgemeine und schulbezogene Persönlichkeitsentwicklung von Kindern und Jugendlichen. Die gesellschaftliche Perspektive muß also durch die individuelle Perspektive ergänzt werden. Beide Dimensionen - die gesellschaftliche und die individuelle - befinden sich in einem Spannungszustand. Dieser Spannungszustand im Kontext von Schule entspricht in gewisser Weise dem Dilemma von Offenheit und Halt in der Jugendpädagogik insgesamt. Das Spannungsfeld von Gesellschaftlichen und Individuellen durchzieht dabei alle drei genannten Funktionen von Schule (vgl. Fend 1981, S. 378): Bei der Qualifikationsfunktion kann z. B. die möglichst „arbeitsmarktgerechte" Herstellung einer Qualifikationsstruktur - also die einseitige Betonung der gesellschaftlichen Dimension - bedeuten, daß sich nicht jeder entsprechend seinen Fähigkeiten und Neigungen entfalten kann, d. h. die individuelle Dimension zu kurz kommt. Bei der Selektionsfunktion besteht z. B. durch eine möglichst „systemgerechte" Selektion die Gefahr, daß Kinder und Jugendliche frühzeitig in Schullaufbahnen gelenkt werden, deren Konsequenzen sie noch nicht überblicken können. Bei der Legitimationsfunktion schließlich wird die Spannung von Gesellschaftlichem und Individuellem im Dilemma von Herrschaftssicherung und Gewährung kritischer Mündigkeit sichtbar. Auch können unterschiedliche Ziele von Schule miteinander konfligieren. So kann z. B. eine Maximierung der Selektionsfunktion die Qualifikationsfunktion beeinträchtigen.

Die drei genannten Funktionen von Schule (Qualifikation, Selektion bzw. Allokation und Integration bzw. Legitimation oder Sozialisation) wurden in den letzten Jahren durch eine vierte Funktion ergänzt: die Funktion der Bereitstellung von Peer-Gruppen. Angesichts des Rückgangs der Kinderzahlen ist Schule heute derjenige Lebensraum, der allen Kindern Gruppen von Gleichaltrigen und damit peer-bezogene Möglichkeiten der sozialen Entwicklung bereitstellt (vgl. Pekrun/Helmke 1993, S. 568).

Den bisherigen theoretischen Exkurs zusammengefaßt: Die Janusköpfigkeit, der Zwiespalt schulischer Sozialisation besteht darin, daß Schule - aus gesellschaftlicher Perspektive betrachtet - Integration und Reproduktion gewährleisten soll, zugleich aber auch - aus Sicht des Individuums gesehen - einen Beitrag zur Persönlichkeitsentwicklung, also zur Identitätsbildung leisten soll. Schule muß also sich widerstrebende Ziele ausbalancieren, wobei sie dazu ihre Potenzen für die Entwicklung sozialer Beziehungen innerhalb der Schule (vgl. vierte Funktion) nutzen kann.

Wie hat sich die schulische Sozialisation infolge von Modernisierung und Individualisierung verändert?

Wie stellt sich nun diese Ambivalenz schulischer Sozialisation unter den heutigen Bedingungen von Individualisierung und Pluralisierung dar? Welche Konsequenzen ergeben sich aus den Individualisierungsprozessen für die Schule und - umgekehrt - was trägt die Schule zum Individualisierungsprozeß bei?

Um es gleich vorwegzunehmen, diese Fragen sind bisher weder von der Jugendforschung noch von der Schulforschung systematisch bearbeitet worden (vgl. Tillmann 1995). Wird der Zusammenhang von Individualisierung und Schule angesprochen, wird zumeist auf zwei Tendenzen verwiesen: zum einen auf die zunehmende Verschulung von Jugend infolge der Bildungsexpansion und zum anderen auf die Verschärfung der schulischen Konkurrenz: Immer mehr Jugendliche gehen immer länger zur Schule. Schulzeit und Jugendzeit fallen somit immer enger zusammen; z. B. besucht inzwischen die Mehrheit der 16-19jährigen eine allgemeine oder berufliche Vollzeitschule (vgl. Tillmann 1995, S. 203). Dennoch bleibt die Tatsache, daß der „Run" auf das Gymnasium und das Anstreben eines möglichst hohen Schulabschlusses in vollem Gange ist und als quasi notwendige, wenn auch nicht hinreichende Bedingung für den Eintritt ins Berufsleben gilt. Während z. B. zu Beginn der sechziger Jahre in der alten BRD nur 16% der Kinder ein Gymnasium besuchten, streben heute etwa die Hälfte der Grundschuleltern für ihr Kind das Abitur an (vgl. Tillmann 1995, S. 202). Bezogen auf die Situation in den neuen Bundesländern spricht man nicht nur von einer Bildungsexpansion, sondern sogar von einer Bildungsexplosion: Während vor der Wende nur etwa jeder 10. Jugendliche das Abitur ablegte, war innerhalb kürzester Zeit das Bildungswahlverhalten im Osten dem im Westen angepaßt. Mittlerweile ist der Trend im Osten jedoch wieder rückläufig: Nach der aktuellen IFS-Umfrage streben 38% der Grundschuleltern für ihr Kind das Abitur an, 52% den Realschul- und 10% der Hauptschulabschluß (vgl. IFS-Umfrage 1996, S. 13). Durch die Bildungsexpansion und Individualisierung hat sich allerdings - wie die Schulforschung nachgewiesen hat - an der Struktur der sozialen Ungleichheit im Bildungswesen kaum etwas geändert:

Schicht- und geschlechtsspezifische Chancenunterschiede sind keineswegs verschwunden, existieren vielmehr auf anderer Ebene fort.

Die Tendenz zur Verschulung steht mit einer weiteren im Zusammenhang und zwar mit der tendenziellen Zunahme von schulischer Konkurrenz. Die Verschärfung der Wettbewerbssituation auf dem Arbeitsmarkt schlägt sich zunehmend auch in verschärftem beruflichen und schulischen Konkurrenzverhalten nieder und hat mittlerweile sogar schon die Grundschule erfaßt. Der leistungsbezogene Außendruck auf die Heranwachsen ist stark angestiegen, was erhebliche Verarbeitungsprobleme und Identitätsprobleme mit sich bringen kann. Scharfer Wettbewerb ohne gesicherten Lohn - dies ist die paradoxe Situation, die Jugendliche heute meistern müssen.

Überhaupt ist das gesamte Leben heutiger Jugendlicher zunehmend durch eine Art „Als-Ob-Situation" (R. Münchmeier) gekennzeichnet: Man tut so, als ob man das schulische Lernen später mal gebrauchen kann, obwohl das eher ungewiß ist. Dann absolviert man eine Qualifikation nach der anderen. Es kann ja nicht schaden. So bereitet man sich ständig auf etwas vor, weiß aber nicht, ob dieses mehr oder weniger ersehnte Ergebnis oder Ereignis auch wirklich eintritt. Man tut aber so „als ob", schließlich bedarf jede Tätigkeit ja eines subjektiven Sinns (vgl. M. Weber 1984, S.19ff.). Dieser Zwang zum ständigen flexiblen Handeln Jugendlicher, dieses ständige Aktivsein ohne der Garantie, irgendwann mal auch „anzukommen" und dieses ständige Vertrösten auf später hat Thomas Seifert aufgegriffen und als „Prinz-Charles-Syndrom" bezeichnet. Wie Prinz Charles verbringen die Jugendlichen die Zeit mit ungewissem Warten und werden älter und älter und ihre eigentliche Absicht „König" zu werden wird immer weiter aufgeschoben. Jugendliche wollen aber nicht erst irgendwann später, sondern hier und jetzt, wenn nicht König, so doch wenigstens ein „vollwertiges" Mitglied der Gesellschaft sein, sie wollen jetzt gebraucht werden, (Erwerbs-)Arbeit, einen Beruf oder wenigstens einen Job haben als zentrales identitätsstiftendes Merkmal, und jetzt etwas Sinnvolles tun und nicht erst in irgendeiner abstrakten Zukunft, die zudem noch ungewiß ist. Und schließlich wird man bei dem Warten darauf auch nicht jünger (vgl. Seifert 1995, S.118f.). Nun kann Prinz Charles, im Unterschied zu den meisten Jugendlichen, sicher ein unbeschwertes und amüsantes Leben führen, auch mit den „Schattenseiten" von Individualisierung hat er wohl kaum zu kämpfen und mit Schule hat er sicher auch nichts mehr im Sinn.

Zurück zum Thema Individualisierung und Schule: Der Schul- und Jugendforscher Werner Helsper vertritt im Rahmen seiner psychoanalytisch inspirierten Betrachtungen zu diesem Thema folgende These (vgl. Helsper 1995, S. 142 ff.): Für die Herausbildung eines stabilen Selbst, also einer stabilen Ich-Identität, bedarf es gelingender Formen sozialer Anerkennung. In dem Maße, wie das Kind zunehmend außerhalb der familialen Intimbeziehungen in sozialen Institutionen interagieren, werden die sozialen, nicht auf Intimität beruhenden Anerkennungsverhältnisse für die Individuation wichtiger. Bei der Transformation familial-intimer Anerkennungsverhältnissen in soziale, auf Distanz und rollenförmigen Beziehungen beruhenden Anerkennungsverhältnissen spielt Schule eine zentrale Rolle. Seine These ist nun, daß Schule die psychische Integrität der Heranwachsenden nicht genügend unterstützt bzw. gar gefährdet, indem sie „individualisiert, aber nicht genügend individuiert und auf der Grundlage einer Anerkennung von Differenzen zu wenig posttraditionale Gemeinsamkeiten generiert" (Helsper 1995, S. 143). Schule verstärke implizit eine individualisierende Wertschätzungshierarchie aufgrund von Leistungsdivergenzen, mit den daraus folgenden Selbstwertverletzungen durch herabsetzende Haltungen anderer und damit einhergehenden Gefühlen von Scham und Sozialangst. Hier ist also die Tendenz angesprochen, daß Schule zunehmend Individualisierung erzwingt, den einzelnen Jugendlichen zunehmend auf sich selbst zurückverweist, zugleich aber zu der Entwicklung einer stabilen Ich-Identität, die für Kindern und Jugendliche zum Aushalten bzw. Ausbalancieren der Situation notwendig ist, nur wenig beiträgt.

Ähnlich argumentiert auch Lothar Böhnisch, wenn er anomische Tendenzen in der Schule beschreibt, die aus der Tatsache resultieren, daß Schule „funktionales" und soziales" System zugleich ist. Die daraus erwachsenen Spannungen, z. B. zwischen „Schülerrolle" und „Schülersein", müssen ausbalanciert werden - doch dazu trage die Schule kaum etwas bei, weil sie ja primär als funktionales System konzipiert sei (vgl. Böhnisch 1995, S. 144ff.). Auch hier entsteht das Bild einer ressourcenverbrauchenden, emotionenbindenden Institution, die von ihrem „Klienten" nur nimmt und kaum etwas zurückgibt.

Im Unterschied zu Böhnisch verweist Helsper jedoch zugleich auch auf neue Freiräume gegenüber früheren schulischen Erziehungskulturen, auf Liberalisierungs- und Informalisierungsprozesse sowie auf gewachsene Möglichkeiten einer offeneren und mehr selbstbestimmten Identität, die sich für Jugendliche z. B. daraus ergeben, daß sich die Intensionen der verschiedenen Sozialisationsinstanzen (Familie, Schule, Peer-Gruppe) gegenseitig relativieren können, da keine der drei Bereiche eine umfassende Kontrolle über das Alltagsleben Jugendlicher besitzen kann. Indem Schule auf die modernen Identitätsstandards orientiert, fördert sie somit einerseits Individualisierung und eine moderne Identitätsbildung, andererseits erschwert sie eine stabile Identitätsentwicklung, da sie die Bereitstellung institutioneller Bewältigungsressourcen für die damit einhergehenden individualisierten Risiken, Krisen und Belastungen vernachlässigt. Eine paradoxe Situation: Schule „zerstört" und fördert Identitätsbildung zugleich (vgl. Helsper 1993, S. 65ff.).

Dieser strukturelle Widerspruch, der auch nicht durch noch so engagierte und sozialpädagogisch geschulte Lehrer aufgehoben werden kann, spiegelt sich auch im alltäglichen Lehrerhandeln wider: Z. B. droht eine identitätsstützende Haltung seitens des Lehrers immer wieder inkonsistent zu werden, da er aufgrund der institutionellen Rahmenbedingungen, wie Leistungsbewertungsvorgaben, Klassengröße u.a. die Schüler auch immer wieder enttäuschen muß oder nicht genügend verfügbar ist. Wenn sich der Lehrer einzelnen Schülern stärker zuwendet, kann es z. B. auch zur Kollision mit der geforderten universalistischen Orientierung des Lehrers und zu Konflikten hinsichtlich der geforderten Gleichbehandlung kommen. Außerdem ist eine identitätsstützende Arbeit in erster Linie Beziehungsarbeit, also mit viel Emotionen und mit viel Zeitaufwand verbunden. Kann dies ein Lehrer, kann das Schule überhaupt schaffen?

Damit sind wir mitten in der Debatte, die gegenwärtig - zwar nicht in der Öffentlichkeit, doch zumindest in der Fachöffentlichkeit unter dem Stichwort „Wozu ist die Schule da?" (so der Titel des aufsehenerregenden Beitrages von Hermann Giesecke, einem Göttinger Pädagogikprofessor) kontrovers geführt wird. Seine brisante These ist, daß die reformpädagogische Strategie, wonach die Schule durch „Sozialpädagogisierung" „kindgerecht" gemacht werden sollte, gescheitert sei. Zugleich warnt er vor einer Rollendiffusion und einem pädagogischen Allmachtsanspruch der Schule. Wenn Schule weiterhin eine Zukunft haben sollte, so seine Argumentation, dann in der Besinnung auf ihre ureigenste Aufgabe: dem Unterricht. Giesecke plädiert für die Rückkehr zur traditionellen Unterrichtsschule, für eine Schule für den „Normalfall", was heißt, daß die Eltern ihrer Verantwortung nachkommen sollten, daß ihre Kinder „schulgerecht" bzw. „unterrichtsfähig" sind oder - wenn das nicht geht - daß die Jugendhilfe in Aktion treten muß:

„Alles Nachdenken über Schule muß bei ihrer gesellschaftlichen Funktion ansetzen, und es darf nicht von den individuellen Bestrebungen der Schüler ausgehen. Die Welt ist nun einmal nicht 'kindgerecht', und deshalb müssen Kinder lernen, deren Regeln auch gegen ihre aktuellen Bedürfnisse zu lernen und zu akzeptieren." (Giesecke 1996, S. 9)

„Wenn es zutrifft, daß immer mehr Kinder in ihren Familien immer weniger die grundlegenden sozialen Selbstdisziplinierungen lernen (...), dann kann die Schule diesen Mangel nur in Grenzen (...) korrigieren; darüber hinaus müssen dann im Rahmen der Jugendhilfe z. B. Alternativen des Aufwachsens unter Gleichaltrigen angeboten werden, die die Herkunftsfamilie im Unterschied zu früheren Jahrzehnten nicht mehr diskriminieren, wie es im Rahmen des neuen KJHG auch vorgesehen ist" (Giesecke 1996, S. 14f.).

Giesecke interessiert also vor allem die Frage: Wie funktioniert Schule aus Sicht der Gesellschaft am besten? Die individuelle Perspektive, z. B. Wie erleben Kinder die Schule? Was trägt Schule zur Identitätsentwicklung bei? Wie ist das Verhältnis von Schulischem und Außerschulischem? Was wird mit denen, die nicht mithalten können, die stören, die aggressiv oder gar gewalttätig sind? - diese Fragen interessieren ihn weniger oder gar nicht. Natürlich haben seine Thesen eine scharfe Gegenreaktion ausgelöst, sowohl bei Schulpädagogen als auch bei Sozialpädagogen, was wiederum zeigt, daß die Diskussion über Schule nicht auf Institutioneninteressen beschränkt werden darf. Interessant ist, daß beide Argumentationslinien eine Krise der heutigen Schule konstatieren:

Giesecke deshalb, weil Schule zu viele Reformen erlebt habe, die Gegenseite, weil Schule stagniere und der heutigen Zeit nicht mehr gewachsen sei.

Wie erleben bzw. wie „bewältigen" Jugendliche Schule? Welche Folgerungen ergeben sich für die Schulentwicklung und für eine schulbezogene Sozialarbeit?

Wie ist nun die Sicht der Betroffenen, die der Schülerinnen und Schüler? Wie sehen sie Schule, wie sehr leiden sie an ihr? Welche Bewältigungsformen haben sie?

Dazu einige empirische Befunde - sowohl quantitativer als auch qualitativer Art - aus einem aktuellen Forschungsprojekt[1] (gefördert von der Deutschen Forschungsgemeinschaft, Leitung: Prof. Wolfgang Melzer), das neben Fragen zu Aggression und Gewalt auch verschiedene Dimensionen schulischer Sozialisation aus der Schüler- und Lehrerperspektive untersucht. So wurde in unserer repräsentativen sachsenweiten Befragung von rund 3200 Schülern der Sekundarstufe I verschiedener Schulformen auch nach der Schulfreude bzw. dem Schulfrust gefragt. Der klassischen Fragebogen-Formulierung „Ich gehe sehr gern zur Schule" stimmten 16% eher zu. Demgegenüber stimmten dieser Aussage 48% nicht zu, während der Rest mit „teils/teils" antwortete. Fast jeder zweite sächsische Jugendliche geht also nicht gerne zur Schule, wobei die bekannten Differenzierungen zutage treten: Mädchen gehen lieber zur Schule als Jungen, Schüler niederer Jahrgangsstufen lieber als Schüler älterer Jahrgangsstufen und Gymnasiasten lieber als Mittelschüler. Übrigens: Die Eltern haben ein ganz anderes Bild von der Schulfreude ihrer Kinder: Nur 6% meinen, daß ihr Kind nicht gerne in die Schule geht und über die Hälfte ist der festen Überzeugung, daß ihr Kind gerne in die Schule geht (vgl. IFS-Umfrage 1996).

Die Faszination der Institution Schule hält sich aber tatsächlich - noch freundlich ausgedrückt - in Grenzen: Schule erscheint für viele Jugendliche als lästige Pflicht, als notwendiges Übel, das man schnell hinter sich bringen will. Einer entsprechenden Formulierung („Ich bin froh, wenn ich nicht mehr zur Schule gehen muß") stimmen 43% zu, nur jeder vierte lehnt die Aussage ab, die übrigen antworten wieder „teil/teils". Die Größe des Schulfrusts überrascht sicher kaum jemanden, bestätigt sie doch eigene Alltagserfahrungen und -beobachtungen. Erstaunen und Rätselraten ruft dagegen ein anderer Befund hervor: Die Aussage „Es gibt an der Schule eigentlich viele Dinge, die mir Spaß machen" bejahen immerhin 37% (23% verneinen dies) und der Aussage „In der Schule bin ich meist gut gelaunt" stimmen sogar 43% zu, nur 14% verneinen dies und der Rest antwortet wieder „teil/teils". Anders ausgedrückt: Bis

---

1 An diesem DFG- Projekt der Forschungsgruppe Schulevaluation arbeiten unter der Leitung von Prof. W. Melzer außerdem Manuela Mühl, Kerstin Darge und Parviz Rostampour mit.

auf eine relativ kleine Minderheit finden Kinder und Jugendliche an oder in der Schule auch Dinge, die für sie nicht nur nicht belastend sind, sondern sogar erfreulich und angenehm sind. Interessant ist natürlich die Frage: Was sind das für Dinge? Wie erklärt sich der Widerspruch, d. h. das gleichzeitige Vorhandensein bzw. die starke Verbreitung zweier sich eigentlich ausschließender Aspekte wie „Schulfrust" und „Spaß an Schule haben"?

Woher der relativ große Schulfrust kommt, ist noch recht einfach zu erklären. Gründe dafür sind auch in unserer Studie zu finden: Leistungsdruck, Langeweile, mangelnde Sinnhaftigkeit des Lernens, Schulstreß überhaupt. Gut die Hälfte der Schüler meinen, daß man es nicht schafft, für alle Fächer zu lernen und die Hausaufgaben zu machen (Mädchen, Gymnasiasten und ältere Schüler nehmen dabei mehr Leistungsdruck wahr als Jungen, Mittelschüler bzw. jüngere Schüler). Über die Hälfte klagt über Langeweile im Unterricht. Ein Drittel weiß nicht, welchen Sinn der zu lernende Unterrichtsstoff haben soll, am wenigsten die Mittelschüler.

Schulfrust, häufig verbunden mit gestörten Lehrer-Schüler-Beziehungen, gibt es - wie unsere qualitativen Analysen deutlich machen - besonders in der Gruppe der Mittelschüler, die den Hauptschulabschluß anstreben. Das zeigt sich mitunter schon in einem negativem Selbstbild und Selbstwertgefühl als Ergebnis des o.g. Selbstzuschreibungsprozesses. Auf die Frage, was sie für ein Bild von der „Hauptschule" haben, kommt z.B. die Antwort: „Na, Hauptschule ist so, als wenn es die letzte Klasse wäre ... Das ist das Schlimmste ... das ist vor der Hilfsschule, ist das!" Ein anderer Junge (ebenfalls 8. Klasse, Hauptschüler) auf den Schulstreß angesprochen, sagt unverblümt: „Ich habe schon Streß, wenn ich früh in die Schule gehe. Es reicht schon, wenn ich einen Lehrer sehe. Da bin ich dann immer froh, wenn ich aus der Schule gehen kann. Zu Hause setze ich mich in meinen Sessel und trinke erst einmal ein Glas Milch ... Nur Streß: Üben, da werden Arbeiten geschrieben, da muß man Hausaufgaben machen, da muß man lernen. Und was muß man noch alles machen." Hier wird der ganze Frust herausgelassen - auch eine Form von Frustrationsbewältigung. Schule erscheint dabei als fremdbestimmter, sinnloser Zwang, dem man sich täglich aussetzen muß, der aber auch von einem abfällt, sobald das letzte Schulklingeln ertönt. Zugleich zeigt sich: In einer Schule, die auf einseitige Kognition und Rezeption ausgerichtet ist, haben es Kinder und Jugendliche, die dafür ungünstige Voraussetzungen haben, sehr schwer, Anerkennung innerhalb des schulischen Normensystems zu finden. Auch ein von uns interviewten Schulleiter räumt ein, daß selbst mittels verschiedener schulischer Angebote (z. B. Sport) nicht alle Schüler erreicht werden und einige „auf der Strecke bleiben", die „uns das Leben zur Hölle (machen)". „Also wir sind im Moment bei einigen absolut am Ende unserer Gedanken, wir heben die Hände". Sicher ein ziemlich krasses Beispiel, aber kein Einzelfall und (möglicherweise) ein Fall für die Sozialarbeit.

Insgesamt sind allerdings, wie unsere quantitative Studie zeigt, Schulangst und Konkurrenzverhalten - entgegen den Befürchtungen - (noch) nicht so stark verbreitet: Angst vor einer Klassenarbeit hat z. B. jeder Vierte, 40% hingegen verneinen dies. Ebenfalls jeder Vierte stimmt der Aussage zu, daß in seiner Klasse jeder versuche, besser zu sein als der andere, 37% stimmen dem hingegen nicht zu, der Rest antwortet „teils/teils". Für die große Mehrheit der Kinder und Jugendlichen scheint Schule also „aushaltbar" zu sein, man hat sich mit ihr abgefunden oder irgendwie arrangiert. Selbst gegenüber den häufig anfallenden Klassenarbeiten hat man entsprechende Handlungs- und Bewältigungsstrategien entwickelt, wenn auch zunächst offen bleiben muß, welcher Art diese sind und welche Rolle dabei Aggressionen (ob nach innen oder außen gerichtet) spielen. Hinweise auf solche Bewältigungsformen gibt es auch unsere Studie. Hier einige Beispiele, angefangen mit harmlosen Techniken bzw. Taktiken bis hin zur Gewalt: 17% geben an, bei Klassenarbeiten des öfteren (d. h. mindestens mehrmals monatlich). Knapp 20% haben des öfteren einen Lehrer geärgert, 15% den Unterricht häufiger gestört, 7% sich öfters mit anderen geprügelt, 5% das Schulgebäude absichtlich beschädigt und 5% die Schule öfters geschwänzt, wobei bei diesen auffälligen Aktivitätsformen Jungen und Mittelschüler stärker vertreten sind.

Abgesehen von diesen „abweichenden" Formen schulischen Bewältigungshandelns von Kindern und Jugendlichen macht unsere Studie vor allem eines deutlich: Die größte innerschulische Potenz, die größte schulspezifische Ressource, Schule zu bewältigen, - und damit löst sich der vermeintliche Widerspruch zwischen Schulfrust und „Spaß an Schule haben" auf - ist der sozialräumliche Charakter von Schule. Während die Institution Schule als Unterrichtsschule weitgehend abgelehnt wird, wird Schule als Sozialraum, als Ort der sozialen Kontakte und des gemeinsamen Tuns, als „a nice place to meet your friends" (Rutter u.a. 1980) von den allermeisten akzeptiert. Über die Hälfte der Schüler fühlen sich in ihrer Klasse wohl, nur 12% verneinen die Aussage. Zwei Drittel fühlen sich in ihrer Klasse anerkannt, 7% dagegen nicht (Jungen und Mittelschüler schneiden jeweils schlechter ab). Hier schließt sich auch der Bogen zu den eingangs angeführten Funktionen von Schule, als von der neueren Funktion zur Bereitstellung von Peer-Gruppen die Rede war. Sozial befriedigende Beziehungen bestehen für die meisten jedoch nicht nur zu den Mitschülern, sondern - vielleicht etwas überraschend - auch zu vielen Lehrern: 45% der Schüler sagen, daß man von den meisten Lehrern ernst genommen wird, 13% verneinen dies. 40% meinen, daß man mit den Lehrern gut auskommt. 16% stimmen dem nicht zu. Allerdings würden nur 16% mit den Lehrern über persönliche Probleme reden, was wiederum auf die Grenzen der Institution Schule hinweist (Hierin zeigen sich übrigens keine signifikanten Unterschiede hinsichtlich des Geschlechts und der Schulform).

Die vorgefundene, nicht einfach zu bewältigende Schulwirklichkeit wird somit von den Kindern und Jugendlichen aus ihren Interessen und Bedürfnissen heraus uminterpretiert, umgedeutet, damit sie für sie „aushaltbar", „lebbar" wird.

So wird aus der Institution Schule eine „lästige" Unterrichtsschule, von der man sich eher distanziert und daneben bzw. gleichzeitig ein mehr oder weniger angenehmer Sozialraum. Die Tatsache, daß nur etwa jeder Zehnte die Schulraumqualität (Schulgebäude, Klassenraum, Schulgelände) als angenehm empfindet, unterstreicht nochmals das Soziale des Sozialraums Schule. Das Attraktive des Sozialraums Schule sind also nicht ihre Räume an sich - die sind alles andere als „wohnlich" und „behaglich" -, sondern die sozialen Interaktionen, die dort ablaufen.

Ist dies nun im Sinne des Erfinders? - was heißen will: Erfüllt Schule ihre Funktionen trotz oder aufgrund der „sozialräumlicher Unterwanderung". Wie viele der Schüler in unserer Untersuchung könnte man darauf mit „teils/teils" antworten. Einerseits muß Schule das Wesentliche der Institution bewahren, andererseits darf sie sich den gesellschaftlichen Veränderungen nicht verschließen. Das heißt unter den heutigen Bedingungen von Modernisierung und Individualisierung: Abschied nehmen von der Unterrichtsschule und hin zu einem „Haus des Lernens" (vgl. Bildungskommission NRW 1995). Dies sollte eine Haus sein, in dem mehr Wert auf die Entwicklung sozialer und biografischer Kompetenzen gelegt wird und in dem Erfahrungen von Gemeinschaft und Solidarität, von Toleranz und sozialer Akzeptanz nicht trotz Schule, sondern durch Schule möglich sind, in dem also die der Schule als Sozialraum innewohnenden sozialen Potenzen bewußt aufgegriffen und genutzt werden. Das heißt z. B. auch, wie Böhnisch und Wolf fordern, ein Haus mit vermittelnden Orten zwischen Schule und außerschulischem Raum (z. B. Schülercafes), in denen sich eine „Schülerkultur" entwickeln kann (vgl. Böhnisch/Wolf 1995, S. 51). Karl-Heinz Braun (FH Magdeburg) geht sogar noch weiter und fordert, daß Schule den Schulzwang nicht als Unterrichtszwang weitergeben darf, sondern die Schüler innerhalb der Schule vor Unterricht schützen und für Angebote der Sozialarbeit öffnen muß. Das schließt ein, erziehungsfreie Zeiten und Räume zu installieren, damit die Schüler unterstützungsfreie Lernprozesse initiieren und realisieren können bzw. manchmal einfach nur zur Besinnung kommen können (vgl. Braun 1994, S. 112) und (man möchte hinzufügen) nicht fluchtartig - wie in unserem obigen Beispiel - die Schule verlassen oder erst gar nicht mehr in die Schule kommen.

Wenn man also zum Schluß kommt, daß Schule weniger eine Unterrichtsschule, sondern eher ein sozial-emotionaler Lern- und Erfahrungsraum, also ein „Haus des Lernens" sein sollte - eine wahrhaft kühne Vision! -, so bleiben dennoch viele Fragen. Z. B. ob sich die Lehrer sozialpädagogische Kompetenzen aneignen sollten oder ob eine Arbeitsteilung von Schule und Sozialarbeit sinnvoller wäre. Wahrscheinlich ist beides nötig. Geht man insgesamt von einem Bedeutungszuwachs sozialer Arbeit in der modernen Gesellschaft (T. Rauschenbach 1992) aus, bedeutet dies aber auf jeden Fall, die gesellschaftlichen Funktionen von Schule und ihren pädagogischen Auftrag neu zu bestimmen und insgesamt die „Erziehungslandschaft neu zu vermessen" (W. Hornstein

1971) und damit Schule (sowie die anderen Institutionen der öffentlichen Erziehung) aus ihrer Modernisierungskrise herauszuführen.

Welche Probleme die Institution Schule hat, ihre Funktionen zu erfüllen, habe ich - auch anhand empirischer Befunde - zu zeigen versucht. Wenn man daraus schlußfolgert, daß allein in der Kooperation mit der Sozialarbeit der Ausweg zu suchen ist, wird man sicher sehr schnell enttäuscht werden. Zunächst muß Schule ihre Hausaufgaben machen. Auch die Zusammenarbeit zwischen Schule und Jugendhilfe gestaltet sich - sofern man überhaupt von einer solchen schon sprechen kann, denn in ganz Sachsen gibt es gegenwärtig erst 48 Schulsozialarbeiter - meist sehr konfliktreich. Das haben wir erst vor kurzem in einem mehrsemestrigen studentischen Lehrforschungsprojekt[2], an dem sowohl Studierenden für das Lehramt als auch für Sozialpädagogik beteiligt waren, bestätigt gefunden. So waren z. B. die Kooperationsbeziehungen zwischen einer Förderschule für Erziehungshilfe und dem daneben gelegenen Heim durch schwere Kommunikationsstörungen und gegenseitigen Schuldzuweisen belastet (insbesondere bei auftretenden schulischen Leistungs- und Verhaltensproblemen, z. B. keine Hausaufgaben). Hinter diesen Kooperationsproblemen von Förderschule und Heim verbargen sich - nach unserer Analyse - auch strukturelle Probleme, nämlich die allgemeine gesellschaftliche Tendenz der zunehmenden funktionellen Ausdifferenzierung der Sozialisationsinstanzen (hier: Schule und Jugendhilfe), die zu Lasten der Jugendlichen gehen kann, wenn die jeweils spezifischen Institutioneninteressen verabsolutiert werden. Für eine gelingende Sozialisation ist aber beides nötig - die schulische Leistungsentwicklung und die sozialpädagogisch begründete Stabilisierung der Identitätsentwicklung. Auch wenn Schule in ihrem Kern Unterrichtung/Qualifizierung/Bildung ist, so hat sie zugleich auch eine große Verantwortung für die soziale Entwicklung der Kinder und Jugendlichen, genauso wie umgekehrt die Jugendhilfe im Interesse einer ganzheitlichen stabilen Identitätsentwicklung der Kinder auch Interesse an der schulischen Entwicklung haben sollte. Unsere Fallstudie[3] hat nämlich auch gezeigt: Probleme von Kindern und Jugendlichen haben ihre Ursachen meist in verschiedenen Bereichen (Familie, Schule, Freizeit) gleichzeitig. Deshalb müssen sich Institutionen, in denen Kinder und Jugendliche aufwachsen, aufeinander beziehen; d. h. zunächst, sie müssen mehr voneinander wissen (das gilt besonders für die neuen Bundesländer) und sich verständigen, um im Interesse des Kindes handeln zu können. Dieses Wohl des Kindes ist nicht von

---

2 An dem Lehrforschungsprojekt arbeiteten neben Dipl.-Päd. Dort Stenke u.a. folgende Studenten und Studentinnen mit: Dirk Adomat, Christoph Ackermann, Ines Boden, Katrin Hannich, Manja Hohlfeld und Reiner Müller (vgl. Schubarth W. u.a.: Mittelschule, Förderschule, Heim - Probleme der Kooperation und Integration. TU Dresden 1995).
3 Das Lehrforschungsprojekt wurde fortgesetzt, indem biografischer Erfahrungen von Heimkindern in Familie, Schule und Heim rekonstruiert und deren Auswirkungen auf die jugendliche Identitätsentwicklung untersucht wurden (vgl. Schubarth, W. u.a.: Biografische Erfahrungen von Heimkindern in Familie, Schule und Heim. TU Dresden 1996).

vornherein gegeben, sondern muß im konkreten Einzelfall über einen Kommunikationsprozeß gleichberechtigter Partner sachbezogen hergestellt werden. Dazu braucht jede Seite die Einsicht in den Bereich des anderen, ohne daß es zu einer Vermischung kommt. Jede Seite hat dabei Verantwortung für ihren Bereich übernehmen und sich zugleich vorurteilsfrei den Anforderungen einer Zusammenarbeit zu stellen. Von einer solchen Zusammenarbeit können letztlich beide Seiten profitieren.

Mechthild Wolff

Halt finden im pädagogischen Berufsalltag

Die Allzuständigkeit der Jugendarbeiterin oder vom Schicksal eines „homo universalis"

„Sozialarbeiter fahren mächtig ab auf Probleme, denen braucht man nur ein
Problem zu liefern, dann sind sie zur Stelle. Probleme sind deren Beruf. Die
leben gerade von Problemen" (Kersting 1991, S. 86, zit. nach Kahl 1995).

Das Zitat macht die Rolle der Pädagogin[1] deutlich: Sie ist zur Stelle, wenn Probleme offen auf der Hand liegen, sie nimmt aber auch Probleme wahr, die andere gar nicht als Problem ansehen. So besteht ihre Tätigkeit darin, daß sie
„Wohnungen beschafft, finanzielle Unterstützung organisiert, bei Gericht Strafminderung herbeiredet, Umschuldungen verhandelt, Freizeit gestaltet, Therapien vermittelt, Arbeitsplätze findet, Partnerkonflikte bespricht, Erlebnisräume
schafft, Schutzraum bietet, persönliche Unterstützung gibt, politisch was verändert, Freund und Kumpel ist" (Kahl 1995, S. 95f.). Sie sei ein „Mensch des
Vertrauens", der den aktuellen Wünschen und Nöten von Jugendlichen begegnen soll, dabei sei die Jugendarbeiterin aber „weder ein Robin Hood, noch ein
Sozialrambo", sondern Anleiterin und Ausbilderin im Sinne der Erwachsenenbildung. Sie gebe Hilfestellungen und Unterstützungen nach dem Prinzip der
„Selbstbildung in individuellem Takt und Zeitmaß" (vgl. Kahl 1995, S. 96).

Worin liegt aber gerade die Hilfestellung und Unterstützung? Die Palette von
Fremd- und Selbstzuschreibungen, die Aussagen darüber machen, was Sozialpädagoginnen nun eigentlich tun, d. h. auf welche Dimensionen sich ihr Handeln bezieht, ist lang:

Jugendarbeiterinnen erschließen bedürfnisorientierte Lernfelder, also „fördernde Umwelten" wie Winnicott (vgl. 1990) es ausdrücken würde, sie schaffen
und sichern „soziale Orte" im Sinne Bernfelds (vgl. 1990), sie leisten Hilfe bei
der Lebensbewältigung im Sinne Böhnischs/Münchmeiers (vgl. 1987). Sie sind
mit dem Aufbau und der Pflege eines Kontaktnetzes in der Szene oder im
Stadtteil beschäftigt, wie es Krebs (vgl. 1995) benennt, sie leisten den Aufbau
und die Pflege eines institutionellen Netzes. Außerdem vertreten sie die Interes-

---

1 Im nachfolgenden Text wird aufgrund der Lesefreundlichkeit primär die weibliche
  Form verwendet.

sen Jugendlicher, sie leisten psychosoziale Stützung und Stabilisierung bei Konflikten, vermitteln materielle Hilfen, vermitteln soziale Kompetenzen, ermöglichen Selbstorganisation und übernehmen Verantwortung. Also kurz gesagt: Sie sind mit der Begleitung, Betreuung und Beratung Jugendlicher beschäftigt.

Betrachten man die Institutionen, in welchen die Jugendarbeiterinnen wirksam sind, so zeigt sich, daß alle gesellschaftlich relevanten Institutionen sowie alle Personen aus dem Umfeld von Jugendlichen zu nennen sind: Dazu gehören Ämter, Lehr- und Ausbildungsstätten, Polizei und Justiz, Jugendhilfeeinrichtungen, Politik, Vereine, Wohlfahrtsverbände, Medien, die Straße, aber auch die Freundinnen, Geschwister, Clique, Eltern und Großeltern und die StadtteilbewohnerInnen. Ordnet man die Tätigkeiten den Handlungsdimensionen von politischem Handeln, institutionellem Handeln sowie pädagogischem Handeln zu, zeigt sich, daß Jugendarbeiterinnen mit allen drei Handlungsformen in ihrem Alltag konfrontiert sind.

Die persönlichen und professionellen Anforderungen an Jugendarbeiterinnen, die sich aus dieser Betrachtung ergeben, sind vielschichtig, was die nun folgende Liste eindrücklich belegt: Jugendarbeiterinnen sollen da ansetzen, wo die Jugendlichen stehen, sie sollen begleiten statt intervenieren, sie sollen die Person ernst nehmen und akzeptieren. Dafür ist aber schnelles, direktes, personenangemessenes Handeln notwendig. Sie sollen authentisch sein - darauf hat uns Thiersch (in diesem Band) hingewiesen, sie sollen sich auf Lebenseinstellungen der Zielgruppen einlassen, flexible Arbeitszeiten oft in Abendstunden akzeptieren, sich als ganze Person einbringen, politisches Verständnis für soziale Probleme aufbringen, wirtschaftlich arbeiten, parteilich sein, kritische Sympathie aufbringen, sich mit diffusen Rollenerwartungen auseinandersetzen. Was sie nicht tun sollen, ist Kontrolle ausüben, dafür aber Kontinuität bieten, kreativ und selbstreflexiv sein. Angesichts der folgenden Liste von Gref muß man sich fragen: Wer soll das leisten? Gref schreibt:

„Zu notwendigen personalen (sozialen) Kompetenzen des Jugendarbeiters gehören: Persönlichkeit, Stabilität, Auftreten, Sicherheit, Selbstbewußtsein, Vertrauenswürdigkeit, stringentes Verhalten, Konsequenz, Entscheidungs- und Konfliktfähigkeit, Durchsetzungsvermögen, Überzeugungskraft, Problemlösefähigkeit, Motivation, Engagement, Offenheit, Klarheit, Verbindlichkeit, Zuverlässigkeit, Initiative, Ideen, Kreativität, Sensibilität, Einfühlungsvermögen, Differenzierungsvermögen, hohe Frustrationstoleranz, psychische Belastbarkeit, Streßresistenz und Flexibilität" (Gref 1995, S. 20).

Für die vielschichtigen Handlungsdimensionen der Jugendarbeiterinnen lassen sich nun Ansätze nennen, die das Selbstverständnis von Sozialpädagoginnen zu beschreiben versuchen. Während Kahl die Jugendarbeiterinnen als „Ressourcenfinder" hervorhebt (vgl. 1995), denen es darum geht, Ressourcen zu mobilisieren, um die materiellen und emotionalen Defizite von Jugendlichen auszugleichen, geht es Damm darum, sie als diejenigen zu verstehen, die Lobbyarbeit für die Interessen von Jugendlichen betreiben (vgl. 1991, S. 525 ff.). In ihren Tätigkeiten nehmen sie sozialpolitische Aufgaben wahr, indem sie sich - auch im Sinne Brumliks (vgl. 1992) - advokatorisch für diejenigen einsetzen, die sich selbst nicht artikulieren können und stellvertretend für diejenigen Rechte und Leistungen einfordern, die es nicht vermögen, sich selbst zu artikulieren. Zudem begreift er sie als Moderatorinnen im Gemeinwesen, die Aushandlungsprozesse zwischen Jugendlichen, örtlichen Behörden und AnwohnerInnen z. B. eines Jugendhauses begleiten. Somit sind sie auch Interessenvertreterinnen im Gemeinwesen, die die Bedürfnisse von Kindern und Jugendlichen im Zweifelsfall erst sichtbar machen müssen. Als Freizeitanimateurinnen ist es ihre Aufgabe, sinnvolle Angebote zur Freizeitgestaltung zu machen und andere davon motivierend zu begeistern. Als Beziehungsarbeiterinnen sind sie „Menschen des Vertrauens", die zuhören können und individuelle Problemlösungen anschieben. Der „Praktiker als Forscher", so wie ihn Niemeyer (vgl. 1988) versteht, begibt sich durch Befragen und Beobachten auf die Suche nach Wissen über den Jugendlichen selbst und den Jugendlichen in Relation zu sich selbst, um ein besseres Fallverstehen zu erlangen. Müllers und Hörsters Verständnis ist das des Inszenierers von gemeinsamen „pädagogischen Neuanfängen" (vgl. 1996). Sie dienen dazu, Erfahrungshorizonte, die bislang versäumt wurden, zu eröffnen und gemeinsam zu bearbeiten. Brumliks Perspektive ist die der Jugendarbeiterin als „Diskursethikerin" (vgl. 1992), der sich in einen permanenten Aushandlungsprozeß begeben muß, mit dem Ziel, gemeinsam Normen und Spielregeln zu bestimmen, die ein gemeinschaftliches Miteinander ermöglichen. Ähnlich ist auch Damms „Drehpunktperson" zu verstehen, die als „Scharnier zwischen Jugendlichen, Ehrenamtlichen, Honorarkräften, Institutionen und der Öffentlichkeit" (Damm 1991, S. 531) vermitteln muß.

Angesichts eines solchen Anforderungsprofils, liegt das Argument der Allzuständigkeit der Jugendarbeiterin sehr nahe. Sie wird zur Allzuständigen in Sachen Interessen und Bedürfnisse von Jugendlichen, die sie in alle Bereiche des sozialen Lebens hineintragen soll. Das Bild eines „homo universalis", wie Winkler diese Jugendarbeiterin bezeichnen würde (vgl. 1996), liegt hier nahe. Denn sie wird somit zu einer sozialpädagogischen Generalistin in Sachen Jugend, die zwischen verschiedenen Rollen, Methoden und Ansätzen hin- und herspringen muß. Das Idealbild einer solchen Jugendarbeiterin droht damit auch von einem - wie Klaus Wolf es nennt - „Machbarkeitsmythos" (vgl. 1996) geleitet, d. h. man könnte glauben, die Jugendarbeiterin sei in allen Fragen zuständig und müsse Abhilfe für alle Probleme schaffen.

Verstehen, Deuten und Können - das Handwerkszeug der einsamen Pädagogin?

Im zweiten Arbeitsschritt sollen nun exemplarisch zwei Professionalitätskonzepte daraufhin befragt werden, welche Perspektiven sie aufzeigen, woher Professionelle die Sicherheiten erhalten können, die ihnen Halt im Verstehen, Deuten und Können geben sollen.

Der Ansatz von Burkhard Müller (vgl. 1993) zum multiperspektivischen Fallverstehen, der im folgenden dann näher vorstellt wird, verweist auf folgende Aspekte, aus denen die Sozialpädagogin Sicherheit und Halt für ihr sozialpädagogisches Können schöpfen soll:

- aus der Systematisierung von verschiedenen Falltypen,
- aus der Klärung der Frage, welche Profession welche fallspezifische Aufgabe übernimmt,
- aus der systematischen Anwendung von Fachwissen für eine sozialpädagogische Anamnese, Diagnose und Intervention,
- aus der Deutung der Betroffenen selbst,
- aus der systematischen Evaluation im Team, das somit zum fachlichen Korrektiv wird.

Doch zuvor einige Worte zur Herangehensweise des Ansatzes: In dem Buch „Sozialpädagogisches Können - ein Lehrbuch zur multiperspektivischen Fallarbeit" versucht Müller (vgl. 1993) in Erlebnisberichten Studierender, die sie während ihrer Praktika geschrieben haben, alle notwendigen sozialpädagogischen Fragen und Themen auszudeuten, um eine „Hermeneutik des Fallverstehens" zu entwickeln. Seine Hermeneutik besteht darin, die Geschichten in ihren Hintergründen, ihren subjektiven und objektiven Bedeutungszusammenhängen bezüglich aller Beteiligten zu erfassen. Er will somit die Logik des jeweiligen Falles verstehen: Die Logik also, die sich im Ablauf des Falles ausdrückt und die Logik in der Veränderung eines Falles. Diese Veränderung müßte dann auch Aufschluß über die Zukunftsperspektiven geben, die sich für den Betroffenen daraus ergeben. Wenn es gelänge, einen Einzelfall in all diesen Facetten zu verstehen, „dann müßten Studierende der Sozialpädagogik nichts darüber hinaus lernen, weil alles für Sozialpädagogik Relevante darin stecken würde" (Müller 1993, S. 23).

Ihm geht es also darum, in die sinnliche Wahrnehmung eines Falles hineinzuführen, selbstreflexiv und kritisch zu machen und nutzbares Wissen zu erschließen. In seinem Arbeitskonzept stellt er das notwendige sozialpädagogische Handwerkszeug für eine solche professionelle sozialpädagogische Fallarbeit zusammen.

1. Zunächst geht es ihm darum, eine Systematisierung für die verschiedenen Perspektiven bereitzustellen, aus denen man einen Fall betrachten kann. Er entwickelt darum eine Falltypologie, die hilfreich sein soll, den Fall von drei verschiedenen Seiten zu sehen: Er unterscheidet in einen „Fall mit", einen „Fall von" und einen „Fall für".

Bei dem „Fall mit" geht es um das Verständnis für die direkten Interaktionen zwischen den Sozialpädagoginnen und der Klientin, also um Menschen, denen, so meint Müller, unter „Achtung der Menschenwürde" und Respekt zu begegnen sei.

Bei dem „Fall von" geht es darum, die Perspektive des Allgemeinen zu verstehen, die sich in einem Gesetz oder einer Verfahrensvorschrift in konkretes Handeln ausdrückt (vgl. Müller 1993, S. 32). Der „Fall von" werde zumeist hinsichtlich der Verwaltungsseite von sozialpädagogischem Handeln relevant, weil es um die richtige Anwendung allgemeiner Vorgaben geht, z. B. bei einem Fall von Kindesmißhandlung oder einem Fall von Diebstahl etc.

Der „Fall für" bezieht sich darauf, welche Instanzen hier noch im betreffenden Fall zurate gezogen werden können. Es kann sich also um einen Fall für die Jugendgerichtshilfe oder einen Fall für das Sozialamt etc. handeln. Es geht hier also um das sogenannte „Verweisungswissen".

2. Unter multiperspektivischem Vorgehen versteht Müller dabei eine „Betrachtungsweise, wonach sozialpädagogisches Handeln bewußte Perspektivenwechsel zwischen unterschiedlichen Bezugsrahmen erfordert. Multiperspektives Vorgehen heißt z. B., die leistungs- und verfahrensrechtlichen, die pädagogischen, die therapeutischen und die fiskalischen Bezugsrahmen eines Jugendhilfe-Falles nicht miteinander zu vermengen, aber dennoch sie als wechselseitig füreinander relevante Größen zu behandeln" (Müller 1993, S. 15). Alle Fall-Bearbeiterinnen, also alle Professionen, sollten darum einbezogen werden, um zu verstehen, wie der Fall zu definieren sei. Das Gesetz fordere die Beteiligung mehrere Fachkräfte, die andere fachliche Gesichtspunkte (z. B. schulische, psychologische, medizinische) einbringen.

3. Für sozialpädagogisches Fallverstehen soll dann eine weitere Systematisierung dienlich sein. Er entwirft ein allgemeines Prozeßschema und unterscheidet darin zwischen sozialpädagogischer Anamnese, Diagnose und Intervention. Bei der sozialpädagogischen Anamnese geht es um die Rekonstruktion der Vorgeschichte, also die Sammlung von Vorinformationen, wie ein Fall zu einem Fall geworden ist. Eine Diagnose zu erstellen meint dann, die eigentliche Problemklärung zu leisten. Es geht hier also darum, die Fallgeschichte auf die Folie von bekannten oder allgemeinen Erfahrungen zu legen. D. h. eine rechtliche Einordnung vorzunehmen oder z. B. die Voraussetzungen für eine Leistungsgewährung zu prüfen. Die Problemdefinitionen, die vorgenommen werden, sollen letztlich zu einem Konzept für verschiedene Lösungswege werden. Die Intervention besteht nunmehr in den professionellen Angeboten, d. h. den Dienstleistungen, die die Sozialpädagogik oder andere Disziplinen machen können. Für die Bearbeitung eines Falles unter diesen Systematisierungsgesichtspunkten stellt er dann Fragen und Arbeitsregeln auf.

4. Sozialpädagogisches Handeln erfordert ein induktives Vorgehen, d. h. vom Einzelfall ausgehendes Verstehen. Es geht also nicht darum, sich an Allgemeingültigkeiten für bestimmte Fälle zu orientieren. Würde man sich an Allgemeingültigkeiten orientieren, käme man zu einem normativen Umgang mit

dem jeweiligen Fall, d. h. bestimmte Problemlagen würden bereits vordefinierte Methoden erforderlich machen. Es geht ihm in der Fallarbeit also um eine intersubjektive Deutung, die mit den Betroffenen selbst auszuhandeln ist. Denn als „wahr" kann eine Deutung erst dann angenommen werden, wenn die Adressatin sie als hilfreich zur Aufklärung ihres Zustands übernimmt und sie damit als intersubjektiv gültig „validiert" (vgl. Müller 1993, S. 24). Er stärkt damit die Perspektive der Betroffenen, denn in der Fallarbeit geht es darum, den berechtigten Willen herauszufinden, den die Adressatin entwickelt hat, ihr Leben auf ihre Art zu organisieren. Hilfen können also nur dann Sinn für die Betroffene machen, wenn sie die Hilfe für sich annimmt und wenn die Hilfe zu ihrem eigenen Willen wird. Die Einbeziehung der Betroffenen in die Fallarbeit und damit in die Deutung ihrer Probleme fordere das Gesetz.

5. Am Ende dieses systematisierten Verstehensprozesse stellt er die sozialpädagogische Evaluation, also eine Bewertung in Form von Selbst- und Fremdevaluation. In diesem Arbeitsschritt wird die Sicht eines Arbeitsteams nochmals bedeutsam, „weil sozialpädagogische Fallarbeit multiperspektivisch sein muß, braucht sie prinzipiell die Erweiterung durch andere Sichtweisen, die vor allem auch dadurch ins Spiel kommen, daß Teammitglieder mit unterschiedlichen Fähigkeiten sich gegenseitig evaluieren" (Müller 1993, S. 130).

Was heißt dies nun in Hinblick auf unsere Eingangs gestellte Frage? Der multiperspektivische Ansatz des Fallverstehens erweckt die Erwartung, als ginge es bei dem Verstehen um ein kommunikatives Erstreiten von Sichtweisen - oder anders gesprochen: als sei dieser Prozeß eine gemeinsame Suchbewegung von Fachkräften. Der Ansatz beschreibt aber lediglich, daß es in dem Verstehensprozeß primär um Sichtweisen und Logiken von beteiligten Institutionen geht. Das scheint in der Tat eine wichtige Dimension zu sein, die es zu systematisieren gilt, sie kann aber nicht ungeachtet der Tatsache gesehen werden, daß es Fachkräfte sind, die nach verschiedenen Deutungsmustern handeln. Der Ansatz vermittelt den Eindruck, als seien fachliche Sichtweisen objektiv. Gehen wir davon aus, daß Subjekte ihre Umwelt aber immer auf der Grundlage von subjektiven Theorien wahrnehmen und deuten, müßte es aber bei einem kommunikativen Erstreiten vielmehr um ein Aushandeln dieser subjektiven Theorien gehen. Dies würde aber für einen weitaus intensiveren und offeneren Austausch unter Fachkräften sprechen, als sich nur über fachliche Aspekte auszutauschen und sich gegenseitig evaluieren. Die persönlichen Anteile in Form von Emotionen wie Ängste, Unsicherheiten und Widersprüche, die jede einzelne Mitarbeiterin in diesen Deutungsprozeß mit hineinbringt, bleiben bei einem solchen Prozeßschema auf der Strecke.

Vielmehr müßte es m. E. in diesem Verstehensprozeß um einen permanenten Austausch darüber gehen, wie sich individuelle Logiken, Theorien und Gefühle auch verändern. Ob dies in einem rein fachlichen Akt unter Berücksichtigung seines Evaluationsschemas zu gewährleisten ist, bleibt dahingestellt.

Der Ansatz vermittelt auch den Eindruck, als handele es sich ausschließlich um Einzelleistungen jeder Fachkraft, die darin zu hinterfragen sind, ob sie richtig oder falsch, d. h. richtig fachlich begründet oder fachlich nicht richtig begründet sind. Obwohl sich Müller eindeutig gegen einen „autistischen Typus" der Fachkraft abgrenzt und einen multiperspektivischen Typus postuliert, bezieht sich seine Perspektive lediglich auf die Logiken der verschiedenen Professionen. Er schreibt: „Es könnte sich ein Typus beruflichen Selbstverständnisses weiter ausbreiten, den ich, nicht ohne polemische Absicht, Autisitischen Typ von Professionalität nenne. Er nimmt die jeweils existierenden Praktiken eines Berufsfeldes zum Maß aller Dinge, wehrt jede Kritik als vom „grünen Tisch" kommend, als nicht praktikabel, als überfordernd etc. ab" (Müller 1993, S. 148).

Christian Niemeyer verweist in seinem Ansatz des „Praktikers als Forscher" (1988) auf folgende Bereiche, aus denen die Pädagogin Halt schöpfen soll:

- aus der Wissensanwendung von systematisiertem einzelfallunabhängigen Wissen,
- aus der Wissensgewinnung von kasuistischem, einzelfallabhängigen Wissen durch Beobachten und Befragen,
- aus der Selbstkontrolle,
- aus der Selbstreflexion,
- aus der Konsensfindung.

Niemeyer begründet seinen Ansatz aus einer Kritik, wie Praktikerinnen mit ihrem Wissen in alltäglichen Handlungsvollzügen umgehen. Er unterscheidet zunächst zwischen zwei Handlungsmodellen: In dem ersten Handlungsmodell stützt sich die Praktikerin auf die Wissensanwendung, im zweiten Fall stützt er sich auf die Wissensgewinnung. Unter Wissensanwendung versteht er systematisiertes einzelfallunabhängiges Wissen, dies wäre also all das Fachwissen z. B. über Drogen, Kriminalität etc., das für das Verstehen und Deuten nötig sein könnte; bei der Wissensgewinnung geht es darum, kasuistisches, also fallabhängiges Wissen zu sammeln. D. h. es geht hier um die persönliche Deutung und Hinterfragung von Fachwissen für den jeweiligen Fall.

Was kritisierte Niemeyer? Auf der Grundlage von Interviewsequenzen aus einer Heimerzieherinnenfortbildung arbeitet er heraus, daß sich Praktikerinnen immer an einem Nützlichkeitsaspekt hinsichtlich ihres Wissens orientieren. Systematisiertes Wissen im Sinne von Theorien, Methoden oder Konzepten komme zum Einsatz, um einen direkten Ertrag für das problemlösende Handeln im Einzelfall herzuleiten. Mit anderen Worten: Praktikerinnen gehe es um direkt umsetzbares Wissen, um die Probleme zu lösen, die das Klientel „macht", als vielmehr darum zu klären, welche Probleme das Klientel „hat". „Verläßt sich der Praktiker auf derartiges systematisiertes Fachwissen, ohne es zu hinterfragen, wird er zum Wissensanwender bzw. Pragmatiker im Sinne des Machbaren. Er fragt nicht nach der Widerlegbarkeit bzw. Wissenschaftlichkeit des systematisierten Fachwissens, sondern nur nach dessen vermeintlicher Nützlichkeit angesichts praktischer Probleme" (Niemeyer 1988, S. 195). So könne die Folge sein, daß systematisiertes Wissen dafür herhalte, Pathologisierungen vorzunehmen und in der Gegenwart zu perpetuieren. Es beinhalte auch keine Gewähr für die richtige Anwendung, also liefere keine Handlungskompetenz mit dazu. So „besteht die Gefahr, daß der Praktiker das zunächst als nützlich eingeschätzte systematisierte Wissen im Laufe der Zeit schrittweise verwirft" (Niemeyer 1988, S. 197).

Wissensgewinnung im Sinne eines kasuistischen Wissens dient dem Zweck, die eigenen Theorien z. B. über Alkoholprobleme der Jugendlichen näher zu bestimmen. Für die Praktikerin steht somit ihr eigenes Verhältnis und ihr eigener Umgang mit dem jeweiligen Problem zur Debatte. Hierbei müsse sich die Praktikerin allerdings in ihrer Handlungskompetenz und ihrem Können ausweisen und eine Kompetenz zur Selbstkontrolle aufbringen (vgl. Niemeyer 1988, S. 199). Diese Form der Wissensgewinnung zum Zweck des Erwerbs von kasuistischem Wissen werde aber wenig von Praktikerinnen genutzt und sei für sie letztlich zweitrangig (vgl. Niemeyer 1988, S. 199f.). Statt dessen werde Wissensgewinnung von Praktikerinnen im Sinne einer „kriminalistischen Akribie" (Niemeyer 1988, S. 200) angewandt, die aus einem Mißtrauen gegenüber der Klientel herrührten und den Zweck verfolge, Kontrolle auszuüben und Recht und Ordnung herzustellen.

Um kasuistisches Wissen im Sinne seines Ansatzes - also dem „Praktiker als Forscher" - zu sammeln, reiche es daher nicht aus, Warum-Fragen zu stellen, die sich auf die Vergangenheit des Klientel bezögen. Ein derartiges lebensgeschichtliches Wissen diene dann lediglich dazu, Stigmatisierungen vorzunehmen oder sich von der Verantwortung für aktuell zugefügte Traumatisierungen durch die Praktikerin zu entlasten. Die Warum-Fragen müßte sich vielmehr auf die aktuell erlebte „Beziehungsgeschichte, die Geschichte des gemeinsam gelebten Lebens" richten, die „sich immer wieder neu in jedem „pädagogischen Bezug" inszeniere (Niemeyer 1988, S. 211). Um sich ein solches kasuistisches Wissen anzueignen, müsse die Praktikerin selbstreflexiv den Beziehungsaspekt zwischen ihr und dem Klientel ständig thematisieren. Allerdings solle die Deutung der Beziehungsgeschichte, die dann in eine Diagnose einmünde, nicht zur Richtschnur für alle beteiligten Praktikerinnen werden. Die einzelne Praktikerin laufe dann Gefahr, ihre individuelle Beziehungskonstellation zur Klientin dahingehend zu verändern, sich der gemeinsamen Diagnose anzupassen. Niemeyer schreibt dazu: „Der selbstreflexive Praktiker - dies wäre dann das Ideal - legt sich mit seinen kasuistisch erworbenen Einsichten, mit seinen „Forschungsergebnissen", gegenüber der Jugendlichen ständig dar. Dies geschieht interventionsbezogen, also in der Absicht, das bisherige kasuistische Wissen auszubauen bzw. zu verfestigen" (Niemeyer 1988, S. 206). In der Praxis kritisiert er, daß Praktikerinnen die Daten, die sie haben, nicht nutzen, „um eine konsistente, den betreffenden Heimjugendlichen gekoppelte Diagnose zu entwickeln, - eine Diagnose, die sie in ihrem Verhältnis zu diesem Jugendlichen umgreift" (Niemeyer 1988, S. 207f.).

Als Bedingungen, um kasuistisches Wissen durch Befragung und Beobachtung im gemeinsam gelebten Leben zu erwerben, muß die Praktikerin jedoch Konsistenz in ihrem Handeln gegenüber dem Jugendlichen aufbringen und einen Konsens über ihr kasuistisches Wissen mit Dritten herstellen.

Beiden Ansätzen geht es um die professionellen Erfordernisse, die pädagogisches Wissen, Verstehen, Deuten und Handeln ermöglichen. Aus den zwei Ansätzen wurde herausgearbeitet, daß sie den benötigten Halt, primär auf der Ebene von Fachwissen ansiedeln. Die systematische Anwendung von Methoden-, Verwaltungs-, Verweisungswissen sollen das Verstehen des jeweiligen Falles ermöglichen und Sicherheit verleihen. Indem sich beide Konzepte auf diese Wissensebenen zurückziehen und Fachkräfte lediglich in ihrer fachlichen Kompetenz betrachten, wird die Pädagogin als aktiv Handelnde einsam. Sie muß als fachlich kompetente Kollegin für die Evaluation der eigenen fachlichen Sichtweisen herhalten und bei der Konsensfindung mitwirken, in ihrer Selbstreflexion und Selbstkontrolle bleibt aber jede Pädagogin letztlich einsam.

Halt im Team:
„Das entsteht durch die Persönlichkeiten und auch durch unser privates Verhältnis" (Interviewpartner)

Im letzten Arbeitsschritt soll nun aufgezeigt werden, warum die Wissensebenen zwar hinreichend für die Bereitstellung von Halt sind, aber angesichts der Anforderungen an die Jugendarbeiterinnen nicht genügen. Um noch einmal zu rekonstruieren: Wir sind davon ausgegangen, daß Halt eine wichtige Grundmaxime für Jugendarbeiterinnen ist, um Jugendliche in ihrer „Sehnsucht nach Gemeinschaftlichkeit" (Böhnisch 1984, S. 202) zu unterstützen. Wir müssen nun aber die Frage stellen, wo die Gemeinschaft für die Mitarbeiterinnen selbst ist, in denen sie professionellen Halt erlangen können. Denn Wer Jugendlichen Halt geben will oder stabile Beziehungen eingehen will, muß selbst Orte haben, an denen er diese Erfahrungen machen kann. Im letzten Teil soll darum anhand von ausgewählten Interviewsequenzen[2] folgende These belegt werden: Teamarbeit stellt für die Interviewten einen eigenen Ansatz dar, das Team selbst ist die Methode. Für sie hat das Team die Funktion einer kollegialen Gemeinschaft oder eines Kollektivs, das nicht nur fachlichen Halt bietet, sondern zudem Qualitäten auf ganz persönlicher Ebene aufweist. Diese Qualitäten sind dafür entscheidend, um den Jugendlichen nicht nur als Profi, sondern auch als Person zu begegnen. Diese Dimension wurde von Thiersch (in diesem Band) bereits aufgegriffen, sie findet aber in den Professionalitätskonzepten bislang kaum Eingang. Die nun zu stellende Frage lautet somit: Was leistet das Team?

---

2 Die Interviews wurden im Rahmen des Begleitforschungsprojekts „Wissenschaftliche Beratung und Entwicklungsplanung Projekt 'Plauener Bahnhof" mit Fachkräften aus vier Jugendhilfeeinheiten in Dresden geführt. Das Begleitprojekt wird am Institut für Sozialpädagogik und Sozialarbeit der TU Dresden durchgeführt.

Typ 1: Team als Gewähr professioneller Sicherheit durch Emotionalität und fachlichen Austausch (persönliche Identitätsfindung)

„(...) für mich ist es ganz wichtig, Rückkoppelung und Sicherheit und die bekomme ich auch hier, sowohl durch informelle Arbeit und inhaltliche Arbeit, also auch durch Geborgenheit. Das Team ist mir wichtig, es kann mir da viel geben und ich weiß als Person, daß ich für andere Personen ganz wichtig bin. Ich bin ein Teil dieses Teams und jeder kann mich ergänzen, jeder braucht Rückkopplung und jeder braucht die Sicherheit, die die einzelnen Personen auch geben können. Ich brauche dieses Nest und diese kleine Zelle und diese Rückkoppelung."

Sicherheiten kann das Team dem Interviewten auf zwei Ebenen geben: Durch Rückkoppelung der Teammitglieder in seiner inhaltlichen Arbeit und durch informelle Arbeit. In der formellen Arbeit können sich die Teammitglieder ergänzen, der informelle Aspekt der Arbeit besteht darin, daß ihm das Team das Gefühl von Geborgenheit geben und das Gefühl, als Person wichtig zu sein. Er benötigt das Team sowohl in seiner Qualität als Nest wie auch als Spiegel, indem es rückkoppelt.

Das Zitat verweist damit auf die Möglichkeit, im Team die verschiedenen Perspektiven eines Falles, auf die Müller (1993) hingewiesen hat - ein Fall von, ein Fall für, ein Fall mit - auseinanderzuhalten. Es ist der Ort, an dem Fallverstehen als kommunikativer Prozeß unter den Teammitgliedern wahrgenommen werden kann. Es ist somit der Ort für fachliche Selbstreflexion und Konsensfindung, auf die Niemeyer (1988) verwiesen hat. Die Aussage „und jeder kann mich ergänzen" macht deutlich, daß das Team einen Pool von Fachwissen darstellt. Die Sozialpädagogin ist nicht „homo universalis", sondern sie kann auf das gemeinsame Wissen zurückgreifen. Kolleginnen ergänzen und tauschen sich in ihrem Wissen, in ihren Erfahrungen und Sichtweisen aus und somit wird das Team zum Korrektiv für inhaltliche Entscheidungen. Insofern wird es als Rückzugsmöglichkeit erlebt, um sich selbst zu vergewissern in seinem professionellen Handeln. In seiner informellen Funktion dient dem Interviewten das Team - und dies wird von ihm als sehr bedeutsam eingeschätzt - als ganz persönliche Stütze. In diesem Zusammenhang würde man wohl von „social support" sprechen. So könnte man sagen, daß das Team eine Ressource darstellt, um Klarheit über die unterschiedlichen Anforderungen, über Ängste und eigene Widersprüche zu erlangen. Es scheint aber auch wichtig zu sein für die Findung einer eigenen, persönlichen Identität, nämlich sich wichtig zu fühlen und Selbstbewußtsein im Handeln zu erlangen.

Typ 2: Team als Lernfeld für Kommunikation

„(...) Naja, ich habe mit der Zeit hier gelernt anders zu kommunizieren, also Leuten anderes zuzuhören. Und ich merke, daß mit Leuten, mit denen ich früher zusammengearbeitet habe, daß da bestimmte Dinge sind, wo ich plötzlich vor den Kopf gestoßen bin: So würden wir nie miteinander reden, der im Team hätte jetzt zugehört, was ich gesagt hätte, der würde nicht meine Frage übergehen (...) und das merke ich schon, daß sich das persönlich entwickelt hat in der Teamarbeit (...)."

Der Interviewpartner hat durch die Teamarbeit gelernt, anders zu kommunizieren und anders zuzuhören. Er erlebt sich im Umgang mit alten Arbeitskolleginnen als verändert. Umgangsformen, die der mit anderen gepflegt hat, sind ihm heute fremd.

Das Zitat macht deutlich, daß das Team einen gemeinsamen Lernprozeß durchläuft. Die einzelne ist nicht mit ihrem Fachwissen alleingelassen und wird nicht auf sich selbst zurückgeworfen, sondern es gilt Wissen - in diesem Fall Kommunikationswissen - auf sich selbst anzuwenden. Die Teammitglieder lernen miteinander, sie haben gemeinsame Spielregeln aufgestellt, um im Team zu kommunizieren. Eine Spielregel besteht darin, sich gegenseitig zuzuhören und somit gleichberechtigt zu kommunizieren. Das Team stellt sich nicht als totalitäres Arbeitskollektiv dar, das nach vorgegebenen Maßgaben vorgeht. Das Team versteht sich auch nicht als Managementkreis für die Lösung von Problemen Jugendlicher, vielmehr geht es darum, Kommunikation zu erlernen, um damit auch handlungsfähig gegenüber den Jugendlichen zu sein. Hiermit deutet sich an, daß das Team auch als Gemeinschaft verstanden werden kann, in der es möglich ist, neue Erfahrungen zu sammeln.

Typ 3: Team als Modell oder Vorbild für die Arbeit mit Kindern und Jugendlichen

„(...) es ist die Gleichberechtigung der Mitarbeiter untereinander, also die Akzeptanz meines Mitarbeiters so wie er ist und daß wir uns ernst nehmen gegenseitig, das ist die Grundlage eigentlich auch für die Arbeit mit den Jugendlichen, daß ich seine Probleme ernst nehme, genauso wie ich meinen Mitarbeiter ernst nehme mit seinen Problemen. Aber andererseits kann es für die Kinder eine Erfahrung sein, wenn sie uns erleben, wie wir miteinander umgehen."

Auch dieser Interviewpartner verweist auf die Gleichberechtigung und damit auf den Abbau von repressiven Strukturen. Gleichberechtigung untereinander wird als wichtige Grundlage anerkannt, um Jugendlichen unter den gleichen Voraussetzungen zu begegnen und sie als Betroffene ernstzunehmen und zu beteiligen. Auf diesen Aspekt hat Müller (1993) hingewiesen. Eine weitere Qualität verbirgt sich aber auch hinter der Aussage: „andererseits kann es für die Kinder eine Erfahrung sein, wenn sie uns erleben, wie wir miteinander umgehen". Hier erhält das Team Vorbildcharakter und ist in der Lage, Jugendlichen ein Lernfeld zu eröffnen und andere Erfahrungen, ja möglicherweise „pädagogische Anfänge" - wie Hörster (1996) sie beschrieben hat - zu machen.

In einer letzten Interviewsequenz kommt die Dimension der Gemeinschaft deutlich zum Tragen. Der Interviewte berichtet davon, daß das Team auch gemeinsame außerberufliche Treffen hat. Auf die konkrete Frage, wo denn der Vorteil von Teamarbeit bestehe, antwortet er:

Typ 4: Team als fachliche Solidargemeinschaft und soziales Netzwerk

„(...) ich denke die offene Kommunikation miteinander, daß wir altersmäßig ziemlich gleich sind, daß wir ungebunden sind und keine Kinder haben. Wenn eine Mitarbeiterin im Urlaub ist oder im Krankenhaus falle ich nicht in ein schwarzes Loch, denn andere Kollegen werden Zeit finden, an einem Tag mit mir zusammenzuarbeiten. Das entsteht durch die Persönlichkeiten und auch durch unser privates Verhältnis."

Er gibt zunächst drei Faktoren für die Qualität des Teams an: Auch er verweist - wie bereits ein anderer Interviewpartner - auf die offene Kommunikation, auf das gleiche Lebensalter und die vergleichbare Lebenssituation der Teammitglieder. Sie sind offenbar wichtige Voraussetzungen dafür, daß er sich verlassen kann auf seine KollegInnen. Sie helfen ihm aus, wenn es die Arbeit erforderlich macht. Was ihm aber noch viel wichtiger zu sein scheint, ist die Persönlichkeit, die die einzelnen mitbringen. Als Grund für dieses gelungene Zusammenspiel gibt er das private Verhältnis an, das die Teammitglieder untereinander haben.

Sympathie scheint damit eine wichtige Rolle zu spielen, die im privaten Verhältnis der Teammitglieder entsteht, weil sich die Teammitglieder auch auf eine andere Weise und in ihrer ganzen Persönlichkeit kennenlernen können. Insofern spielt auch hier wieder der informelle Teil der Arbeit eine wichtige Rolle und das Team wird als „Gemeinschaft unter Gleichen" wahrgenommen, in der es möglicherweise leichter fällt, solidarisch untereinander zu sein und sich gegenseitig auszuhelfen.

An der kurzen Deutung einiger ausgewählter Interviewsequenzen wurde folgendes verdeutlicht: Die Interviewten betonen, daß das Team zu weit aus mehr in der Lage ist, als fachliche Selbstreflexion zu gewährleisten und fachliches Korrektiv zu sein. Es stellt sich zudem als kommunikatives Lernfeld für die Teammitglieder selbst dar, es bietet Sicherheit und social support, es dient der Entwicklung einer persönlichen Identität, persönliche Ängste und Widersprüche können aufgearbeitet werden, es hat Vorbildcharakter für die Jugendlichen, es ist ein Ort der Gemeinschaft, in der Solidarität und Freundschaft erlebt werden können.

In diesem fast idealistischen Bild verbergen sich aber auch große Gefahren, die sich auch aus den Aussagen ableiten lassen. In Anbetracht dieser Chancen und Gefahren scheint es wichtig zu sein, ein rechtes Maß und eine notwendige Balance zwischen den jeweiligen Polen zu finden:

- Die Vermischung von Privatsphäre und Beruf kann dazu führen, daß fachliche Infragestellungen allzu leicht zu persönlichen Angriffen werden,

- Teams können als Ersatz für psychotherapeutische Gruppen mißbraucht werden, fachliche und persönliche Anteile müssen darum auseinander gehalten werden,

- ein Team kann Eigenlogiken und Spielregeln entwickeln, die es anderen nicht ermöglichen, in diesem System Platz zu finden, das Team kann sich damit auch gegen äußere Logiken abschirmen und unangreifbar machen,

- ein zu stark ausgeprägtes Wir-Gefühl kann zu einer Scheinharmonie werden, in der vernunft- und konfliktorientierte Arbeit nicht mehr möglich ist,

- der Schutz und die Sicherheit kann auch dazu führen, daß der einzelne in seiner individuellen Verantwortung für sein Tun untergeht und letztlich ein Team Anonymität produziert,

- sobald Teamarbeit methodisch nicht mehr abgesichert ist, droht sie zu einem privaten Diskussionszirkel zu werden.

Udo Perle hat mit seinen schon 1969 formulierten Fragen eine Problematik angesprochen, die auch heute aktueller, denn je ist: „Werden die Begriffe 'Teamwork' und 'Kooperation' tatsächlich nur als Modeworte empfunden? Meint man, sowohl ihr Gebrauch als auch die damit bezeichnete Sache seien eben nur eine unkritische Übernahme angloamerikanischen Gedankenguts? (...) Gibt es im weiten Bereich der Jugendarbeit und Sozialerziehung eben doch nach wie vor Kräfte, die von den 'ehernen' Gesetzen des autoritären Führerprinzips nicht loszulassen vermögen? Oder: Sind Erzieher und Sozialarbeiter, Jugendleiter und Sozialbeamte aufgrund mitgebrachter, vielleicht im Laufe der Berufstätigkeit erworbener Einstellungen grundsätzlich weniger zur Zusammenarbeit befähigt als Führungskräfte anderer Berufe?" (Perle 1969, S. 16). In Wirtschaftskreisen wird heute die Bedeutung von Teamarbeit längst anerkannt. Sie ist wichtige Voraussetzung für Produktivität und Professionalität. In diesem Beitrag ging es nicht darum, das Team und Teamarbeit als die sozialpädagogischen Zauberformeln für professionellen Halt heraufzubeschwören. Vielmehr ging es darum, auf einige der Qualitäten hinzuweisen, die Teamarbeit für die persönliche Identität von Jugendarbeiterinnen haben kann und in der Praxis längst haben.

Die beschriebenen Qualitäten bleiben allerdings in den gängigen Konzepten von sozialpädagogischer Professionalität bislang weitgehend unberücksichtigt. Teamarbeit kann um so mehr leisten, wenn sie methodisch angeleitet wird. Es ist darum dringend vonnöten, diese Qualitäten näher zu erforschen und methodisches Wissen auch zum Gegenstand der sozialpädagogischen Ausbildung zu machen. Dies ist insbesondere auch darum wichtig, weil derzeitige Spardiskussionen zu Konkurrenzen unter Fachkräften führen, da es um Existenzsicherung geht.

Der in den Interviews sich andeutende Gemeinschaftsgedanke, die Kooperation und Kollegialität, die für sozialpädagogisches Tun so wichtig sind, stehen somit auf dem Prüfstand. Jugendarbeit braucht aber teamfähige Mitarbeiterinnen, die zu Persönlichkeiten werden können, denn nur so sind sie in der Lagen, Kindern und Jugendlichen Offenheit und Halt zu vermitteln.

Hans Thiersch

Profession und Person

Zur Berufsidentität der SozialpädagogInnen

Was zählt im sozialpädagogischen Geschäft? Die PädagogIn mit gleichsam natürlichem Talent oder die studierte, die „gelernte" Erzieherin, wie man heute zu sagen pflegt, die erzieht, weil sie ein Examen hat? Was zählt: die Leidenschaft, das Engagement zwischen Heranwachsenden und Erwachsenen, also die Interaktion mit ihren Spannungen in Erwartungen, Schmerzen, Kämpfen, Ängsten, in Stolz, Trauer und Glück? Oder das gekonnte Interventionsrepertoire, die Verläßlichkeit der gelernten, geübten, in Erfahrung erhärteten, gezielten methodischen Intervention?

Diese Fragen sind alt; sie wurden traditionellerweise verhandelt unter Titeln wie dem geborenen Erzieher, dem pädagogischen Bezug oder einer qualifizierten, in Standards gesicherten Ausbildung. Daß diese Fragen heute wieder neu brisant werden, hat Gründe.

- Sozialpädagogik ist jung. Die professionellen Aufgaben entstehen allmählich seit dem vorigen Jahrhundert, die Ausbildungen strukturieren sich seit 1918 und Expansion und Differenzierung, wie sie die heutige Szene bestimmen, prägen erst die letzten 40 Jahre. Gewiß wird diese Sozialpädagogik ein zunehmend selbstverständliches, integrales Moment des modernen sozialen Lebens; das aber ist ein Faktum, das in unserer Gesellschaft erst unterschiedlich bewußt ist: Auf der generellen politischen Ebene ist es sehr viel weniger deutlich als im lokalen Kontext und hier in unterschiedlichen Regionen in Stadt und Land und ihren Traditionen.

- Sozialpädagogik als etablierte professionelle Dienstleistung ist jung, ist wenig etabliert, ist ein Berufsstand im Werden. Ob Pfarrer studieren müssen, ob das, was sie heute studieren, ihnen hilfreich im Beruf, im Krankenhaus z.B., in der Altenarbeit oder auch im Religionsunterricht ist, wird zwar hinter vorgehaltener Hand diskutiert, ist aber keine Frage nach dem professionellen Status des Amtes. Auch Lehrer, um auf sie als unsere Nachbarn zu verweisen, müssen sich, trotz aller offenkundigen Dramatik innerhalb ihres Berufsfelds, nicht als Profession in Frage stellen lassen; sie sind der Sozialpädagogik in ihrer Etablierung - mit allen Konsequenzen der Ausbildung, der Bezahlung und der Berufsorganisation - um 100 Jahre voraus.

- Der Status der Sozialpädagogik ist nicht nur jung, er ist auch in der Sache prekär. Sozialpädagogik wächst im modernen Sozialstaat, also um soziale Gerechtigkeit als Anstrengung um Gleichheit und Partizipation an gesellschaftlichen Ressourcen zu ermöglichen. Sozialpädagogik ist Dienstleistung in Kommunikations- und Interaktionsmustern, in Problemen der Lebensbewältigung. Damit übernimmt und erweitert Sozialpädagogik Aufgaben, die - jedenfalls der Form nach - traditionellerweise in der Selbstzuständigkeit von Familien, Nachbarschaften, Kirchen und - im vorigen Jahrhundert - zunehmend im Bürgerengagement von Parteien und Verbänden wahrgenommen wurden. Aus Hilfen in der Selbstzuständigkeit des Alltags werden professionelle Dienstleistungen, richtiger: aus Aufgaben, die traditionellerweise vor allem auch von Frauen im Alltag bewältigt wurden, werden Dienstleistungen, die wieder vor allem von Frauen erbracht werden.

Diese Entwicklung ergibt Unübersichtlichkeit, weil hier Nicht-Professionelle und Professionelle nebeneinander arbeiten, die Mutter neben der Erzieherin, die Pflegemutter neben der Heimerzieherin, die Jugendführer neben Jugendarbeitern im Jugendhaus, die engagierten Bürger neben dem Gemeinwesenarbeiter. Was qualifiziert die Profis? Was bedeutet es für die Eigenart und Qualität sozialer Beziehungen, daß sie professionell praktiziert werden?

Die Frage nach Person und Professionalität wird zur Zeit leidenschaftlich und kontrovers in der Lehrerleitbild-Diskussion verhandelt. Die eine Position beklagt, daß wir in einer nicht hinreichend geklärten Diskussion stecken, im Ineinander von personenbezogenen und professionbezogenen Momenten. Dies Ineinander und vor allem der Rekurs auf die so schwer zu bestimmenden, personenbezogenen Momente verunklärt pädagogisches Handeln. In der direkten Intervention in Zweier- oder Kleingruppen-Beziehungen verführt sie zum Gefühlsclinch und zu sublimen Auseinandersetzungen um Macht und Gegenmacht, sie verführt dazu, die Heranwachsenden persönlich-moralisch zu überfordern und zur Selbstausbeutung des Pädagogen, zur institutionellen Dauerfrustration und schlechtem Gewissen. Braucht es also nicht endlich Bescheidenheit im professionellen Tun? Müssen Pädagogen sich nicht endlich, wie es Bernfeld schon formulierte, verstehen wie gewöhnliche Berufstätige, wie Schuster z.B., die ja auch damit zufrieden sind, wenn sie Schuhe ordentlich machen können?

Demgegenüber werde ich - das ist die andere Position - darauf insistieren, daß die gegeneinanderlaufenden Fragen auf Zweideutigkeiten in der Sache verweisen, die es auszuhalten gilt. - Nur: Insistieren ist eines, Klären ein anderes. Auch wenn man sich zu diesem Programm bekennt, fehlt die Auseinandersetzung und Differenzierung in der schwierigen Realität. - Meine These ist, daß das ungeklärte, nicht ausgetragene Neben- und Gegeneinander der Widersprüche lähmend und unproduktiv ist und die im Konzept liegenden Möglichkeiten blockiert. Die unterschiedlichen Momente und Akzente müssen im Pro und Contra ausbuchstabiert und gegeneinander ausgehandelt werden.

Zunächst gilt es festzuhalten. Die Professionalisierung der Sozialpädagogik steht nicht zur Diskussion, historisch nicht - als Moment einer typisch modernen Entwicklung, die nicht rückgängig gemacht werden kann -, moralisch-politisch nicht: Soziale Professionalität ist Repräsentant des modernen Willens des Sozialstaats zu sozialer Gerechtigkeit. Aus Caritas - volkstümlich verstanden - wird die Erfüllung von Rechten; Hilfen sind nicht bestimmt durch Zufall, Erfahrung, Betroffenheit, durch Sympathie und Antipathie. Hilfen sind verläßliche, gesicherte, gleichsam „geeichte" Dienstleistungen; aus dem Almosenempfänger wird der unabhängige Leistungsberechtigte, der Bürger, dem die Gesellschaft verpflichtet ist.

Aber: Ist so - ungebrochen optimistisch - von professioneller Sozialpädagogik zu reden nicht fahrlässig? Sie ist zwar Repräsentant des Willens zur sozialen Gerechtigkeit; darin steht sie im Widerspruch zu den gegebenen Ungleichheit und Desorientierungen, im Widerspruch also zu den unsere Gesellschaft bestimmenden Hierarchien, z.B. der Produktion und des Marktes, z.B. der traditionellen Geschlechterordnung. Sozialpädagogik ist - um ein Zitat von Heimann abzuwandeln - ein Stachel im Fleisch des modernen Kapitalismus, ist - mit Judith Sklar formuliert - ein Moment in der Demokratisierung; Sozialpädagogik ist Stachel und Moment in der modernen Gesellschaft, mehr nicht, also anderen Interessen gegenüber nachgeordnet, schwach, immer auch wieder in den erreichten Standards bedroht - dies machen die neuesten sozialpädagogischen Diskussionen ja überaus und schmerzhaft deutlich. In dieser Position muß sich Sozialpädagogik politisch, sozialpolitisch verstehen:

- in Entwurf, Gestaltung, Durchsetzung und Veränderung sozialpolitischer Programme,
- in dem, was bis in die regionale Arbeit hinein als Einmischung postuliert wird, also dem Sprengen der engen Grenzen und der Durchsetzung sozialpädagogischer Programme auch in anderen Politik- und Lebensfeldern.

Professionalität definiert vor allem Zuständigkeit und Nicht-Zuständigkeit, innen und außen, Abgrenzungen und damit Spezialisierungen. Professionalität deutet Probleme, um in ihnen tätig werden zu können, im Rahmen ihrer Möglichkeiten - ihres spezifischen Zugangs, ihrer Sprache, ihrer Methodik. Das ist Voraussetzung effektiven Handelns und seine Gefährdung; sie sieht - pointiert und abgekürzt formuliert - den homo socialpädagogicus, den für die Sozialpädagogik geeigneten, gleichsam für ihn zugerichteten Menschen; Beratung braucht den homo consultabilis, der Kindergarten erwartet die familia hortabilis; die Auseinandersetzungen um die Öffnung dieser Konzepte bestimmen die gegenwärtigen, ja hitzig-dramatischen Diskussionen. Also: Öffnung ist Programm, offenere Arrangements werden favorisiert, also ASD, offene Hilfen, Familienhilfen, Mobile Jugendarbeit und Streetwork, Gemeinwesenarbeit. Daß solche Öffnung nicht bedeutet, daß im Verbund der Sozialen Arbeit auch spezialisierte Angebote notwendig sind, daß Institutionen spezielle Aufgaben wahrnehmen, ist evident, muß hier aber nicht weiter verfolgt werden. Arbeit in geöffneten Programmen verläßt die Sicherheit einer abgegrenzten Institution und eines verläßlichen Verfahrens, sie setzt sich der Komplexität des Feldes - mit allen Unüberschaubarkeiten und Unvorhersehbarkeiten - aus und muß sich in offen konkurrierenden Ansprüchen und Erwartungen behaupten. Konkretisiert in so unterschiedlichen Erfahrungen wie der der Familienhilfe oder der Mobilen Jugendarbeit bedeutet das: Die Sozialarbeiterin muß Vertrauen für sich und ihre Arbeit gewinnen, sie muß sich bekannt machen, muß sich als nützlich erweisen, muß oft auch in harten Proben und Herausforderungen ihre Belastbarkeit und Zuverlässigkeit plausibel machen; die Sozialarbeiterin muß dann allmählich - vertraut mit der Eigentümlichkeit des gegebenen Lebensfelds in seinen geschriebenen und vor allem ungeschriebenen Gesetzen, Erwartungen, Favorisierungen und Träumen - ein gleichsam wünschelroutengängerhaftes Talent praktizieren, Ansatzpunkte für Veränderungen, Korrekturen, Bewegungen finden, hermeneutisch-mäeutisch also Chancen sehen und nutzen, oft im indirekten Zugang, in Umwegen, in Verschiebungen des äußeren Arrangements, in Zufällen, in Chancen, die einen Willen zur Veränderung, also zur Mühseligkeit eines Lernens, das immer schmerzhaft ist, wecken und stabilisieren; sie braucht - so Reinhard Hörster und Burkhard Müller - das Talent, Anfänge zu sehen und zu strukturieren. Diese Möglichkeiten lassen sich nur praktizieren, wenn sie einhergehen mit flexiblen Zeit- und Ortsarrangements, mit Pragmatik und Phantasie, so wie sie Alltagshandeln charakterisieren.

Diese Alltagskompetenzen sind notwendige Momente im Handlungsprogramm. Die derzeitige Diskussion innerhalb der Pflegeversicherung zeigt, wohin es führt, wenn professionelles Handeln eng je nur auf den spezifischen Zweck hin bestimmt wird. Ein Dilemma der gegenwärtigen Dienstleistungsdiskussion scheint mir darin zu liegen, daß hier, aus Gründen einer zielbestimmten Effektivität, Arbeitsbestimmungen vorgegeben werden können, die den real gegebenen Verhältnissen nicht entsprechen, sie verkürzen und amputieren.

Professionalität als Distanz ist eine Voraussetzung dafür, daß nicht Willkür, Einseitigkeit, Befangenheit, sublime Macht und kolonialisierende Projektionen das pädagogische Handeln bestimmen; die Kinder und Armen sollen die Moral haben, auf die die Erwachsenen längst verzichtet haben, sie sollen zu einem Glück genötigt werden, das die Erwachsenen als illusionär durchschaut haben, sie sollen auch den Professionellen dazu dienen, daß sie an ihnen die Frustrationen, wie sie den pädagogischen Alltag so oft bestimmen, abladen können. Die Gefährlichkeit dieser Befangenheiten und Projektionen sind offenkundig; Nietzsche, Bernfeld und Schmidbauer haben das Helfersyndrom hinreichend analysiert. - Aber: Erledigt das das Problem? Das Wissen um diese Gefährdungen hat in der sozialpädagogischen Diskussion eine Art von social correctness ausgebildet, die die hier gegebene Realität von Gefühlen und Erlebnissen ableugnet. Natürlich braucht der Professionelle eine Neigung zum Beruf, eine Neigung also zum Umgang entweder mit Heranwachsenden, also noch nicht fertigen, noch nicht erwachsenen Menschen, oder zum Umgang mit Menschen in Schwierigkeiten, Nöten und Hilflosigkeiten. Er braucht eine solche Neigung, gerade auf diese Probleme einzugehen, ebenso wie es in anderen Berufen notwendig ist, sich in die hier zu erledigenden Aufgaben einzulassen; mir ist bis heute erinnerlich, wie ein sehr tüchtiger Chirurg mir, dem damals 16jährigen, sagte, ob ich es glaube oder nicht, er sei unglücklich, wenn er nicht täglich mindestens 6 Stunden operieren könne. Also: Es braucht Interesse an sozialen Konstellationen, Neugier, sie aufzuklären, sie verständlich zu machen, Lust und Wille, Probleme nicht auf sich beruhen zu lassen, sich in ihnen zu engagieren; daß eine solche „Neigung" nicht naturalistisch verstanden werden darf, daß sie gegeben sein mag, daß sie sich aber auch im Laufe des Berufs entwickelt, muß hier nicht weiter erörtert werden; ohne sie ist Sozialpädagogik nicht denkbar, so wie - in Analogie geredet - schon der Aufklärungspädagoge Salzmann formulierte, daß, wer keine Lust habe, mit Kindern im Sandkasten zu sitzen und zu spielen, sich besser nicht auf Pädagogik einlasse.

Und: Hinter Neigung, Interesse und Neugier ist die eigene Geschichte, in der die Sozialpädagogin lebt, die Geschichte also der eigenen Erfahrung, erzogen worden zu sein, Hilfe empfangen zu haben, auf Hilfe angewiesen gewesen zu sein, des eigenen Glücks, der eigenen Schmerzen, also auch der biografischen Hintergründe zu dem, was man anderen Menschen möglich machen möchte.

Die Erkennbarkeit, die Deutlichkeit der Person wird noch unter einem anderen Aspekt für die Berufsidentität der Sozialpädagogin bedeutsam. Wenn Individualisierung und Pluralisierung zur Aversion gegen Vorgaben zur Erweiterung von Gestaltungsräumen führen, bedeutet das, daß institutionelle Vorgaben als einengend und problematisch erfahren werden, daß der Mensch sich ihnen gegenüber unterlegen weiß, daß er - anders formuliert - in den Institutionen und gegen die Institutionen die Repräsentanz des unmittelbar Menschlichen sucht (s. auch Coleman). Dies zeigt sich vielfältig: Die sogenannte Politikverdrossenheit z.B. ist nicht primär Ausdruck eines Desinteresses an Politik, sondern Überdruß und Resignation in bezug auf praktizierte Formen politisch organisierten Handelns; die sogenannte Krise des Ehrenamts z.B. ist nicht primär Krise der Hilfswilligkeit, sondern Ausdruck der Kritik an angebotenen Strukturen, in denen Ehrenamt realisiert werden soll; junge Menschen sind immer wieder beeindruckt, wenn sie - sei es in der Politik, sei es im öffentlichen Leben, sei es vor allem auch in pädagogischen Zusammenhängen - jenseits von Geschäften, Aufgaben und Regelungen, Personen erkennen, die geradlinig, überzeugend, authentisch in ihrem Lebensentwurf sind. In unserer so institutionalisierten Sozialen Arbeit - ebenso wie in der Erziehung - wachsen Gewicht und Bedeutung einer erkennbaren Authentizität, also - altmodisch geredet - Gewicht und Bedeutung des Pädagogen als Person.

Professionalität braucht Vorgaben, Alternativen und Optionen. Die im Zweck der Hilfe liegende strukturelle Asymmetrie wird problematisch in unserer Zeit. Angesichts der heutigen Lebensverhältnisse, der in den offenen und brüchigen Verhältnissen erfahrenen Zuständigkeit für das eigene Leben und der daraus resultierenden Aversion gegen Vorgaben, angesichts der Verschiebung in den

Kompetenzen zwischen den Generationen (eine Verschiebung, die Margaret Mead schon vor Jahren dazu gebracht hat, zu prognostizieren, daß eine Zeit kommt, in der die heute Erwachsenen von den Heranwachsenden zu lernen haben), angesichts vor allem aber auch der generellen Normkrise in unserer Gesellschaft können Sozialpädagogen ihre Optionen nur als Vorschlag in die Verhandlung einbringen; Unterstützen, Beraten und Erziehen realisiert sich in oft strapazierenden, langwierigen und mühsamen Verhandlungen. Dieses Verhandlungskonzept ist strapaziös; es verführt dazu, es professionell gekonnt zu unterlaufen. Jenseits solcher Vereinfachungen darf Verhandlung nicht eng verstanden werden. Verhandlung meint Aushandlung und Verhandlungsmöglichkeiten, Aushandeln also durchaus unterschiedlicher Strategien, z.B. der Absprache, der Klärung, des Vorschlags, des Kämpfens, aber auch des Sich-Aushaltens. Pädagogik war und ist immer auch behütend, gegenwirkend und handelnd in vorweggenommener, unvermeidlicher und riskanter Verantwortung für den anderen, so wie diese Momente ja, in anderer Form, jede Kommunikation zwischen Menschen, die sich etwas bedeuten, bestimmen.

Die Momente des professionell bestimmten Handelns - das gleichschwebende Interesse, die Distanz, die Zuständigkeit in spezialisierten Berufsvollzügen, die Problemorientiertheit in der Arbeit, die notwendigen Vorgaben, die Asymmetrie in der Interaktion - müssen also immer ergänzt werden durch die Offenheit zur Pragmatik des Alltäglichen, zu biografischen Erfahrungen und dem Willen zum Aushandeln. Die Berufsidentität der Sozialpädagogin - so verstanden - ist ein heikler Balanceakt, in dem Distanz und Nähe, Reflexivität und Pragmatik, entschiedene Setzung und Offenheit, Vorgabe und Aushandeln, berufliche Verläßlichkeit und gewachsene Erfahrungen aufeinander bezogen werden müssen; die unterschiedlichen Komponenten im Handeln müssen gleichsam im Spagat zusammengesehen werden, in einem Spagat, der nicht alle Widersprüche, Fremdheiten und Vereinbarkeiten auflösen kann. Natürlich ist dies nur ein allgemeines Konzept: Sozialpädagogische Berufsidentität als Spagat.

Ein solches Bild zu skizzieren wäre fahrlässig, wenn nicht auch Bedingungen zumindest angedeutet würden, unter denen allein ein solches Handeln realisierbar ist. Gerade wenn - wie es sich gezeigt hat - die Balance auch in ihren Widersprüchlichkeiten schwierig ist und wenn - wie deutlich wurde - der Professionelle in seinem Handeln glaubwürdig sein soll, kann er dies nur, wenn er seinerseits Freiheiten hat, in denen er - aushandelnd und absprechend - seine Linie findet. Dieser Freiraum ist noch einmal dringlicher, wenn die Professionelle auch als Zeitgenossin gesehen wird, insistiert auch auf der Erwartung der Selbstgestaltung, also darauf, daß Erfahrungen auch für sie ertragreich und nützlich sein müssen; die generelle Orientierung, die für die Adressatinnen der Jugend- und Sozialarbeit gilt, gilt natürlich ebenso für die Sozialpädagoginnen selbst; als Zeitgenossen unserer Zeit haben sie einen Anspruch auf die Gestaltbarkeit von Verhältnissen und auf die Erwartung von Selbständigkeit in ihren Verhältnissen. - Diese Forderung gewinnt besonderes Gewicht aus der Geschichte. Nur mühsam konnte sich die Sozialpädagogik aus jenen Traditionen von Caritas und Diakonie lösen, in denen der Dienst am anderen, das Aufgehen am Dienst, Selbstverleugnung („mein Lohn ist, daß ich darf") nur mühsam überwunden wurde, um heute - im Zeichen von Sparsamkeit und neuen Tugenden - in verändertem Gewand neu belebt zu werden; nur mühsam löst sich das Frauenbild - wie es für die Gesellschaft mit dieser Art wohltätiger Dienstbereitschaft verbunden ist - aus den traditionellen Erwartungen, die ja heute wieder so attraktiv und preiswert erscheinen. Dieses Postulat für Selbständigkeit und Gestaltungsfreiheit in der Jugend- und Sozialarbeit wird immer wieder auch attackiert: Sozialpädagogen gelten als Angehörige einer Kultur, in der das Lebensmuster der Selbstverwirklichung besonders hochgehalten wird, werden von anderen Außenstehenden immer verdächtigt, sie legten ihren Anspruch auf Selbstgestaltung der Arbeit extensiv aus, wüßten aber auch die Chancen einer professionell geordneten Arbeit - also der Distanz, der Festlegung auf das, wie man sich selbst für zuständig hält - zu nutzen, um die Freiheit der Selbstgestaltung zu sichern. Daß es so etwas gibt, läßt sich nicht leugnen, ebensowenig wie daß es im Zug sparsamer Restauration dankbar aufgegriffen und ausgenutzt wird. Dies aber ist kein prinzipieller Einwand gegen das Postulat eines notwendigen Zusammenhangs von Freiheiten für die Adressaten und für die Sozialpädagoginnen.

Sich in Erziehung, Hilfe und Unterstützung zu engagieren, bedeutet, engagiert sein zu wollen in der Gestaltung, in der vielleicht gelingenderen Gestaltung sozialer Verhältnisse. - Und man fragt weiter: Ist Zurückhaltung in bezug auf pädagogische Aufgaben nicht deshalb notwendig, weil die Verpflichtung in den Aufgaben einhergeht mit hohen, besonderen Risiken, die Asymmetrie also eine doppelte ist? Was wird aus den Kindern und Heranwachsenden? Muß man sich den Schmerzen der Hilflosigkeit und Vorwürfen aussetzen, wenn das gemeinsame Leben, die Unterstützungen, die Beratungen scheitern, wenn Beratungen abgebrochen werden müssen, wenn Heimkinder herausgeworfen werden müssen, wenn sich Kids in der Straßenarbeit entziehen, wenn Junkies den goldenen Schuß setzen, wenn man immer wieder mit jenen konfrontiert ist, bei denen alle Unterstützungen nicht anschlagen wollen, die man - pointiert und hart geredet - aushalten muß, wenn sie sich nicht der Beziehungen verweigern? Und: Ist dieses in sich schon so riskante Geschäft nicht noch einmal mühsamer in einer Gesellschaft, die zwar behauptet, eine soziale Gesellschaft zu sein und kinderfreundlich, dies in ihrem Selbstanspruch aber massiv, dauerhaft desavouiert? Die Ressourcen sind gering; der offizielle Familienbericht der Bundesregierung spricht von einer strukturell kinderfeindlichen Gesellschaft. Und: Diejenigen, die sich hier engagieren, sind nicht besonders geachtet; der frühere Ministerpräsident Späth sprach von den professionellen Neurosenzüchtern.

Die heutige Presse apostrophiert uns als Hüter der sozialen Hängematte, wenn sie - aus der sicheren Distanz des gesattelten Kulturkritikers - den sozialpädagogischen Weichmacher und Schlaffi karikiert, der sich nicht traut, Heranwachsende auf die realen Probleme des Lebens vorzubereiten. - Heißt sich auf Kinder, auf Menschen in Schwierigkeiten einzulassen nicht, auf Solidarität rekurrieren, in der alle Menschen in ihrem Aufeinander-Angewiesensein gleich sind, ja auch auf Mitleid, wenn man es versteht als Solidarität auch mit denen, die wenig oder nichts zurückgeben können, die also darauf angewiesen sind, in ihrem So-Sein, ihrer Not, ihrer Hilflosigkeit, ihrer Unansprechbarkeit angenommen zu werden? Bedeutet sich auf Heranwachsende einzulassen nicht immer auch, sich auf Entwicklungsmöglichkeiten, auf Leben und Veränderung einzulassen? Gefordert sein ist das eine, das andere aber ist doch, in sozialen Beziehung selbst gefordert und bereichert zu werden. Jenseits nämlich der ökonomischen und dinglichen Interessen, aber auch der für viele Erwachsene so bedrängenden Alltagsroutine, in der sie sich an sich selbst gewöhnt haben und darin erstarrt sind, ist die Jugend- und Sozialpädagogik immer Suchbewegung, Suchbewegung, die die eigenen Möglichkeiten provoziert, erweitert, mit neuen Optionen konfrontiert und zu neuen Optionen führt. Dieses Ineinander von Geben und Nehmen, von Gefordertsein und Beglücktwerden ist für den Umgang mit Kindern und Heranwachsenden vielfältig beschrieben worden.

Also: In der Vermittlung von Schwierigkeiten und Schönheiten erweist sich auch die Jugendarbeit als Abenteuer, Abenteuer als Wagnis verstanden, das im offenen und gegen vielfältige Widerstände gelebt werden will, als Abenteuer, das das Leben im Offenen riskiert, sich in allen Schwierigkeiten einläßt auf Herausforderungen, Erwartungen und Hoffnungen, das sich darin aber auch einläßt auf Handeln, auf Risiko des Handelns und Risiko der Schuld. Sozialpädagogik - so gesehen - ist ein Moment in der Abenteuerlichkeit des gewöhnlichen, humanen Lebens.

Autorenverzeichnis

Lothar Böhnisch ist Professor für Sozialpädagogik und Sozialisation der Lebensalter an der Technischen Universität Dresden.

Ralf Bohnsack ist Professor für Soziologie und Qualitative Methoden an der Freien Universität Berlin.

Thomas Drößler war von 1995 bis 1996 wissenschaftlicher Mitarbeiter am Institut für Sozialpädagogik und Sozialarbeit der Technischen Universität Dresden und ist seit 1997 wissenschaftlicher Mitarbeiter am Lehrstuhl für Sozialpädagogik an der Universität Leipzig.

Karsten Fritz war von 1991 bis 1996 wissenschaftlicher Mitarbeiter am Institut für Sozialpädagogik und Sozialarbeit und ist seit 1997 wissenschaftlicher Mitarbeiter an der Fachhochschule Mittweida-Roßwein.

Karl Lenz ist Professor für Mikrosoziologie an der Technischen Universität Dresden

Berith Möller ist wissenschaftliche Mitarbeiterin im Verband Sozialpädagogischer Projekte in Dresden.

Martin Rudolph ist wissenschaftlicher Mitarbeiter am Institut für Sozialpädagogik und Sozialarbeit der Technischen Universität Dresden.

Antje Schneider ist wissenschaftliche Mitarbeiterin am Institut für Soziologie der Technischen Universität Dresden.

Wolfgang Schröer ist wissenschaftlicher Mitarbeiter am Institut für Sozialpädagogik und Sozialarbeit der Technischen Universität Dresden.

Wilfried Schubarth ist wissenschaftlicher Assistent am Institut für Schulpädagogik und Grundschulpädagogik der Technischen Universität Dresden.

Thomas Seifert war von 1993 bis 1995 wissenschaftlicher Mitarbeiter am Institut für Sozialpädagogik und Sozialarbeit der Technischen Universität Dresden und ist seit 1996 wissenschaftlicher Mitarbeiter bei der Landesstelle gegen Suchtgefahren Baden-Württemberg.

Hans Thiersch ist Professor für Sozialpädagogik am Institut für Erziehungswissenschaft der Universität Tübingen.

Liv Töpfer ist wissenschaftliche Mitarbeiterin am Institut für Sozialpädagogik und Sozialarbeit der Technischen Universität Dresden.

Barbara Wolf ist wissenschaftliche Mitarbeiterin am Institut für Sozialpädagogik und Sozialarbeit der Technischen Universität Dresden.

Mechthild Wolff ist wissenschaftliche Mitarbeiterin am Institut für Sozialpädagogik und Sozialarbeit der Technischen Universität Dresden.

Literatur

Abels, H., 1993: Jugend vor der Moderne. Soziologische und psychologische Theorien des 20. Jahrhunderts. Opladen

Allerbeck, K. R./Rosenmeyr, L., 1971: Aufstand der Jugend. München

Anders, G., 1956: Die Antiquiertheit des Menschen. Bd. 1: Über die Seele im Zeitalter der zweiten industriellen Revolution. München

Anz, P./Walder, P. (Hg.) 1995: techno. Zürich

Baacke, D., 1979: Originalitätszwang und Neudefinition. Zur Gruppenbildung Jugendlicher, in: Heigl-Evers, A. (Hg.): Sozialpsychologie des 20. Jahrhunderts. Weinheim/Basel

Baacke, D., 1987: Jugend und Jugendkulturen. Darstellung und Deutung. Weinheim/München

Baacke, D., 1995: Vom pädagogischen Widerwillen gegen den Seh-Sinn, in: GMK-Rundbrief, Nr. 37/38

Baethge, M./Hantsche, B./Pellul, W./Vosskamp, V., 1989: Jugend. Arbeit und Identität. Lebensperspektiven und Interessenorientierungen von Jugendlichen. Opladen

Beck, U., 1986: Risikogesellschaft. Auf dem Weg in eine andere Moderne. Frankfurt a. M.

Beck, U., 1993: Die Erfindung des Politischen. Frankfurt a. M.

Beck, U., 1995: Eigenes Leben. Skizzen zu einer biografischen Gesellschaftsanalyse, in: Beck, U. u.a. (Hg.): Eigenes Leben. Ausflüge in die unbekannte Gesellschaft, in der wir leben. München

Beck, U., 1996: Das Zeitalter der Nebenfolgen und die Politisierung der Moderne, in: Beck, U./Giddens, A./Lash, S.: Reflexive Modernisierung. Eine Kontroverse. Frankfurt a. M.

Beck, U./Beck-Gernsheim, E., 1990: Riskante Chancen. Gesellschaftliche Individualisierung und soziale Lebens- und Liebesformen, in: Beck, U./Beck-Gernsheim, E.: Das ganz normale Chaos der Liebe. Frankfurt a. M.

Beck, U./Beck-Gernsheim, E., 1993: Nicht Autonomie, sondern Bastelbiografie. Anmerkungen zur Individualisierungsdiskussion am Beispiel des Aufsatzes von Günter Burkart, in: Zeitschrift für Soziologie, 22. Jg., H. 2; S. 178-187

Beck, U./Giddens, A./Lash, S., 1996: Reflexive Modernisierung. Eine Kontroverse. Frankfurt a. M.

Beck-Gernsheim, E., 1993: Das individualistische Mißverständnis in der Individualisierungsdebatte, in: Meulemann, H./Elting-Camus, A. (Hg.): 26. Soziologentag Düsseldorf. Tagungsband II. Opladen

Behnken, I./Zinnecker, J., 1992: Lebenslaufereignisse, Statuspassagen und biografische Muster in Kindheit und Jugend, in: Jugend '92, Bd. 2, Opladen

Bernfeld, S., 1914/15: Über den Begriff der Jugend. Wien (Dissertation)

Bernfeld, S., 1990: Der soziale Ort und seine Bedeutung für Neurose, Verwahrlosung und Pädagogik, in: Bernfeld, S.: Antiautoritäre Erziehung und Psychoanalyse. Ausgewählte Schriften Bd. 1. Darmstadt

Beyer, O. W., 1896: Die Lehrwerkstätte, in: Jahrbuch des Vereins für wissenschaftliche Pädagogik 28

Bildungskommision NRW, 1995: Zukunft der Bildung - Schule der Zukunft. Neuwied u. a.

Bitzan, M., 1994: Parteilichkeit zwischen Politik und Professionalität, in: Heiliger, A.: Feministische Mädchenpolitik. Berlin

Bitzan, M./Funk, H., 1995: Geschlechterdifferenzierung als Qualifizierung der Jugendhilfe, in: Bolay, E./Hermann, F.: Jugendhilfeplanung als politischer Prozeß. Beiträge zu einer Theorie sozialer Planung im kommunalen Raum. Berlin

Blücher, V. G., 1966: Die Generation der Unbefangenen. Bielefeld (EMNID)

Blüher, H., 1919: Die Rolle der Erotik in der Jugendbewegung. 2 Bd. Jena

Bodenmüller, M., 1995: Auf der Straße leben. Mädchen und junge Frauen ohne Wohnung. Münster

Böhnisch, L., 1993a: Sozialpädagogik des Kindes- und Jugendalters. Eine Einführung. Weinheim/München

Böhnisch, L., 1993b: „Milieubildung" als forschungsleitendes Paradigma sozialpädagogisch inspirierter Jugendforschung in Ostdeutschland. Dresden

Böhnisch, L., 1994: Gespaltene Normalität: Lebensbewältigung und Sozialpädagogik an den Grenzen der Wohlfahrtsgesellschaft. Weinheim/München

Böhnisch, L., 1995: Schule als anomische Struktur, in: Schubarth, W./Melzer, W. (Hg.): Schule, Gewalt und Rechtsextremismus. Opladen

Böhnisch, L., 1996: Pädagogische Soziologie. Eine Einführung. Weinheim/München

Böhnisch, L., 1997: Sozialpädagogik der Lebensalter. Eine Einführung. Weinheim/München

Böhnisch, L./Lenz, K. (Hg.), 1996: Familien. Eine interdisziplinäre Einführung. Weinheim/Müchen

Böhnisch, L./Fritz, K./Seifert, Th. (Hg.) 1997: AgAG-Programm - Die wissenschaftliche Begleitung. Ergebnisse und Perspektiven. Münster

Böhnisch, L./Münchmeier, R., 1987: Wozu Jugendarbeit? - Orientierungen für Ausbildung, Fortbildung und Praxis. Weinheim/München

Böhnisch, L./Münchmeier, R., 1990: Pädagogik des Jugendraums. Zur Begründung und Praxis einer sozialräumlichen Jugendpädagogik. Weinheim/München

Böhnisch, L./Münchmeier, R., 1993: Pädagogik des Jugendraums. Zur Begründung und Praxis einer sozialräumlichen Jugendpädagogik. Weinheim/München

Böhnisch, L./Niemeyer, Ch./Schröer, W., 1997: Die Geschichte der Sozialpädagogik öffnen - Ein Zugangstext, in: Niemeyer, Ch. u.a.: Grundlinien historischer Sozialpädagogik. Weinheim/München

Böhnisch, L./Rudolph, M., 1997: Jugendliche in ländlichen Regionen. Bonn

Böhnisch, L./Schröer, W., 1997: Sozialpädagogik unter dem Einfluß der Jugendbewegung, in: Niemeyer, Ch. u.a.: Grundlinien historischer Sozialpädagogik. Weinheim/München

Böhnisch, L./Winter, R., 1997: Männliche Sozialisation. Bewältigungsprobleme männlicher Geschlechtsidentität im Lebenslauf. Weinheim/München

Böhnisch, L./Wolf, B., 1995: Gesellungsformen Jugendlicher und Gewalt. Ergebnisse der „Gesellungsstudie" (2. Teil) . Dresden

Bois-Reymond, M. du/Büchner, P./Krüger, H.-H./Ecarius, J./Fuhs, B., 1994: Kinderleben. Modernisierung von Kindheit im interkulturellen Kinderleben. Opladen

Bohnsack, R., 1989: Generation, Milieu und Geschlecht - Ergebnisse aus Gruppendiskussionen mit Jugendlichen. Opladen

Bohnsack, R., 1993: Rekonstruktive Sozialforschung - Einführung in Methodologie und Praxis qualitativer Forschung. Opladen

Bohnsack, R., 1995: Die Suche nach Gemeinsamkeit und die Gewalt in der Gruppe. Opladen

Bohnsack, R., 1997a: Gruppendiskussionsverfahren und Milieuanalyse, in: Friebertshäuser, B./Prenge, A. (Hg.): Handbuch qualitativer Forschungsmethoden der Erziehungswissenschaft. Weinheim/München

Bohnsack, R., 1997b: Dokumentarische Methode, in: Hitzler, R./Honer, A. (Hg.): Sozialwissenschaftliche Hermeneutik. Opladen

Bohnsack, R./Loos, P./Schäffer, B./Städtler, K./Wild, B., 1995: Die Suche nach Gemeinsamkeit und die Gewalt der Gruppe - Hooligans, Musikgruppen und andere Jugendcliquen. Opladen

Bohnsack, R./Wild, B., 1997: Cliquen, Banden und Vereine - Die Suche nach Milieuzugehörigkeit, in: Behnke, I./Schulze, Th. (Hg.): Tatort: Biografie. Opladen

Böpple, F./Knüfer, R., 1996: Generation XTC. Techno und Ekstase. Berlin

Bourdieu, P., 1982: Die feinen Unterschiede. Frankfurt a. M.

Braun, K.-H., 1994: Schule und Sozialarbeit in der Modernisierungskrise, in: neue praxis, 24. Jg., H. 2; S. 107-118

Braun, L., 1901: Der Kampf um Arbeit in der bürgerlichen Frauenbewegung, in: Archiv für soziale Gesetzgebung und Statistik 16

Brenner, G., 1996: Pädagogische Strategien im Umgang mit Individualisten, in: Brenner, G./Hafeneger, B. (Hg.): Pädagogik mit Jugendlichen. Weinheim/München

Breuer, M./Scheer, G., 1988: Psychosoziales aus der Provinz, in: Agrarsoziale Gesellschaft e.V. (Hg.), Ländliche Gesellschaft im Umbruch. Beiträge zur agrarsoziologischen Diskussion, Göttingen, S. 210-239

Brueggemann, R./Riehle, R. 1987: Entwicklungszwang und die Macht der Vergangenheit: oder: Das Dorf ist auch nicht mehr, was es noch nie war. In: Informationen zur Raumentwicklung 1987, H. 3, S. 141-145.

Brumlik, M., 1992: Integrität und Mündigkeit. Ist eine advokatorische Ethik möglich?, in: Brumlik, M.: Advokatorische Ethik - Zur Legitimation pädagogischer Eingriffe. Bielefeld

Buba, H., 1996: Entwicklungsverläufe in der Postadoleszenz und Ablösung vom Elternhaus, in: Silbereisen, R. u.a. (Hg.): Jungsein in Deutschland. Jugendliche und junge Erwachsene 1991 und 1996. Opladen

Bühler, Ch., 1927: Das Seelenleben der Jugendlichen. Versuch einer Analyse und Theorie der psychischen Pubertät. Jena

Bundesminister für Familie, Senioren, Frauen und Jugend (Hg.) 1991: Kinder- und Jugendhilfegesetz (Achtes Buch Sozialgesetzbuch). Bonn

Bundesministerium für Jugend, Familie, Frauen und Gesundheit (Hg.), 1990: Neunter Jugendbericht. Bericht über die Situation der Kinder und Jugendlichen und die Entwicklung der Jugendhilfe in den neuen Bundesländern, Bonn.

Burkart, G., 1993: Individualisierung und Elternschaft - Das Beispiel USA, in: Zeitschrift für Soziologie, 22. Jg., H. 2; S. 159-177

Chodorow, N., 1985: Das Erbe der Mütter. München

Clarke, J., 1979: Stil, in: Clarke, J. u. a. (Hg.): Jugendkultur als Widerstand. Milieus, Rituale, Provokationen. Frankfurt a. M.

Clarke, J., 1981: Über den Stil von Subkulturen, in: Clarke, J. u. a. (Hg.): Jugendkultur als Widerstand. Milieus, Rituale, Provokationen. Frankfurt a. M.

Damm, D., 1991: Konsequenzen sozialer Wandlungsprozesse für die Perspektiven offener Jugendarbeit, in: deutsche jugend, 39. Jg., H. 12. Weinheim/München; S. 525-535

Deinet, U., 1994: Jugend-"Räume" in der Region. Aneignung, Gestaltung, Konzept, in: deutsche jugend, 42. Jg., H. 6. Weinheim/München; S. 255-261

Deinet, U., 1996: Sozialräumliche Konzeptentwicklung, in: Deinet, U./Sturzenhecker, B. (Hg.): Konzepte entwickeln. Weinheim/München

Deinet, U./Sturzenhecker, B. (Hg.) 1996: Konzepte entwickeln. Weinheim/München

Diesel, E., 1929: Die deutsche Wandlung. Das Bild eines Volkes. Stuttgart/Berlin

Douglas, M., 1974: Ritual, Tabu und Körpersymbolik. Sozialanthropologische Studien in Industriegesellschaft und Stammeskultur. Frankfurt a. M.

Dudeck, A., 1988: Frauenbilder. In Widersprüchen lernen - Widersprüche lernen, in: Cremer, Ch./Bader, Ch./Dudeck, A. (Hg.): Frauen in sozialer Arbeit. Zur Theorie und Praxis feministischer Bildungs- und Sozialarbeit. München

Dudek, P., 1990: Jugend als Objekt der Wissenschaft. Opladen

Durkheim, E., 1973: Der Selbstmord. Neuwied/Berlin

Durkheim, E., 1981: Die elementaren Formen des religiösen Lebens. Frankfurt a. M.

Eichner, A., 1996: Konzeptentwicklung als Prozeß im Mitarbeiterteam, in: Deinet, U./Sturzenhecker, B. (Hg.): Konzepte entwickeln. Weinheim/München

Elwert, G., 1989: Nationalismus und Ethnizität. Über die Bildung von Wir-Gruppen, in: Kölner Zeitschrift für Soziologie und Sozialpsychologie, 41. Jg., H. 41; S. 441-464

Erdheim, M., 1988: Psychoanalyse und das Unbewußte in der Kultur. Frankfurt a. M.

Erikson, E. H., 1966: Identität und Lebenszyklus. Frankfurt a. M.

Esser, H., 1989: Verfällt die soziologische Methode?, in: Soziale Welt, 40. Jg., H. 1; S. 57-75

Fehrlen, B./Schubert, U., 1991: Die westdeutsche Jugendverbandsarbeit in der Nachkriegszeit, in: Böhnisch, L./Gängler, H./Rauschenbach, Th. (Hg.): Handbuch Jugendverbände. Weinheim/München

Fend, H., 1981: Theorie der Schule. München/Wien/Baltimore

Ferchhoff, W., 1996: Pädagogische Antworten auf nachlassende Bindungsfähigkeit, in: Brenner, G./Hafeneger, B. (Hg.): Pädagogik mit Jugendlichen. Weinheim/München

Fischer, A., 1912: Probleme der Willenserziehung, in: Die Deutsche Schule, H. 15; S. 1-17, S. 71-86

Freire, P., 1973: Pädagogik der Unterdrückten. Bildung als Praxis der Freiheit. Reinbek

Fromm, E., 1981: Werke in 10 Bänden. Stuttgart

Fuchs, W., 1981: Jugendbiografie, in: Jugendwerk der Deutschen Shell (Hg.): Jugend '81. Bd. 1. Hamburg

Fuchs, W., 1983: Jugendliche Statuspassagen oder individualisierte Jugendbiografie?, in: Soziale Welt, 34. Jg., H. 3; S. 341-371

Fuchs, W., 1988: Verlaufsformen der Jugendbiografie. Ein Vergleich der fünfziger und der achtziger Jahre. Kurseinheit 1. Hagen

Fuchs-Heinritz, W., 1990: Biografische Studien zur Jugendphase, in: Mayer, K. U. (Hg.): Lebensverläufe und sozialer Wandel. Opladen

Fuchs-Heinritz, W./Krüger, H.-H. u.a., 1991: Feste Fahrpläne durch die Jugendphase? Opladen

Fuchs-Heinritz, W., 1993: Methoden und Ergebnisse der qualitativ orientierten Jugendforschung, in: Krüger, H.-H. (Hg.): Handbuch der Jugendforschung. Opladen

Funk, H.,1996: Familie und Gewalt - Gewalt in Familien, in: Böhnisch, L./ Lenz, K.: Familien. Eine interdisziplinäre Einführung. München

Gängler, H., 1996: Ergebnisse und Empfehlungen, in: Landesjugendamt Westfalen-Lippe (Hg.): Die Provinz lebt! Münster

Geißler, R., 1996: Die Sozialstruktur Deutschlands. Opladen

Gernert, W., 1994: Aggression und Gewalt bei Kindern und Jugendlichen, in: Landschaftsverband Westfalen-Lippe - Landesjugendamt (Hg.): Gewalt? Antworten der Jugendarbeit 1994

Gfrörer, U. 1991: „Manchmal möchte ich weggehen..." Warum Mädchen auf dem Dorf bleiben. In: Böhnisch/Funk/Huber/Stein (Hg.): Ländliche Lebenswelten. Fallstudien zur Landjugend. München 1991, S. 142 - 151.

Giddens, A., 1988: Die Konstitution der Gesellschaft. Frankfurt a. M./New York

Giesecke, H., 1996: Wozu ist die Schule da?, in: Fauser, P. (Hg.): Wozu die Schule da ist. Seelze

Gildemeister, R./Robert, G., 1997: „Ich geh da von einem bestimmten Fall aus ..." - Professionalisierung und Fallbezug in der Sozialen Arbeit, in: Jakob, G./v.

Wensierski, H.-J. (Hg.): Rekonstruktive Sozialpädagogik - Konzepte und Methoden sozialpädagogischen Verstehens in Forschung und Praxis. Weinheim/München

Gilligan, C., 1985: Die andere Stimme. Lebenskonflikte und Moral der Frau. München.

Glaser, B./Strauss, A., 1967: The discovery of grounded theory. Strategies for qualitative research. Aldine

Goffman, E., 1980: Rahmen-Analyse. Frankfurt a. M.

Gref, K., 1995: Was macht Streetwork? - Inhalte - Methoden - Kompetenzen, in: Becker, G./Simon, T. (Hg.): Handbuch aufsuchende Jugend- und Sozialarbeit. Weinheim/München

Griese, H. M., 1994: Wider die Re-Pädagogisierung in der Jugendarbeit. Eine soziologisch-provokative Außenperspektive und Kritik, in: deutsche jugend, 42. Jg., H. 7-8. Weinheim/München; S. 310-318

Gurwitsch, A., 1977: Die mitmenschlichen Begegnungen in der Milieuwelt. Berlin/New York (Habilitationsschrift von 1931)

Habermas, J., 1973: Legitimitätsprobleme im Spätkapitalismus. Frankfurt a. M.

Hafeneger, B., 1995: Der Normalitätsdruck der erwachsenen Mehrheitskultur. In der Debatte um Jugendgewalt blieb die latente „Jugendfeindlichkeit" der Erwachsenen bisher unberücksichtigt., in: Frankfurter Rundschau, 24.01.1995; S. 16

Hafeneger, B., 1996a: Zur Wi(e)derbelebung des Pädagogischen, in: Brenner, G./Hafeneger, B. (Hg.): Pädagogik mit Jugendlichen. Weinheim/München

Hafeneger, B., 1996b: Leitbilder, Vorbilder und interessante Erwachsene. Zur Debatte um das Pädagogische in der Jugendarbeit, in: deutsche jugend; 44.Jg., H. 9. Weinheim/München; S. 396-403

Hageman-White, C., 1985: Sozialisation weiblich-männlich? Opladen

Hahn, A., 1986: Soziologische Relevanzen des Stilbegriffs, in: Gumbrecht, H. U./Pfeiffer, K. L. (Hg.): Stil. Geschichte und Funktionen eines kulturwissenschaftlichen Diskurselements. Frankfurt a. M.

Haindl, E., 1985: Kultur im Dorf, Kultur des Dorfes: Zur Bedeutung der Dorfkultur für die Dorfentwicklung, in: Leben im Dorf, Perspektiven einer tragfähigen Dorfentwicklung unter sozialen, ökonomischen und kulturellen Aspekten, Loccumer Landwirtschaftstagung 1985. Loccumer Protokolle 5/1985, Rehburg-Loccum, S. 121-135

Hajnal, J., 1965: European Marriage Patterns in Perspective, in: Glass, D. V./Eversley, D. E. C. (Hg.): Population in History. London

Hartung, K., 1993: Der Untergang der Jugend. Ein Monolog über einen gealterten Begriff., in: Kursbuch 113. Deutsche Jugend. Berlin

Havighurst, R. J., 1974: Developmental Task and Education. New York

Heidegger, M., 1986: Sein und Zeit. Tübingen

Heinzen, G./Koch, U., 1989: Von der Nutzlosigkeit erwachsen zu werden. Hamburg

Heitmeyer, W./Liegle, L./Melzer, W./Zinnecker, J. (Hg.) 1991: Osteuropäische Jugend im Wandel. Ergebnisse vergleichender Jugendforschung in der Sowjetunion, Polen, Ungarn und der ehemaligen DDR. Weinheim/München

Heitmeyer, W. u. a., 1995: Gewalt - Schattenseiten der Individualisierung bei Jugendlichen aus unterschiedlichen Milieus. Weinheim/München

Helsper, W., 1993: Zerstört die Schule die Identität?, in: Forum Lehrerbildung, H. 22; S. 65-74

Helsper, W., 1995: Zur „Normalität" jugendlicher Gewalt: Sozialisatorische Reflexionen zum Verhältnis von Anerkennung und Gewalt, in: Helsper, W./ Wenzel, H. (Hg.): Pädagogik und Gewalt. Opladen

Henkel, O./Wolff, K., 1996: Berlin Underground. Techno und HipHop zwischen Mythos und Ausverkauf. Berlin

Hennig, W./Friedrich, W. (Hg.) 1991: Jugend in der DDR - Daten und Ergebnisse der Jugendforschung vor der Wende. Weinheim/München

Hentig, H. v., 1993: Die Schule neu denken. München/Wien

Herrmann, U., 1982: Was heißt Jugend? Jugendkonzeptionen in der deutschen Sozialgeschichte, in: Herrmann, U. u.a. (Hg.): Jugend, Jugendprobleme, Jugendprotest. Mainz

Herrmann, U., 1991: Jugendbewegung, in: Böhnisch, L./Gängler, H./Rauschenbach, Th. (Hg.): Handbuch Jugendverbände. Weinheim/München

Hoerning, E. H., 1991: Soziologische Dimensionen der Biografieforschung, in: Hoerning, E. H. u.a. (Hg.): Biografieforschung und Erwachsenenbildung. Bad Heilbrunn

Homans, G. C., 1960: Theorie der sozialen Gruppe. Köln

Hörning, U. H./Michailow, M., 1990: Lebensstil als Gesellschaftsform. Zum Wandel von Sozialstruktur und Sozialer Integration, in: Soziale Welt. Sonderheft 7/1990; S. 501-521

Hornstein, B. u.a., 1975: Lernen im Jugendalter. Stuttgart

Hornstein, W., 1971: Bildungsplanung ohne sozialpädagogische Perspektiven, in: Zeitschrift für Pädagogik, H.3

Hörster, B./Müller, B., 1996: Zur Struktur sozialpädagogischer Kompetenz, in: Combe, A./Helster, W. (Hg.): Pädagogische Professionalität - Untersuchungen zum Typus pädagogischen Handelns. Frankfurt a. M.

Hradil, S., 1991: Sozialstrukturelle Paradoxien und gesellschaftliche Modernisierung, in: Zapf, W. (Hg.): Die Modernisierung moderner Gesellschaften. Frankfurt a. M.

Hradil, S., 1992a: Einleitung, in: Hradil, S. (Hg.): Zwischen Sein und Bewußtsein. Opladen

Hradil, S., 1992b: Alte Begriffe und neue Strukturen - Die Milieu-, Subkultur- und Lebensstilforschung der 80er Jahre, in: Hradil, S. (Hg.): Zwischen Bewußtsein und Sein. Zur Vermittlung „objektiver Lebensbedingungen" und „subjektiver Lebensweisen". Opladen

Hurrelmann, K./Rosewitz, B./Wolf, H. K., 1985: Lebensphase Jugend. Weinheim/München

Hurrelmann, K., 1995: Lebensphase Jugend. Weinheim/München

Hüwelmeier, G., 1997: Kirmesgesellschaften und Männergesangsvereine - „Rites de passage" in der dörflichen Kultur Deutschlands, in: Zeitschrift für Sozialisationsforschung und Erziehungssoziologie, 17. Jg., H. 1, S. 30-41

IFS-Umfrage, 1996: Die Schule im Spiegel der öffentlichen Meinung. Ergebnisse der neunten IFS-Repräsentativbefragung der bundesdeutschen Bevölkerung, in: Rolff, H.-G. u.a. (Hg.) 1996: Jahrbuch der Schulentwicklung. Bd. 9. Weinheim/München

IPOS (Institut für praxisorientierte Jugendforschung), 1995: Jugendliche und junge Erwachsene in Deutschland. Mannheim

Institut für Sozialpädagogik und Sozialarbeit der Technischen Universität Dresden, 1994: Jugendstudie der Wissenschaftlichen Begleitung des AgAG-Programms. (unveröffentlichter Reader)

Institut für Sozialpädagogik und Sozialarbeit der Technischen Universität Dresden, 1995: Endbericht zur Wissenschaftlichen Begleitung des AgAG-Programms. (unveröffentlichter Reader)

Jerrentrup, A., 1993: Techno - vom Reiz einer reizlosen Musik, in: Rösing, H. (Hg.): Stationen populärer Musik. Beiträge zur Popularmusikforschung 12. Kassel

Jordan, E./Sengling, D., 1993: Jugendhilfe. Weinheim/München

Jugendwerk der Deutschen Shell (Hg.) 1992: Jugend '92. Lebenslagen, Orientierungen und Entwicklungsperspektiven im vereinigten Deutschland. 4 Bd. Opladen

Jugendwerk der Deutschen Shell (Hg.) 1997: Jugend '97. Zukunftsperspektiven, Gesellschaftliches Engagement, Politische Orientierungen. Opladen

Junge, M., 1995: Forever young? Junge Erwachsene in Ost- und Westdeutschland. Opladen

Kahl, M., 1995: Die Rolle des Streetworkers - Zwischen Kumpanei und Kontrolle?, in: Becker, G./Simon, T. (Hg.): Handbuch aufsuchende Jugend- und Sozialarbeit. Weinheim/München

Keiser, S., 1991: Die Familie als Faktor der politischen Sozialisation in der DDR Ende der 80er Jahre, in: Henning, W./Friedrich, W. (Hg.): Jugend in der DDR - Daten und Ergebnisse der Jugendforschung vor der Wende. Weinheim/München

Kentler, H., 1960: Jugend ohne Staat, in: deutsche jugend, 8. Jg., H. 4, S. 159-164

Kersting, H. (Hg.) 1991: Das gepfefferte Ferkel. Aachen

Kirchenamt der evangelischen Kirche in Deutschland und Sekretariat der deutschen Bischofskonferenz (Hg.) 1997: Für eine Zukunft in Solidarität und Gerechtigkeit. Hannover

Kohli, M., 1985: Die Institutionalisierung des Lebenslaufs - Historische Befunde und theoretische Argumente, in: Kölner Zeitschrift für Soziologie und Sozialpsychologie, 37 Jg., H. 1; S. 1-29

Kohli, M./Fischer, W., 1987: Biografieforschung, in: Voges, W. (Hg.): Methoden der Biografie- und Lebenslaufforschung. Opladen

Kohli, M., 1991: Lebenslauftheoretische Ansätze in der Sozialisationsforschung, in: Hurrelmann, K./Ulrich, D. (Hg.): Sozialisationsforschung. Weinheim

Krafeld, F. J., 1993: Cliquenorientierte Jugendarbeit: Grundlagen und Handlungsansätze. Weinheim/München

Krafeld, F. J., 1992: Akzeptierende Jugendarbeit. Opladen

Krafeld, F. J., 1996: Konzeptionelle Überlegungen für die Arbeit mit Cliquen, in: Deinet, U./Sturzenhecker, B.: Konzepte entwickeln. Weinheim/München

Krebs, W., 1995: Ausbildung, Qualifizierung, Fortbildung, in: Becker, G./Simon, T. (Hg.): Handbuch aufsuchende Jugend- und Sozialarbeit. Weinheim/München

Kromrey, H., 1994: Empirische Sozialforschung. Opladen

Kühnel, W./Matuschek, I., 1995: Gruppenprozesse und Devianz. Weinheim/München

Landesjugendring Sachsen/Institut für Sozialpädagogik und Sozialarbeit der TU Dresden (Hg.) 1996: Gesellungsstudie - Jugend und Jugendarbeit in Sachsen. Dresden

Landesjugendamt Westfalen-Lippe (Hg.) 1996: Die Provinz lebt! Münster

Lazarsfeld, P. F., 1931: Jugend und Beruf. Kritik und Material. Jena

Lenz, K., 1986: Alltagswelten von Jugendlichen. Eine empirische Studie über jugendliche Handlungstypen. Frankfurt a. M.

Lenz, K., 1988: Die vielen Gesichter der Jugend. Frankfurt a. M./New York

Lenz, K., 1995: Lebenswege durch die Jugendphase - ein Ost-West-Vergleich, in: Ferchhoff, W. u.a. (Hg.): Jugendkulturen - Faszination und Ambivalenz. Opladen

Lenz, K., 1997: Ehe? Familie? - beides, eines, keines? Lebensformen im Umbruch, in: Böhnisch, L./Lenz, K. (Hg.): Familien. Weinheim

Lenz, K./Böhnisch, L., 1997: Zugänge zu Familien - ein Grundlagentext, in: Böhnisch, L./Lenz, K. (Hg.): Familien. Weinheim

Levy, R., 1977: Der Lebenslauf als Statusbiografie. Stuttgart

Liebel, M., 1970: Aufforderung zum Abschied von der sozialintegrativen Jugendarbeit, in: deutsche jugend, 18. Jg., H. 1; S. 28-34

Mannert, J. 1981: Lebenseinstellungen und Zukunftserwartung der ländlichen Jugend. Eine empirische Untersuchung in 43 Gemeinden Österreichs, Wien.

Mannheim, K., 1964a: Beiträge zur Theorie der Weltanschauungsinterpretation, in: Mannheim, K.: Wissenssoziologie. Neuwied

Mannheim, K., 1964b: Das Problem der Generationen, in: Mannheim, K.: Wissenssoziologie. Neuwied

Mannheim, K., 1980: Strukturen des Denkens. Frankfurt a. M.

Mansel, J./Hurrelmann, K., 1992: Belastungen Jugendlicher bei Statusübergängen. Eine Längsschnittstudie zu psychosomatischen Folgen beruflicher Veränderungen, in: Zeitschrift für Soziologie, 21. Jg., H. 3; S. 366-384

Mariak, V./Schumann, K. F., 1992: Zur Episodenhaftigkeit von Kriminalität im Jugendalter, in: Ewald H./Woweries, K. (Hg.): Entwicklungsperspektiven von Kriminalität und Strafrecht - Festschrift für John Lekschas. Bonn

Matthes, J., 1992: The Operation Called „Vergleichen", in: Matthes, J. (Hg.): Zwischen den Kulturen? Die Sozialwissenschaften vor dem Problem des Kulturvergleichs. Sonderband 8 der Sozialen Welt. Göttingen

Matza, D., 1964: Delinquency and Drift. New York/London/Sydney

Mayer, K. U., 1990: Lebensverläufe und sozialer Wandel. Anmerkungen zu einem Forschungsprogramm, in: Hurrelmann, K./Ulrich, D. (Hg.): Sozialisationsforschung. Weinheim

Mayer, H. U./Bloßfeld, H. P., 1990: Die gesellschaftliche Konstruktion sozialer Ungleichheit im Lebensverlauf, in: Berger, P. A./Hradil, S. (Hg.): Lebenslagen, Lebensläufe, Lebensstile. Göttingen

Mead, G. H., 1968: Geist, Identität und Gesellschaft. Frankfurt a. M.

Mead, M., 1970: Der Konflikt der Generationen. Jugend ohne Vorbild. Olten

Melzer, W./Hurrelmann, K., 1990: Individualisierungspotentiale und Widersprüche in der schulischen Sozialisation von Jugendlichen, in: Heitmeyer, W./Olk, T. (Hg.): Individualisierung von Jugend. Weinheim/München

Meng, H., 1934: Strafen und Erziehen. Bern

Mennicke, K., 1926: Das sozial=pädagogische Problem in der gegenwärtigen Gesellschaft, in: Tillich, P. (Hg.): Kairos. Zur Geisteslage und Geistesabwendung. Darmstadt

Mennicke, K., 1928: Die sozialen Lebensformen als Erziehungsgemeinschaften, in: Nohl, H./Pallat, L. (Hg.): Handbuch der Pädagogik Bd. II. Langensalza

Mennicke, K., 1937: Sociale Paedagogie. Amsterdam

Meulemann, H./Wiese, W., 1989: Zäsuren und Passagen, in: Herlth, A./Strohmeier, K. P. (Hg.): Lebenslauf und Familienentwicklung. Opladen

Mies, M., 1984: Methodische Postulate der Frauenforschung. Beiträge zur feministischen Theorie und Praxis, 6. Jg., H. 11, S. 40-60

Miller, T./Tatschmurat, C. (Hg.) 1996: Soziale Arbeit mit Frauen und Mädchen. Positionsbestimmungen und Handlungsperspektiven. München

Mischler, E., 1889: Zur Beurteilung der Kriminalität des Deutschen Reiches, in: Archiv für soziale Gesetzgebung und Statistik 2

Mitterauer, M., 1986: Sozialgeschichte der Jugend. Frankfurt a. M.

Modellprogramm, 1995: Mädchen in der Jugendhilfe. Evaluierungsbericht. Dresden

Möller, K. (Hg.) 1997: Nur Macher und Macho? Geschlechtsreflektierende Jungen- und Männerarbeit. Weinheim/München

Müller, B. K., 1993: Sozialpädagogisches Können - Ein Lehrbuch zur multiperspektivischen Fallarbeit. Freiburg im Breisgau

Müller, B. K., 1996a: Bildungsansprüche der Jugendarbeit, in: Brenner, G./Hafeneger, B. (Hg.): Pädagogik mit Jugendlichen. Weinheim/München

Müller, B. K., 1996b: Jugendliche brauchen Erwachsene, in: Brenner, G./Hafeneger, B. (Hg.): Pädagogik mit Jugendlichen. Weinheim/München

Müller, B. K., 1995: Wozu brauchen Jugendliche Erwachsene, in: deutsche jugend, 43. Jg., H. 4. Weinheim/München; S. 160-170

Münchmeier, R., 1997: Die Lebenslage junger Menschen, in: Jugendwerk der Deutschen Shell (Hg.): Jugend '97. Opladen

Münchmeier, R./Peukert, D., 1990: Historische Grundstrukturen und Entwicklungstendenzen der deutschen Jugendhilfe, in: Sachverständigenkommission Achter Jugendbericht (Hg.): Lebensverhältnisse Jugendlicher. Band 1. München

Musil, R., 1978a: Der Mann ohne Eigenschaften. Reinbek

Musil, R., 1978b: Die Verwirrungen des Zöglings Törless. Reinbek

Nauendorf, Gabriele, 1995: Mädchenarbeit, in: Modellprogramm. Mädchen in der Jugendhilfe. Evaluierungsbericht. Dresden

Neckel, S.; 1993: Die Macht der Unterscheidung - Beutezüge durch den modernen Alltag. Frankfurt a. M.

Negt, O./Kluge, A., 1981: Geschichte und Eigensinn. Frankfurt/M

Neidhardt, F., 1972: Bezugspunkte einer soziologischen Theorie der Jugend, in: Neidhardt, F. (Hg.): Jugend im Spektrum der Wissenschaften. München

Neidhardt, F., 1981: Über Zufall, Eigendynamik und Institutionalisierbarkeit absurder Prozesse, in: v. Akmann H./Thurn, H.P. (Hg.): Soziologie in weltbürgerlicher Absicht - Festschrift für René König. Opladen

Niemeyer, Ch., 1988: Nützlichkeit als Kriterium des sozialpädagogischen Praktikers, in: Heiner, M.: Praxisforschung in der sozialen Arbeit. Freiburg im Breisgau

Niesyto, H., 1991: Erfahrungsproduktion mit Medien. Weinheim/München

Niesyto, H., 1995: Medienkommunikation und Jugendforschung. Überlegungen zu einem sozial-ästhetischen Paradigma in der Jugend- und Sozialforschung. Karlsruhe (unveröffentl. Manuskript)

Niesyto, H., 1997: Sozialvideografie als neuer Ansatz in der Jugendforschung, in: deutsche jugend, 45. Jg., H. 1. Weinheim/München; S. 11-18

Nohl, H., 1933: Die Theorie der Bildung, in: Nohl, H./Pallat, L.: Handbuch der Pädagogik. Erster Band: Die Theorie und Entwicklung des Bildungswesens. Langensalza

Oechsle, M., 1990: Von der Selbstverleugnung zur Selbstverwirklichung - ein neues kulturelles Modell, in: Bois-Reymond, M. du/Oechsle, M. (Hg.): Neue Jugendbiografie? Opladen

Oerter, R., 1987: Selbst und Selbstkonzept, in: Oerter, R./Montada, L.: Entwicklungspsychologie. Weinheim

Oevermann, U., 1986: Kontroversen über sinnverstehende Soziologie. Einige wiederkehrende Probleme und Mißverständnisse in der Rezeption der „objektiven Hermeneutik", in: Aufenanger, S./Lenssen, M.: Handlung und Sinnstruktur. München

Olk, Th., 1993: Gesellschaftstheoretische Ansätze in der Jugendforschung, in: Krüger, H.-H. (Hg.): Handbuch der Jugendforschung. Opladen

Ortmann, N., 1996: Methoden zur Erkundung von Lebenswelten, in: Deinet, U./Sturzenhecker, B. (Hg.): Konzepte entwickeln. Weinheim/München

Oswald, H., 1992: Beziehungen zu Gleichaltrigen, in: Jugendwerk der Deutschen Shell (Hg.): Jugend '92. Bd. 2. Opladen

Pankofer, S., 1996: „Ich hau' Dir eine in die Fresse" sagte Vanessa drohend ... Aggression als Überlebensstrategie - am Beispiel geschlossener Heimerziehung, in: Cremer, Ch./Bader, Ch./Dudeck, A. (Hg.): Soziale Arbeit mit Frauen und Mädchen. Positionsbestimmungen und Handlungsperspektiven. München

Parsons, T., 1968: Sozialstruktur und Persönlichkeit. Frankfurt a. M.

Pekrun, R./Helmke, A., 1993: Schule und Kindheit, in: Markefka, M./Nauck, B. (Hg.): Handbuch der Kindheitsforschung. Neuwied u. a.

Perle, U., 1969: Arbeiten im Team. Tübingen

Pesch, M., 1995: Techno. Kulturelles Phänomen zwischen Millionenerfolg und Authentizität, in: medien + erziehung, 39. Jg., H. 4. München; S. 199-204

Pesch, M./Weisbeck, M., 1996: techno style. Zürich

Peters, H., 1985: Jugendkriminalität, in: Gegenwartskunde, H. 3; S. 357-386

Peuckert, R., 1996: Familienformen im sozialen Wandel. Opladen

Piaget, J., 1976: Das moralische Urteil beim Kinde. Frankfurt a. M.

Planck, U. 1981: Der Wandel der ländlichen Berufsstruktur in der Bundesrepublik Deutschland, dargestellt an den Veränderungen innerhalb der Landjugend zwischen 1955 und 1980, Stuttgart.

Planck, U., 1982: Situation der Landjugend. Die ländliche Jugend unter besonderer Berücksichtigung des landwirtschaftlichen Nachwuchses. Schriftenreihe des Bundesministers für Ernährung, Landwirtschaft und Forsten, Reihe A: Angewandte Wissenschaft, H. 260, Münster-Hiltrup.

Pongratz, H./Schmitt, M., 1990: Perspektiven der Berufsausbildung in der Landwirtschaft, in: Berichte über Landwirtschaft, Jg. 68, S. 567-581

Rauschenbach, Th., 1992: Sind nur Lehrer Pädagogen?, in: Zeitschrift für Pädagogik, H. 3

Rauschenbach, Th., 1994: Inszenierte Solidarität. Soziale Arbeit in der Risikogesellschaft, in: Beck, U./Beck-Gernsheim, E. (Hg.): Riskante Freiheiten. Frankfurt a. M.

Reynolds, S., 1995: Verliebt ins Nichts, in: Spex, H. 10; S. 63-69

Richard, B., 1995: Love, peace, unity. Techno - Jugendkultur oder Marketing Konzept?, in: deutsche jugend, 43. Jg., H. 7-8. Weinheim/München; S. 316-324

Robert, G., 1990: Junge Erwachsene. Widersprüche, Paradoxien und neue Strukturelemente ihrer Lebenssituation, in: Neue Praxis, 20. Jg., H. 2; S. 99-110

Rolff, H.-G. u.a. (Hg.) 1996: Jahrbuch der Schulentwicklung. Bd. 9. Weinheim/München

Rommelspacher, B., 1994: Die Psychologie der Dominanz oder: Warum wir das Fremde von uns fernhalten, in: Psychologie heute. H. 1, S. 46-50

Rosenmayr, L., 1962: Geschichte der Jugendforschung in Österreich 1914-1931. Wien

Rosenmayr, L., 1963: Familienbeziehungen und Freizeitgewohnheiten jugendlicher Arbeiter. München

Rudolph, M., 1996: Sozialisation von Junglandwirten. Sinsheim

Rutter, u.a., 1980: Fünfzehntausend Stunden. Weinheim

Sass, E., 1996: Neue Konzepte zur Förderung der freiwilligen Tätigkeit in der Jugendarbeit, in: Deinet, U./Sturzenhecker, B.: Konzepte entwickeln. Weinheim/München

Schäfers, B. (Hg.) 1980: Einführung in die Gruppensoziologie. Heidelberg.

Schäffer, B., 1996: Die Band - Stil und ästhetische Praxis im Jugendalter. Opladen

Scherr, A., 1994: Das Pädagogische: Bildung oder Erziehung?, in: deutsche jugend, 42. Jg., H. 1. Weinheim/München; S. 160-169

Scherr, A., 1997: Jugend, in: Handbuch kritische Erziehungswissenschaft. Weinheim

Scheu, B. 1991: Leben auf dem Land heißt Mobil-Sein. In: Böhnisch/ Funk/ Huber/Stein (Hg.): Ländliche Lebenswelten. Fallstudien zur Landjugend. München, S. 142 - 151.

Schmidt, G. u.a., 1993: Veränderungen 1970-1990, in: Schmidt, G. (Hg.): Jugendsexualität. Sozialer Wandel, Gruppenunterschiede, Konfliktfelder. Stuttgart

Schröder, A., 1991: Jugendgruppen und Kulturwandel. Frankfurt a. M.

Schröder, H., 1995: Jugend und Modernisierung. Strukturwandel der Jugendphase und Statuspassagen auf dem Weg zum Erwachsensein. Weinheim

Schubarth, W./Melzer, W. (Hg.) 1995: Schule, Gewalt und Rechtsextremismus. Opladen

Schumann, K. F., 1993: Schutz der Ausländer vor rechtsradikaler Gewalt durch die Instrumente des Strafrechts?, in: Strafverteidiger, H. 6; S. 324-330

Schumann, K. F., 1994: Gewalttaten als Gefahr für die wissenschaftliche Integrität von Kriminologie, in: Kriminologisches Journal, 26. Jg., H. 4; S. 242-248

Schumann, M., 1993: Wandel von Kindheit und Jugend. Mehr „Erziehung" in der Jugendarbeit und Jugendhilfe?, in: deutsche jugend, 41. Jg., H. 7-8. Weinheim/München; S. 320-331

Schumann, M., 1995: Sozialraumanalyse und Ethnographie in Jugendhilfe und Jugendarbeit, in: deutsche jugend, 43. Jg., H. 5. Weinheim/München; S. 210-217

Schütz, A., 1971: Gesammelte Aufsätze. Bd. 1. Das Problem der sozialen Wirklichkeit. Den Haag

Schütze, F., 1977: Die Technik des narrativen Interviews. Bielefeld

Schütze, F., 1989: Kollektive Verlaufskurve oder kollektiver Wandlungsprozeß - Dimensionen eines Vergleichs von Kriegserfahrungen amerikanischer und deutscher Soldaten im zweiten Weltkrieg, in: BIOS, 2. Jg., H. 1; S. 31-109

Schütze, F., 1993: Die Fallanalyse - Zur wissenschaftlichen Fundierung einer klassischen Methode der Sozialen Arbeit, in: Rauschenbach, Th./Ortmann, F./Karsten, M.-E. (Hg.): Der sozialpädagogische Blick - Lebensweltorientierte Methoden in der sozialen Arbeit. Weinheim/München

Seidenspinner, G., 1994: Die Last der Freiheit oder „man muß sich eben heute um alles selber kümmern" - Junge Frauen im Ostteil des Landes., in: Seidenspinner, G. (Hg.): Frausein in Deutschland. Aktuelle Themen, Perspektiven und Ziele feministischer Sozialforschung.

Seifert, Th., 1995: Der Strukturwandel der Jugendphase in Ostdeutschland und seine Folgen für die Jugendarbeit. Dresden (Diss.)

Silbereisen, R./Vaskovics, L./Zinnecker, J., 1996: Jungsein in Deutschland. Jugendliche und junge Erwachsene 1991 und 1996. Opladen

Simmel, G., 1993: Die Gross-Städte und das Geistesleben, in: Simmel, G.: Das Individuum und die Freiheit. Frankfurt a. M.

Simmel, G., 1995: Philosophie der Mode, in: Simmel, G.: Gesamtausgabe Bd. 10. Frankfurt a. M.

Sling (d. i. Schlesinger), 1929: Richter und Gerichtete. Berlin

Soeffner, H.-G., 1992: Stil und Stilisierung - Punk oder die Überhöhung des Alltags, in: Soeffner, H.-G.: Die Ordnung der Rituale. Frankfurt a. M.

Spohr, B., 1996: Was hat Ecstasy mit Glück zu tun?, in: Sozialmagazin, 21. Jg., H. 3. Weinheim; S. 24-28

Stark, W., 1996: Empowerment. Freiburg/Breisgau

Steffen, C., 1995: Das Rave Phänomen, in: Anz, P./Walder, P. (Hg.): techno. Zürich

Strzoda, Ch./Zinnecker, J./Pfeffer, 1996: Szenen, Gruppen, Stile. Kulturelle Orientierungen im Jugendraum, in: Silbereisen, R. u.a. (Hg.): Jungsein in Deutschland. Jugendliche und junge Erwachsene 1991 und 1996. Opladen

Sturzenhecker, B., 1996: Konflikt und Konzept, in: Deinet, U./Sturzenhecker, B.: Konzepte entwickeln. Weinheim/München

Süskind, E., 1925: Die tänzerische Generation, in: Der Neue Merkur, 8. Jg., S. 586-597

Szemeredy, Susanne: oh boy, it's a girl. Die Kritik der Kategorie Geschlecht - dekonstruktivistisches Denken: Angriff auf oder geheimer Impetus feministisch orientierte(-r) Sozialarbeit, im besonderen bezogen auf eine Übergangseinrichtung für mißbrauchte/mißhandelte „Mädchen"? München (Unveröffentlichte Diplomarbeit)

Tatschmurat, C., 1996: Feministisch orientierte Soziale Arbeit: Parteilich handeln, dekonstruktivistisch denken?, in: Miller, T./Tatschmurat, C. (Hg.): Soziale Arbeit mit Frauen und Mädchen. Positionsbestimmungen und Handlungsperspektiven. München

Theunert, H./Schorb, B., 1989: Videoproduktion mit Jugendlichen als qualitative Forschungsmethode, in: Baacke, D./Kübler, H.-D. (Hg.): Qualitative Medienforschung. Tübingen

Thiersch, H., 1986: Die Erfahrung der Wirklichkeit. Weinheim und München

Thiersch, H., 1992: Lebensweltorientierte Soziale Arbeit - Aufgaben der Praxis im sozialen Wandel. Weinheim/München

Thiersch, H., 1993: Strukturierte Offenheit. Zur Methodenfrage einer lebensweltlichen Sozialen Arbeit, in: Rauschenbach, Th./Ortmann, F./Karsten, M.-E. (Hg.): Der sozialpädagogische Blick. Weinheim/München

Thrasher, F. M., 1927: The Gang. Chicago

Thürmer-Rohr, C., 1994: Verlorene Narrenfreiheit. Essays. Berlin

Tillmann, K.-J., 1995: Schulische Sozialisationsforschung, in: Rolff, H.-G. (Hg.): Zukunftsfelder von Schulforschung. Weinheim

Tönnies, F., 1900: Die Erweiterung der Zwangserziehung, in: Archiv für soziale Gesetzgebung und Statistik 15

Trauernicht, G., 1989: Ausreißerinnen und Trebegängerinnen. Münster

Vaskovics, L. A. u.a., 1992: Postadoleszenz und intergenerative Beziehungen in der Familie, in: Jugend '92. Opladen

Vaskovics, L. A. u.a., 1996: Innerfamiliäre Transferbeziehungen zwischen den Generationen, in: Silbereisen, R. u.a. (Hg.): Jungsein in Deutschland. Jugendliche und junge Erwachsene 1991 und 1996. Opladen

Vollmer-Schubert, B., 1991: Weibliche Identität als gesellschaftliche Anforderung: Zur Doppelqualifikation von Frauen. Gießen

Wahl, K., 1989: Die Modernisierungsfalle. Gesellschaft, Selbstbewußtsein und Gewalt. Frankfurt a. M.

Walder, P., 1995: Body & Sex, in: Anz, P./Walder, P. (Hg.): techno. Zürich

Weber, M., 1984: Soziologische Grundbegriffe. Tübingen

Wensierski, H.-J. v., 1994: Mit uns zieht die alte Zeit. Biografie und Lebenswelt junger DDR-Bürger im Umbruch. Opladen

Weskamp, P., 1996: Sozialraumanalytische Praxis als Basis für die Konzeptentwicklung in der offenen Jugendarbeit, in: Deinet, U./Sturzenhecker, B.: Konzepte entwickeln. Weinheim/München

Wiesner/Silbereisen, R., 1996: Lebenslaufereignisse und biografische Muster in Kindheit und Jugend, in: Silbereisen, R. u.a. (Hg.): Jungsein in Deutschland. Jugendliche und junge Erwachsene 1991 und 1996. Opladen

Wild, B.; 1996: Auf der Suche nach Zugehörigkeit und Zusammengehörigkeit - Konflikterfahrungen jugendlicher Fußballfans und Hooligans in Ost- und Westberlin. Berlin (unveröffentl. Dissertation)

Wilker, K., 1912: Kinderschutz und Jugendfürsorge, in: Die Deutsche Schule, H. 15, S. 17-27, S. 86-97

Willems, H. u. a., 1993: Fremdenfeindliche Gewalt. Opladen

Willis, P., 1979: Spaß am Widerstand. Gegenkultur in der Arbeiterschule. Frankfurt a. M.

Winkler, M., 1996: Flexible Systeme - ein Tanz zur Melodie moderner Gesellschaften?, in: Forum Erziehungshilfen, 2. Jg., H. 1; S. 14-18

Winnicott, D. W., 1990: Reifungsprozesse und fördernde Umwelt - Studien zur Theorie der emotionalen Entwicklung, Ausg. 9-10. Frankfurt a. M.

Winter, R., 1994: Nie wieder Cowboy! Männliche Jugendkultur und Lebensbewältigung im ländlichen Raum. Schwäbisch Gmünd/Tübingen

Wohlrab-Sahr, M., 1992: Institutionalisierung oder Individualisierung des Lebenslaufs, in: BIOS, 5. Jg., H. 1; S. 1-17

Wolf, K., 1996: Ausgrenzung forcierende und legitimierende Alltagstheorien in der Jugendhilfepraxis, in: Forum Erziehungshilfen, 2. Jg., H. 2; S. 86-90

Wyneken, G., 1921: Eros. Lauenburg

Youniss, J., 1984: Moral, kommunikative Beziehungen und die Entwicklung der Reziprozität, in: Edelstein, W./Habermas, J. (Hg.): Soziale Interaktion und soziales Verstehen. Frankfurt a. M.

Zeltner, E., 1993: Kinder schlagen zurück. Jugend-Gewalt und ihre Väter. Bern

Zinnecker, J., 1981: Jugend 1981. Portrait einer Generation, in: Jugendwerk der Deutschen Shell (Hg.): Jugend '81. Hamburg

Zinnecker, J., 1985: Kindheit. Erziehung. Familie., in: Jugendliche und Erwachsene '85. Bd. 3. Opladen

Zinnecker, J., 1987: Jugendkultur 1940-1985. Opladen

Zinnecker, J., 1991: Jugend als Bildungsmoratorium - Zur Theorie des Wandels der Jugendphase in west- und osteuropäischen Gesellschaften, in: Heitmeyer, W./Liegle, L./Melzer, W./Zinnecker, J. (Hg.): Osteuropäische Jugend im Wandel. Ergebnisse vergleichender Jugendforschung in der Sowjetunion, Polen, Ungarn und der ehemaligen DDR. Weinheim/München

Zinnecker, J./Stecher, L., 1996: Zwischen Lernarbeit und Erwerbsarbeit. Wandel und soziale Differenzierung im Bildungsmoratorium, in: Silbereisen, R. u.a. (Hg.): Jungsein in Deutschland. Jugendliche und junge Erwachsene 1991 und 1996. Opladen

Zoll, R., 1993: Alltagssolidarität und Individualismus. Zum soziokulturellen Wandel. Frankfurt a. M.